국역『淸季中日韓關係史料』4

동북아역사 자료총서 41

동북아역사재단
NORTHEAST ASIAN HISTORY FOUNDATION

역자 서문

이 책에서 번역하여 소개하는 자료는 원래『淸季中日韓關係史料』라는 제목으로 편찬된 사료집의 일부다. 이 분야의 전문 연구자들에게 잘 알려져 있듯이, 이 사료집은 타이완[臺灣]의 중앙연구원(中央硏究院) 근대사연구소(近代史硏究所)의 당안관(檔案館)에서 소장하고 있는 청말(淸末)의 외교 관계 문서(중국에서는 이러한 기록 문서를 '檔案'이라고 부른다) 가운데 한·중·일 세 나라 사이의 외교 관계에 관련된 사료를 주제별로 골라 출판한 것이다. 좀 더 구체적으로 이야기하자면 1864년부터 1912년까지 청말의 외교를 담당한 부서인 총리각국사무아문(總理各國事務衙門)과 외무부(外務部, 1901년 이후), 그리고 중화민국 시기의 외교부(外交部. 1912년 이후) 문서 가운데, 특히 조선·대한제국과 관련된 것을 중점적으로 선별하여 편찬한 것으로, 총 11권 7,300여 쪽(4,300건, 색인 1권 포함)의 방대한 분량이다.

따라서 청말 또는 19세기 후반 20세기 초 중국과 조선·대한제국 사이에 주고받은 외교 관계 문서(이것은 따로 朝鮮檔으로 분류되어 있다)가 대부분 모두 여기에 수록되어 있다고 할 수 있다. 이 시기 한중 관계나 동아시아사의 연구에서 이 사료집이 가지는 위치는 그야말로 독보적인 셈이다. 이러한 주제와 관련된 다양한 사료집의 출판이 최근까지 계속 이어지고 있지만, 이 사료집을 보충하는 자료라면 몰라도 대신할 만한 정도의 비중을 갖춘 것은 아직까지 찾아볼 수 없다. 그러므로 이미 출간한 지 40년이 지났지만, 이 사료집은 가장 중요한 기초 자료로서의 위치를 변함없이 유지하고 있는 것이다.

이 사료집의 전체적인 내용은 주로『총리각국사무아문 당안』에 포함된 자료를 다음의 여덟 가지 주제로 분류한 것이다.

(1) 朝·清 通商 및 외교 교섭

(2) 朝·清 국경 교섭

(3) 청일전쟁 이전 조선과 각국의 관계

(4) 임오군란과 갑신정변

(5) 청일전쟁

(6) 清·日 통상 및 외교 교섭

(7) 러일전쟁과 청의 입장

(8) 일본의 중국 동북 지역 침략

이 주제의 목록을 훑어보면 알 수 있듯이, 여기에는 근대 동아시아 정세 변화와 관련된 중요 사안들이 대부분 망라되어 있다. 따라서 이 사료집은 1972년에 처음 출간되자마자 곧 근대 한국과 중국·일본 등 동아시아(또는 동북아시아) 국제 관계사 연구에 있어 필수적인 기초 자료가 되었다. 특히 중앙연구원 근대사연구소의 당안관에서 소장하고 있는 『총리각국사무아문 당안』 가운데 「조선당(朝鮮檔)」 부분은 거의 모두 여기에 수록되어 있으므로, 이 사료집의 출판은 근대 한국을 둘러싼 동아시아 국제 관계 연구의 진전과 활성화에 하나의 획기적인 전환점이 되었다(오늘날에는 인터넷상으로도 이 「조선당」이 모두 공개되어 있다). 또한 이 사료집은 목차가 일자별로 분류되어 있을 뿐만 아니라 주제별로도 분류되어 있어, 그간 편집된 편년체 위주의 자료집에 비하여 검색이 훨씬 용이하므로 연구자에게 더욱 유용한 자료로서의 기능과 장점을 갖추고 있다. 또한 근대 시기를 다루고 있는 다른 외교 문서 관련 자료집과 비교해볼 때, 해당 사료의 약 86퍼센트(3,600건)가 새롭게 공개된 내용이라는 점도 그 중요성을 더해주고 있다. 그러므로 이러한 사료집을 더 쉽게 이용할 수 있는 『국역 『清季中日韓關係史料』』의 출간은 특히 다음의 두 분야에서 더욱 적극적으로 활용되리라 예상된다.

첫째, 근대 (동아시아) 외교사 분야다. 조선은 1899년 한청조약(韓清條約)이 체결되기까지 청과 불평등한 조공·책봉체제를 유지하고 있었다. 서구 세력의 진출과 더불어 '만국공법(萬國公法)'이 주지하는 조약체제로 전환되기 시작하였음에도(청 자신도 여기에 편입되었다), 청은 기존의 불간섭 원칙을 버리고 적극적인 간섭주의를 채택하면서 기존 체제 내의 '속방(屬邦)'이었던 조선을 근대적 외교 관계 속의 '속국(屬國)'으로 편입시키고자 하였다. 이러한 점은 특히 외교 부분에서 두드러졌다. 1876년 일본과 개항한 것을 시작으로 조선에서 구미 각국과 체결한 조약은 대부분이 청의 종용 혹은 중개를 통해 이루어졌다. 조선은 적어도 형식적으로는 청과 협의하여 외교권을 행사하였고, 다양한 외교 활동도 대부분 청에게 보고하는 방식을 취하였다. 따라서 조선의 외교 활동 및 이에 대한 청의 대응, 청의 요구와 그에 대한 조선의 대응에 대해 이 사료집을 더욱 적극적으로 이용할 필요가 있다. 또한 1880년대 이후가 되면 청은 외교 분야에서뿐만 아니라 직접 청의 군대를 주둔시키고 내정에까지 개입하는 적극적인 간섭주의로 나섰으므로, 이 사료집의 중요성은 더욱 커진다(마찬가지로 중앙연구원 근대사연구소에서 최근 공개한 「주한사관당안(駐韓使館檔案)」도 이 사료집을 보완하는 자료로서 가치가 높다는 점을 알려둘 필요가 있을 것이다).

둘째, 이 사료집은 근대 조선(그리고 대한제국)과 청의 변경 및 국경 문제와 관련해서 활용할 여지가 아직 많이 남아 있다. 근대라는 시기는 주권이라는 개념과 함께 근대적 영토의 관념이 형성되는 시기다. 조선의 영토는 북으로 청의 봉금(封禁) 지역과 맞닿아 있었다. 봉금 지역에 대한 청의 관리는 아편전쟁 이후 급격히 무너져갔고, 19세기 후반으로 갈수록 중국 본토의 한족(漢族)뿐만 아니라 조선인까지 봉금 지역으로 이주하기 시작하였다. 이러한 활발한 이주 현상으로 인해 나타난 전통적 무주공간(無住空間)의 해체 과정에 대해서는 아직 충분한 해명이 이루어지지 않은 것이 현실이다. 이 점은 조선과 청 양국의 최초 경계 설정과 국경 관념의 형성, 그리고 양국의 분쟁이 낳은 국경 조사 및 회담과도 밀접하게 관련되어 있다. 동북아역사재단에서도 이 분야에 관하여 이미 상당한 분량의 자료집과 연구서를 출간하였지만, 이 사료집 역시 마찬가지로 이와 관련된 수많은 문서를 포함하고 있는 만큼 이 분야 연구의 진전과 확장에 큰 도움이 될 것이다.

하지만 이 사료집이 가지고 있는 질적·양적인 우수성에도 불구하고 연구자들이 이용하기에는 지금까지 몇 가지 난점들이 존재해왔다. 우선은 방대한 분량의 한문으로 이루어져 있는 데다 외교 문서가 공문 형식에 맞추어 매우 미묘한 단어들을 사용하는 경우가 많기 때문에, 이것을 정확하게 읽어낼 수 있는 독법이 필요하였다. 그러나 문법 체계가 명확하지 않은 한문, 그것도 조선의 한문과는 차이가 있는 19세기 청대(清代)의 한문을 미묘한 뉘앙스까지 파악하면서 분명하게 독해하는 것은 쉽지 않은 일이었다. 이 책이 그 점을 모두 완벽하게 해결하였다고 할 수는 없겠지만, 적어도 관련 연구자들에게 자료의 활용도와 접근성을 훨씬 더 높여주는 계기를 제공할 수 있을 것이다.

다음으로 청대 공문서와 외교 문서의 형식[程式]이라는 문제를 들 수 있다. 이 사료집에 포함된 자료의 대부분은 청대 공문서와 외교 문서 양식에 따라 작성되어 주고받은 것들이다. 청대 공문서의 가장 중요한 특징 가운데 하나가, 문서 작성 이전에 수신한 문서를 새로운 문서의 본문 속에 거의 그대로 또는 줄여서 인용하는 방식으로 문서를 작성한다는 점이다. 문서의 주제가 간단한 경우라도 주고받은 각급 정부 기관이 몇 군데가 되면 이를 파악하는 것이 쉽지 않은데, 만약 해당 문서가 여러 기관을 거치면서 오르내리거나 회람되는 경우에는 문서 안에서 인용되는 화자(話者)의 수가 급속도로 늘어나게 된다. 각각의 화자들은 사건의 보고 및 처리 주체를 가리키며, 이에 사건의 처리 시점도 아울러 반영된다. 따라서 상하 관계 또는 대등한 관계를 반영하는 화자의 구분은 공문서나 외교 문서를 정확히 이해하는 데 가장 중요한 핵심이다. 당시 문서를 주고받은 당사자들에게는 자명한 사실이었겠지만, 오늘날 한국의 독자에게 낯선 청대 관료 체계의 다양한 직급에 걸쳐 존재하는 화자의 위치와 상하 관계, 직무와 역할을 정확하게 파악하도록 요구하는 것은 결코 쉬운 일이 아니다. 청대사나 근대사, 외교사를 연구하는 전문 연구자에게도 이것은 마찬가지로 어려운 일이다.

그렇지만 이 사료집에 수록된 대부분의 문서는 화자를 구분하지 않고 작성되어 있었다. 따라서 독자의 편의를 위해 출판에 앞서 원 문서에 구두점을 찍는 작업이 이루어졌지만, 누가 화자이며 그의 발언이나 문서 인용이 어디에서 시작되어 어디에서 끝나는지를 가리켜주는 부호는 여전히 존재하지 않기 때문에 위에서 서술한 어려움이 모두 해소된 것은 아니다. 이러한 화자의 정확한 위상을 구분함으로써 본문 내용을 더 정확하게 이해하기 위해서는 청대 공문서의 작성 방식과 관련 용어들에 대한 숙달이 필요하다. 따라서 이 책에서는 독해 편의를 위해 형식이 복잡한 문건에 대해 먼저 구조 분석을 하여, 가장 중요한 난제인 화자를 쉽게 파악할 수 있도록 단락을 구분하여 보여주는 번역을 실시하였다. 이 작업을 통해 사료 본문의 내용에 대해 더 용이하고 정확한 접근과 이해가 이루어질 수 있기를 기대한다. 가능한 한 독자의 이해를 돕기 위한 주석을 추가하고자 하였지만, 제한된 시간과 인력 때문에 이러한 작업이 충분한 정도로 이루어졌다고 보기는 어려울 것이다.

참고로 『청계중일한관계사료』의 전체 및 시기별 자료 분량은 다음 표와 같다.

구분	기간	분량(쪽)	글자 수
고종 시기	1864. 8 ~ 1897. 8(33년)	5,042	2,541,000
대한제국 시기	1897. 8 ~ 1910. 8(13년)	2,094	1,055,000
총독부 시기	1910. 8 ~ 1912. 3(2년)	121	60,900
합계	1864 ~ 1912(48년)	7,257	3,656,900

이것은 한 쪽에 최대로 기입된 한문 글자 수를 20자(열)×18(행)×2(면)=720자로 파악하고, 한 쪽당 평균 여백을 30퍼센트로 잡아서 720자−216자(여백)=504자 정도를 한 쪽 평균 글자 수로 추정한 것이다. 한문을 한글로 번역할 경우 한자 대 한글의 글자 수 분량 비율이 대략 1 : 3 정도가 되므로 번역본의 경우 원본보다 분량이 크게 늘어난다.

그리고 위의 표에 정리된 바와 같이 『청계중일한관계사료』에서 다루는 시기는 1864년 8월부터 1912년까지로 약 48년에 이른다. 문서의 전체 분량은 7,257쪽(원 사료집)이며 글자 수는 약 365만 자다. 이 분량은 200자 원고지로 약 18,250매에 해당하며, 한글로 번역하였을 때 54,750매 정도의 분량이 될 것으로 추정된다.

이러한 사료를 번역할 수 있는 연구 인력의 사정 등을 고려해볼 때, 이 거대한 분량을 짧은 시간 내에 번역하는 것은 현실적으로 불가능하므로, 이 책은 단계적으로 장기간에 걸쳐 체계적인 번역을 시도하는 것을 목표로 삼았다. 이 『국역『清季中日韓關係史料』 4』는 그러한 장기 번역 작업의 네 번째(2년 작업 이후 2년 동안 중단되었다가 다시 시작된 4년차) 성과인 셈이다.

그리고 이상의 요건들을 감안하여 본 연구진은 처음에 제4차 연도 번역 목표를 다음과 같이 설정하였다. 『청계중일한관계사료』의 두 번째 주제 항목인 'II. 청일전쟁 이전 조선과 각국의 관계(甲午戰前韓與各國關係)'는 총 여덟 가지 소항목으로 구성되어 있다. 즉 '1. 조선과 각국 사이의 통상에 대한 중국의 지도(中國指導朝鮮與各國通商)' 외에 '2. 한·영관계(英韓關係)', '3. 한·불관계(法韓關係)', '4. 한·일관계(日韓關係)', '5. 한·러관계(俄韓關係)', '6. 한·미관계(美韓關係)', '7. 한·독관계(德韓關係)', '8. 한·오관계(奧韓關係)'라는 구성이다. 하지만 『국역『清季中日韓關係史料』 4』로 출간될 4년차(2017년) 작업에서는 번역의 분량 문제 때문에 먼저 '1. 조선과 각국 사이의 통상에 대한 중국의 지도(中國指導朝鮮與各國通商)' 가운데 절반 정도의 분량을 번역하는 것을 목표로 하지 않을 수 없었다. 다른 목차들과 비교해보면 알 수 있지만, 여기서도 '1) 조선과 각국 사이의 조약 체결 및 통상 권도(勸導朝鮮與各國立約通商)' 부분이 아주 많은 분량을 차지하고 있기 때문에, 이 1-1) 부분만으로도 사실상 2년에 걸쳐서 작업을 진행하는 것이 불가피하였기 때문이다(또한 2016년에 이 번역 작업이 다시 중단되었기 때문에 이 부분 전체 번역의 완성은 아쉽지만 한 해 더 미루어졌다). 다만 독자의 참고를 위해 '1. 조선과 각국 사이의 통상에 대한 중국의 지도(中國指導朝鮮與各國通商)'의 전체 소목차도 아울러 미리 소개하고자 한다.

[1. 제1권]

I. 중국과 조선의 변경 방어와 국경 문제(中韓邊防界務)

1. 월경 벌목(越界伐木)
   1) 조선 지방관의 벌목 청구(韓地方官請求伐木)
   2) 조선 백성의 월경 벌목(韓民越界伐木)
2. 조선 백성의 월경(韓民越界)
   1) 길림의 월경 조선 백성 송환(吉林遣回越界韓人)
   2) 러시아인의 조선 백성 개간 유인(俄人招引韓人開墾)
   3) 월경 조선 백성의 체포 및 저지(查拿及禁阻韓人越界)
   4) 월경 조선 백성 송환을 위한 중국·러시아 교섭(中俄交涉逐回越界韓人)

[2. 제2권]

3. 감계(勘界)
   1) 감계에 관한 논의(商議勘界)
   2) 변경 답사(履勘邊界)
4. 조선 백성의 월경 개간(韓民越墾)
   1) 조선 백성의 월경 개간과 쇄환(韓民越墾與刷還)
   2) 간민 호적 편입과 개간지 측량(墾民編籍與丈量墾地)
   3) 관청을 두어 다스리는 문제(設官撫治)
5. 일본인이 동북 지역을 여행하기 위한 통행증을 신청한 문제(日人請照遊歷東北)

6. 도문강 항행과 나루터 설치(圖們江航行及設渡)

[3. 제3권]

II. 청일전쟁 이전 조선과 각국의 관계(甲午戰前韓與各國關係)

1. 조선과 각국 사이의 통상에 대한 중국의 지도(中國指導朝鮮與各國通商)

1) 조선과 각국 사이의 조약 체결 및 통상 권도(勸導朝鮮與各國立約通商)

2) 조선의 무비 강화 협조(協助朝鮮武備)

3) 조선의 사절 파견과 체제 문제(朝鮮遣使與體制問題)

4) 조선 국왕의 중국 사절에 대한 궤송 금지(禁韓王饋送華使)

5) 기타(其他)

이 책의 발간은 근대 동아시아의 국제 관계 및 근대 한국의 역사에 대한 기초 자료로서 의도된 것이다. 단순한 한문 텍스트의 제공이 아니라 한글 번역 작업까지 수반된 것이므로, 이 사료집의 활용에 의해 관련 분야의 연구에 조금이라도 기여할 수 있다면 이 작업을 맡은 연구진에게 큰 기쁨이 될 것이다. 이 연구 작업은 필자 및 김두현·김창수 박사, 필자가 재직하는 서울대학교 동양사학과 박사과정 조병식 군이 공동 작업을 한 소산이다. 짧은 시간과 힘든 수작업에도 기꺼이 여기에 참가해준 김두현 박사, 김창수 박사, 조병식 군 그리고 원문 입력에 힘써준 김경·장보 군에게 우선 감사를 드린다. 이러한 장기적 번역 작업을 흔쾌히 받아들이고 출판에 이르기까지 많은 작업을 맡아주신 동북아역사재단의 이사장 및 관계자 여러분께도 깊은 감사를 드린다.

2018년 7월 28일

연구책임자 김 형 종

일러두기

1. 이 책은『中國近代史資料彙編 淸季中日韓關係史料』(中央硏究院近代史硏究所 編, 1972)의 세 번째 주제 항목인 '甲午戰前韓與各國關係'의 첫 번째 소항목 '中國指導朝鮮與各國通商'의 '勸導朝鮮與各國立約通商'으로 분류된 문서 약 절반의 부분에 대한 표점과 번역으로 구성되어 있다. 각 문건은 문서 정보와 원문, 번역문의 순서에 입각하여 정리 및 번역되었다.
2. 각 문건의 문서번호는 '가-나-다-라(마, 바)'의 양식으로 정리되어 있다. '가'·'나'·'다'의 숫자는 原書의 주제 분류에 입각한 번호체계를 표현한 것이며, '라'는 각 분류체계 내에서 문서의 수록 순서를 나타낸다. 괄호 안의 '마'는 原書에서 각 문건에 부여한 번호이며, '바'는 해당 문서가 수록된 쪽수를 가리킨다.
3. 각 문건의 문서 정보에는 문서번호 다음으로 '사안'과 '첨부 문서', '날짜', '발신', '수신' 등에 관한 정보가 순서대로 정리되어 있다. '사안'은 原書의 '淸季中日韓關係史料分類目錄'에서 정리한 '事項'에 해당하는 내용으로, 해당 문건의 핵심 요지를 정리하고 있다. '첨부 문서'는 原書에 수록된 문건 안에 附件이 포함되어 있는 경우에 그 '事項'을 정리하였다. '날짜'는 해당 문건의 발신일과 수신일(문서에 따라 다름)을 의미하며, 음력 날짜와 양력 날짜를 함께 표기하였다. '발신'과 '수신'은 각각 해당 문건의 발신자와 수신자를 의미한다.
4. 이 책의 표점과 번역은 문서 안에서 어디부터 어디까지가 누구의 진술인지 밝히는 것에 유의하였는데, 이를 위하여『국역『同文彙考』疆界 史料』(배우성·구범진 역, 동북아역사재단, 2008)의 편집 양식을 활용하였다.
5. 원문 및 번역문을 작성함에 있어서, 쉼표, 마침표, 따옴표 등 기본적인 부호만을 사용하여 표점을 하였다. 원본의 분명한 오류로 보이는 글자에 대해서는, '實據(→據實)'의 경우처럼 원문의 글자는 그대로 두고, 괄호 안에 화살표와 함께 바른 글자를 밝혀두었다.
6. 번역문에서 문장의 의미가 원활하게 통하도록 하기 위하여, 괄호를 사용하여 접속사나 단어 등을 추가하였다. 아울러 독자들의 이해를 돕기 위하여, 일부 명사들에 대하여 괄호 안에 간단한 설명을 추가하기도 하였다. 유사한 맥락으로 독자의 이해를 돕고자 원문에서 '本部'·'本衙門' 등의 표현을 사용한 것을, 번역문에서 경우에 따라 '禮部'·'總理衙門' 등으로 풀어서 번역하였다.

차 례

II. 청일전쟁 이전 조선과 각국의 관계(甲午戰前韓與各國關係)

II. 청일전쟁 이전 조선과 각국의 관계(甲午戰前韓與各國關係)

1. 조선과 각국 사이의 통상에 대한 중국의 지도 (中國指導朝鮮與各國通商)

국역『淸季中日韓關係史料』

조선과 각국 사이의 조약 체결 및 통상 권도(勸導朝鮮與各國立約通商)

(1) 문서번호 : 2-1-1-60(420, 610a-665a)

사안 : 朝鮮 國王이 보내온 咨文 및 마건충의 密稟·日記·筆談 등을 자문으로 보고합니다(咨呈朝鮮國王來咨及馬建忠密稟、日記、筆談等).

첨부 문서 : 1. 「朝鮮 國王 자문(朝鮮國王咨)」 : 조·미조약을 의정하였으며, 중국이 대신 중재해주신 점에 사의를 아뢰며, 아울러 朝鮮과 미국이 주고받은 공문을 대신 상주해주시기를 요청합니다(美韓條約議定, 申謝中朝代爲經調, 並請轉奏美韓往來公文).

2. 「朝鮮과 미국이 새로 체결한 조약(朝鮮與美國新議條約)」 : 조·미수호통상조약 14조(美韓通商友好條約十四條款)[1]

3. 「미국에서 朝鮮에 보낸 국서(美國致朝鮮國書)」 : 슈펠트를 파견해 통상우호조약을 협의하여 정하고자 합니다(派薛斐爾來議定通商友好條約).

4. 「朝鮮에서 미국에 답장으로 보낸 국서(朝鮮覆美國國書)」 : 신헌 등을 파견해 슈펠트와 통상우호조약을 상의하고자 합니다(派申櫶等與薛斐爾商議通商友好條約).

5. 「朝鮮 國王이 미국 대통령에게 보낸 조회(朝鮮國王致美國總統照會)」 : 朝鮮

---

1) 이 내용은 김형종 등 역, 『국역『淸季中日韓關係史料』』 제3권(동북아역사재단, 2016), 245-259쪽에 실린 문서번호 : 2-1-1-36(393, 559a-566a)의 첨부 문서 2와 거의 같다.

은 중국의 屬邦이며, 그 직분 내에서 응당 시행해야 하는 모든 사항은 미국과는 관련이 없습니다(朝鮮爲中國屬邦, 其分內一切應行各節與美國無關).

6. 「미국 사신 슈펠트가 朝鮮 집정대신에게 보낸 조회(美使薛斐爾致朝鮮執政大臣照會)」: [미국 대통령의] 명령을 받아 국서를 올려, 통상우호조약을 의정하기를 요청하니, [이러한 사실을 국왕께] 전달하여 답장해주시기를 바랍니다(奉命進呈國書, 請議定通商友好之約, 希轉達示覆).

7. 「朝鮮 총[통]리대신 김윤식이 미국 사신 슈펠트에게 보낸 답장조회(朝鮮總[統]理大臣金允植覆美使薛斐爾照會)」: 이미 국서를 전달해 올렸으며, 또한 양국이 통상우호조약을 의정하는 데 동의합니다(已轉呈國書, 並同意兩國議定通商友好條約).

8. 「朝鮮의 전권위임장(朝鮮全權字據)」: 신헌과 김홍집을 전권대관·부관으로 파견하여 미국 전권대사와 조약 체결을 논의하게 하라(派申櫶金宏集爲全權正副官與美國全權議約).

9. 「미국의 전권위임장(美國全權字據)」: 해군준장 슈펠트를 파견하여 전권대사로서 朝鮮에 가서 통상조약을 논의하게 하고자 합니다(派水師總兵薛斐爾, 爲全權赴朝鮮, 議約通商).

10. 「마건충이 2월 24일에 올린 보고(馬建忠二月二十四日稟)」: 朝鮮에 도착하여, 朝鮮의 접대 및 對美 조약에 관해 모호한 입장을 보인 상황을 보고합니다(報告抵韓, 彼邦接待及對美約模棱情形).

11. 「마건충이 4월 초4일에 올린 보고(馬建忠四月初四日稟)」: 조·미조약 협의 및 朝鮮이 사전에 미국에 조회를 보내 중국의 속방임을 밝히는 문제에 대해 논의하여 처리한 것을 보고합니다(報告商辦美韓議約及朝鮮先行照會美國聲明爲中國屬邦各事).

12. 「마건충의 『동행일록』(馬建忠『東行日錄』)」: 朝鮮에 이르러 조·미조약 체결에 관해 논의·처리한 사안을 기술하였습니다(記述至韓商辦美韓訂約事).

13. 「마건충과 이응준의 필담(馬建忠與李應浚筆談)」: 朝鮮의 조·미조약 원고에 관한 의견을 물었습니다(詢朝鮮對美韓約稿意見).

14. 「마건충과 인천부지부 방어사 정지용의 필담(馬建忠與仁川知府防禦使鄭志鎔

筆談)」: 초대를 사절하였습니다(辭謝招待).

15. 「마건충과 朝鮮 이품참판 조준영의 필담(馬建忠與朝鮮二品參判趙準永筆談)」: 일본 사신 花房義質이 朝鮮의 수도에 왕래하는 것에 대해 상의하였습니다(商論日使花房義質來住韓京).
16. 「마건충과 조준영의 필담(馬建忠與趙準永筆談)」: 朝鮮과 일본이 통상조약을 준비하는 사안에 대해 논의하였습니다(談論日韓籌議通商條約事).
17. 「마건충과 朝鮮 오품홍려시 고영주 등의 필담(馬建忠與朝鮮五品鴻臚高永周等筆談)」: 朝鮮 國王을 알현할 때의 의례를 상의하고, 아울러 朝鮮의 정치 상황에 관해서 질문하였습니다(商談謁見韓王禮儀, 並垂詢朝鮮政情).
18. 「마건충과 김경수의 필담(馬建忠與金景遂筆談)」: 미국 사신이 기한을 지키지 않은 문제 및 함풍제가 경신년에 몽진한 변고에 대해 담론하였습니다(談論美使誤期及咸豐庚申蒙塵之變).
19. 「마건충과 일본 사신 花房義質의 문답 요약(馬建忠與日使花房義質問答節略)」: 일본 사신이 방문하여 정탐하였으며, 아울러 일본과 朝鮮의 통상세칙 및 미곡 수출 금지 등의 문제에 대해 논의하였습니다(日使前來刺探, 幷論日韓議通商稅則及禁米穀出口等事).
20. 「마건충과 이응준의 필담(馬建忠與李應浚筆談)」: 조·미조약 체결 및 이최응의 조약 체결에 반대에 대해 상담하였습니다(商談美韓議約及李最應反對議約).
21. 「마건충과 조준영의 필담(馬建忠與趙準永筆談)」: 조·미조약 체결 문제를 상담하고, 朝鮮의 신헌·김홍집 두 사신이 받은 전권위임장에 대해 질문하였습니다(商談美韓議約事, 詢問朝鮮申、金兩使所奉全權諭旨).
22. 「마건충과 이응준의 필담(馬建忠與李應浚筆談)」: 朝鮮 國王을 대신하여 전권대신을 파견한다고 지시하는 공문 원고를 마련해달라고 요청해 왔습니다(請代擬韓王諭派全權公文稿底).
23. 「마건충과 朝鮮 의약정사 신헌의 필담(馬建忠與朝鮮議約正使申櫶筆談)」: 전에 일본에 가서 조약 협상을 한 윤자승은 현임 경상도 관찰사입니다(前赴日議約尹滋承現任慶尙道觀察使).
24. 「마건충과 朝鮮 의약부사 김홍집의 필담(馬建忠與朝鮮議約副使金宏集筆談)」:

미국 사신이 먼저 항구에 도착하였으니, 朝鮮 사신이 응당 먼저 가서 방문해야 합니다(美使先至港口, 韓使應先往拜).

25. 「마건충이 미국 사신 슈펠트와 김홍집의 필담을 번역하여 서술합니다(馬建忠譯述美薛使與金宏集筆談)」: 해안가에서 장막을 치고 조약 체결을 상의하였습니다(商談岸邊支立帳棚訂約).

26. 「마건충과 김홍집의 필담(馬建忠與金宏集筆談)」: ① 조약 체결 날짜를 속히 정해야 하는데, 조약 체결 이전에 朝鮮은 응당 중국의 속방이지만 내정과 외교는 自主해왔다고 조회를 갖추어 밝혀야 합니다(速訂議約日期, 議約之先韓應具照會聲明爲中國屬邦而內政外交自主). ② 초상국의 5인을 朝鮮의 왕경으로 호송하여 상무를 조사하게 하는 문제를 상담하였습니다(商談護送招商局五人赴韓京查看商務).

27. 「마건충과 朝鮮 승정원 부승지 김만식의 필담(馬建忠與朝鮮承政院副承旨金晚植筆談)」: ① 조약 체결이 완료되기를 기다려 朝鮮 國王을 알현하게 됩니다(俟約事畢, 進謁韓王). ② 朝鮮에 신속하게 전권위임장을 발급하고 미국에 조회를 보내도록 재촉하였습니다(促韓速頒全權諭旨及致美國照會).

28. 「마건충과 김홍집의 필담(馬建忠與金宏集筆談)」: 조·미조약 초안 제8조의 미곡 수출 금지 조항에 대해 상담하였습니다(商談美韓約稿第八款米穀禁出口約稿事).

29. 「마건충과 김홍집의 필담(馬建忠與金宏集筆談)」: 조·미조약 초안 원고에는 응당 조약에 이미 실린 사항을 따라 우선 처리한다는 조항이 있는데, 즉 서양 기독교를 엄금한다는 뜻을 담은 것입니다(談論美韓約稿應遵條約已載者先行辦理一語, 卽寓有嚴禁西敎之意).

30. 「마건충과 김홍집의 필담(馬建忠與金宏集筆談)」: 조약에 서명할 때의 직함 및 날인·서명 등의 문제, 그리고 미국 사신이 조약 서명 날짜를 만나서 협의하자고 독촉한 문제를 상담하였습니다(商談簽約時職銜及鈐印、畫押等事, 幷美使催晤商簽約日期).

31. 「마건충이 슈펠트 사신을 동반하여 김홍집과 나눈 필담(馬建忠偕薛使與金宏集筆談)」: 朝鮮과 미국이 전권위임장을 서로 열람하고 또한 기일을 정해 조

약에 서명하는 문제를 상의하였습니다(來商美韓互閱全權字據及定期簽約).

32. 「마건충과 김홍집의 필담(馬建忠與金宏集筆談)」: 조·미조약을 조인하였는데, 朝鮮 사신 신헌이 조약 체결을 준비하고 알선해 준 것에 대해 감사의 뜻을 표명하였습니다(美韓條約簽字, 韓使申謝規畫週旋).

33. 「마건충이 미국 사신 슈펠트를 대신하여 김홍집과 나눈 필담(馬建忠代美使薛斐爾與金宏集筆談)」: 미국 군함이 장차 부산·원산으로 방문할 것이니 朝鮮 정부에서 미리 지방에 알려주시기를 요청합니다(美兵輪將往釜山元山, 請韓政府先行知會地方).

34. 「마건충과 김홍집의 필담(馬建忠與金宏集筆談)」: 세관 설립 및 통상세칙·벌금·임대료·개항장 경계 설정 등의 문제를 상담하였습니다(商談設立關卡及通商細則, 罰款, 地租, 口岸定界等事).

35. 「마건충과 김홍집의 필담(馬建忠與金宏集筆談)」: 朝鮮과 일본이 통상장정을 협상하는 것에 대해 상담하였습니다(商談日韓議商通商章程).

36. 「마건충과 김홍집의 필담(馬建忠與金宏集筆談)」: 朝鮮의 차관 도입과 광산 개발에 대해 비밀리에 상의하였습니다(韓密商借款開礦事).

37. 「마건충과 한문규·고영주의 필담(馬建忠與韓文奎、高永周筆談)」: 영국 사신 윌리스가 朝鮮에 와서 조약 체결을 협상하는데, 朝鮮은 조·미조약에 따라 신속하게 체결하기를 원합니다(英使韋力士來韓議約, 韓欲悉照美約速訂).

38. 「마건충과 朝鮮 병부상서 조영하의 필담(馬建忠與朝鮮兵部尙書趙寧夏筆談)」: 朝鮮과 영국은 응당 조·미조약에 따라 조약을 의정해야 하는데, 朝鮮은 영국이 개항장을 바꾸고 해안을 측량하는 것과 국왕을 알현하는 것, 이 세 가지 일을 허용하고자 하지 않습니다(英韓應悉照美約議定, 韓不許英換開口岸, 測量海岸及覲見國王三事).

39. 「마건충이 영국 사신 윌리스를 대신해 조영하와 나눈 필담(馬建忠代英使韋力士與趙寧夏筆談)」: 조·영조약은 문서를 갖추어 군함이 朝鮮의 해안을 측량할 수 있다는 것을 밝히는 것 외에는 모두 조·미조약에 따라 의정하였습니다(英韓條約, 除備文聲明兵船測量朝鮮海岸外, 悉照美約議定).

날짜 : 光緖八年四月二十五日(1882년 6월 10일)

발신 : 北洋大臣 張樹聲

수신 : 總理各國事務衙門

四月二十五日, 署北洋大臣張樹聲文稱：

竊照本署大臣於光緒八年四月二十四日, 在天津行館由驛具奏, 朝鮮與美國議立和好通商條約現已事竣一摺. 除抄錄摺片稿, 另文咨呈外, 所有朝鮮國王來咨並新議條約照會暨兩國國書全權字據及馬道建忠密稟與『日記』、『筆談』等件, 相應一併抄錄咨呈. 爲此咨呈. 貴衙門謹請查核施行.

再, 本月十九日接馬道十四日來稟一件, 先已抄錄函達, 合併聲明.

照錄清冊

1. 照錄「朝鮮國王來咨」, 抄呈鈞鑒.

朝鮮國王, 爲會咨事.

竊惟弊邦介在東陲, 惟憑仗皇靈, 恪守侯度. 邇來宇內時局, 歲變月異. 港口事務, 疊生層出. 幸蒙中堂大人, 特推皇上字小之恩, 深諒弊邦交際之勢, 前後開導之, 庇佑之, 不翅若同舟並力. 今於美使之東駛也, 亦爲之先事, 而謀量時之誼, 指教詳密, 十分妥當. 又念弊邦曾無外交, 未嫻時務, 禀旨差遣馬觀察、丁提督兩大人, 賫密咨同美使專來襄助, 遂令弊邦得以左右藉力, 訂立條約. 當職用是感結衷腸, 寤寐銜戢, 卽以經理統理機務衙門事申櫶、金宏集, 充派全權大·副官, 出迎於仁川港. 迺於本年四月六日, 面同美國總兵薛斐爾, 講定修好通商條規十四款, 鈐印畫押, 互相憑據, 以爲永遠金石之信. 而惟第一款不得於正約中存留, 將“小邦之爲中國屬邦”等語, 另行照會聲明, 恪遵中堂大人提示之微義. 此莫非中堂大人仰體聖念, 綏靖藩服, 經劃遠圖, 俾有取益防損之道, 亦惟兩大人居間主持, 殫力周章, 乃底剋日竣事, 立約平善. 由此弊邦臣民, 莫不翹首攢頌. 隕越[2]于下, 擬俟前頭使行, 恭修表謝之擧, 而先將條約冊子、照會文字及美國國書、小邦答國書、兩國全權字據等備文各稿, 悉行抄錄, 庸備轉奏載案.[3] 玆憑揚威艦西駛, 專差副司直李應浚賫咨前往, 請(消)詳條報, 煩乞轉奏天陛, 以達事情. 嗣後或有他國交涉事端, 亦卽請旨暫留馬道、丁提督, 在此商辦, 俾小邦終始徼惠, 區區幸甚. 爲合行移咨, 請照驗轉奏施行. 須至咨者.

光緖八年四月初十日發, 四月二十日到.

2. 照錄「朝鮮與美國新議條約, 並兩國國書照會全權字據」

大朝鮮國與大亞美理駕合眾國, 切欲敦崇和好, 惠顧彼此人民.[4] 是以大朝鮮國君主特派全權大官經理統理機務衙門事申櫶、全權副官經理統理機務衙門事金宏集, 大美國伯理璽天德特派全權大臣水師總兵薛斐爾,[5] 各將所奉全權字據, 互相較閱, 俱屬妥善, 訂立條約, 臚列於左.

第一款. 嗣後大朝鮮國君主, 大美國伯理璽天德, 並其人民, 各皆永遠和平友好. 若他國有何不公輕藐之事, 一經照知, 必須相助, 從中善爲調處, 以示友誼關切.

第二款. 此次立約通商和好後, 兩國可交派秉權大臣, 駐紮彼此都城, 並於彼此通商口岸, 設立領事等官,[6] 均聽其便. 此等官員與本地官交涉往來, 均應用品級相當之禮. 兩國秉權大臣與領事等官, 享獲種種恩施, 與彼此所待最優之國官員無異. 惟領事官必須奉到駐紮之國批准文憑, 方可視事. 所派領事等官, 必須眞正官員, 不得以商人兼充, 亦不得兼作貿易. 倘各口未設領事官, 或請別國領事兼代, 亦不得以商人兼充, 或

---

2) '운월(隕越)'은 떨어지다, 잃다는 뜻에서 나아가 실패나 실직(직책을 제대로 다하지 못하다)을 뜻하기도 하며, 황제에게 상서를 올릴 때 쓰는 상투어이기도 하다.

3) '전주(轉奏)'는 받아서 대신 상주한다는 뜻이므로, 예부나 북양대신 아문에서 朝鮮 國王의 표문·자문을 받아서 대신 황제에게 상주하는 일을 가리킨다. '재안(載案)'은 뜻이 불분명한데, 아마 오기(誤記)인 것 같다.

4) '惠顧彼此人民' 구절은 앞서의 판본에서 '惠顧商民'으로 되어 있었다. 이하 이런 부분은 '惠顧彼此人民' ←'惠顧商民'과 같은 방식으로 표기하겠다.

5) 앞서의 판본에서 全權大臣의 직함과 인명이 모두 실려 있지 않았다.

6) '設立領事等官' ←'設立總領事等官'

卽由地方官照現定條約代辦. 若駐紮朝鮮之美國領事等官辦事不合, 須知美國公使,彼此意見相同, 可將批准文憑追回.

第三款. 美國船隻在朝鮮左近海面, 如遇颶風, 或缺糧食、煤、水, 距通商口岸太遠, 應許其隨處收泊, 以避颶風, 購買粮食, 修理船隻. 所有經費係由船主自備, 地方官民應加憐邺援助, 供其所需. 如該船在不通商之口, 潛往貿易, 拿獲船貨入官. 如美國船隻在朝鮮海岸破壞, 朝鮮地方官一經聞知, 卽應飭令將水手先行救護, 供其粮食等項. 一面設法保護船隻貨物, 並行知照領事官, 俾將水手送回本國, 並將船貨撈起. 一切費用或由船主或由美國認還.

第四款. 美國民人在朝鮮居住, 安分守法. 其性命、財產, 朝鮮地方官應當代爲保護, 勿許稍有欺凌、損毁. 如有不法之徒, 欲將美國房屋、業產搶劫、燒毁者,[7] 地方官一經領事官告知, 卽應派兵彈壓, 並查拏罪犯,[8] 按律重辦. 朝鮮民人如有欺凌美國民人, 應歸朝鮮官按朝鮮律例懲辦. 美國民人無論在商船在岸上, 如有欺凌、騷擾、損傷朝鮮民人性命、財產等事, 應歸美國領事官或美國所派官員, 按照美國律例查拏懲辦. 其在朝鮮國內朝鮮・美國民人如有涉訟, 應由被告所屬之官員, 以本國律例審斷, 原告所屬之國, 可以派員聽審, 審官當以禮相待. 聽審官如欲傳詢、查訊、分訊證見, 亦聽其便. 如以審官所斷爲不公, 亦許其詳細駁辦. 大美國與大朝鮮國彼此明定, 如朝鮮日後改定律例及審案辦法, 在美國視與本國律例辦法相符, 卽將美國官員在朝鮮審案之權收回, 以後朝鮮境內美國人民, 卽歸地方官管轄.

第五款. 朝鮮國商民並其商船前往美國貿易, 凡納稅船鈔並一切各費, 應遵照美國海關章程辦理, 與徵收本國人民及相待最優之國稅鈔, 不得額外加增. 美國商民并其商船前往朝鮮貿易, 進出口貨物均應納稅, 其收稅之權, 應由朝鮮自主. 所有進出口稅項及海關禁防、偷漏諸弊, 悉聽朝鮮政府設立規則, 先期知會美國官, 布示商民遵行. 現擬先訂稅則大畧. 各色進口貨有關民生日用者, 照估價値百, 抽稅不得過一十, 其奢靡、玩耍等物, 如洋酒、呂宋煙、鐘錶之類, 照估價値百, 抽稅不得過三十. 至出口土

---

7) '搶劫, 燒毁'←'析毁'

8) '罪犯'←'渠魁'

貨, 概照值百, 抽稅不得過五. 凡進口洋貨, 除在口岸完納正稅外, 該項貨物或入內地或在口岸, 永遠不納別項稅費. 美國商船進朝鮮口岸, 須納船鈔, 每噸銀五錢, 每船按中歷一季抽一次.

第六款. 朝鮮國商民前往美國各處, 准其在該處居住賃房買, 地起蓋棧房, 任其自便. 其貿易工作一切, 所有土產以及製造之物, 與不違禁之貨, 均許買賣. 美國商民前往朝鮮已開口岸, 准其在該處所定界內居住賃房, 租地建屋, 任其自便. 其貿易工作一切, 所有土產以及製造之物, 與不違禁之貨, 均許買賣. 惟租地時不得稍有勒逼, 該地租價悉照朝鮮所定等則完納, 其出租之地, 仍歸朝鮮版圖. 除按此約內所指明歸美國官員應管商民錢產外,[9] 皆仍歸朝鮮地方官管轄. 美國商民不得以洋貨運入內地售賣, 亦不得自入內地採買土貨, 併不得以土貨由此口販運彼口. 違者將貨物入官, 並將該商交領事官懲辦.

第七款. 朝鮮國與美國彼此商定, 朝鮮商民不准販運洋藥入美國通商口岸, 美國商民亦不准販運洋藥入朝鮮通商口岸, 並由此口運往彼口, 亦不准作一切買賣洋藥之貿易. 所有兩國商民, 無論僱用本國船、別國船及本國船爲別國商民僱用販運洋藥者, 均由各各本國自行永遠禁止. 查出者出,[10] 從重懲罰.

第八款. 如朝鮮固有事故, 恐致境內缺食, 大朝鮮國君主暫禁米粮出口, 經地方官照知後, 由美國官員轉飭在各口美國商民, 一體遵辦. 惟於已開仁川一港各色米糧, 概行禁止運出.[11] 紅蔘一項, 朝鮮舊禁出口, 美國人如有潛買出洋者, 均查拏入官, 仍分別懲罰.

第九款. 凡砲位、鎗刀、火藥、鉛丸一切軍器, 應由朝鮮官自行采辦, 或美國人奉朝鮮官准買明文, 方准進口. 如有私販, 查貨入官, 仍分別懲罰.

第十款. 凡兩國官員商民在彼此通商地方居住, 均可僱請各色人等, 勷執分內工藝. 唯朝鮮人遇犯本國例禁, 或牽涉被控, 凡在美國商民寓所行棧及商船隱匿者, 由地方官

9) '商民錢產' ← '商民'
10) '查出者出' ← '(違)者出'
11) 이 구절은 앞서의 판본에 없던 내용이다.

照知領事官, 或准差役自行往拏, 或由領事派人拏交朝鮮差役, 美國官民不得稍有庇縱措留.

第十一款. 兩國生徒往來學習語言、文字、律例、藝業等事, 彼此均宜勸助, 以敦睦誼.

第十二款. 玆朝鮮國初次立約, 所訂條款, 姑從簡畧, 應遵條約已載者, 先行辦理. 其未載者, 俟五年後兩國官民彼此言語稍通, 再行議定. 至通商詳細章程, 須酌照萬國公法通例, 公平商訂, 無有輕重大小之別.

第十三款. 此次兩國訂立條約與夫日後往來公牘, 朝鮮專用華文, 美國亦用華文, 或用英文, 必須以華文註明, 以免歧誤.

第十四款. 現經兩國議定, 嗣後大朝鮮國君主, 有何惠政、[12] 恩典利益施及他國或其他商民,[13] 無論關涉海面行船、通商貿易、交往等事, 爲該國並其商民從來未霑, 抑爲此條約所無者, 亦准美國官民一體均霑. 惟此種優待他國之利益,[14] 若立有專條互相酬報者, 美國官民必將互訂酬報之專條,[15] 一體遵守, 方准同霑優待之利益.

以上各款, 現經大朝鮮・大美國大臣同在朝鮮仁川府議定.[16] 繕寫華・洋文各三分, 句法相同, 先行畫押蓋印, 以昭憑信. 仍俟兩國御筆批准, 總以一年爲期, 在朝鮮仁川府互換.[17] 然後將此約各款, 彼此通諭本國官員、商民, 俾得咸知遵守.

大朝鮮國 開國四百九十一年, 卽中國光緖八年四月初六日

全權大官經理統理機務衙門事 申櫶. 全權副官經理統理機務衙門事 金宏集

大美國 一千八百八十二年五月廿二日

全權大臣水師總兵 薛斐爾

12) '大朝鮮國君主' ←'朝鮮'

13) '其他商民' ←'其商民'

14) '惟此種' ←'惟於'

15) '美國官民必將互訂酬報之專條' ←'彼此須照酬報互訂之專條'

16) '仁川府'는 여기서 추가되었다.

17) 위와 같음.

3. 「美國國書」

大美伯理璽天德致書於大朝鮮君主.

竊惟美國與中華、日本和好通商, 歷有年所. 今切願偕貴國與貴君主、子民一体和好通商, 且祈貴君主永亯昇平. 玆特遣水師總兵薛斐爾, 前赴貴國, 議立一妥善和好通商條約, 以冀吾兩國人民益敦友誼. 專此特佈. 敬頌遐祺.[18]

美國國主 阿爾惑[19] 押

時 西歷千八百八十一年十一月十五日

4. 「朝鮮國答國書」

大朝鮮國君主致書於大美國伯理璽天德.

竊聞貴國政治公平正直, 久欲通好, 無緣爲歉. 今承貴國王先遣大員來此議約, 玆特派全權大官經理統理機務衙門事申櫶、全權副官經理統理機務衙門事金宏集, 與之計議, 不日卽可畫押. 仍由薛總兵賫回面呈, 卽乞速爲批行, 派員前來互換, 以使吾兩國人民, 從此益敦和好, 有厚望焉. 專此泐復. 敬候遐祺.

大朝鮮國開國四百九十一年, 卽中國光緖八年四月 日

5. 「朝鮮國照會」

大朝鮮國君主, 爲照會事.

竊照朝鮮素爲中國屬邦, 而內治、外交向來均由大朝鮮國君主自主. 今大朝鮮、大美國彼此立約, 俱屬平行相待. 大朝鮮國君主明允, 將約內各款, 必按自主公例, 認眞照辦. 至大朝鮮國爲中國屬邦, 其分內一切應行各節, 均與大美國毫無干涉. 除派員議立條約外, 相應備文照會. 須至照會者.

右照會大美國伯理璽天德.

---

18) 경송하기(敬頌遐祺)는 서신에서 사용하는 상투어로 축송(祝頌)의 뜻을 보여주는 것인데, 하기(遐祺)란 영원한 행복이라는 뜻이다.

19) '阿爾惑'은 미국 21대 대통령 체스터 A. 아서(Chester Alan Arthur, 1829~1886)를 가리킨다.

大朝鮮國開國四百九十一年, 卽光緒八年三月二十八日.

6.「美使照會」

大美國欽命總統水師全權大臣薛, 爲照會事.

竊照本大臣奉命, 前來貴國, 進呈國書. 蓋欲永敦友睦信好通商等情, 並奉有國君御筆憑據一道, 今繙譯漢文, 祈貴大臣代呈御覽, 本大臣在船恭候示覆. 想貴大臣公忠體國, 澤惠治民, 亦必欲速爲襄成也. 至國書俟畫押後, 再行進呈外, 爲此照會貴大臣. 請煩查照施行. 須至照會者

計 : 移送繙譯漢文上諭一道

右照會大朝鮮國執政大臣.

中華光緒八年四月初四日移.

7.「朝鮮國總理大臣答照會」

大朝鮮國特命總理統理機務衙門大臣金, 爲照覆事.

准貴大臣照會稱 :

本大臣奉命前來, 貴國進呈國書.

等語. 本大臣並奉准貴大臣照會, 謹已進徹御覽, 奉有回照國書, 恭祈貴大臣代呈貴國君主. 竊惟貴大臣殫誠体國, 講信修好, 立約通商, 悉臻妥協, 俾我兩國永徼休祥, 本大臣不勝忻慰. 爲此照復. 須至照會者.

右照會大美國欽命總統水師全權大臣 薛.

大朝鮮開國四百九十一年, 卽中國光緒八年四月初五日.

8.「朝鮮國全權字據」

光緒八年三月二十八日, 統理機務衙門奉諭 : "著申櫶爲全權大臣、金宏集爲全權副官, 前往仁川, 與美國全權大臣, 妥議和好通商條約." 欽哉.

9. 「美國全權字據」

大亞美理駕合衆國大伯理璽天德 阿爾惑，特派水師總統薛斐爾，念爾眞誠信實，智慧能幹，命爲全權大臣，卽往朝鮮，進呈國書慶賀，並與大朝鮮國主或執政大臣商立和約，永敦友誼，永遠通商. 所定條約賫囘本國，紳耆大臣議允，卽批准畫押. 此諭於一千八百八十一年，自主一百六年十一月十五日，在華盛頓都城用寶，著爾執爲的確憑據.

10. 照錄「馬道建忠來稟」

宮太傅中堂爵前，敬稟者：

竊忠於前月十八日煙臺肅上一稟，諒早蒙鈞鑒. 二十日起椗後，行一晝夜，至次日四點鐘抵漢江口虎島旁，依山停泊. 日本公使花房義質已乘兵船，先半時許至，亦於此地下椗. 李應浚偕同彼國三品以下官數員，先在海口伺候，望見旗幟，卽駕小舟來謁云："其國王已令仁川府預備行館". 所派伴接官二品參判趙準永，次晨卽到. 忠因將憲台咨朝鮮國王文交李應浚，令速派妥員賫去. 二十二日晨 伴接官趙準永率李應浚數人來舟，諄請登岸，意不可却，遂徇其請，暫至行館. 丁提督留舟靜候美使. 是日午後花房義質來見，忠已登岸，與丁提督寒暄而去. 忠至行館後，與李應浚等筆談消遣，將微覘其朝議，應浚等狡甚，凡所問有稍近此事者，答語皆諉爲不知. 二十三日凌晨，李應浚辭赴王京，催派議約大員. 趙準永等相繼來. 忠復與筆談，秘密如故. 因告以我中堂奏請大皇帝派員來此，專爲調護屬邦起見，分宜推誠相待，安用是模棱爲. 準允等雖引咎不遑,[20] 仍無一字吐實. 午間，丁提督以美使未至，亦遂登岸. 晩膳後，有機務衙門二品參事金景遂進謁云："自王京奉命而來， 議約大員已派定經理總理機務衙門事申櫶，越宿當至." 景遂年六十餘，其國王於派定議約大員後，命之來，知其胸中當有成議. 爰畧以筆談相舐，辭意之間涉桀黠狡展心機. 似已流露於語言之表. 忠因責以應對失體，拂衣欲去，景遂等再四挽留. 忠皆堅不允從，意將小試操縱，使知中國來員不可玩狎，冀稍折其恣睢之氣，或將來辦理畧可應手. 遂於次晨偕丁提督毅然歸舟，方欲出館，忽花房義質來見. 忠以英語與談，其意頗涉窺探. 而二十一二等日，李趙諸人來謁後，亦

20) '준윤(準允)'은 아마 '[趙]준영(準永)'의 오기인 것 같다.

皆至日本兵舶，晤談良久，其間有無情弊，均未可知．花房義質去後，忠亦旋卽歸舟．伏念此事關係朝廷體制與憲台威望．忠以駑鈍，謬膺斯任，自當竭盡心力，相機辦理，於懷柔之中寓震讋之意，務期於事機有濟，以仰副憲台委任之意．若彼國始終頑梗，自外生成，則忠亦不敢過事遷就，致辱使命．惟薛斐爾約定於二十一日東渡，至今未至，不知因霧阻滯，抑別有他項情事故．與丁提督商，令鎭海兵船同至煙臺，沿途探視，並附便將抵朝鮮後一切情形，專肅具稟，恭叩爵綏．伏惟崇鑒．

職道馬建忠 謹稟．

二月二十四日．

11. [照錄「馬道建忠來稟」四月 初四日．附呈『日記』、『筆談』各一冊][21)]

[宮太傅中堂爵前,] 敬稟者：

竊忠於去月二十四日，因薛使失期不至，恐有事故，擬遣鎭海輪船同至煙臺，沿途探視，並將抵朝鮮後一切情形，縷悉具稟．今就便賫呈，稟甫繕就，而美舶已至，故未卽發．玆特附呈鈞鑒，仍將二十四日以後情形，撮擧大概，爲憲台陳之．

薛斐爾二十四日入口，次日抵港．二十六日，彼此往拜，談及約內第一條，彼終謂："有礙平行體，且電復未至，斷難擅允．" 詢以何天爵在京所譯第一條洋文，則謂："未經携來，亦並不知所譯是何言語．" 詞意之間，甚爲決絕．若必欲以此條例入約中，將至以堅持廢事，不得已議令朝鮮國王另備照會一通，聲明爲中國屬邦，則於我旣存藩服之名，於彼亦無礙平行之體．薛使謂："曩在煙臺答中堂書時，曾允聽朝鮮設法聲明．今旣不列入約中，則亦無不可．" 忠因思此項照會，須令寫明，係於未經立約之前，先行聲明，則美國於此條雖不允列於條約之內，而已許申明於立約之先，似卽與認明朝鮮爲我屬邦無異．惟朝鮮自受日人蠱惑，雖未敢箕踞向漢，而亦不無狡展之心．自二十二日同舟，小示決裂，始知中朝人士不容狎玩．由是景遂諸人及後之來自王京者，皆益形恭謹，而國王遂遣承旨官賫名東來拜，桀黠之氣固已非復前日．玆若臨以大義，令其將中國屬邦一節，遵照聲明，以理勢揆之，似不敢或有違悖．然萬一中於簧鼓，稍涉支吾，

21) 원래 이 부분에 제목이 없었으나, 내용에 맞추어 추가하였다.

則日美二船，瞻視非遙，深恐於國體有碍．爰欲稍參權變之術，以駕馭之．
於二十七日其所派議約大官申櫶副官金宏集登舟來謁時，先令站隊聲砲，以張吾威，復傳諭陪臣某某代國王行三跪九叩禮，恭請皇太后皇上聖安，以折其氣.[22] 然後以筆談所載諸言，從容誘掖，使之樂就大範圍，已乃爲代擬照會一稿，寬假以自主之名，實申明其屬邦之義．金宏集等聞之，乃皆欣然願從．卽於次日命李應浚賫回王京，請國王照稿繕用，繼復議及他款，大都無甚出入．惟米糧出口一條，申櫶金宏集等謂於其國朝議民情有碍，堅欲議禁．而薛使則堅不允禁，相持屢日．金宏集乃議改註："惟仁川口不准出米"一句，忠與美使重加商畧，擬更改爲："惟於仁川已開一口，各色米糧概行禁止運出，"較爲周密．美使迫欲歸國，亟思約事早蕆，復經忠反復開陳．彼內迫於速成之心，外屈於婉商之誼，亦遂勉強允行．初二日李應浚歸自王京，初三日將照會送來，照稿繕寫，一字未易，擬暫存忠處，俟定約時交薛使，與國書、條約一並賫回．頃偕薛孚爾同至仁川，已與申櫶金宏集將全權字據互相交換．卽訂於初六日會集畫押．忠於蕆事後赴王京一行，答其國王賫帖之拜．初十內外當可起椗回津矣．玆恐仰縈宸慮，特遣鎭海先歸，謹將二十四日以來辦理情形，專肅具稟．恭叩爵綏．伏維崇鑒．職道馬建忠謹稟．
四月初四日．
附呈『日記』、『筆談』各一冊．

12.『東行日錄』[23]
光緖八年壬午春三月，我東方屬土朝鮮國始與阿美利加合眾國立約通商，其國之政府

22) 마건충(馬建忠)은 이홍장이 주청(奏請)하여 파견하였지만, 청 황제의 조칙(詔勅)을 전달하는 칙사(勅使)도 아니고 특별한 임무를 부여하여 황제가 직접 파견한 흠차대신(欽差大臣)도 아니기 때문에 "모모에게 황상의 유지를 내리니 국왕을 대신하여 三跪九叩頭의 예절을 행"하라는 것은 사실 양국 간의 전통적 의례(儀禮)에 들어맞는 것이라고 보기 어렵다. 마건충이 조선 관원들의 기세를 꺾기 위해 그들이 중국 군함에 승선하는 전례 없는 새로운 상황을 이용하여 종래의 '상국(上國)–속방(屬邦)' 관계를 공식적으로 재확인하고자 의도적으로 강요한 일종의 호가호위(狐假虎威)와 같은 위압적 행태라고 하겠다.
23) 원문 가운데 판독이 어려운 부분은 王夢珂 點校,『馬建忠集』(中華書局, 2013)에 실린「適可齋記行 卷四

亦不諳外交條例, 願得中國大員主持壇坫.[24] 於是合肥傅相請朝廷以建忠行,[25] 北洋水師統領丁禹亭因巡洋之役, 率兵舶三艘, 曰威遠, 曰揚威, 曰鎮海以偕, 將先至煙臺, 會同美國議約全權大臣薛孚爾馳赴朝鮮襄助議約事宜. 十四日自析津起程.[26] 十六日乘潮致輪出口. 是日潮漲丈有三尺, 嚮夕風平.

十七日晨微霧, 緩輪行, 十二點, 舟抵煙臺. 美國兵舶, 名汕島者, 在口內望望見水師提督旗幟, 站舷申敬, 入口後渡至威遠兵舶. 俄而汕島船主哥貝來謁云:"薛使滬游未返, 卽夕當可至." 又云:"英國水師提督頃赴析津, 聞亦將迎威妥瑪, 往朝鮮議約." 而水師總教習葛雷森來, 亦述新報內載"有英、法、德三國調集兵艦, 將赴朝鮮議約, 而日人亦以兵船直指漢江"之語. 無何, 哥貝辭去, 復有四人來見, 詢知爲招商局及附舶東渡者, 告以行期既定, 令鎮海管駕官知會登舟.

十八日凌晨, 報薛孚爾已至, 卽專弁賫傅相書函去, 附以洋文一緘, 訂相見期. 隨偕丁軍門登岸拜東海關道方佑民觀察,[27] 歸途遇哥船主謂;"薛使候於寓." 與禹亭改道往訪, 促談良久. 薛使謂:"在煙臺宜捐棄往拜升砲繁文, 以免譁屬, 且頃聞英、法、德、日四國咸將調集兵艦, 麇至朝鮮. 果爾, 則定議遂難, 宜乘間先期馳往." 遂訂中國兵舶於二十日辰刻起椗, 美國兵舶於二十一日辰刻起椗, 陸續進發, 順約貝船主, 午後在汕島會議入漢江口停泊處所, 俾先後來集. 於是三點鐘, 偕丁軍門往晤哥貝於其船, 與彼國指定於漢江口虎島旁下椗. 蓋過此則水淺溜急, 輪舟不能停泊矣. 虎島屬朝鮮京畿道仁川府治, 去王京五十餘里. 同舟繕稟上傅相, 報起程日期. 十九日五點二刻起椗東渡, 首威遠, 次揚威, 次鎮海, 各舟相距八百碼, 魚貫而進. 速率每小時行八邁半, 前舟晝

東行初錄」에 의거하여 보완하였다.

24) 단점(壇坫)은 회맹(會盟)이나 담판·집회 장소를 가리키는데, 여기서는 조약 체결을 뜻한다.

25) 부상(傅相)은 군주나 제후를 보좌하는 고위 관료(승상)인데, 여기서는 이홍장을 가리킨다. 안휘성의 합비(合肥)는 이홍장의 출신지이다.

26) 석진(析津)은 요나라 때 세워진 남경(南京. 燕京) 석진부(析津府)에서 나온 명칭으로 오늘날의 북경 서남부에 치소(治所)가 있었고, 오늘날의 북경·천진 지역을 포괄하였다. 여기서는 아마도 천진을 가리키는 명칭으로 쓴 것 같다.

27) 군문(軍門)은 청대에 제독(提督)이나 제독 직함을 지닌 총병(總兵)에 대한 존칭이었다. 1882년 당시 정여창은 기명제독(記名提督)의 직함을 지녔고, 1888년 북양해군의 해군제독(海軍提督)이 되었다. 동해관도(東海

於橫桅懸速率表，夜綴燈以屬後舟耳目．諸習流軍將往觀東瀛風景，[28] 令下之後，理索拭器，莫不踴躍從事云．二十日晨五點二刻起椗東駛，風平浪靜如拭．九點二刻過劉公島，一點鐘薄成山岬，自此迆東偏南太半度行，直指漢江口仙俠島外之小島，距水程一百七十邁．先是海道往朝鮮，無入漢江口者，『隋書』開皇十八年伐高麗，以一軍自東萊泛海趣平壤城．『唐書』貞觀十七年，上親征高麗，以張亮爲平壤道行軍大總管，帥戰艦自萊州泛海趨平壤．平壤箕子故都，『漢書』稱王險城．今屬平安道，據大同江上流，其皆進大同江無疑． 宋徐明叔『宣和奉使[高麗]圖經』云："由定海乘南風北行五日程， 可歷大青島，入急水門，" 則亦由大同江進．又『唐書』永徽五年，命蘇定方爲神丘道行軍大總管，帥師伐百濟，定方引軍自成山濟海，百濟據熊津江口以拒定方，進擊破之．熊津在今忠清道公州下流，由成川入海，則自成川口進，而以一帆東渡，直指漢江．記載以來都所未有．盖其口外島嶼碁布，水淺湍急，沙線無常處，巨艑至此，率以觸礁擱淺爲懼．故往時泛海者至大青島、成山岬二處，皆分迆南北而去．同治中有法國水師提督某駛往測驗繪圖極審，爲海舶指南．於是始稍稍有知漢江口者，國朝魏默深『聖武記』謂："熊津江卽漢江，" 係屬舛午．熊津與漢江相距遠甚，良以從前地圖簡畧，經緯不明．故雖通人材，亦不能無誤歟!

二十一日晨四點鐘舟指仙俠島，微霧，島霾沒不可辨，緩輪繞行．有輪舟自南來，望其旗幟，知爲日本兵船．有頃，霧斂微．而五點二刻，遇仙俠島外小島，八點鐘過仙俠島．島四合，如行江中，水淡青色，溜急，溯流而上．日本兵船以道熟先駛，相距十邁．十二點三刻，遇立峧島傍小貓島，折而北，右掠小阜島，左壓燕輿島，已復迆東兼北行．鐘報三點，望見日本兵船已於虎島旁下椗．四點鐘，我舟相繼至，下椗與日舶鄰．其副

關道)는 원래 등래청도(登萊靑道)로 1862년에 내주(萊州)에서 연대(煙臺)로 옮겨 주재하게 되었으며, 동해관(東海關) 감독을 겸임하였으므로 이런 명칭으로 불리게 되었다. 관찰(觀察)은 도대(道臺. 道員) 관원에 대한 존칭이다. 방우민관찰(方佑民觀察)의 이름은 방여기(方汝冀)인데, 자가 우민(佑民)이며 직예성 청원현(淸苑縣) 출신이다. 광서 10년 연대동해관도(烟臺東海關道)가 되었고, 이후 호리강서순무(護理江西巡撫), 사천총독(四川總督) 등을 지냈다. 『증수등주부지(增修登州府志)』 등을 편찬하기도 하였다.

28) 습류(習流)는 수사(水師), 즉 해군을 가리킨다. 동영(東瀛)은 보통 일본을 가리키지만, 여기서는 중국의 동해(東海), 즉 동중국해를 가리킨다.

管駕剌舢板來，與我舟管駕官相慰勞，兼詢東來故，亦遣大副剌舢板答言．日船名磐城，自內海口下關，載駐紮朝鮮公使花房義質來，途中行十日程，道泊釜山、巨文島各數日．其船大與鎮海埒，俄而小艇二隻自山隙出，張蒲帆駛赴鎮海，以遠鏡窺之，見有烏帽藍袍倚舷而立者，則朝鮮四品鴻臚李應浚也．應浚曾以議約事至析津，本月初先以鎮海送至鴨綠江口歸國者，故識之．鎮海管駕官旋以舢板送之來，則與偕者，又有三品鴻臚韓文奎、五品鴻臚高永周．登舟寒暄畢，筆談數則，固以登岸爲請云："其國王已令於仁川掃除行館，並派二品參判趙準永爲接伴官，明晨當來晉謁．" 薄暮應浚等辭去，丁軍門傳令三船仍蒸汽以待．

二十二日十點鐘，李應浚諸人與趙準永先後至，準永以登岸請，余以美使未來，而朝鮮議約大員亦未派至，適館無所事事，則固辭．準永等固請，乃允於午後二點鐘登岸，留準永等同飯舟中．飯畢，準永謂："往者游日本，識日使花房義質，請往訪問於其舟次．" 卽命以舢板送之去，約令二點鐘，同威遠同行．李應浚別偕諸人往揚威觀看機器，鐘報二點二刻，應浚等歸自揚威，準永猶未返．余與李應浚等別乘舢板先行，中流見準永自日本兵船下．花房義質亦剌舢板至威遠來見丁軍門與余云．三點鐘抵埠．仁川府使武二品鄭志鎔迎謁道左，並以肩輿來迓．輿如車廂狀，趺坐其中，四人舁之行．導以青旗皂蓋，輿隸呵殿，漫聲長謠，前後互答．迤邐循山麓行，景色明秀．如在江南道中．村人扶老携幼來觀者以數百計．越嶺者三，約十五里許，見兩山迴抱中嵌茅屋數十家，如一村落，問之，卽仁川府也．仁川無城郭，官廨在東山之麓，正對文岳，今卽以爲賓館．入館，則屋宇傾圮，堂皇側有小室三四間，備余輩棲息之所．室簇比如蜂房，地薦蒲蓆．壁障紙屏，無几案牀榻．給事者先於門外解履乃入，其俗畧似日本而簡陋特甚．

二十三日，侵曉，陸倫華同舟，李應浚辭回王京，催派議約大員，趙準永等相繼來問訊．因與之筆談，將乘間覘其朝議．準永等獪甚，凡所問有稍涉政府者，答語皆諉爲不知．因告以傅相奏請大皇帝派員來此，實爲調護屬邦起見，分宜推誠相待，安用是模棱爲．準永等咸悚慴謝過．午後與高永周筆談，諮其政治風土，與夫古蹟之沿革，遂留之晚膳，膳畢，而朝鮮國王遣二品參事堂備官金景遂來云："已派定經理機務事申櫶爲議約大員，越日當馳至．" 景遂年六十餘，外若恭謹，而與之筆談，詞令間頗涉諷刺，知其不免有輕重之心. 遂欲以操縱之術制之, 因責其應對失體, 立傳接伴官, 飭質明備輿馬回舟, 漏三下而準永等猶來固留.

二十四日晨起, 金、趙諸人復來固留, 峻詞謝之. 丁軍門先行, 余方將登輿, 而日使花房義質策馬往王京, 道仁川, 適館請見. 與語良久, 別詳問答, 語畢出館, 各自分道行. 至舟而美船仍未來至, 雖連晨霧塞, 而後期至三日, 恐別有事故. 爰與丁軍門商定, 明晨遣鎮海返棹煙臺, 沿途探視. 因以一稟上傳相, 令就便賫回, 稟甫繕就, 報見美國兵船入口, 時已晚七點鐘矣. 登舵樓以遠鏡窺之, 則於口門下椗, 相距猶三十里.

二十五日霧, 美船未起椗. 十點鐘丁軍門邀赴揚威閱操, 午後二點鐘美船駛至, 傍威遠旁下椗. 金景遂、李應浚等亦來威遠, 遂歸自揚威. 而我舟管駕官呂翰適自美船回, 詢知美船在口外阻霧, 停四十八點鐘故失期. 薛使致聲謂: "明日十點鐘來答煙臺之拜." 景遂等尋入見, 稱申櫶今夕乃至. 詞氣謙抑, 非復前日. 數語後, 李應浚攝衣請問, 遂引入別室. 應浚謂: "昨歸王京, 聞政府議論歧出, 興寅君李最應頗非外交," 金景遂卽附之: "阻撓新政者也." 因與筆談數則而出, 應浚等請往款接薛使, 適美船船主來答呂翰之問, 稱: "薛使兩日內不理公務," 乃轉語景遂諸人, 五點鐘辭去.

二十六日九點鐘, 美船船主哥貝來拜. 十點鐘薛使來拜, 寒暄畢, 薛使謂: "其全權字據已譯出, 並繕就公文一通, 擬咨行朝鮮機務總理衙門, 顧以匆促就道, 未携繙譯. 僅帶有煙臺領事所僱之華人文案, 不審華·洋文果相符否, 擬乞代爲一閱." 余允以午後四點鐘報謁時順爲勘對, 薛使辭去. 余與丁軍門議, 翌夕七點鐘, 邀薛使暨美、日二船主晩膳. 旋繕發洋文請單, 薛使辭以疾, 謂: "弗克夜出赴宴." 二船主答書如約, 三點鐘趙準永率李應浚諸人, 持其大官經理機務事申櫶、副官經理機務事金宏集, 與從事官機務副主事徐相雨三刺來問訊, 訂明日十點鐘登舟晉謁. 大官意卽大臣之謂, 下國不敢稱大臣, 降而稱官, 禮也. 未幾鐘報四點, 遂往美船答薛使拜, 準永等留待舟中. 薛使出國書與全權字據華·洋文各一通, 較閱無誤. 薛使商於余謂: "條約未定, 不便遽遞國書, 擬先以公文咨朝鮮政府, 國書俟約定後再呈, 何如?" 余謂: "國書呈遞先後, 無關輕重. 第先將全權字據咨行朝鮮政府, 便可會議." 薛使因問朝鮮正、副二使是否全權. 余謂: "其國王旣特派議約, 諒無不予全權. 且我中堂所議約稿內寫明全權字據,彼政府恪遵所議，非有窒礙，亦不敢擅行增損.” 馬旋辭同舟，復與準永等筆談，論及全權事，李應浚復請往別室.

二十七日九點鐘，丁軍門邀同點名. 九點二刻薛使來商請議約時在近岸支立帳房，不必往仁川行館，並問朝鮮正、副二使登舟，開炮與否. 余謂：“近岸議約，免涉跋省供億，計誠兩得. 少頃當與申、金二使言之. 升炮則按中國禮用三響焉.” 十點鐘趙、李諸人先至，十一點二刻申、金二使率徐相雨，及申櫶之子奭熙、孫德均登舟. 命舟師站隊以迎，升炮三響後，令通詞傳語：“陪臣某某入艙，先行三跪九叩禮，代國王恭請皇太后、皇上聖安. 然後行賓主相見之禮.” 於是余偕丁軍門在艙屏立兩旁，俟櫶、宏集行跪叩禮畢，乃與相見. 送茶後，余偕丁軍門立問其國王安. 櫶、宏集立問中堂安，周旋之間，頗極整肅. 蓋自二十三日同舟小示決裂，彼始知中朝人士不可狎玩. 嗣是景遂諸人及凡來自王京者，罔敢稍有褻越，而兩使臣則又傴僂益恭云. 就坐寒暄數語，遂留飯舟中，飲間與金宏集筆談甚長. 申櫶卽光緒初與日本議約者，年七旬餘. 雖步履甚蹇，而風度仍復端凝. 金宏集年逾四十，望之似三旬許人，與之談，通達識時務. 往與日本議加稅則，章程周密，是其所定，蓋國中矯矯者. 飯畢偕赴美船拜薛使，薛使待之禮有加焉. 已而周視炮位，駭嘆無已. 四點鐘同舟，申櫶請先歸. 余復與金宏集筆談良久. 六點鐘始以小輪船送之去. 七點二刻美、日二船主來赴宴，盡懽而散.

二十八日午後四點鐘，仁川府使鄭志鎔以牛一頭、豕二肩暨雞、魚等物致饋美船，遣通詞登舟請示，且言李應浚復往王京面陳機務. 中國派員至此主持壇坫，凡有交際，罔弗來告，亦恭順之一端也. 初志鎔亦數以禮來饋，余與丁軍門皆巽辭卻之，一無所受，以體國家優恤藩服之意.

二十九日晚五點鐘，國王遣承政院右副承旨金晚植賫名柬來勞問，柬貯匣內，襲以紅綾，跪而進獻. 余長揖受之.[29] 啟視，則右側下方書“朝鮮國王李熙”六字，細若蠅頭. 起坐筆談數則，囑其歸告國王謂：“‘於蕆事後躬詣王京晉謁，希先容焉.”[30] 與丁軍門各附

29) 장읍(長揖)은 두 손을 잡고 이마까지 높이 들었다가 내리면서 허리를 굽혀 절을 하는 것을 말한다.
30) 선용(先容)은 사전에 연락하거나 소개한다는 뜻이다.

銜帖、璧柬,[31] 晩植復跪而受之. 因順令轉囑仁川府使, 明日備輿馬至浦岸伺候, 將與丁軍門往行館答拜申、金諸君.

四月初一日雨. 美船船主哥貝將薛使命來, 催訂議約日期. 十點鐘促具膳, 膳後偕丁軍門登岸, 至仁川入館, 與申、金諸君相見畢, 就坐筆談良久. 二點鐘進食, 食時接談, 胥金宏集主筆, 率以米穀出口於朝議、民情有碍, 須設法議禁爲請. 余答以見薛使時當相機爭之. 四點二刻辭歸, 復往美船以米穀出口一條與薛使往復辯論. 七點鐘回舟作書 以所議告申、金兩君.

初二日曉晴, 專弁往仁川致書. 一點二刻李應浚特申、金二君復函來云："歸自王京, 所需文件摒擋完好, 明日金宏集當來舟商略壹是. 招商局五人已言於朝, 卽飭人護送至王京, 察看商務, 訂後日起行." 且爲其國王致願見之忱, 請余與丁軍門, 蕆事後赴王京一遊, 云已令館人除室以待. 三點鐘後應浚辭去. 薛使在汕島船望見朝鮮人來, 隨遣隨員至我舟詢議約日期, 答以俟明日金宏集來舟議定再告.

初三日二點鐘, 金宏集率徐相雨、李應浚來舟. 坐定, 金宏集出交王京文件, 復以約事與余往復商略, 語載筆談. 四點鐘辭去. 是夕余以約事粗定, 至朝鮮且十餘日, 尚無一字抵津, 恐傅相垂注, 與丁軍門議令鎭海兵船於初五日賫稟先歸.

初四日, 晨起. 申、金二使令李應浚來, 國王命璧還銜柬, 並致我兵船各牛一頭、豕十蹄、雞子二百枚、白粲五石, 以犒勞軍士, 故受之. 十二點鐘薛使赴仁川行館, 答申、金二使之拜, 卽互換全權字據, 邀與同行, 遂登岸偕至仁川行館. 相見畢, 申、金二使出全權字據, 與薛使互相較閱. 遂訂於初六日支立帳房在近岸, 會集畫押. 四點鐘美使先歸. 余獨留與金宏集筆談, 乃返回舟繕稟上傅相, 並附以『筆談』、『日記』二冊, 交鎭海管駕官陸倫華, 令遲明五點鐘起椗, 賫至煙臺後, 沿途探投.

13. 三月二十一日, 威遠舟次與李應浚筆談.

忠曰："約事諸多未定. 如日本人問, 決不可稍有漏洩, 亟宜知會貴國官員, 愼重其事."

李曰："當如戒矣."

31) 합첩(銜帖)은 직함을 쓴 명첩을 가리키며, 벽(璧)은 보내온 선물이나 빌린 문건을 되돌려 보낼 때 쓰는

忠曰：“貴國現派來二品官趙準永，住在何處?”

李曰：“今在仁川府，明早，當來此，相迓.”

忠曰：“閣下此來，曾見貴國相臣興寅君李㝡應否，有何屬付.”

李曰：“卑職曾見李相國，則多有感謝之意.”

忠曰：“貴朝見我中堂議訂約稿，有何意見.”

李曰：“感謝周便，僉意洵同.”

忠曰：“此次約事，經我中堂籌議，十分妥善，亟宜速定，不可遲悞．僕自煙臺臨行時，聞英法德等國，將各自調集兵艦前來．果爾，則約事必多掣肘.”

李曰：“如此事機，當轉達朝廷矣.”

忠曰：“貴國若與美國訂一妥善之約，他國踵至者，卽可奉美國約稿爲依據．將來強鄰斷難肆其要挾，亦貴國之福也.”

李曰：“朝議亦然.”

忠曰：“約內第一款，貴朝有何議論.”

李曰：“姑無詳聞者，未知美國電報聞回音否.”

忠曰：“煙臺曾晤美使，詢及尚無回電．大約第一款之意，必當設法聲明.”

李曰：“此亦轉達朝廷矣.”

忠曰：“現貴國王所派一品大員，其姓氏乞示知，並何日可至.”

李曰：“聞大人到境後派出，故卑職姑未詳聞.”

忠曰：“執事已將第一款之意轉達貴朝，貴朝之意究竟若何.”32)

李曰：“卑職轉達之日，聞知概有感意，未詳其裏許矣．早晩，秉權大臣相接時，當有確論.”

又曰：“皇上特派大人之諭旨賚來否.”

忠曰：“業由我中堂轉咨貴國王矣．此事非係成例，故未由禮部轉行.”

경어이므로 벽간(擘柬)은 답장이나 감사의 편지를 말하는 것 같다.

32) 집사(執事)는 일에 종사하거나 주관하는 사람, 관원이나 직무가 있는 사람을 가리키기도 하지만, 여기서는 상대방에 대한 경칭을 뜻한다.

14. 二十二日午後, 仁川行館與武二品仁川知府防禦使鄭志鎔筆談.

忠曰 : “王京何日派議約大員來.”

鄭曰 : “地方官果不知朝意之那日派定.”

忠曰 : “承備茶點, 費擾扶安.”

鄭曰 : “菲薄之需, 何以過稱耶.”

忠曰 : “僕等自帶庖人, 儘可自辦, 以後毋庸過慮.”

鄭曰 : “待客之禮, 何如是教之耶.”

忠曰 : “前在天津, 業向李應浚囑以不必供應. 此次叩辭, 我中堂時亦諄諄囑付, 不宜令貴國稍有應費. 所有一切輿馬、夫役等項, 均當犒賞, 不必地方官代爲給發.”

鄭曰 : “雖蒙體恤, 而地主究何以自安矣.”

15. 二十二日下午, 與二品參判趙準永筆談.

忠曰 : “執事方纔見日本官員, 有何話說?”

趙曰 : “往見, 則寒暄後, 倭使曰; ‘大清國使臣出來, 聞之否?’爲言. 故答; ‘以中國使臣意外來到, 方以接伴官來此耳’.”

忠曰 : “倭使姓氏, 可詳知否?”

趙曰 : “花房義質.”

忠曰 : “來此, 有何公幹?”

趙曰 : “以公使往京次來到耳.”

忠曰 : “曾見貴國行人趙秉鎬, 前往倭京與花房筆談摺子,[33] 花房義質, 想卽其人.”

趙曰 : “果其人耳.”

16. 二十三日晨, 與趙準永筆談.

忠曰 : “花房義質現往何處?”

33) 접자(摺子)는 황제에게 올리는 주접(奏摺) 또는 접어서 만든 종이책을 가리키는데, 여기서는 후자의 뜻이다.

準曰："聞今日下陸，卽向京城外館所云耳."

忠曰："倭使館所，自建乎？抑貴國代辦乎?"

準曰："倭館非自建也. 小邦姑爲定所入處."

忠曰："君前使日本，曾見吾國何太史乎?"

準曰："果得拜何太史矣. 何大人間以遞任還京然乎?"

忠曰："現大朝廷特派黎觀察蒓齋前往接任，君往日本，所議抽稅通商章程，果否定議?"

準曰："以遊覽往來，此等事初不與議."

忠曰："君往日本，偕君秉鎬乎？抑偕魚君允中乎?"

準曰："偕魚君耳."

忠曰："魚君去冬遊天津，囘時曾晤見否?"

準曰："囘來後，果卽相逢耳."

忠曰："魚君所談何如?"

準曰："悤悤逢別，未及穩話."

忠曰："凡辦事宜，將以誠. 君等模棱兩可，甚非所望. 况本道奉大皇帝特派來，此爲皆襄助貴國之事. 君答言不能盡情，令人悶悶."

準曰："知其事之地，何敢不盡情乎?"

忠曰："貴國與日本等議通商條約，未有成說，外人皆知. 君職位甚重，往遊彼國，何得云不知耶?"

準曰："趙君秉鎬入去，果爲通商抽稅事，僕則爲觀俗，故稱以遊覽，與所任而去者有異."

忠曰："使事雖異，究竟不得諉謂'初不與議'."

準曰："約條未定，豈可不知？然而初不干涉，故所告如此耳."

忠曰："吾國之使於日本者，無埠無之. 貴國與日本自初次立約之後，凡所辯議之事，僕悉知其巔末. 嗣後如有請教，祈悉心示我."

準曰："如見所及，謹當如教矣."

17. 二十三日, 與五品鴻臚高永周三品鴻臚韓文奎筆談.

忠曰 : "趙君於議約事, 可稍知巔末否?"

高曰 : "此公亦已預聞, 然至於參量辯論之地, 恐未擔夯."

忠曰 : "君等現在王京專職鴻臚, 抑別有所司乎?"

高曰 : "卑職等所司, 專係事大事務而已."

忠曰 : "每歲貴國朝貢皇都, 君等可往伴貢使否?"

高曰 : "韓君曾經幾遭充使伴行, 卑職則以多病, 故未能一次往來."

忠曰 : "此次定約後, 若本道前往王京, 謁見貴國王, 用何儀注, 祈詳告我."

高曰 : "自由朝廷議定, 卑職豈有何定見?"

忠曰 : "貴職所司事大事務焉, 有不知?"

高曰 : "奔走供億而已. 至於禮度, 實不敢與聞."

忠曰 : "傳聞王京內朝臣樹立兩黨, 一欲外交, 一欲堅拒, 信否?"

高曰 : "竊念古昔盛時, 每有大更張, 亦不無携貳之論."

忠曰 : "君等泥古乎? 抑審時度勢, 思變局乎?"

高曰 : "雖未曾多讀得書籍, 亦知夫因時制宜之良算."

忠曰 : "貴國與日本通商, 新開一埠, 名元山者, 想在永興左近?"

高曰 : "約百許里之遠."

忠曰 : "日本前約開口, 不過釜山、元山, 今增仁川, 共計三口然乎?"

高曰 : "果然. 而仁川則姑未立埠耳."

忠曰 : "吾聞, 仁川約在今秋開口."

高曰 : "果以我曆八月爲約, 而尚無動靜耳."

忠曰 : "請問貴曆歷, 何曆?"

高曰 : "大人所問, 想是戲言. 不知弊邦奉正朔於中朝耶?"

忠曰 : "我國定曆, 有欽天監. 貴國, 亦設是官乎?"

高曰 : "亦設是官, 察災異祥瑞而已. 憲書則用頒曆."

忠曰 : "對答甚得體."

18. 二十三晚, 與金景遂接談高永周執筆.

忠曰 : "請問, 金君名號、官階, 並問新派議約大員申公名號官階."

金曰 : "機務府參事二品官金景遂, 號忍齋. 申公名櫶, 機務總理衙門通商大臣."

忠曰 : "貴國與日本, 初次立約, 亦是申公定議, 久耳聞其名. 金君今日來自王京, 路途勞憊."

金曰 : "以國事何敢言勞, 美何一未來?"

忠曰 : "美使恐係港外迷霧, 故未能刻期到耳."

金曰 : "似或然矣."

忠曰 : "金君曾否使否皇都?"

金曰 : "凡爲六七次, 而庚[申]蒙塵之變, 係在北京親見其事."

忠曰 : "金君目擊此事, 有何主見?"

金曰 : "昔時主見乎, 今時主見乎?"

忠曰 : "昔時主見."

金曰 : "含垢藏疾, 黽勉和約, 實爲因時勝算."

忠曰 : "此時諸侯義當勤王. 問金君目擊此事時, 究竟有何主見?"

金曰 : "義理有餘, 而事力不足. 可歎! 可歎!"

忠曰 : "金君誼屬陪臣, 遽及此事, 未免失體." 【是晩卽傳通事, 令明晨備輿馬同舟】

19. 三月二十四日 巳刻, 日本公使花房義質來見, 於仁川行館, 英語問答節畧.

寒暄畢, 忠曰 : "貴國與朝鮮通商已久, 漢江之行, 想非一次."

花房曰 : "凡五六次. 自奉派爲駐紮公使, 往來遂數. 兹擬復赴王京小住數月, 聞美使薛孚爾將乘兵舶來此, 與一晤, 乃迄今未至. 而朝鮮王子新婚, 迫慫致賀, 不得久待, 今還入京耳."

忠曰 : "吾二國兵舶先後至此, 不期而遇, 可稱嘉會."

花房曰 : "二國兵舶相遇漢江, 從古未有. 惟願吾東方三國, 自此益敦和好, 以角勝西洋耳."

忠曰：“吾二國已立和約，貴國與朝鮮亦定約章，和好固無待言．至我國於朝鮮，則義當保護，非直和好而也.”

花房曰：“請問貴道來此，究因何事？意者將通商乎?”

忠曰：“吾國東三省與朝鮮壤地相接，邊民向通貿易．朝鮮歲貢二次，亦許攜土貨在北京相近處所出售，通商無庸再議．無已，則以陸路往來甚艱，而自煙臺東渡，輪船止一日程，將來華商或逕取海道，較爲便捷．且在津門知薛孚爾有東方之行．故吾中堂乘間遣本道偕丁軍門就近巡洋，藉以識港口耳.”

花房曰：“前在橫濱亦曾一晤薛君，不識此行遂能辦理和約否?”

忠曰：“聞薛君曾乞貴國致書朝鮮國王，稱述立約之意，不知曾代達否?”

花房曰：“曾有是事．惟其時薛君匆匆回國，客歲道出橫濱，又復至天津，聞渠已託貴中堂轉勸朝鮮國王，與之立議，信否?”

忠曰：“吾中堂深維時局，環地球皆通商，不通商者，僅朝鮮一國耳．且朝鮮已與貴國通商，而獨峻拒歐美諸國，恐生釁隙．故吾中堂以字小爲心，客歲咨行其國王，勸令與美國通商，亦與七年前勸其與貴國通商同意耳.”

花房云：“果爾甚善．吾國亦屢言之矣．奈彼國終不信從．此次經中堂相勸，當必有成.”

忠曰：“聞朝鮮使臣往貴國訂立稅則，有成議否？仁川開港，果在何時？吾想仁川荒瘠，恐開港無益.”

花房曰：“客歲朝鮮使臣至吾國所議稅則過重，礙難定行．此來將再會議，仁川雖荒瘠，然地近王京，將來貿易可冀興旺.”

忠曰：“朝鮮所議稅則，究以值百抽幾爲率?”

花房曰：“出口抽五，入口抽十．吾二國通商數年，商務始有起色．若入口抽十，必致滯銷．故吾國議無論出入口貨，概以值百抽五爲率．況洋布一貨，來自北京，則購者重之，願出重價，而運自吾國，則購者輕之，不願出價，卽此一項按入口抽十辦理，日商吃虧已多．幸貴道與薛君來此，或可趁機議一酌中稅則，何如?”

忠曰：“子爲貴國商民籌則善矣．第朝鮮初開口岸，費用繁多，故有抽十之請．至吾國邊民與朝鮮貿易已有數百年之定則，無庸再議更張．薛使若來，稅則多寡，想亦有自定見. 惟吾子此次若堅執出入口貨値百抽五(吾)之議, 朝鮮恐難允從."

花房曰 : "客歲朝鮮使臣回國後, 吾外務卿井上馨亦以彼國不諳通商利益, 未便以稅則一事, 致碍大局. 今遣僕來, 擬許將入口貨增至値百抽七五, 過此則難再加矣."

忠曰 : "貴國與朝鮮通商, 每年進出口貨統計若干?"

花房曰 : "去歲約計三四十萬."

忠曰 : "出口貨, 究以何者爲大宗?"

花房曰 : "米穀耳. 去歲朝鮮所議稅, 則內有禁米穀出口一條, 此則萬難允行."

忠曰 : "貴國南方遍地產米, 亦何需乎朝鮮之米?"

花房曰 : "三國雖皆產米穀, 而此貴彼賤, 不無少異. 故吾國商人多有自朝鮮糴米者, 冀獲轉運之利耳. 頃聞朝鮮朝廷已派申櫶來此, 與薛君議約, 貴道想亦與想晤."

忠曰 : "申櫶卽前與貴國議約者乎! 聞其人老成練達, 來時當與一晤. 且吾中堂曾徇薛君之請, 勸朝鮮與美國通商. 本道適來, 卽爲介紹其間, 以通兩國之好, 亦分內事耳."

花房曰 : "時已餉午, 匆匆登程, 不得深談爲歉. 想貴道在此, 至少當待三禮拜, 不日再當領教."[34]

忠曰 : "在此久暫未定, 後會有期. 不敢久留大駕."

20. 二十五日, 威遠舟次, 與李應浚密談.

李曰 : "立約之時, 大人應說是不是全權大臣, 否則不能立約. 各國通商之法都是全權方可定約. 蓋我朝建公論不一之故也."

忠曰 : "我對別位貴國官員當如此說, 是否?"

忠曰 : "先派來議約大員申、金二公有正副之別否?"

李曰 : "申大官, 金副官."

忠曰 : "我當說申、金二位當是全權, 方能議約否?"

---

34) '領教'는 다른 사람의 가르침이나 의견을 받아들이겠다는 뜻을 표시하는 것이다. 따라서 '지시를 받겠다' 또는 '지시를 받았다', 즉 '알겠습니다'라는 뜻이다.

李曰 : "是也."

忠曰 : "到底我問你, 貴國王已予全權否?"

李曰 : "我國王欲予, 興寅君無通商意而阻矣."

忠曰 : "何以知興寅君無通商意?"

李曰 : "興寅君說, 我的沒有請通商之事, 何以書我暨金允植商請之說乎?"

忠曰 : "我中堂接興寅君之書, 內有'立約一事. 惟中堂是仰是依'之語, 此說何來?"

李曰 : "興寅君說, 我書則防美國人東出之意, 而無通商之說云."

忠曰 : "我中堂與興寅君函, 渠可呈於貴國王否?"

李曰 : "興寅君尚未見之, 而卑職已看之也. 是大人書械一般之言."

忠曰 : "你由津回來. 不是帶有中堂之書麼?"

李曰 : "有是有, 而那函上沒有這樣話."

忠曰 : "金景遂可是興寅君私人否?"

李曰 : "金景遂與韓文奎都是."

忠曰 : "申、金正副使可見中堂與興寅君之函, 並咨貴國王之文否?"

李曰 : "申年老, 金似可見之."

忠曰 : "金君爲人何如?"

李曰 : "甚是明白."

忠曰 : "貴國王親信?"

李曰 : "果然親信."

忠曰 : "金君見中堂兩次書函, 有何話說?"

李曰 : "尙未逢晤, 未知得見兩次書函否. 而鄙意思之, 則似可見之耳."

忠曰 : "你說此事可速成否?"

李曰 : "與金君說約則好."

忠曰 : "但是申公爲正使, 恐難撇開."

李曰 : "正·副使同往訂約, 則大人問事, 金君必答之也."

忠曰 : "吾想申公年老, 難以登舟, 而美使與本道不能先施, 逕至仁川議事, 法莫若金君一人來舟議事，然後轉達申公．但是如此辦法，必須申、金二位同一事權方可．”

李曰："他二位今日斷當赶來也．一切明日再商．”

忠曰："金君什麼官?”

李曰："二品禮部參判”

21．二十六日，與趙準永筆談．

忠曰："明日申、金、徐三位約幾時來舟?”

趙曰："巳正到此，計料．”

忠曰："吾想明午前三君至舟次便飯，午後本道陪往美船，頃晤美使，已將全權咨文譯成漢文，明日三君來此，請將貴國王特派之諭旨賫至，以便較閱．日後卽可辦事．”

趙曰："明日來拜，卽初次問好，國王諭旨何須特來? 約會之日較閱，未爲晩也．”

忠曰："如此辦法甚好，但本道爲省事起見，故有此議．美使咨文既已繕就，明日俟三君之至，卽可面交否?”

趙曰："容回告矣．”

22．李應浚請往別室私談．

李曰："本國國王特派全權大臣之公文規矩定式，與中國應是一樣寫法，而未詳矩式，書示爲好．”

忠曰："請問貴國王平時諭朝鮮臣是何體裁?”

李曰："卿其往，欽哉．”[35)]

35) 이를테면 『성재집(成齋集)』 卷九 「疏箚」를 보면 「以奏請副使乞省掃疏」(丁酉四月初三日)에 대한 批答에서 국왕의 명은 "答曰 : '省疏具悉. 卿其往省焉'."이라 되어 있다. 왕의 명령이 '경이 가서[卿其往]'로 시작하는 것을 보여주는 사례이다. 그리고 '흠재(欽裁)'는 국왕의 명령이 끝났음을 알리는 어구인데, 앞의 8번 문서 「朝鮮 전권위임장」을 보면 끝 부분이 '흠재'로 끝나므로, 마건충이 이러한 이응준의 정보에 따라 대신 쓴 것임을 알 수 있다.

忠曰 : “然則當代擬一稿.”

李曰 : “感無涯量.”

23. 三月二十七日午時, 威遠舟次與朝鮮議約正使申櫶筆談.

忠曰 : “前與執事往日本議約有管君名尹滋者,[36] 現在何處?”

申曰 : “現任慶尙道觀察使.”[37]

24. 與副使金宏集筆談.

忠曰 : “客歲執事奉使日本所議通商章程, 在津捧讀, 周密之至, 不勝欽佩.”

金曰 : “愧不敢當. 何星使、黃參贊兩大人近節何如,[38] 聞已須代復命否?”

忠曰 : “何太史已回國, 黃太守調往美國舊金山接任總領事, 朝廷現派黎觀察庶昌持節日本云. 前日花房義質入京, 道過仁川, 曾與深談, 微覘其意, 於稅則一事, 恐費唇舌.”

金曰 : “盛教誠然. 花房來弊邦議稅有年, 兩言終不相合, 極屬憂悶, 未知何如可以妥協.”

忠曰 : “中堂在津接閱執事去歲與日本所議稅則, 其外務府未能定允. 故中堂乘此次美國來議條約, 將稅則概列於內, 貴國若及早與美國定約以示日本, 日本雖狡, 斷難始終強項.”

金曰 : “伯相大人爲弊邦籌畫周至, 萬萬感頌, 不可形告.”

---

36) 원문은 윤자(尹滋)로 되어 있으나 실제로는 윤자승(尹滋承, 1815~?)을 가리킨다. 윤자승은 경상도 창녕 출신으로 호조참판, 한성부판윤, 성균관대사성, 경상도관찰사, 홍문관제학 등의 관직을 거쳤다. 1876년 조·일수호조규 때 접견대신 신헌의 부관으로서 조약 교섭의 실무를 맡았다.

37) 원문은 관밀사(觀密使)로 나오나 관찰사(觀察使)의 오기로 보인다. 『고종실록』 18권, 고종 18(1881)년 2월 15일 정미 1번째 기사에 경상감사(慶尙監司) 윤자승(尹滋承)을 소견하는 기록이 나온다.

38) 성사(星使)는 천절팔성(天節八星)이 사신사(使臣事)를 주지한다고 생각해서 제왕의 사자를 가리켜 사성(使星)이나 성사(星使)라고 부른 데서 나온 명칭이다. 즉 황제의 명으로 외국에 파견된 외교관을 가리키는 것이다. '何星使'는 초대 주일 공사를 지낸 하여장(何如璋, 1838~1891)을 가리키며, 황참찬(黃參贊)은 주일 공사관 참찬관 황준헌(黃遵憲, 1848~1905)이다. 황준헌은 1880년 일본을 방문한 조선의 수신사 김홍집에게 하여장의 지시로 쓴 『사의조선책략(私擬朝鮮策略)』을 기증한 것으로 유명하다.

忠曰："美使先至港口，二位後至，按照公法，後至者應先往拜. 午後二位前少帶僕從爲佳，酌隨官員四五位卽可，至有願往彼船觀看者，他次再往，未爲晩也."

金曰："謹領教."

25. 二十七日午後兩點半鐘，偕同申、金二使，往美船晤薛使與金宏集筆談.

忠曰："薛使云：'今日初見，非辦事之時. 但諸公擇定一日，在岸沿帳內，互將全權諭旨較閱，以便商議.'"

金曰："薛使盛指謹悉. 而貴使一行不以弊邦爲嫌，下陸就館，以安主人之心. 切望商辦一事，容當訂日更告."

忠曰："薛使云：'上岸諸多未便，且打擾君等，心實不安，莫若在岸就近商議，旣免二公登舟之勞，且於約事有濟也.'"

金曰："薛使執意如此，不敢更欲強請. 在主人之心，夫益歉悚不自安也."

忠曰："辦事總期兩便，各無所歉. 明日本道卽命舟上人上岸搭盖帳房可也."

金曰："搭盖帳房本不必煩大人過念. 況定期後再商議未晩，明日分付，幸亟止之."

忠曰："此事俟本道囘舟，再與執事細商."

金曰："領教."

26. 四點二刻，囘威遠船與金宏集筆談.

忠曰："明日搭盖帳房，由僕等自備，並不費事. 緣船上帳帆甚多，且水手等習於此事. 俟搭成後，再行訂日商酌."

金曰："盛教雖極感悚，毋論由某處搭盖，容俟確訂日期，然後搭成甚妥，不須預期指揮."

忠曰："誠是. 但執事約於何日方能辦事，美使催促，望速示焉."

金曰："美使催促，庶可仰揣. 而不得不下船與大官酌商訂定，恐無以在此遽對，幸乞涵宥."

忠曰："俟執事囘館與大官商定日期，卽乞示知."

金曰："敢不知教."

忠曰："去歲魚允中在津與傅相面談，曾有商請華商前來貴國貿易，以奪倭商之利. 現由傅相飭派招商局五人在舟，欲往王京查看商務，不識執事能派人護送前往否? 並無卽刻貿之事，惟先行察看商務耳."

金曰："承示貴商五人欲往王京之由，未敢遽對，容偕大官面詳轉告政府，待有回音，卽行仰報."

忠曰："愈速愈妙，至檮至感."

忠又曰："前美使在津與我中堂商議，謂：'貴國久爲中國屬邦，不若在津與中國定一美朝條約.' 而當時中堂答以：'貴國雖爲屬邦，內治、外交均得自主.' 美使終不釋然於心，謂難與貴國平行相待. 比美使至此，亦屢屢以此爲言. 彼謂：'法莫若由貴國王寫一照會與彼國國主，內稱貴國雖爲中國屬邦，但立約一事，本可自主云云，何如?'"

忠又曰："美使之意，卽將中堂所議第一款之言在約外聲明. 若列入約內，則有碍兩國平行之體. 僕自津面辭中堂時，亦諄諄以此爲訓. 若由貴國王先備一照會與彼國國主，不必訂封，送與薛使看明，彼立地可立約平行相待. 俟約成畫押後，彼可將照會與條約一并携回美國呈明國主也."

金曰："指教周悉，兼示方便，極用感紉. 第此事係寡君處分，不得不偕大臣酌商，卽行轉達，奉有裁允然後，可以走告."

忠曰："此事既係貴國王處分，應由公等轉奏定奪. 惟此實係决不可少之一着，爲貴國立定地步，歐美各國方不可藐視. 且中堂奏派鄙人，隨帶兵輪，來此襄助，曾言明貴國事大素恭，今日各國通商，時局大變，宜允貴國立約通商，以杜他人之欺挾."

金曰："弊邦服事中朝垂三百年，偏荷芘(→庇)覆之恩. 此次又蒙爵相勻慈，審度時局，代爲籌畫，期欲立定地步，不受別人欺挾，萬萬感服. 僕雖愚昧，豈不仰揣此至意耶? 况兩大人親駛兵輪遠臨，爲弊邦主持，尤切感悚無已."

忠曰："傅相爲貴國謀事，視如家事，誠以貴國逼邇強鄰，日、俄已藏禍心，事變難測.

故屢次郵函以與美國開口爲請者，職是故也．僕等馳輪貴國，從中代達情好，分所應爲，須言謝．惟此照會之文，須斟酌周至，四面圓到方可．"

金曰："謹領教意．訂期一事，不得不俟照會文字稟裁，然後乃可指告．"

忠曰："誠是．但僕爲此事難以措詞，不揣冒昧，代擬一稿，請執事一閱．"

金曰："此稿至荷代擬，不勝感誦．事關重大，僕不敢擅對．惟當共大官面商轉奏耳．"

27．二十九日午後五點鐘，威遠舟次與承政院副承旨金晚植筆談．

忠曰："僕等駛輪至此，祇緣公事尚未就緒，不克分身馳赴王京，心正歉然．乃承貴國王謙抑先施，遣執事恭賫東帖問訊，愧汗無已．煩執事回奏貴國王，僕等擬待約事畢後，躬赴王京請安．"

金曰："謹領教．回朝轉奏明．"

忠曰："諸費清神，先明謝悃．"

金曰："寡君此訊，祇緣慮兩(?)大人之暫留江館，致此畹晩矣.[39] 鄙人來時，屢有歉愧之教．"

忠曰："貴國王東帖，實不敢當，謹具銜柬，祈執事賫回奉璧．"

金曰："謹領教意．"

忠曰："前承申、金二使登舟先顧，並屢承諸君惠臨．明日擬與丁軍門赴仁川答拜，見以閒談公事，卽煩回時轉知爲禱，並代請地方官爲僕等明晨在浦岸備轎二乘、馬八騎．"

金曰："當趁期等候．"

又曰："俄見大·副官，盛說兩大人德意，且言有病想不能踐此日之約，甚用愧歎云．若聞明日回謝之教，想當欣感無比也．"

忠曰："僕想約內諸款，除禁米糧出口一節外，無甚更張．美使屢屢催促，不識貴國王

39) 강관(江館)은 강가의 객사라는 뜻이므로, 청과 미국의 군함이 머무르고 있는 강화도의 한강 하구를 가리키는 것으로 보인다. 원만(畹晩)은 해가 장차 서쪽으로 떨어진다, 때가 이미 너무 늦었다는 뜻이다.

全權諭旨何時可頒，照會之文何時可至．本道亦因我中堂四月初旬回籍奔喪百日，欲乘中堂未行之先，思得一面，先慰中堂眷念貴國之心，故甚欲約事速成也．"

金曰："大人之歸期甚迫，安得不然？全權諭旨，俄已下來，照會之文，明再間當來到矣，不須深念焉．"

又曰："鄙人允植從弟，厚蒙傅相眷庇之德意．每見書信，輒言傅相忠政，闔門感激，何可形告？"

忠曰："傅相度待人接物，無分畛域．矧令弟領選使謙恭和協，在僕等亦所心折．"

金曰："日前專便致書，出於大人勤念．從弟書中專道此意，故知之而感謝僕僕．"[40]

又曰："寡君柬帖一節，此禮之不當行於美使，體爲然．而美使若或致訝，大人幸明言其屬邦與友邦之分有等級，甚好，不致訝則不必提說．"

忠曰："美使素知屬邦友邦之分際，必不致訝，且僕等亦詎必令美使知也．"

28．四月初一日午初，赴仁川答拜申・金二使，與金宏集筆談．

忠曰："與諸君別三日，渴念之至，想皆佳勝．"

金曰："冒淋光顧，不勝悚皇．僕等托芘(→庇)無恙，荷詢感甚．"

忠曰："古人冒雪訪戴，[41] 今僕等冒雨造訪，藉得暢談，快何如之．美使屢屢催促，謂：'全權諭旨一下，卽可議事．'今晨特遣其船主來舟約明日會議，諸公意見何若？且謂：'照會之文，若貴國王已允，賫呈其國主，卽後至亦屬無妨．"

金曰："美使催促，謹聞命矣．本欲指定日子，專誠趨告，因委員往京城未還，所以遲約至此．如得回音，當卽進拜報知，萬乞寬暇勿罪是幸．至照會文字，委員回當帶到也．"

---

40) '僕僕'은 누누이, 아주 귀찮을 정도로 번거롭게라는 뜻이다.

41) 서성(書聖) 왕희지(王羲之)의 다섯째 아들 왕휘지(王徽之)의 일화에서 나온 것으로, 큰 눈이 내리자 흥취가 일어 밤에 친구 대규(戴逵. 戴安道)를 만나러 먼길을 갔다가 그의 집 앞에서 그냥 돌아왔는데, 그 이유를 묻자 흥이 일어서 찾아갔으나 흥이 다했으니 굳이 만날 필요가 없다고 대답하였다는 것이다. 위진(魏晉) 시대 명사의 풍류가 무언지 보여주는 이야기의 하나이다.

忠曰："諸公約於何日起議, 緣美使今晩專俟準信也."

金曰："專等委員之回, 大約不出數日耳."

忠曰："會議原是虛文, 總是私自商議妥當, 一經會面, 卽可訂議. 昨日舟中無事, 曾向美使抄出洋文, 細細與漢文較閱, 無甚不符之處. 間有一二句微覺參差, 已由僕將漢·洋文更正, 今特携來呈閱."

金曰："紹介周至, 萬萬感紉."

忠曰："約稿第八款美使堅持不願刪去, 不識諸君有何卓見? 原譯稿內有：'因有事故'之句, 嗣後任有何故, 卽可由貴國禁止出口, 此方乃寓禁於不禁之中也."

金曰："米穀一事, 弊土事勢萬不可議出洋, 前已備陳, 冀幸善爲紹介. 雖原稿內注明, 今承教示, 殊違所望. 弊邦全昧商務權操自我之理, 目下雖立嚴防, 尙慮有潛輸之弊. 所以期欲如中東堂章程初定時例耳.[42] 況仁川一口, 日人已有另議之言, 更乞補注言明, 若何?"

忠曰："美使於米糧一節, 似已決然不願刪去, 而諸公又堅持遏糴之議, 僕居間甚難調停. 且所議約稿甚屬妥善, 爲貴國通籌日後取益防損之道. 若因米糧一節, 以致和議不成, 甚爲可惜. 我傅相在津, 屢以此意告知. 金允植其『問答筆談』, 業已轉寄貴朝, 想諸君亦已詳閱之矣."

金曰："提教懇至, 還切悚悳. 領選使談草, 僕等姑未及見. 但任有何故, 由敝國禁止出口之意, 可謂防損之道耶. 民情、事勢, 則誠爲關(悶?)隘."

忠曰："美使若決意照約稿辦理, 諸公之意何若, 祈以實告."

---

42) '中東堂章程'은 아마 '中東章程'의 오기로 보인다. 이홍장은 조선과의 장정에 대해 '中東章程'이라는 표현을 쓰기도 하였으며(「復直督張振軒制軍」 光緖八年六月三十日, 『李鴻章全集』 33 信函 05, 安徽敎育出版社, 2007, p. 156), 조·미조약 체결 무렵 전권대신 신헌(申櫶)은 3월 27일(양력 5월 14일) – 앞서 마건충의 3월 27일 기록에는 나와 있지 않다 – 마건충에게 "만약 中·東章程을 初定할 때처럼 특별히 違禁에 관한 조항 하나를 두고 몇 년 후 상무에 조금 익숙해진 다음 다시 논의하는 게 아마 타당할 것이다."라고 제안한 바 있으므로(高麗大學校亞細亞問題硏究所 編, 『舊韓國外交文書』, 高麗大學校, 1967의 제10권 『美案』 1, p. 2), 아마 이것은 당시 논의가 진행 중이었고 이후 반포되는 「중국·조선상민수륙무역장정(中國·朝鮮商民水陸貿易章程)」을 가리킨다고 볼 수 있을 것이다. 다만 「중국·조선상민수륙무역장정」에는 미곡 수출 금지 조항이 포함되지 않았다.

金曰："傅相寄敝大臣函中，有'雖少有更易，大致不出此範圍'之教. 竊謂此款注明，不過是少有更易，敢爾屢煩，以敝處事言之，國論、民心咸以此爲憂. 僕等辦事，安得不辨論如此?"

忠曰："諸公於第八款擬改之處，可示知否?"

金曰："所教至此，誠爲幸甚. 第八款一體遵辦下，惟仁川口不許出來一句注明，則稍可答朝野之望，如此補明於正約內，萬感幸，不知爲謝."

忠曰："僕同舟後，當與美使言明，或可允議."

金曰："荷此周全，只得攢誦閣下德意而已."

忠曰："設或美使仍有執拗之處，僕想第八款可改爲朝鮮米糧向禁出口. 今玆立約，美國商民於販運米糧一節，當遵已開口岸章程辦理. 如此若貴國與日人約仁川不准運出米糧，則美商自宜照辦矣."

金曰："所教切當，四面圓到."

忠曰："約稿於第八款外，尙有何增刪，卽乞詳示."

金曰："俟進菲膳後，再告."

29. 午飯畢，與金宏集筆談.

忠曰："前由李應浚奉到通商章程二本，在津時業捧讀一過. 約稿業將章程包括在內，不必於約外重言申明."

金曰："誠是，誠是. 所欲補明者，特細章耳. 此則少俟彼此商民來往時再定，可無妨否? 惟大教是仰."

忠曰："詳細章程須俟兩國將約批准開口時，另行妥議. 故十二款尾有至通商詳細章程云云."

金曰："理會得."

忠曰："約稿別款有何斟酌，尙乞指敎."

金曰："前呈通商章程中，西教冊子嚴禁、懲罰一節與洋藥並論. 而今此約只擧洋藥一款，西教禁防不少概見，何故? 敢乞確教."

忠曰："西教一事，若於約內提明，歐美各邦必致決裂．故傅相再四籌維，莫若不必言明，而於第十二款內加'應遵條約已載者先行辦理.' 如立約後遇有教事，卽可由貴國嚴行止絶，且約內亦不載明准洋人遊入內地．若立約後遇有外洋教士在內地遊歷，卽可照約懲辦."

金曰："指教明暢，欽服，欽服."

又曰："約稿各款均屬妥善．僕等不諳外務，更無以仰質者．嗣後如有所見，再於立約後徐議恐妥."

忠曰："約事一立，無可再議，當於未立之先，與僕商酌，以便於美使辯議也."

金曰："實無更商．惟一依原稿協定，伏企，伏企."

忠曰："第八款僕當與之力辯，以冀其成．所有原稿改易數處，卽乞貴處改訂."

金曰："謹當依敎．將敝處所存原稿逐款改正，第八款厘改既承明教，當奉若金石矣."

忠曰："承教謂約稿均屬妥善，則改日一經會商，諒可指定畫押之日矣."

金曰："謹聞命矣．俟委員回，卽當躬詣承誨，仍須面訂畫押之日耳."

忠曰："畫押之日，總須與美使會商後方可訂期，委員明日可能回來否?"

金曰："委員似於數日回來，姑難指的仰告，更乞少寬."

忠曰："昨承貴國王遣副承旨官賫柬帖來舟．僕等汗顏曷已，應俟事蕆，躬詣王京請安，乞先容焉."

金曰："昨於承旨回，業承大教，想伊復命，自當轉奏耳."

忠曰："招商局員五人欲往王京察看商務，不日內想有確示."

金曰："此事李應浚回，始可指告."

又曰："葛君英人，然英國從來未曾相通．今因兩大人隨伴，不得不合席，而終於無外交之義，實爲欠處."

忠曰："葛教習既爲中國所用，亦華人而已."

30. 初三日未刻，金宏集來威遠舟次筆談.

忠曰："和約上執事官銜如何填寫?"

金曰："經理總理機務衙門事全權大官某，全權副官某."

又曰："敢問和約上寫君主乎？抑寫國主？"

忠曰："君主國主意義相同，惟英國條約稱君主，依大利國亦稱君主，美國文書來往則稱國主."

金曰："鈐用印章，則不必畫押耶？"

忠曰："押在本名之下，印在年號之上."

金曰："若用畫押，寫姓不寫名乎？"

忠曰："官銜、姓名都要寫明."

又曰："前晩見薛使，當將米糧一節，與之力爭再四，彼縱未曾明允．若今晩見諭旨、照會二件，諒可允准．惟原文仁川一口米糧一概不准運出，語氣含糊．僕謬加"已開與各色"等字，較爲穩妥."

金曰："深感閣下至意."

忠曰："今晨美使特遣其船主來晤，謂："昨接花房公使來函，內稱：'不日同舟，細談一切事務.'" 美使懼其攙越，欲請明日會面，面訂畫押日期，乘日使未來之先，及早定計．且明日會面時，美使尙有國書一通呈遞，未行析封繙譯漢文，貴國王接其國書，亦宜預爲商復．議約出自美國，故以國書先施，美使至今遲遲未呈者，專爲諭旨、照會之事耳."

金曰："訂期一事，多荷提示．感服，感服．但明日甚促，不可不歸與大官商酌，酌更告美國國書未曾慮到漢文譯本，既未及見．且呈遞之際，儀節極爲難處．此是觚有不諳各國之例故耳．不可不走達朝廷也."

忠曰："明日會面不過畧商，至畫押日期可緩數日．明僕可約美使於午後二點鐘至仁川一晤，國書不過通好聘問之意，並不提及公事，呈遞儀節毫無．不過由美使親手遞與執事，託專弁送至王京賚呈，而執事手受，不必行禮."

金曰："多謝，多謝．更乞秘之，秘之."

又曰："約事一定，繕寫冊頁，從此事已蕆矣．設於畫押，花使突至，想不至多生枝節."

忠曰："若乘日使未至之先畫押，則更妙矣．好在繕寫約冊不過二日卽可蕆事，初六初七皆可."

金曰："指教切當，切當．今日此話乞勿漏."

忠曰："遵教．約款卽於畫押後亦不可令日使知之，須俟換約後，方可宣示."

金曰："謹當銘心．但日使住京，耳目甚多，又極黠，甚是関慮."

忠曰："若公等同僚中無人漏洩，日使絕無他處可以通消息也．因日使若知，或由彼國政府函知其駐美公使從中挑唆，致美國不能批准來換，甚無謂也."

金曰："此事極未易，甚悶．僕等何敢漏洩？然只是未敢明言終秘，因國人不諳此等関係故耳."

忠曰："此事僕言之鄭重者，亦未雨綢繆之意耳."[43]

金曰："領教."

忠曰："明日與美使會面，須將全權諭旨互相較閱外，錄一紙，互換存案．故全權諭旨君等先携回館照錄一紙，以便明日交與美使收存．彼此已備文，明日亦面交也．至照會之文，僕將携往，以示美使，然後暫存僕處，俟押約日再行送交，以昭愼重."

金曰："謹遵命也."

31. 初四日午後，偕薛使往晤申·金二使於仁川館署.

忠曰："昨金君登陸後，僕等持照會文往美舶與薛使商酌．美使始釋然無疑，而米糧一節，力辯再三，始能照議．今彼來館，一以答二公之拜，一以示全權字據，不識諸君可將全權諭旨另錄一分否?"

金曰："美使商酌，多蒙閣下周旋．米糧一節亦已照議，不勝感幸．全權諭旨已錄存一分矣．條約冊子亦於僕歸後連夜飭繕三分，特未裝潢，[44] 未識閣下肯賜一鑒．俟美使至，今席仍行鈐印、畫押，若何?"

---

43) '未雨綢繆(綢繆未雨)'는 『시경』「빈풍(豳風) 치효(鴟梟)」의 구절 "迨天之未陰雨，徹彼桑土，綢繆牖戶"에서 나온 것으로 올빼미가 비 오기 전에 뽕나무 뿌리의 껍질을 벗겨 둥지를 얽는다는 뜻인데, 여기서는 의외의 상황에 대비하여 미리 사전에 제대로 준비를 한다는 뜻으로 쓰였다.

44) 장황(裝潢)은 사물이나 상품의 외면을 장식한다는 뜻이다.

忠曰："美使此來不過初次商議. 如尊處條約冊子已就, 卽約初六日晨十點鐘在浦岸畫押甚妙, 冊子不必裝訂. 惟日後換約冊子, 出自貴國王批訂, 當稍有裝潢耳."

金曰："領教. 美使至, 各出全權字據互閱."

忠曰："美使全權字據, 悉臻妥善, 卽乞諸公收下, 以爲左券."

金曰："多謝. 日使明日可至, 恐生枝節."

忠曰："頃已明定初六晨畫押, 明日日使縱來, 諒無虞也."

金曰："領教. 美使呈其國書."

忠曰："此國書封訂, 並無附譯漢文. 僕意此書, 由公等先行開折, 僕可代譯, 然後賫呈貴國王, 卽可答复."

金宏集因將國書遞忠.

忠曰："現留君處, 待僕行時携回代譯, 尋復細閱洋文."

又曰："國書之意與全權字據大約相似."

32. 四月初六日畫押後, 金宏集再來舟筆談.

忠曰："諸事告畢. 賀賀."

金曰："約事順成, 專由閣下周旋之力, 萬萬感激."

忠曰："此皆大皇帝威德, 傅相規畫所致, 僕何力之有?"

金曰："皇上天恩, 傅相大德, 誠不知何以爲謝. 只是西望攢頌, 乞於回津之日於傅相前爲僕等代達謝悃. 切盼, 切盼! 傅相丁憂回里, 仍當起復視事否?"[45]

忠曰："傅相百日後, 卽當回任. 現雖在籍, 大事亦皆傅相裁决."

金曰："爲中外事務, 幸甚, 幸甚."

忠曰："僕等擬於初八日赴王京, 初十回舟, 十一起椗. 所有貴國王咨文各件, 或可派李應浚乘敝船賫回何如?"

金曰："初八日起駕前來敝京, 不勝欣幸. 回舟一事, 敢乞再遲五六日, 以副寡君之望. 行咨附舟一節, 已經轉達, 而姑未聞朝廷旨意."

---

45) 기복(起復)은 관리가 복상 중에 기용되거나 복상이 끝난 후 기용되는 것을 뜻한다.

忠曰："此次赴京，專爲答貴國王遣帖之拜，不敢久留，津門尙有事事，尙乞轉達."

金曰："遵駕到京，再作商量，極好．此教亦當轉達，而歸勿遽，少緩數日，千萬至禱."

33．初六日席上，有薛斐爾與金宏集筆談．

忠曰："薛使云：'今夏美國兵船前往釜山、元山，現請貴國政府先行知會.'"

金曰："當將此意告知政府也."

忠曰："明日國王答書可至否?"

金曰："似不出明日."

忠曰："薛使急於回國，初八卽行起椗."

金曰："領教．明日交付國書，初八行期，可無悞也."

忠曰："薛使敦請諸位明日至該舟，午時便飯."

金曰："明交付國書，僕與大官仍當復命，不敢再留．且今日應召，卽爲與薛使敍賓主之好也，不須更煩厚注．僕今日歸時，當送薛使至該艦以爲謝，兼行拜別，恐妥."

34．席後薛使辭去，復與金宏集筆談．

忠曰："貴國創始通商，當思所以設立關卡之法."[46)]

金曰："見教切當，敢不服膺? 關卡之製，俟稍歇一通，暢教是幸."

金又曰："早解權操之意，但乞示批准文式."

忠曰："一如貴國州府之類."

金曰："條約册子批准格式亦何如."

忠曰："不過蓋用國寶."

金曰："并不必更寫年月乎?"

忠曰："寫年月當於卷尾."

46) 관잡(關卡)은 원래 화물세 등을 징수하는 내지의 세관(稅關)이나 대외 무역을 맡는 해관(海關), 그리고 청말에 창설된 일종의 통과세인 이금(釐金)을 징수하던 이잡(釐卡) 등의 기관을 통칭하는 용어이다. 여기서는 문맥상으로 해관을 가리킨다고 보아도 좋을 것이다.

金曰："海關規則，弊邦從未設立，日使屢以爲言．故敢請規則如何可得妥善?"

忠曰："可參酌中外海關規則用之．但此係創始，貴國需僱一熟諳此事者，以總司之，切不可僱用日人."

金曰："切當，切當．又地租、定界及罰款多少、遠近、輕重之等，當如何? 方與日使議通商章程，而彼欺我不諳外規，專要從少從輕，定界又欲廣占，故卽此仰質."

忠曰："罰款當以案情之輕重，由判官定擬．地租定界，當握定主意，許以每口周圍若干里．至通商章程在諸君與日使爭執，若美國條約，則通商章程約內注明照萬國公例酌辦."

金曰："弊邦人全昧萬國公例，一切通弊，皆所不解．故所以來日人之要挾，否則何慮?"

忠曰："吾國初開口岸，亦未深諳通商條例，大爲吃虧．今則遣人至外洋，察看考究，深知底蘊."

金曰："誠然，誠然．弊邦則幸蒙中朝指導，可望將來不至吃虧，否，願終始庇護提示."

忠曰："無已，可由貴國王咨商北洋大臣轉奏朝廷，或派人來此襄理，或有貴國派人至中國海關學習，否則由貴國王自奏亦可."

金曰："領教．俟至京城再請教，日已晩，風又少定，請卽起往美舶，言別而歸."

35. 初九日，王京使館與金宏集筆談.

金曰："現日使要妥定通商章程，花房今行帶有全權字樣，而前稿各款多有未協，此事大可關慮．如抽十等則，已經美使允定，而約稿既不可宣露，則已與美國定抽十之例亦未可言明乎?"

忠曰："卓見誠是．前日使與僕談次，曾有許以抽七五之說."

金曰："此句花使語乎?"

忠曰："是．初次在仁川館時與僕密談，彼言此井上馨之意．今以美國抽十一端以微示之，彼或允議，未可知也．若彼仍然堅持，不若延宕，俟至換約後，卽以美國所許者以要日人，亦一計也."

金曰："或七或五，則必定額乃可乎?"

忠曰："七五者，卽值百兩抽七兩五錢之謂也，第言進口貨耳．出口貨仍然抽五，至有進口貨數種，彼曾許以抽至三十．"

金曰："彼之商辦專出要挾．此次稅則其能允從，恐未敢必延遲至換約後，極是良法．然彼以全權來矣，議至不協，定多口舌，亦當以應之．"

忠曰："與之接談，須內剛外柔．若不協議，亦無碍事．公法以全權辦事者，未必皆能定議耳．"

金曰："公法提示，恍若發蒙，敢不膺服？接彼從來和婉，不欲顯生枝節耳．"

忠曰："萬國有因和約不成而興或者，[47] 斷未有議通商規例未洽而決裂者．英、法二國通商條約，滿限者已五年矣，而二國遣派全權商議未妥者，亦五六次矣．二國之和好仍如初也．"

金曰："荷此剖發明晰，感服，感服．彼欺我不解公法，每因議未協，動以失和等語嚇之．得此論，可以杜其口也．"

忠曰："好在貴國通商伊始，事事自能防微杜漸．公等現用緩兵之計，默籌一通商章程、公共稅則，俟美國換約時，則將通商章程、公共稅則宣示各口，而凡來至貴國貿易，約內無共議稅則者，此指日人，因貴國與日人條約並無共議稅則也，則按公共稅則徵收．彼時日人尚未協議，則按公共稅則抽取．彼雖狡展，必然折服．如美約兩面言明抽幾，則謂共議稅則．"

金曰："此教節節切至．敬服，敬服．"

忠曰："美國與人從未議有稅則，稅則由彼自定．無論英、法、德諸國人往貿易者，皆以自定稅則征之，此之謂公共稅則．"

金曰："前呈通商章程底稿，乞於暇時再加點閱，逐節存刪，務至妥當．因便下投，更祝祝．"

忠曰："此次未曾携至，所有各條約均屬妥善．惟微有數處，寧寬毋苛，以免他人藉口．"

旋金宏集携通商章程相叩，卽擧筆批以解之．

47) '興或'은 뜻이 모호하다. 아마 오기(誤記)가 있는 것 같다.

36. 初十日晨, 與金宏集筆談.

金曰 : "竊有一事秘告, 小邦地褊民貧, 邇來經用實絀, 欠項頗多, 日人或有願借之意. 然此事既出不得已, 則無寧仰請於上國, 冀幸視同一家之眷耳. 未敢知鈞意何如, 玆承密諭敢來質議."

忠曰 : "借貸之事, 所係甚重. 用之善則國受其利, 不善則反受其害, 以國乞借, 其法創自外洋, 往往藉此以富國, 亦有因之以弱國者. 但外國借債, 借之於民, 卽向他國借債, 亦借之於他國之民. 從未有向他國政府告貸者, 向一國政府告貸, 勢必受其要挾. 由此以觀, 則日人願借之意, 甚屬可慮. 我中朝屢有洋商欲借款項, 而政府屢卻之者, 防後患也. 然我國繁富, 籌款甚易, 貴國貧瘠, 欲求富強, 不得已而出此一擧, 良亦時勢使然. 然告貸之先, 當籌所以告貸者, 所辦何事, 果爲民興何善擧, 知所辦之事, 果爲民有益, 可以富國, 可以裕商, 則願貸者不乏其人, 雖百萬千萬可以一呼而至, 且利息甚微. 何者? 以貸主知異日之必能償還故也."

金曰 : "所教周悉, 節節感服. 籌款一事, 惟礦山可議, 日人自立約後, 卽要求開礦, 然弊邦恐其欺挾, 至今不准. 願請中國礦師設法創行, 此在大人指教之如何. 而此事伊始, 或可爲籌償之策否? 其數則欲得五十萬, 按年清完耳. 更乞深量裁示."

忠曰 : "貴國富有五金礦,[48] 日本、俄羅斯久已垂涎. 但礦事從未有實在把握, 所言先請礦師設法創行, 思慮周密. 然創行之先, 必須踏勘著實, 何處有何礦, 何處之礦苗最旺, 然後擇其易於開採者先辦. 如是而後, 可籌款以爲興辦. 貴國貧瘠特甚, 欲藉此法以爲富強. 聞之不勝欣喜, 歸當稟請傅相, 先遣礦師數人踏勘礦山, 礦山果旺, 籌款自易. 貴國王可密函中堂論及此事, 僕歸更當詳細代達. 日後中堂果知貴國礦山實有把握, 必當爲貴國籌一至當無損之道, 以借款項, 百萬千萬措借亦易易也."

金曰 : "領教, 謹當將此詳細轉達. 惟大人歸稟傅相, 籌一善法, 仍卽賜教幸甚. 現領選

---

48) 오금(五金)은 다섯 가지 금속, 즉 금·은·동·철·석(錫) 또는 나아가 각종 금속을 말한다.

使在津所辦器械等事，奈無其資可悶．若得大人歸告傅相，從長先求一方便法，俾得爲其資，則尤幸．弊邦包蔘稅有歲課，亦可按年排償耳．"

忠曰："甚善．機器款項不鉅，僕當婉請傅相，以字小爲懷，諒必允從．惟包蔘稅何處撥還，尚乞指示，以便稟聞．"

金曰："指教極切，感悚．包蔘稅係義州府柵門接界所徵收耳．"

忠曰："領教．但借款一事，不可不愼爲貴國謀，切勿墮日人計．至囑，至囑．"

金曰："多謝，多謝．敢不銘肺?"

37．十三日夜九點鐘，威遠艦舟次與韓文奎、高永周筆談．

韓、高曰："英使現有國書持來耶，有副本否? 若有國書持來，則答國書當與美使時一例耶? 約條旣無異同於美使時云，則照會文字又當有之耶．大・副官全權諭旨亦如前一例耶?"

忠曰："君等此來，是國王之意否?"

韓、高曰："果然奉命而來，謹此相問．"

忠曰："所問各節亦出於國王之意否?"

韓、高曰："逐條奉命也．"

忠曰："國王有意與英國作速成約否?"

韓、高曰："欲速成約．"

忠曰："英使持有全權電報字據，國書尚未遞至．但旣有全權，便可立約．英使旣無國書，無需荅書．至照會文字，當在議約之先，一如美國者，所以正外交之名．英使已屢言之，而中堂來諭，亦曾及此．惟約條與美約有無異同，則在貴國遣員議約之遲速耳．大副官全權諭旨，一如前例．"

韓、高曰："約條異同，遣員議約時可以知之乎?"

忠曰："大約可以相同．諸君可卽回王京否?"

韓、高曰："還仁川後，卽欲專撥上達．"

忠曰："照會一事，祈卽轉告繕就送至，以便與英使計議．"

韓、高曰："當如教速達矣. 抵大·副官書則有曰：'約稿視前約一字不錯矣.' 今承大約相同之教, 不無些兒致訝也."

忠曰："前致申、金二公函內云：'若貴國王作速派員議約, 約款或可相同.' 與今茲所云大約相同, 並無二致. 新派大·副官已至仁川否也?"

韓、高[曰]："想已抵府也. 日使聞此消息, 似有急來干預之慮, 於明日內與英使相接, 仍行議定條約. 惟置畫鈴一事, 更待幾日了勘恐妥."

忠曰："英使來此, 携有傅相之函, 且再三託僕爲之介紹, 可致意大·副官, 明日來舟一見, 照會作速寄至, 以便商議? 日使若來, 僕當令其不得攙越."

韓、高曰："卑職等歸, 卽轉達朝廷. 當以照會文字、全權諭旨斯速送來之意爲最要耶?"

忠曰："然. 再英國兵船來此, 不必饋送禮物. 彼來有求於貴國, 若彼以禮物來饋, 則可還答, 否則既費公帑, 亦且貽笑外人, 甚無謂也. 惟彼等需日用食物, 如牛、豕、雞、鴨、菜之類, 可派人送至該舟, 取其價值."

韓、高曰："禮物之不緊, 所教非不穩當. 而已行於美船, 則今不可缺乏. 至於船丁一犒, 係是勞問之意, 何可廢之乎? 日用食物既已聞命, 固當不有遲滯. 但本地方貧薄, 無産畜, 就細微之需, 必求於京城, 故每致汗漫也, 望恕諒. 亦以此言及於英船, 恐好也."

忠曰："禮物、犒賞, 出自貴國王之惠, 不送英船, 英人必不見怪. 大·副官明日可登舟一談否.?"

韓、高曰："暮以至則朝以登舟."

38. 十四日. 文一品兵曹尚書趙寧夏偕金宏集來舟筆談.

趙曰："弊邦仰幸蒙皇上字小之德, 中堂大人厚眷, 與兩位大人襄助之順成立約, 不勝萬幸. 國王感荷不已."

忠曰："貴國事大素稱恭順. 故凡有裨於貴國, 我中堂無不奏明皇上, 設法保護. 至僕等來此, 只守成命, 何力之有焉?"

趙曰："幸於兩大人在弊邦之時, 英舶又至, 多費兩大人尊神, 實用歉悚, 於弊邦事情尤屬萬幸. 國王亦爲感荷, 使僕等轉致."

忠曰："英船至此, 適逢其會, 且携有傅相來函, 飭僕等爲之介紹. 僕等當少俟約事告蕆, 方可西歸. 此亦義不容辭耳."

趙曰："僕等辭陛時, 國王有教：'今此英船之來, 適在上國船未擧椗之前, 幸甚. 前頭事機, 亦未可預算, 汝等須備懇此由於大人, 望須久留敝邦, 期賴終始之襄助.' 意覞(?)續有教, 望乞垂亮焉."

忠曰："貴國王旣有意挽留, 僕等應遵明諭. 惟僕等行止, 非可自專, 務祈貴國王將挽留之意, 咨行北洋大臣轉奏, 或自行奏明方可."

趙曰："謹當具由馳奏, 望須貴艦明晨差遲椗."

忠曰："前此兩日內, 迭陪英使與其參贊, 彼意欲將美約畧爲增減, 僕堅持不得一字更易. 奈彼等尚有三事欲特爲聲明. 一則爲所開口岸, 因美約未曾提明所開何口, 須由執事備一照會, 內言所開口岸, 卽釜山、元山、仁川三口. 但英使謂：'仁川一口水淺, 上下貨物不便, 須在京畿道、忠清道海濱另指一口, 以換仁川之口.' 二則貴國三面濱海, 島嶼林立, 並無精細海圖, 須遣兵船到處測量, 並非另行貿易, 一如貴國與日本約款內所載. 三則英人來此在美國之後, 於心怏怏. 願於畫押後見國王, 庶足以驕美使. 此三事在諸君裁度之耳."

趙曰："另指一口, 萬難議擧. 隨處測量, 已有日人之事, 進京謁見國王, 非僕等所敢擅對."

忠曰："另指一口, 非於三口外開一口. 彼以仁川一口不便上下貨物, 故欲另換他口耳. 至進京謁見之說, 乃彼之私意, 以爲英人苟能進謁國王, 在他人之先, 較爲光寵耳."

趙曰："仁川與日人爭辨五六年而許之. 今若另指一口, 則日人之開仁港必無遷動, 此非多開一口耶? 謁見一欵, 我國不見外人, 恐致驚疑. 英人若以後來欲勝於他人, 則日後別國若又來, 欲更勝於人, 則將何以應之乎? 垂諒焉."

忠曰："此二節出自英使托僕代達, 故敢轉告. 少頃往拜英使, 執事當面與之言明."

趙曰："惟在大人居間主持, 善爲說辭. 今彼使開晤, 諒我事情, 幸勿以此相煩爲幸."

忠曰："僕自當盡力爲之."

趙曰："感謝，感謝."

忠曰："執事全權事據，可不必携去．晤時第言貴國王遣執事來，矢守美約，一字不敢僭易．況貴國臣民以初次通商，未識外交之道，全恃中堂主持，若於中堂所議約稿有所增損，甚難以服臣民之心．如是立論，英使想不至始終執拗也."

趙曰："荷此指教，萬萬感銘．不知何以仰謝垂眷."

39. 午後，往拜韋力士、趙寧夏筆談.

忠曰："英使云：'遣兵船測量一節，若由執事自行備文於約外聲明，則事易就緖矣.'"

趙報："政府圖所以方便約事歸正．千萬，千萬.[49] 照會今明間來到矣．鈐印早爲完妥．望乞."

忠曰："英使現俟彼繙譯官至到時，卽可定日畫押，大約不出四五日."

趙曰："若遲延四五日，而日使突至有碍，約事豈非可慮?"

忠曰："日使雖來無妨．進京謁見之說，英使務乞執事代達爲幸."

趙曰："當轉達，而惟在處分之如何耳."

忠曰："英使云：'除備文聲明兵船測量之事，彼此明允悉照美約畫押.'"

趙曰："莫非大人紹介主持之力．感銘，感銘."

4월 25일에 署理北洋大臣 張樹聲이[50] 다음과 같은 문서를 보내왔다.

본 署理北洋大臣은 光緖 8년 4월 24일 天津 行館에서 驛站을 거쳐 朝鮮과 미국의 우호통상조약

---

49) '千萬'은 어떻든 간에, 여하튼, 반드시, 꼭이라는 뜻이다.

50) 장수성(張樹聲, 1824~1884)은 자(字)가 진헌(振軒)으로 안휘성(安徽省) 합비(合肥) 출신이며 이홍장이 거느리는 회군(淮軍)의 장령(將領)이었다. 1882년 이홍장이 모친상을 당해 고향에 돌아가자 서리직예총독(署理直隷總督. 따라서 署理北洋通商大臣의 직함도 겸직)을 맡았는데, 조선이 임오군란을 맞자 회군 오장경(吳長慶)의 부대를 산동에서 조선으로 출병시켜 일본에 맞서게 하였다. 다음해 그는 양광총독(兩廣總督)의 자리로 다시 돌아갔다.

체결이 이미 마무리되었다는 奏摺을 올린 바 있습니다. 奏摺과 附片[51] 초고를 초록하여 별도의 자문으로 올리는 것 외에도, 朝鮮 國王이 보내온 咨文 및 새로 체결한 조약과 조회, 양국 國書와 전권위임장[全權字據], 그리고 馬建忠의[52] 비밀보고[密稟]와『日記』·『筆談』등 문건을 마땅히 모두 초록하여 자문으로 보내야 할 것입니다. 이에 자문을 보내는 바입니다. 귀 아문[總理各國事務衙門]에서 삼가 검토해주십시오.

추가합니다. 또 이번 달 19일에는 마건충이 14일에 보낸 보고[稟文] 1건을 받았는데, 이미 초록하여 서신으로 보냈음을 아울러 밝히는 바입니다.

첨부 문서 :「淸册」 초록

1.「朝鮮 國王이 보내온 자문」을 초록하여 올리니, 살펴봐 주십시오.

朝鮮 國王이 자문을 보냅니다.
삼가 생각건대 朝鮮은[53] 동쪽 변경에 위치하여, 오로지 皇上의 은총에 의지하면서 삼가 諸侯의 法度를 지켜왔습니다. 근래 천하의 시국은 해마다 바뀌고 달마다 달라집니다. 항구의 사무는 거듭 계속 생겨나고 있습니다. 다행히 李 中堂大人[즉 李鴻章]이 황상께서 작은 나라를 어여삐 여겨주시는 은혜[字小之恩]를 특별히 받들고, 朝鮮이 외국과 교제할 때의 형세를 깊이 통찰하여, 같은 배를 타고 힘을 합치는 것 이상으로 앞뒤로 이끌고 보호해주셨습니다. 지금 미국 사신이 朝鮮에 왔는데, 마찬가지로 사전에 시의적절함을 헤아려 미리 상세하고 타당한

---

51) 부편(附片)은 편문(片文)이라고도 하는데, 주접(奏摺)에 같이 다루기 곤란하거나 따로 간단하게 서술할 내용을 주접의 부속 문건으로 함께 올리는 것을 말한다.

52) 마건충(馬建忠, 1845~1900)은 강소성(江蘇省) 단도(丹徒) 출신으로 자는 미숙(眉叔)이다. 1876년 이홍장에 의해 유학생으로 프랑스에 파견되어 변호사 등의 자격을 얻어 귀국하였다. 이홍장의 지휘 아래 인도와 조선에서 외교 교섭에 종사하였고 1882년 조선에서 임오군란 때 대원군(大院君)을 중국에 연행하는 일 등을 맡았으며, 조선이 미국·영국·프랑스·독일 등과 조약을 맺는 일에도 관여하였으나, 관직은 도대(道臺)에 그쳤다. 그는 철도 부설, 이금(釐金) 감면에 의한 상공업 발전을 주창한 양무파 관료로도 잘 알려져 있다. 저서에『적가재기언기행(適可齋記言記行)』,『동행삼록(東行三錄)』,『마씨문통(馬氏文通)』등이 있다.

53) 원문은 '弊邦'인데, 앞으로는 가능한 한 '朝鮮'으로 번역하겠다.

가르침을 베풀어주셨습니다. 또 朝鮮이 이전에 외교 경험이 없어 時務에 익숙하지 않음을 염두에 두시고, 황상의 유지를 요청하여 道臺 馬建忠과 北洋水師提督 丁汝昌[54] 두 분을 파견하여 비밀자문[密咨]을 가지고 미국 사신과 함께 와서 돕게 해주셔서, 마침내 朝鮮이 좌우의 도움을 받아 조약을 체결할 수 있었습니다. 저는 이 때문에 마음속으로 진정 자나 깨나 감격하지 않을 수 없는 바, 經理統理機務衙門事 申櫶[55]과 金宏集을[56] 전권대관과 부관에 임명하여

---

54) 정여창(丁汝昌, 1836~1895)의 자(字)는 우정(禹廷. 雨亭)이고, 호(號)는 차장(次章)이다. 안휘성(安徽省) 출신으로 태평천국에 가담하였다가 나중에 상군(湘軍)에 투항하였고, 뒤이어 회군(淮軍)에 소속되어 기명제독의 자리까지 올랐다. 1879년 이후 이홍장에게 발탁되어 북양수사(北洋水師)의 건설에 간여하게 되어, 1881년 12월부터 기명제독으로 북양함대를 통령(統領)하게 되었고, 이후 북양해군이 정식으로 편성되자 그 최고사령관인 해군제독에 올랐다. 청일전쟁 당시인 1895년 2월 북양함대 본거지인 위해위(威海衛)가 함락당하고 북양해군이 궤멸당하자 일본연합함대에 투항서를 보낸 후 자살하였다.

55) 신헌(申櫶, 1810~1884)은 조선 후기의 무신으로 자는 국빈(國賓), 호는 위당(威堂)·금당(琴堂)·동양(東陽)·우석(于石) 등이다. 전형적인 무관 가문에서 태어났는데, 실학자인 정약용(丁若鏞)·김정희(金正喜) 문하에서 다양한 학문을 수학하여 무관이면서도 독특한 학문적 소양을 쌓아 유장(儒將)이라 불리기도 하였다. 또 개화파 강위(姜瑋)·박규수(朴珪壽) 등과 폭넓게 교유하였다. 1828년 무과에 급제하면서부터 관직을 시작하여 순조·헌종·철종 조에 걸쳐 중요 무반직을 두루 역임하였다. 고종 초기에도 대원군의 신임을 받아 형조·병조·공조판서를 역임하였다. 1866년 병인양요 때 총융사(摠戎使)로 강화의 염창(鹽倉)을 수비하였고, 1874년 진무사(鎭撫使)에 임명되자 강화도의 전략적 중요성을 인식하여 광성(廣城)·덕진(德津)·초지(草芝) 3진(鎭)에 포대를 구축하였다. 운양호(雲揚號) 사건 이듬해인 1876년에 판중추부사로 전관대관(全權大官)에 임명되어 강화도에서 일본의 전권변리대신(全權辨理大臣) 구로다 기요타카(黑田淸隆)와 협상을 벌여 강화도조약을 체결, 朝鮮의 개항에 중요한 임무를 수행하였다. 이때의 협상 전말을 『심행일기(沈行日記)』라는 기록으로 남겼다. 1882년에 경리통리기무아문사(經理統理機務衙門事)로 역시 전권대관이 되어 미국의 슈펠트(R. W. Shufeldt)와 조·미조약을 체결하였다.

56) 김홍집(金宏集, 원문에서 金宏集[원래 어릴 때 이름이라고 한다]으로 표현된 부분은 바꾸지 않고 그대로 남겨두었다. 1842~1896)은 조선 말기의 관료, 정치가로 자가 경능(景能), 호가 도원(道園) 또는 이정학재(以政學齋)이며 시호는 충헌(忠獻)이다. 1867년 경과정시(慶科庭試) 문과에 급제한 다음 관직을 시작하여 지방관과 내직을 역임하였는데, 1880년 일본이 요구한 인천 개항, 공사 주재[公使駐箚]와 해관세칙(海關稅則) 등의 현안을 타결하기 위한 제2차 수신사(修信使)로 임명되어 58명의 수행원을 거느리고 일본에 다녀왔다. 일본 정부와의 협상에는 실패하였으나 황준헌(黃遵憲)의 『조선책략(朝鮮策略)』과 정관응(鄭觀應)의 『이언(易言)』을 가지고 돌아와, 고종을 비롯한 위정자들이 개화 정책을 채택하는데 직접적인 영향을 미쳤다. 1880년 말 일본 변리공사(辨理公使) 하나부사(花房義質)와 인천 개항 문제를 협의, 20개월 뒤에 인천을 개항하기로 합의하였다. 아울러 정부가 개화 정책을 추진하기 위한 중추기구로 통리기무아문(統理機務衙門)을 설치하자, 12월 통상 관계를 전담하는 당상경리사(堂上經理事)에 발탁되었다. 1882년에 미국과, 1883년에 영국·독일과 차례로 수호통상조약을 체결할 때 조약 체결

인천항으로 보내 그들을 영접하게 하였습니다.

이에 올해 4월 6일에 미국 해군준장 슈펠트와[57] 함께 직접 수호통상조규 14조를 협의하여 정하였으며, 인장을 찍고 서명을 하여 서로 증빙으로 삼아 금석과 같은 영원한 信物로 삼았습니다. 다만 [초안의] 제1조는 공식 조약 속에 남겨둘 수 없었으므로, "朝鮮은 중국의 屬邦"이라는 내용은 따로 조회를 보내 밝힘으로써 李 中堂大人이 제시한 뜻을 지키고자 하였습니다. 이 모두 이 중당대인이 황상의 뜻을 받들어 藩服을 안정시키고 멀리 내다보는 계책을 마련하여 손실을 막고 이익을 얻을 수 있게 해주려는 방법이 아님이 없습니다. [마건충·정여창] 두 대인께서도 중간에서 주지하면서 온 힘을 다해 고심하여 기한 내에 일을 마쳐 조약 체결이 평탄하게 잘 마무리될 수 있도록 해주셨습니다. 이 때문에 朝鮮 신민은 모두 우러러 찬송하지 않음이 없었습니다. 아래에서 직책을 다하지 못하는 저로서는 다음 使行을 파견할 때 삼가 表文을 작성하여 謝恩하고자 합니다만, 우선 條約 册子와 조회 내용 및 미국 국서, 朝鮮의 답장 국서, 양국의 전권위임장 등 문서의 원고를 별도로 초록하여 보냄으로써 황상께 대신 전달해주실 수 있게 하고자 합니다. 그리고 지금 군함 揚威號가 중국으로 돌아가는 편을 이용하여 특별히 副司直 李應浚을 이 임무를 위해 파견하여 자문을 휴대하고 가서 상세하게 조목조목 보고하게 하고자 하니, 번거롭더라도 황상께 대신 상주하여 그 내용을 전달해주십시오.

을 담당한 전권대신의 부관으로 임명되어 협상 실무 책임을 맡았다. 또 임오군란의 사후 수습책으로 정부에서 일본 및 청과 제물포조약(濟物浦條約) 및 중국·조선상민수륙무역장정을 체결할 때에도 전권부관으로 임명되어 협상의 실무 책임을 맡았다. 1884년 9월에는 예조판서와 독판교섭통상사무(督辦交涉通商事務)를 겸임함으로서 대외 교섭의 최고 책임자가 되었다. 이후에도 온건 개화파로서 국정과 외교 분야에서 활발하게 활동하던 중 1896년 2월 아관파천으로 김홍집 내각이 붕괴되고 친러 정권이 수립되자 '왜대신(倭大臣)'으로 지목되어 광화문 앞에서 군중들에 의하여 타살되었다.

57) 슈펠트(Robert W. Shufeldt, 1821~1895, 薛斐爾 또는 蕭孚爾, 書斐路로도 표기된다)는 미국의 해군제독(준장)으로 1867년 제너럴셔먼(The General Sherman)호 사건을 조사하기 위하여 군함 워추세트호를 이끌고 황해도 해안에 들어왔다가 아무 성과도 거두지 못하고 돌아갔다. 1879년에는 군함 타이콘데로가(Ticonderoga)호로 세계 순항의 장도에 올라 아프리카 해안을 돌아, 1880년 부산항에 다시 들어왔다. 이때 미국 정부의 훈령으로 조·미 수호 관계를 수립하고자 일본 측에 중개를 요청하였으나 뜻을 이루지 못하고, 이후 청의 이홍장(李鴻章)에게 중개를 요청하여 쾌히 승낙을 얻었다. 1882년 3월에 미국 전권대사의 자격으로 군함을 이끌고 인천항에 들어와 이홍장의 부하 마건충·정여창, 조선 전권대신 신헌 및 부관 김홍집 등과 함께 인천에서 조·미조약을 체결하였다. 이 조약은 한국이 서구 국가와 맺은 최초 조약으로 세계에 문호를 개방하는 계기가 되었다. 조약 직후 슈펠트는 본국에 돌아갔는데 장기 여행의 노고로 병을 얻어 군에서 은퇴하였다.

앞으로도 혹시 타국과 교섭할 일이 있을지 몰라, 또한 마건충과 정여창을 잠시 잔류시켜달라고 황상의 유지를 청하고자 하니, 그들이 이곳에서 일을 함께 처리하게 해주셔서 朝鮮이 끝까지 은혜를 받을 수 있게 된다면 천만다행이겠습니다. 이에 응당 자문을 보낸 바이니, 검토해보시고 대신 상주하여주십시오. 이상입니다
광서 8년 4월 초10일 발송, 4월 20일 도착.

2. 「朝鮮과 미국이 새롭게 체결한 조약 및 양국의 국서·조회문·전권위임장」 초록

大朝鮮國과 大美國은 和好를 도탑게 하고, 피차의 商民을 은혜로써 보살피기를 간절히 바란다. 이에 大朝鮮國 군주는 全權大官 經理統理機務衙門事 신헌, 全權副官 經理統理機務衙門事 김홍집을 특별히 파견하고, 大美國 대통령은 전권대신 해군준장 슈펠트를 특별히 파견하여, 각기 [본국에서] 받은 전권위임장을 서로 확인해보니 모두 적절하여, 조약을 맺고 다음과 같이 열거한다.

제1조. 앞으로 大朝鮮國 군주와 大美國 대통령 및 그 人民은 각기 모두 영원토록 평화롭고 우애 있게 지낸다. 만약 다른 나라가 불공정하거나 모욕하는 일이 있어 이를 일단 알리면, 반드시 서로 돕고 중간에서 잘 조정하여 우의가 도타움을 보여야 한다.

제2조. 이번에 通商條約을 맺은 뒤 양국은 서로 秉權大臣을 파견하여 피차의 수도에 주재시킬 수 있고, 또한 피차의 通商港口에는 總領事 등의 관원을 둘 수 있으며, 모두 그 편의를 들어준다. 이들 관원은 현지 관원과 교섭하기 위해 왕래할 때에는 모두 같은 품급에 상당하는 예절로서 대우한다. 양국 秉權大臣과 領事 등의 관원은 갖가지 특혜를 누릴 수 있으며, 양국에서 서로 最惠國의 관원을 대하는 것과 다름없게 한다. 다만 領事官은 반드시 주재국의 비준 문서를 받아야만 업무를 시작할 수 있다. 파견되는 領事 등의 관원은 반드시 정규 관원이어야 하며, 상인을 겸임시킬 수 없고, 또 무역 행위를 겸해서도 안 된다. 만약 각 항구에 아직 領事官을 두지 못하면, 다른 나라 領事의 겸임을 요청할 수 있지만, 이 경우 또한 商民으로 겸임하게 해서는 안 되며, 혹은 현지 지방관이 현재 체결된 조약에 비추어 대신 처리할 수 있다. 만약 朝鮮에 주재하는 美國 領事 등 관원의 일 처리가 부당한 경우, 반드시 美國 公使에게 알려야 하며, 피차의 의견이

같을 경우 비준 문서를 회수할 수 있다.

제3조. 미국 선박이 朝鮮 인근 해상에서 태풍을 만나거나 식량·석탄·식수가 떨어졌는데 通商港口로부터 너무 멀리 떨어져 있다면, 응당 근처의 어디에서나 정박하여 태풍을 피하고 식량을 구매하거나 선박을 수리할 수 있도록 허용해야 한다. 모든 경비는 船主가 스스로 준비하며, 지방 官民은 가련히 여기고 도와주어 그들이 필요한 것을 제공해 주어야 한다. 만약에 해당 선박이 통상하지 않는 항구에 몰래 가서 무역하였다면, 그 배의 화물을 거둬들여 몰수한다. 만약 미국 선박이 朝鮮 해안에서 난파하고 朝鮮 지방관이 이것을 들어서 알게 되었다면, 곧바로 지시를 내려 선원들을 먼저 구조하고 식량 등의 물품을 제공해야 한다. 다른 한편으로는 방법을 마련하여 선박과 화물을 보호하면서, 동시에 領事官에게 문서로 알려 선원들을 본국으로 귀환시키고 배에 실린 화물을 건져낼 수 있게 해야 한다. 모든 비용은 선주 혹은 미국에서 스스로 상환한다.

제4조. 미국 民人은 朝鮮에 거주하면서 본분에 따라 법도를 지킨다. 그 생명과 재산은 朝鮮 지방관이 응당 대신 보호하며, 조금이라도 침탈되거나 훼손되어서는 안 된다. 만약 불법 무리가 미국의 건물·자산을 약탈하거나 불태워 파괴하려 한다면, 지방관은 일단 領事에게 알리고, 곧바로 군대를 파견하여 진압함과 동시에 그 범인을 체포하여 법에 따라 엄히 처벌해야 한다. 朝鮮 백성이 만약 미국 백성을 기만·모독한다면, 마땅히 朝鮮 관원에게 넘겨 朝鮮 법률에 따라 처벌해야 한다. 미국 백성이 商船에서든 뭍에서든 朝鮮 백성을 기만하고 소동을 부리고 朝鮮 백성의 生命과 재산을 손상하는 일이 발생한다면, 마땅히 美國 領事館이나 미국이 파견한 관원이 미국 법률에 따라서 체포·처벌한다. 朝鮮 국내에서 朝鮮·미국 백성이 소송을 일으키게 되면, 응당 피고가 소속된 나라의 관원이 본국 법률에 따라 심판하고, 원고가 소속된 나라에서는 관원을 파견하여 참관할 수 있으며, 재판관은 그를 응당 禮로써 대우해야 한다. 재판에 참석한 관원이 만약 증인을 소환하거나 조사하거나 따로 나누어 심문하고자 한다면, 또한 그 편의를 들어준다. 만약 재판관의 판결이 불공정하다고 여긴다면, 역시 상세하게 반박할 수 있다. 大美國과 大朝鮮國은 만약에 朝鮮이 나중에 법률과 裁判制度를 개정하고, 미국에서 보기에 그것이 미국의 법률 및 제도와도 부합한다고 판단하게 되면, 미국 관원이 朝鮮에서 갖는 재판권을 곧바로 회수하고, 그 이후 朝鮮 경내의 미국

人民은 朝鮮 지방관의 관할을 받게 한다고 피차 명확하게 규정한다.

제5조. 朝鮮國 商民과 그 商船이 미국에 가서 무역할 때 무릇 關稅·船舶稅 및 일체의 각종 비용은 응당 미국의 稅關章程에 따라 처리하는데, 미국 인민 및 최혜국 대우를 하는 나라의 商民에게 징수하는 國稅보다 더 많은 액수를 덧붙여 징수해서는 안 된다. 미국 商民과 商船이 朝鮮에 가서 무역하는 경우, 수·출입하는 화물은 모두 關稅를 낸다. 그 關稅 징수권은 응당 朝鮮이 自主한다. 모든 수·출입 관세 및 금지품 반입 및 탈세 방지 방안은 모두 朝鮮 정부가 규칙을 제정하여 먼저 미국 관원에게 알리고, 商民에게 포고하여 따르게 한다. 지금 稅則의 大綱을 먼저 다음과 같이 정한다. 각종 수입 화물 가운데 민생과 관련된 일용품은 그 가격을 100으로 잡았을 때 關稅가 10을 넘지 않게 하며, 예를 들어 양주·담배·시계 등 사치품·완구는 그 가격을 100으로 잡았을 때 關稅가 30을 넘지 않게 한다. 수출하는 토산품에 대해서는 가치를 100으로 하였을 때 關稅가 5를 넘지 않게 한다. 무릇 수입된 洋貨는 항구에서 正規 關稅를 내는 것 외에는 해당 화물이 내지로 들어가든 항구에 머물든 영구히 별도의 稅費를 내지 않는다. 미국 상선이 朝鮮 항구로 들어올 때에는 반드시 선박세[船鈔]를 내야 하는데 매 톤당 銀 5錢이며, 음력을 기준으로 계절마다 한 차례씩 징수한다.

제6조. 朝鮮國 商民이 미국 각지에 가서 무역할 때 해당 지역에 거주하면서 건물을 임대·구입하거나, 창고·점포를 세우는 것은 그 스스로의 편의에 맡긴다. 무역 업무 일체에서 모든 토산품과 제조품, 법률을 어기지 않는 화물은 모두 매매를 허용한다. 미국 상민이 이미 개항한 朝鮮 항구로 갈 경우, 그곳에서 거주하면서 건물을 임대하거나 땅을 빌려 건물을 짓는 것은 그 스스로의 편의에 맡긴다. 무역 업무 일체에서 모든 토산품과 제조품, 법률을 어기지 않는 화물은 모두 매매를 허용한다. 다만 땅을 빌릴 때에는 조금이라도 강제가 있어서는 안 된다. 해당 토지의 임대료는 모두 朝鮮에서 정한 규정에 따라 완납하도록 하며, 임대한 토지는 여전히 朝鮮의 영토에 속한다. 이 조약에서 명시한 바에 따라 미국 관원이 관할해야 할 상민의 동산(動產. [錢産])을 제외하고, 나머지는 모두 朝鮮 지방관의 관할을 받는다. 미국 상민은 洋貨를 내지로 운반하여 판매할 수 없고, 또한 스스로 내지로 들어가 토산품을 구매할 수도 없으며, 아울러 토산품을 이 항구에서 저 항구로 운반하여 판매할 수도 없다. 위반하면 화물을 몰수하며, 해당 상인은 영사에게 넘겨 처벌한다.

제7조. 朝鮮과 미국은 朝鮮 상민이 鴉片[洋藥]을[58] 운반하여 미국의 통상항구로 가서 판매해서는 안 되며, 미국 상민도 아편을 운반하여 朝鮮의 개항장으로 들여오거나, 이 항구에서 저 항구로 운반해서는 안 되며, 또한 아편을 매매하는 무역 모두를 금지하기로 서로 논의하여 정한다. 양국의 모든 상민은 본국이나 타국 선박을 빌리거나 또는 타국 상민에게 고용된 본국 선박을 이용하는 경우를 막론하고, 아편을 운반·판매하는 일을 모두 각자의 본국에서 영원히 금지한다. 위반한 사람이 나오면 엄히 처벌한다.

제8조. 만약에 朝鮮에서 事故가 생겨 국내의 식량 부족이 염려되기 때문에 朝鮮國 군주가 잠시 米糧 수출을 금지할 경우, 지방관을 통해서 이를 통보받은 다음에, 미국 관원들은 다시 각 항구에 있는 미국 상민에게 이를 전달함으로써 그들이 모두 따르게 한다. 다만 이미 개항한 항구에서는 각종 米糧 반출을 모두 금지한다. 紅蔘은 朝鮮에서 오래도록 수출을 금지해왔으므로, 미국인이 만약에 몰래 사들여서 해외로 반출하면, 모두 잡아들여 몰수하고, 각기 나누어 처벌한다.

제9조. 무릇 대포·총칼·화약·탄환 등 모든 무기는 朝鮮 관원이 직접 구매하거나, 미국인이 朝鮮 관원의 구입 허가 문서를 받아야만 수입을 허용한다. 만약 몰래 사들이는 사람이 있다면 화물을 조사하여 몰수하고, 각기 나누어 처벌한다.

제10조. 무릇 양국 관원·상민이 피차의 통상 지방에 거주할 때, 모두 각 직종의 인원을 고용·초청하여 직무상 기술 작업을 돕거나 처리하게 할 수 있다. 다만 朝鮮人으로서 본국의 금령을 범하였거나 연루되어 기소되었는데 미국 상민의 거택·창고 및 상선에 숨은 경우, 지방관은 한편으로 領事官에게 통지하고 다른 한편으로 差役을 파견하여 스스로 체포를 행한다. 혹은 영사가 사람을 파견하여 잡아서 朝鮮의 差役에게 넘긴다. 미국 관민은 이 사람을 비호하거나 억류해서는 안 된다.

제11조. 양국의 학생이 오가며 언어·문자·법률·기술 등을 배울 때에는 서로 도와줌으로써 우의를 도탑게 한다.

제12조. 이번에 朝鮮國이 처음 조약을 체결하므로 여기 다듬어 세운 조항은 일단 간략하게 정하였는데, 응당 조약에 이미 실린 사항을 따라 우선 처리하고, 실리지 않은 것은

---

58) 양약(洋藥) 또는 양연(洋煙)은 외국산 아편을 가리키며, 중국산 아편은 토약(土藥)·토연(土煙)이라고 한다. 원래 중국에서도 금지품이던 아편을 조약상에서 언급하기 불편하여, 이를 위해 만들어낸 용어라고 보면 된다.

5년을 기다린 다음 양국 관민이 서로 언어가 조금 통하게 될 때 다시 논의하여 정한다. 통상에 관한 상세한 章程은 반드시 萬國公法의 통례를 참조하여 공평하게 논의·결정하되, 輕重이나 大小의 차별이 없게 한다.

제13조. 이번에 양국이 체결한 조약과 이후에 왕래할 공문은 朝鮮은 漢文[華文]을 전용하고 미국 역시 漢文을 사용하거나 혹은 英文을 사용하되, 반드시 한문으로 주석을 달아 차이나 잘못을 피해야 한다.

제14조. 현재 양국에서는 다음과 같이 논의하여 정하였다. 앞으로 朝鮮에서 다른 나라 또는 그 상민에게 어떠한 혜택과 은전·이익을 제공할 때, 그것이 해상 항해나 통상무역·교류 등과 관련된 것이든 상관없이 그 나라와 상민이 그동안 누리지 못하던 것이거나 아니면 이 조약에 실리지 않은 것이라면, 미국 官民 또한 그러한 모든 이익을 똑같이 누릴 수 있도록 허용한다. 다만 다른 나라의 이익을 우대하는 이러한 종류의 것이 만약 별도의 조항을 두어 서로 보상하기로 한 것이라면, 미국 관민은 반드시 서로 보상해주기로 한 별도의 조항을 모두 준수해야만 비로소 별도의 조항에서 우대하는 이익을 같이 똑같이 누릴 수 있도록 허용한다.

이상의 각 조항은 지금 大朝鮮과 大美國 양국 대신이 朝鮮 仁川府에서 논의하여 결정하였다. 漢文과 英語로 각 3부씩 필사하고, 내용 구성을 똑같이 하여, 먼저 서명하고 도장을 찍음으로써 서로 간의 신뢰를 밝힌다. 그리고 양국에서 [국왕과 대통령이] 비준하기를 기다려 총 1년을 기한으로 하여 朝鮮 인천부에서 서로 교환하도록 한다. 그 후에는 이 조약의 각 조항을 서로 본국의 관원·상민에게 널리 알림으로써, 모두가 알고 따르게 한다.

大朝鮮國 開國491년, 즉 中國 光緒 8年 4月 初6日.
全權大官 經理統理機務衙門事 申櫶.
全權副官 經理統理機務衙門事 金弘集.
大美國 1882년 5월 22일.
全權大臣 해군준장 슈펠트.[59]

59) 이 부분은 앞서의 판본에서는 간단하게 '大朝鮮國 開國年, 즉 中國 光緒 8年 월 일. 大美國 18 년 월 일'로 기록되어 있다.

3. 「미국 국서」

大美國 대통령이 大朝鮮 군주에게 서신을 보냅니다.

삼가 생각건대 미국은 중국·일본과 우호조약을 맺고 통상한 지 상당한 세월이 지났습니다. 지금 귀국과 귀 군주·국민 모두와 우호 관계를 맺고 통상하기를 간절히 바라며, 또한 귀 군주께서 영원토록 승평을 누리시기를 바랍니다. 이에 특별히 해군준장 슈펠트를 귀국으로 파견하여 보내, 적절한 우호통상조약을 의정함으로써 우리 양국 인민이 더욱 돈독한 우의를 누릴 것으로 기대합니다. 이에 특별히 위와 같은 내용을 알리는 바입니다. 삼가 행복을 축원합니다.

미국 대통령 체스터 A. 아서 서명.

일시 서력 1881년 11월 15일.

4. 「미국 국서에 대한 朝鮮國의 답장 국서」

大朝鮮國 군주가 大美國 대통령에게 서신을 보냅니다.

삼가 듣자 하니 귀국의 정치는 공평하고 정직하며, 오랫동안 우호를 다지기를 바라왔는데 그런 인연이 없었던 것이 안타깝습니다. 지금 귀 국왕[대통령]이 먼저 고위 관원을 파견해 이곳으로 보내 조약을 논의하고자 하니, 이에 전권대관 경리통리기무아문사 신헌, 전권부관 경리통리기무아문사무 김홍집을 파견하였으니, 그와 함께 협의하시면 며칠 안에 바로 서명할 수 있을 것입니다. 슈펠트 제독이 [조약문을] 가지고 돌아가 직접 보고하면 즉각 신속하게 재가해주시고, 관원을 파견해 서로 교환해주기를 바랍니다. 그리하여 우리 양국 인민이 지금부터 더욱 돈독한 우호 관계를 누릴 것으로 크게 기대하고 있습니다. 이에 회답하는 바입니다. 삼가 행복을 축원합니다.

大朝鮮國 개국 491년, 즉 중국 광서 8년 4월 일.

5. 「朝鮮國의 조회」

大朝鮮國 군주가 조회를 보냅니다.

삼가 생각건대 朝鮮은 본래 중국의 속방이지만, 내치와 외교는 예전부터 모두 大朝鮮國 군주가 自主해왔습니다. 현재 大朝鮮國과 大美國이 피차 조약을 체결함에 모두 동등하게 서로를 대해야 합니다. 大朝鮮國 군주는 조약 내 각 조항을 반드시 自主公例에 따라서 성실하게 그대로 시행할 것임을 밝힙니다. 大朝鮮國이 중국의 속방이라고 하였지만, 그 직분 내에서 응당 시행해야 할 모든 사항은 모두 大美國과 조금도 관련이 없습니다. 관원을 파견하여 조약을 맺는 것 외에, [이 점을] 마땅히 문서를 갖추어 조회를 보내야 할 것입니다. 이상입니다.
美國 대통령에게 조회를 보냅니다.
大朝鮮國 개국 491년, 즉 광서 8년 3월 28일.

6. 「미국 사신의 조회」

大美國 대통령의 특명을 받은 해군준장 전권대신 슈펠트가 조회를 보냅니다.
본 대신은 [대통령의] 명령을 받아, 귀국에 와서 국서를 올립니다. [양국의] 우의를 영구히 돈독하게 하고, 신뢰와 호의에 입각한 통상을 바란다는 내용이며, 아울러 미국 대통령의 친필 증빙문서 1건을 받아, 현재 한문으로 번역하였으니, 귀 대신이 대신 [朝鮮 國王께] 올려 御覽할 수 있기를 바라며, 본 대신은 배에서 삼가 회신을 기다리겠습니다. 귀 대신은 충성스럽게 나라의 이익을 도모하고 은택을 베풀어 백성을 다스리려 하니, 역시 반드시 신속하게 [조약 체결을] 도와 마무리짓기를 바라고 있다고 생각합니다. 국서는 서명을 기다린 이후, 다시 올리는 것 외에, 이 때문에 귀 대신에게 조회를 보내니, 번거롭더라도 검토해주십시오. 이상입니다.
첨부[計] : 한문으로 번역된 대통령의 지시문 1건을 보냅니다.
大朝鮮國 집정대신에게 조회를 보냅니다.
中華 光緖 8년 4월 초4일 발송.

7. 「朝鮮國 총리대신의 [미국에 대한] 답장조회」

大朝鮮國 특명총리통리기무아문대신 김홍집이 [미국]에 답장조회를 보냅니다.
귀 대신의 다음과 같은 조회를 받았습니다.

본 대신은 [대통령의] 명령을 받아, 귀국에 와서 국서를 올립니다.

본 대신은 또한 귀 대신의 조회를 받아, 삼가 이미 [국왕께] 올려 살펴보시도록 하였으며, 답장으로 보낼 국서를 받았으니 귀 대신께서 대신 귀국 군주[대통령]께 올려주시기를 바랍니다. 삼가 생각건대 귀 대신은 진심으로 나라의 이익을 도모하여 신뢰로써 우호 관계를 맺고,

조약을 체결하고 통상하여 모든 것이 적절하게 이루어짐으로써 우리 양국이 영원한 이익을 얻을 수 있고자 하시니, 본 대신은 기쁨을 이루 다 말로 표현할 수 없습니다. 이에 답장조회를 보냅니다. 이상입니다.

大美國 대통령의 특명을 받은 해군준장 전권대신 슈펠트에게 조회를 보냅니다.

大朝鮮 개국 491년, 즉 중국 광서 8년 4월 초5일.

8.「朝鮮國의 전권위임장」

광서 8년 3월 28일 통리기무아문에서 다음과 같은 국왕의 지시를 받들었습니다.

신헌을 전권대신, 김홍집을 전권부관으로 임명하니, 인천으로 가서 미국 전권대신과 우호통상조약을 적절하게 논의하여 체결하라.

이상.

9.「미국의 전권위임장」

대아메리카합중국 대통령 아서는 특별히 해군제독 슈펠트를 파견하는데, 당신이 진실하고 성실하며, 지혜롭고 능력이 뛰어남을 고려하여 전권대신으로 임명하는 바이니, 즉시 朝鮮에 가서 국서를 올리고 축하하라. 아울러 大朝鮮國 군주 혹은 집정대신과 우호조약을 논의하고 체결하여 양국의 돈독한 우의를 영원히 다지고, 영원히 통상할 수 있도록 하라. 체결한 조약은 본국으로 가지고 돌아오면 원로대신과 논의하여 승인을 받은 다음 즉시 비준하여 서명할 것이다. 이 명령은 1881년, 독립 161년 11월 15일에 워싱턴시에서 서명함으로써, 당신이 확실한 증서로 휴대할 수 있게 한다.

10.「도대 마건충의 보고[稟文]」 초록

이 중당대인께 삼가 보고를 올립니다.

저[마건충]는 전달 18일 煙臺에서 삼가 보고서 1건을 올렸었는데, 일찌감치 읽어보셨을 것으로 생각합니다. 20일 닻을 올린 이후 꼬박 하루를 운행하여 다음 날 4시 한강 입구 虎島 근처에 도착하여 산 옆에 정박하였습니다. 일본 공사 花房義質는[60] 이미 군함을 타고 반 시간 정도 앞서 도착하였는데, 역시 이곳에서 닻을 내렸습니다. 李應浚은 朝鮮의 삼품 이하 관원

몇 명과 함께 먼저 해구에서 기다리다가 우리 旗幟를 보자 즉각 소형 선박을 타고 와서 "국왕께서 이미 인천부에 行館을 준비하게 하였습니다."라고 인사하였습니다. 파견한 반접관 이품 참판 趙準永은 다음날 새벽 도착하였습니다. 저는 대인께서 朝鮮 國王에게 보낸 咨文을 이응준에게 건네어, 신속하게 적당한 인원을 파견하여 가져가도록 하였습니다.

22일 새벽, 반접관 趙準永이[61] 이응준 등 몇 명을 이끌고 배에 와서, 정성스레 상륙할 것을 요청하니 그 뜻을 거절할 수가 없어 마침내 그 요청을 따라 잠시 행관에 이르렀습니다. 제독 정여창은 선박에 머무르면서 미국 사신을 조용히 기다리기로 하였습니다. 이날 오후 花房義質가 만나러 왔지만, 제가 이미 상륙하였으므로 제독 정여창과 인사말을 나누고 돌아갔습니다. 저는 행관에 도착한 이후 이응준 등과 필담을 나누고 소일하면서 朝鮮 조정의 논의를 살짝 엿보고자 하였으나, 이응준 등이 매우 교활하여 무릇 묻는 바가 이번 사안과 조금이라도 가까운 것이 있으면 모두 모른다고 시치미를 떼었습니다.

23일 이른 새벽, 이응준이 왕경으로 돌아간다고 작별 인사를 하자, 신속하게 議約大員을 파견하라고 독촉하였습니다. 뒤이어 조준영 등이 잇따라 오자, 저는 다시 그와 필담을 나누었지만, 비밀스러운 모습은 여전하였습니다. 그래서 우리 중당대인께서 황상께 奏請하여 위원을 이곳으로 파견하신 것은 전적으로 속방을 보호하고자 하는 목적이었으니, 마땅히 정성껏 서로를 대해야 하는데, 어찌 이렇게 애매한 행동을 할 수 있느냐고 따졌습니다. 조준영 등은 비록 스스로 잘못을 인정하기에 바빴지만, 여전히 한마디도 사실을 털어놓지 않았습니다. 정오쯤 제독 정여창도 미국 사신이 도착하지 않자 역시 마침내 상륙하였습니다. 저녁을 먹은 후,

---

60) 하나부사 요시모토(花房義質, 1842~1917)는 공사관 서기생(書記生)으로 1871년 내한하여 한일 교역·교섭에 종사하였다. 그해 9월 대리공사로 부임하고, 1880년 변리공사(辨理公使)에 승진, 인천·원산의 개항을 꾀하였다. 1882년 임오군란을 만나 스스로 공사관 건물을 불태우고 서울을 탈출하여 귀국하였으나, 다시 돌아와서 제물포조약을 체결하였다. 1911년 자작(子爵)을 받고 그해 추밀원 고문에 임명되었다.

61) 조준영(趙準永, 1833~1886)은 자가 경취(景翠), 호는 송간(松磵)으로 1864년 증광문과에 급제하여 1874년 성균관 대사성이 되었고, 1881년에 신사유람단의 일원으로 40일 동안 일본의 행정·산업·교육 등을 시찰하고 귀국하여 신문의 필요성을 주장하였다. 이듬해 임오군란으로 청의 마건충이 군대를 인솔하고 서울에 올라올 때 영접관(迎接官)이 되어 그를 맞이하였다. 1883년 정월 통리내무아문을 개편하여 만든 협판군국사무에 임명되어 이무(吏務)에 종사하였고, 같은 해 이조참판을 역임하였다. 1884년 갑신정변 후 개성유수가 되었고, 이듬해 협판내무부사를 거쳐 1886년 협판교섭통상사무(協辦交涉通商事務)로 전임하였다.

기무아문 이품참사 金景遂가[62] 마침내 만나러 들어와서 다음과 같이 말하였습니다 : "왕경에서 명을 받아왔습니다. 의약대원은 이미 경리통리기무아문사 申櫶을 파견하기로 결정하였으니, 하룻밤 지나면 도착할 것입니다." 김경수는 나이가 60여 세이고, 그 국왕이 의약대원 파견을 결정한 이후 명을 받아 왔으니, 그 흉중에는 당연히 무언가 알고 있는 바가 있을 것이라고 짐작하였습니다. 이에 대략 필담을 통해 무언가를 알아보고자 하였는데, 거칠고 교활하게 발뺌하려는 마음가짐이 이미 말의 표면에 드러나는 것 같았습니다. 저는 이 때문에 응대가 무례한 것을 책망하면서 옷소매를 뿌리치고 떠나려고 하였는데, 김경수 등이 여러 번 저를 만류하였습니다. 저는 굳게 고집 피우며 따르지 않았는데, 그 의도는 시험 삼아 조종해봄으로써, 중국에서 파견된 관원을 얕볼 수 없음을 알게 하여, 조금이나마 그 오만방자한 기운을 꺾어두어, 혹시 장래 일 처리가 조금이나마 순조롭게 될 수 있기를 기대하였기 때문입니다.

마침내 다음 날 새벽 제독 정여창과 함께 단호하게 배로 돌아가기 위해 막 행관을 나서는 참에 갑자기 花房義質가 찾아왔습니다. 저는 그와 영어로 대담을 나누었는데, 분명히 정탐하려는 의도가 다분하였습니다. 21·22일 등에 이응준과 조준영 일행은 저를 방문한 다음, 다시 모두 일본 군함으로 가서 오랫동안 면담한 것 같은데, 그사이에 어떤 못된 내막이 있었는지는 알 수 없었습니다. 花房義質가 돌아간 다음, 저 역시 곧바로 배로 돌아왔습니다.

엎드려 생각건대, 이번 일은 조정의 體制와 大人의 威望에 관련된 것입니다. 저는 우둔하지만 외람되게 이 임무를 맡았으니, 마땅히 마음과 힘을 다해 상황을 살펴보면서 처리하고, 회유하는 가운데 두려워 떨게 하려는 뜻을 깃들여, 힘써 일 처리에 도움이 될 수 있기를 꾀함으로써, 대인께서 위임한 뜻을 우러러 받들고자 합니다. 만약 朝鮮이 시종 완강하게 버티면서 스스로 문제를 만든다면, 저 또한 감히 일 처리도 제대로 하지 못하면서 그 뜻에 영합하여 使命을 욕되게 하지는 않을 것입니다. 다만 슈펠트가 21일에 朝鮮에 도착하기로 약속하였지만, 지금까지 아직 도착하지 않았는데, 안개 때문에 지체되었는지 아니면 다른 사고가 있는지 모르겠습니다. 제독 정여창과 상의하여 군함 鎭海號를 煙臺로 되돌아가게 하면서 도중에 정탐해보도

62) 김경수(金景遂, 1818~?)는 개항 전후 시기에 활동한 한어 역관(譯官)으로, 1837년 정유 식년시에 3등 5위로 합격한 다음 40년 이상 종사하였다. 그는 1876년 조·일수호조규의 체결에도 간여하였으며 1879년에는 『공보초략(公報抄略)』을 간행하기도 하였으며, 1882년 조·미조약 체결을 위해 인천에 온 마건충의 반접관(伴接官)으로 활동하였다.

록 하였으며, 아울러 그편에 朝鮮에 도착한 이후의 모든 상황을 삼가 보고하고자 합니다. 삼가 백작 대인[이홍장]께서 안녕하시기를 기원합니다. 엎드려 읽어봐주시기를 바라는 바입니다.
도대 마건충이 삼가 보고를 올립니다.
2월 24일.

11. [「도대 마건충의 보고」 4월 초4일. 함께 『일기』와 『필담』 각 1책을 올립니다.]

[이 중당대인께] 삼가 보고를 올립니다.
저는 지난달 24일, 슈펠트 전권사신이 기한을 넘겨도 도착하지 않아, 아마도 사고가 난 것 같아 鎭海號 윤선을 煙臺로 돌려보내면서 가는 도중에 살펴보도록 하였으며, 아울러 朝鮮에 도착한 이후의 모든 상황을 모두 상세하게 갖추어 보고하려 하였습니다. 마침 그편에 올려보내고자 보고서 작성을 막 마친 참이었는데, [뒤늦게 슈펠트가 탄] 미국 선박이 도착하여 미처 발송하지 못하였습니다. 이에 특별히 [올려보내지 못한 앞의 보고서에] 문서를 하나 덧붙여 살펴보시도록 올리면서, 24일 이후의 상황을 대강 추려서 대인께 아뢰고자 합니다.
슈펠트는 24일 하구에 진입하고, 다음날 항구에 도착하였습니다. 26일, 서로 拜訪하고 조약 내 제1조에 관해서 이야기하였는데, 그는 끝내 "[이것이 朝鮮과 미국과의] 平行體制에 장애가 되며, 게다가 [미국으로부터의] 答電도 도착하지 않아 결단코 함부로 허락할 수 없다."고 하였습니다. 홀콤브(Chester Holcombe, 何天爵) 미국 서리공사가 북경에서 번역한 제1조의 영어본에 대해 물어보니, "가지고 오지 않았으며, 또한 어떤 언어로 번역된 것인지도 모른다."고 하였습니다. 말을 하는 태도가 몹시 단호하였습니다. 만약 이 조항을 조약 속에 넣고자 고집한다면 장차 아예 일을 그만두자고 버틸 것 같아, 부득이하게 朝鮮 國王에게 별도로 조회 1통을 보내서 중국의 속방임을 밝히도록 하면, 즉 우리는 藩服이라는 명분을 존속시킬 수 있고, 그들은 平行의 禮에 아무런 장애도 없을 것이라고 설득하였습니다. 슈펠트가 말하기를 "이전에 煙臺에서 이 중당대인에게 답변서를 보냈을 때 일찍이 朝鮮이 방법을 마련하여 밝히는 것을 허락한 바 있습니다. 지금 조약 속에 집어넣지 않는다고 해도 안 될 것은 없습니다."라고 하였습니다. 저는 이 조회를 반드시 분명히 작성하게 해야 한다고 생각하는데, 조약을 체결하기 전에 미리 밝힌다면, 즉 미국이 이 조항을 비록 조약 내에 삽입하는 것을 허용하지 않더라도 이미 조약 체결 이전에 분명하게 밝히도록 허용한 바 있으니, 朝鮮이 우리의 속방임을 분명하게 인정한 것과 다르지 않을 것 같습니다.

그런데 朝鮮은 일본인에게 현혹된 다음부터, 비록 감히 중국을 향해 다리를 쭉 뻗을 정도는 아니지만 교묘하게 발뺌하려는 마음이 없는 것이 아닙니다. [그래서] 22일 배로 돌아온 다음 잠깐 단호하게 자리를 박차고 일어나는 모습을 보여주어, 그들에게 중국 조정의 인사를 함부로 얕잡아봐서는 안 됨을 알게 해주었습니다. 이후부터 김경수 일행과 이후에 왕경에서 온 사람들은 모두 더욱 삼가 공손한 모습을 보였고, 朝鮮 國王도 바로 承旨官이 名帖을 가지고 배방하도록 파견하였는데, 확실히 이미 전날과 같은 거칠고 교활한 태도는 아니었습니다. 따라서 大義로 임하면서 朝鮮이 중국의 속방이라는 구절을 삼가 분명히 밝히게 만들고, 이치와 대세로 시세를 잘 헤아린다면, 감히 혹시라도 어기거나 거스르지는 못할 것입니다. 하지만 만일 [미국이나 일본의] 꼬드기는 말에 넘어가 조금이라도 얼버무리게 놔둔다면, 미국·일본의 선박이 멀리서 쳐다보고 있는 것이 아니니, 국체에 장애가 있을까 깊이 염려됩니다. 그래서 약간 임기응변의 權術을 섞어 그들을 제어하고자 합니다.

27일 파견된 의약대관 신헌과 부관 김홍집이 배에 올라 방문할 때, 먼저 병사들을 도열시키고 대포 소리를 울려 우리의 위세를 펼친 다음, 또한 陪臣 모모에게 황상의 유지를 내리니 국왕을 대신하여 三跪九叩頭의 예절을 행하도록 하고, 나아가 공손하게 황태후와 황상의 문안 인사를 여쭙게 함으로써 그 기세를 꺾었습니다. 그런 다음 『필담』에 실린 여러 말로 차분하게 이끌고 바로잡아주어, 그들이 기꺼이 우리의 뜻에 따르게 하고, 이미 대신 입안해준 조회 원고로 너그럽게 自主의 명분을 빌려주면서도 실은 중국의 속방이라는 대의를 밝히게 하였습니다. 김홍집 등이 제 말을 듣더니, 모두 흔쾌히 따르기를 원하였습니다. 그리하여 다음날 이응준에게 王京으로 가지고 돌아가 국왕에게 원고에 따라 조회를 작성하도록 요청하게 하고, 뒤이어 나머지 다른 조항을 논의하였는데, 대체로 크게 바뀐 부분은 없었습니다. 다만 미곡 수출에 관한 조항은 신헌과 김홍집 등이 조정의 뜻과 백성의 생계에 장애가 된다고 하여 금지를 확고하게 주장하였습니다. 그러나 슈펠트가 완강하게 금지를 거부하여 서로 여러 날 동안 버텼습니다. 김홍집은 그래서 '다만 인천 항구에서만 미곡 수출을 허용하지 않는다.'는 구절로 개정하자고 제안하였으므로, 저와 슈펠트는 다시 상의하여, '다만 이미 개항한 항구에서만 각종 미곡은 모두 수출을 금지한다.'로 수정하는 것이 비교적 주도면밀한 것 같다고 지적하였습니다. 슈펠트는 귀국 날짜가 촉박하여 신속하게 조약을 체결하여 일을 마무리할 생각이었고, 저 또한 다시 거듭하여 제안하였습니다. 그는 안으로는 신속하게 이루고자 하는 마음에 쫓기고, 밖으로는 간절한 저의 설득에 굴복하여 마침내 마지못해서 허락하게 되었습니다. 초2일 이응준이 왕경에서 돌아왔고, 초3일 조회를 보내왔는데, 원고대로 작성하여 한 글자도 고치지 않았습니다. 이것을 잠시 제 숙소에 보관하였다가, 조약을 체결할 때 슈펠트에게 넘겨주어, 국서·조약과 함께 가지고 돌아가게 하고자 하였습니다. 얼마 전 슈펠트와 함께 인천으로 가서, 신헌·김홍집과 전권위임장을 서로 교환하였고, 초6일에 다시 모여 조약에 서명하기로 하였습니다. 저는 일을 마친 다음 왕경으로 가서, 朝鮮 國王이 명첩을 보내 배방한 것에 대해 답방하고자 합니다. 초10일쯤 출발하여 천진으로 돌아갈 예정입니다. 지금 이 중당대인께서 염려할까 우려하여, 특별히 진해호 군함을 먼저 되돌아가게 하여 24일 이래의 처리 상황을 삼가 보고하고자 합니다. 삼가 평안하시기를 바랍니다. 대인께서 열람해주시기를 엎드려 바랍니다. 도대 마건충이 삼가 보고합니다.
4월 초4일
『일기』와 『필담』 각 1책을 덧붙여 올립니다.

12. 『동행일록』[63]

광서 8년 임오년 춘3월, 우리 동방의 屬土인 朝鮮國이 비로소 미합중국과 통상조약을 체결하는데, 朝鮮 정부는 또한 외교 조례를 잘 몰라서, 중국의 고위 관원이 조약 체결을 주재해주기를 원하였다. 그래서 合肥의 李 中堂大人이 조정에 내게 가도록 요청하였으며, 北洋水師의 [기명] 제독 정여창이 巡洋의 임무를 띠고 군함 3척, 즉 威遠·揚威·鎮海號를 이끌고 먼저 煙臺에 도착하여, 미국의 議約全權大臣 슈펠트와 함께 朝鮮에 가서 조약 체결 사무에 협조하게 하였다. 14일 천진[析津]에서 출발, 16일 조수를 이용하여 輪船을 타고 출항하였다. 이날 파도 높이가 1장 3척 정도였지만, 저녁이 되자 바람이 잠잠해졌다.
17일 새벽 옅은 안개가 끼어 윤선을 느리게 운항하여, 12시 배가 연대에 도착하였다. 스와타라(Swatara, 汕島)라는 미국 군함이 항구 내에서 水師提督의 기치를 아득히 바라보면서 뱃전에서 경의를 표하였으며, 항구 진입 이후에는 군함 威遠號로 접근해왔다. 머지않아 스와타라호 선장 쿠퍼(Philip Henry Cooper, 1844~1912, 哥貝)가 와서 인사하면서 다음과 같이 말하였다.

---

63) 바로 위에 언급한 『일기』이다.

"슈펠트 사신은 상해에 머물고 있어서 아직 돌아오지 않았지만, 오늘 저녁에 도착할 것입니다." 또 다음과 같이 말하였다. "영국 해군제독이 방금 천진으로 출발하였는데, 듣자 하니 또한 웨이드(Thomas Francis Wade, 威妥瑪) 공사를[64] 영접하여, 朝鮮에 가서 조약 체결을 논의한다고 합니다." 북양수사의 총교습 클레이슨(William Hughes Clayson, 葛雷森)이[65] 와서 또한 새로 보고서를 올렸는데, "영국·프랑스·독일 3국이 군함을 모아 떼를 지어 朝鮮에 가서 조약을 체결하고자 하며, 일본 또한 군함을 직접 漢江으로 보냅니다."라는 내용이 포함되어 있었다. 오래지 않아 쿠퍼가 작별하고 떠났고, 다시 4명이 찾아왔는데 물어보니 招商局 선박 등을 타고 朝鮮으로 가려는 사람이라, 출발일이 정해졌음을 알리고, 진해호의 통제관에게 승선할 것임을 통보하도록 하였다.

18일 이른 새벽에 슈펠트가 도착하였다는 보고를 받자, 무관에게 이 중당대인의 서신을 전달하는 임무를 주어 보내고 아울러 洋文으로 작성한 서신 1통을 동봉하여 서로 만날 시기를 정하게 하였다. 이어서 정여창 제독과 함께 상륙하여 東海關道 方佑民 觀察을 방문하였는데, 돌아오는 길에 쿠퍼 선장과 우연히 마주쳤을 때 "슈펠트가 숙소에서 기다리고 있습니다."라고 하였다. 그래서 길을 바꾸어 정여창 제독과 함께 그를 방문하여 오랫동안 긴급한 대화를 나누었다. 슈펠트가 말하길 "연대에서는 응당 방문할 때 예포를 쏘는 허례를 포기함으로써 떠들썩해지는 것을 피하고자 하며, 게다가 방금 듣자 하니 영국·프랑스·독일·일본 4개국이 모두 군함을 모아 소집해 朝鮮으로 보낸다고 합니다. 과연 그렇다면 조약 체결 마무리가 어려워질 터이므로, 응당 틈을 타서 예정된 기일보다 앞서 출발해야 할 것입니다."라고 하였다. 그래서 마침내 중국 군함은 20일 새벽에 출항하고 미국 군함은 21일 새벽에 잇따라 출발하기로 정하고, 쿠퍼 선장과 약속하여 오후에 스와타라호에서 한강구에 정박할 장소에 대해 회의를 하여 [양국 군함이] 앞뒤로 모일 수 있게 하자고 하였다. 그래서 3시에 정여창 제독과

64) 웨이드(Thomas Francis Wade, 威妥瑪)는 영국의 외교관이자 한학가(漢學家)로 육군 출신이다. 아편전쟁에도 참여하였고 1847년 퇴역한 다음 중국에서 외교관으로 일하였으며, 1871년부터 1882년까지 공사로 근무하였다. 1888년 귀국 후 케임브리지대학의 첫 번째 한문(漢文) 교수가 되었으며, 중국어의 알파벳 표기법을 만들기도 하였다.

65) 갈뇌삼(葛雷森)은 북양수사의 제1대 총교습으로 초빙된 영국인 William Hughes Clayson을 가리킨다. 그는 영국 해군에 근무한 적이 있고 중국어도 능통하여 1870년부터 중국 해관에서 근무하였는데, 해관의 밀수선 단속선의 통제관을 지내고 천진에서 수사학당(水師學堂)을 연 경력도 있어 이홍장에 의해 북양수사의 총교습으로 발탁되었다.

함께 쿠퍼를 그의 배에서 만나, 미국과 한강구 虎島 부근에서 닻을 내리기로 정하였다. 이곳은 수심이 얕고 물살이 세서, 윤선은 정박하기 어렵다. 호도는 朝鮮 경기도 인천부 치소에 속하며, 왕경에서 50여 리 떨어져 있다. 배로 돌아가 이 중당대인에게 보고서를 작성하여, 출발 일자를 알렸다.

19일 5시 30분에 닻을 올려 朝鮮으로 출발하였는데, 선두에는 위원호, 다음에는 양위호, 그다음에는 진해호가 뒤따랐으며, 각 선박의 거리는 800야드 정도로 한 줄로 늘어서 운항하였다. 속력은 시간당 8마일 반이었고, 앞의 선박이 낮에는 속력표를 마스트에 걸어두고 밤에는 등불을 매달아 후미 선박의 눈과 귀가 되게 하였다. 여러 해군 장병들은 동중국해의 풍경을 구경하다가, 명령이 떨어지자 이후 밧줄을 정리하고 기계를 닦는데, 활기가 넘치지 않은 사람이 없다고 한다. 20일 새벽 5시 30분에 출항하여 朝鮮으로 향하였는데, 마치 씻은 듯 바람은 가라앉고 파도가 잠잠하였다. 9시 30분에 劉公島를 지나, 1시에 성산곶에 접근하였으며, 이곳부터 동쪽은 남쪽으로 약 半度를 치우쳐 항행하면, 바로 한강구 仙俠島 밖의 작은 섬에 이르는데, 물길로 170마일 거리이다. 이전에 海路를 통해 朝鮮에 갈 때 한강구에 진입한 적이 없었으니, 『隋書』의 開皇 18년 기록에 고구려를 정벌할 때 一軍이 東萊[山東 萊州]에서 바다를 건너 평양성으로 향하였다. 『唐書』 貞觀 17년의 기록에도 太宗이 고구려를 親征할 때 張亮을 平壤道行軍大總管에 임명하고, 군함을 지휘하여 萊州에서 바다를 건너 평양으로 향하게 하였다. 평양은 箕子朝鮮의 고도이며, 『漢書』에서는 王儉城이라 불렀다. 지금은 평안도에 속하며, 대동강 상류에 위치하니, 쳐들어간 곳이 모두 대동강임이 틀림없다. 宋代 徐兢의[66] 『宣和奉使高麗圖經』에 이르기를, "定海에서 남풍을 타고 북쪽으로 5일 거리를 가면 大靑島를 거쳐 急水門에 진입한다."고 하였으니, 역시 대동강을 통해 진입한 것이다. 또한 『唐書』 永徽 5년의 기록에 蘇定方을 神丘道行軍大總管에 임명하고 군사를 지휘하여 百濟를 정벌하게 하였는데, 소정방은 군대를 이끌고 成山에서 바다를 건넜으며, 백제는 熊津江口에 자리 잡고 저항하였지만, 그가 진격하여 격파하였다. 웅진은 현재 충청도 공주 하류에 위치하며, 성천에서 바다로 들어가는데, 성천 하구에서 나아가 돛을 달고 동쪽으로 건너면 바로 한강을 가리킨다. 그러므로 역사의 기록이 시작된 이래 [한강으로 진입한 경우는] 전혀 없는 것이다. 그 한강구 밖에 島嶼가 사방에 분포하고 있으며, 물이 얕고 물살이 세며 모래톱은 일정한 곳이 없으니, 큰

66) 서긍(徐兢, 1091~1153)은 호가 명숙(明叔)인데, 북송 휘종 연간인 1124년 국신사제할관(國信使提轄官)으로 고려에 사신으로 파견되었으며, 『선화봉사고려도경』 40권을 지어 귀국한 다음 나라에 바쳤다.

거룻배로 여기에 도달하면 모두가 암초에 부딪혀 좌초할까 두려워한다. 그래서 옛날 바다를 건널 때에는 대청도·성산곶에 이르면 모두 남북 쪽으로 나누어 항해하였다. 同治 연간 프랑스 해군제독 모씨가 배를 운항하면서 측량한 해도가 매우 상세하여 이곳 항해의 지침서가 되고 있다. 그래서 비로소 조금이나마 한강구를 알게 되었으며, 우리 청의 魏源이 지은 『聖武記』[67] 기록에는 웅진강을 한강이라고 하였는데 잘못된 것이다. 웅진과 한강은 서로 멀리 떨어져 있으니, 확실히 종전의 지도는 간략하고 경도·위도가 분명하지 않았다. 그러니 비록 통달한 인재라고 해도 역시 오류가 없을 수는 없는 셈인가!

21일 새벽 4시 배가 선협도로 향하였는데, 옅은 안개가 끼어 섬이 매몰되어 구별할 수 없어서 윤선의 속도를 늦추면서 우회하였다. 윤선 한 척이 남쪽에서 오고 있었는데, 그 깃발을 살펴보고 일본 군함이라는 것을 알게 되었다. 이윽고 안개가 조금 걷히자, 5시 30분에 선협도 밖 작은 섬을 만났으며, 8시에 선협도를 지나자 섬이 사방에서 둘러싸고 있었고, 마치 강물에서 운항하는 것처럼 물이 옅은 푸른색이고 물살이 빨랐지만, 물살을 거슬러 올라갔다. 일본 군함은 물길을 잘 알아 앞서서 운항하였는데, 서로 10마일 떨어진 거리였다. 12시 45분, 蛟島 부근 小貓島를 만나, 북쪽으로 방향을 꺾었는데, 오른쪽으로 小阜島가 스치고 왼쪽으로는 燕興島가 다가와 다시 동쪽 및 북쪽으로 향하였다. 시계가 3시를 알리자, 일본 군함이 이미 호도 부근에서 닻을 내린 것이 보였다. 4시에 우리 배가 잇따라 도착하여 일본 배 근처에 닻을 내렸다. 그 부관이 三板船을 몰고 와서 우리 배의 통제관과 서로 노고를 위로하였으며, 아울러 朝鮮에 온 이유를 물자 역시 부선장의 명첩을 삼판선 편으로 보내 답변하였다. 일본 배의 이름은 반조[磐城]이며, 일본 내해의 시모노세키[下關]에서 駐箚朝鮮公使 花房義質를 태우고 왔는데, 도중에 10일 일정의 거리를 오다가 부산·거문도에 각기 며칠을 정박하였다고 한다. 그 선박의 크기는 진해호와 맞먹었다. 잠시 후 작은 거룻배 2척이 산의 틈에서 나와 돛을 펼치고 진해호로 접근하였는데, 멀리서 망원경으로 살펴보자 烏帽를 쓰고 藍袍을 입고 뱃전에 기대어 선 사람이 보이니, 곧 朝鮮의 사품관 홍려시 이응준이었다. 이응준은 일찍이 조약 체결 사무로 천진에 온 적이 있었고, 이번 달 초에 먼저 진해호를 통해 압록강구로 보내 귀국시켰기 때문에 그를 알고 있었다. 진해호의 통제관이 이윽고 삼판선을 보내 맞이하

67) 『성무기(聖武記)』 14권은 청의 위원(魏源, 1794~1857, 원명은 遠達, 字는 默深, 또는 墨生·漢士, 호는 良圖이다)이 지은 책으로 도광(道光) 22(1842)년 완성되었다. 청조의 건립 이래 도광 연간까지의 무공(武功), 즉 군사적 업적의 역사를 정리한 것이다.

였는데, 함께 온 사람은 삼품관 홍려시 韓文奎, 오품관 홍려시 高永周였다. 배에 올라 인사를 마치고, 필담을 몇 차례 나누자 바로 상륙을 청하면서 말하였다 : "국왕께서 이미 인천부에 지시하여 행관을 청소하도록 하였으며, 또한 이품참판 趙準永을 접반관으로 파견하였으니 내일 새벽 도착하면 찾아뵐 것입니다." 해 질 무렵 이응준 등이 작별 인사를 하고 떠나자, 정여창 제독이 세 척의 배에 지시하여 뱃고동으로 대우하게 하였다.

22일 10시 이응준 일행과 조준영이 앞뒤로 도착하고, 조준영이 상륙할 것을 요청하였는데, 나는 미국 사신이 아직 오지 않았고 朝鮮 의약대원 역시 아직 파견되지 않았으니, 행관에 가더라도 아무 할 일도 없다고 하여 굳게 사양하였다. 조준영 등이 굳이 청하자 오후 2시에 상륙하기로 허락하였으며, 조준영 등을 배에 머무르게 하여 함께 식사하였다. 식사를 마치자, 조준영이 말했다. "예전에 일본에 유람갔을 때 일본 사신 花房義質를 알게 되었는데, 그 배가 정박중인 곳에 방문하고자 합니다." 그래서 곧바로 삼판선으로 보내주도록 지시하였으며, 2시쯤 위원호로 돌아와 동행하기로 약속하였다. 이응준은 별도로 다른 일행과 함께 양위호로 가서 기계를 관람하였으며, 시계가 2시 30분을 울리자 이응준 등은 양위호에서 돌아왔지만, 조영준은 여전히 돌아오지 않았다. 나와 이응준 등은 따로 삼판선을 타고 먼저 출발하였는데, 도중에 조준영이 일본 군함에서 내리는 것을 보았다. 花房義質 또한 삼판선 편으로 명첩을 보내면서 위원호로 와서 나와 정여창을 만나겠다고 하였다. 3시에 부두에 도착하자, 인천부사 무이품관 鄭志鎔이 길 왼편에서 영접하였으며, 또한 가마를 가지고 왔다. 가마는 수레 상자와 같은 모양으로, 그 안에 들어가 앉자 4명이 들고 움직였다. 푸른 깃발과 검은 차양막이 앞길을 안내하였고, 가마꾼이 소리지르면서 큰 목소리로 길게 노래를 뽑으면 앞뒤에서 서로 화답하였다. 구불구불 산록을 따라가는데, 마치 중국의 江南에 있는 길 위에 있는 것처럼 풍경이 아름다웠다. 노약자를 부축하고 어린아이를 끌고 구경하러 온 시골 사람이 수백 명 규모였다. 고갯길을 세 번 넘고 15리 정도를 가자, 두 산이 둘러싼 가운데에 있는 골짜기에 촌락 같은 초가집 수십 채를 보았는데, 물어보자 즉 仁川府라고 하였다. 인천은 성곽이 없으며, 관청은 동산의 산기슭에 있고, 文岳山을 정면으로 마주하고 있는데, 지금은 빈관으로 삼고 있다. 거기 들어서니 집이 기울고 무너진 모습으로 대청 옆에 작은 방 서너 칸이 있는데, 우리 일행이 머무를 장소로 준비한 것이었다. 방은 벌집처럼 다닥다닥 붙어 있고, 방바닥에는 갯버들로 만든 돗자리를 깔았으며, 벽은 종이를 발랐고, 책상·걸상·침상 따위는 없었다. 안내자가 먼저 문밖에서 신발을 벗고 들어갔는데, 그 풍속은 대략 일본과 비슷하였지만, 누추함이 특히 심하였다.

23일 동틀 무렵, 진해호 통제관 陸倫華는 배로 돌아가고, 이응준은 작별 인사를 하고 왕경으로 돌아가서 신속하게 의약대원을 파견하도록 독촉하였는데, 조준영 등이 연이어 와서 안부를 물었다. 그래서 그와 필담을 나누다 틈을 보아 朝鮮 정부의 의견을 엿보고자 하였다. 조준영 등은 아주 교활하여 무릇 묻는 바가 조금이라도 정부와 관련된 것이 있으면, 대답이 모두 모른다는 핑계를 대는 것이었다. 그래서 이 중당대인께서 주청하여 고위 관원을 여기로 파견하신 것은 실로 속방을 보호하고자 하는 목적이었으니 응당 성의껏 서로를 대해야 하는데, 어찌 이렇게 모호한 행동을 할 수 있느냐고 따졌다. 조준영 등은 모두 당황하고 두려워하며 잘못을 빌었다. 오후에 고영주와 필담을 나누면서, 朝鮮의 정치 풍토와 고적의 연혁을 묻고 마침내 남아서 함께 저녁을 먹었다. 저녁을 마치자 朝鮮 國王이 이품참사 당비관 金景遂를 보내 "이미 경리기무사 신헌을 의약대원으로 파견하기로 정하였으며, 다음날 당연히 달려갈 것입니다."라고 알려왔다. 김경수는 나이가 60여 세이며 겉으로는 예의 바른 것처럼 보였지만, 필담을 나눠보자 응대하는 말 사이에 자못 諷刺하는 내용이 있어 그에게 경중을 헤아려보자는 마음이 있음을 알 수 있었다.[68] 그래서 바로 그를 조종술로 통제하고자 하여 그 응대가 예의에 어긋난다고 책망하고, 곧바로 접반관에게 전달하여 날이 밝으면 輿馬를 준비하여 배로 돌아가겠다고 하였더니, 새벽 3시가 넘었지만 조준영 등이 달려와 완강하게 만류하였다.

24일 새벽에 일어나자, 김경수·조준영 일행이 다시 와서 굳이 만류하였지만, 아주 엄한 말로 거부하였다. 정여창 제독이 먼저 떠나고 내가 막 가마에 오르려 하자, 일본 사신 花房義質가 말을 채찍질하여 왕경으로 가다가 인천을 거치면서 행관에 이르러 만남을 요청하였다. 오랫동안 대화를 나누었는데, 그 내용은 별도로 상세하게 기록하였다[아래의 19번 문서를 참조]. 대화가 끝나자 행관을 나와 각기 길을 나누어 갔다. 배에 돌아가니 미국 선박은 여전히 아직 도착하지 않았는데, 비록 이틀 연속 새벽에 안개로 막혔지만 기한이 지난 지 사흘이나 되어 아마도 다른 사고가 있을까 염려되었다. 이에 정여창과 상의하여 다음날 새벽 진해호를 연대

---

68) 아마도 아래의 18번 문서에 나오는 내용을 가리키는 것 같다. 북경에 조공 사절로 왕래한 경험이 있냐고 묻자 김경수는 예닐곱 차례 다녀왔다고 답하고, 묻지도 않았는데 1860년 북경에서 함풍제(咸豐帝)가 영·프 연합군의 공격으로 북경을 버리고 승덕(承德. 熱河)으로 몽진(蒙塵)한 사건을 언급하였다. 마건충으로서는 몹시 불쾌한 이 기억을 속방 조선의 관리가 들춰낸 것에 대해 격분한 것 같다. 이 점은 문서의 마지막에서 마건충이 직접 질책하는 바이기도 하다.

로 되돌려보내 가는 도중에 찾아보도록 하였다. 그래서 보고서 한 건을 써서 이 중당대인에게 올리기 위해 그편에 가지고 돌아가도록 보고서 작성을 막 완료하려던 참에 미국 군함이 항구로 들어오는 것을 보았다는 보고가 들어왔는데, 시간은 이미 저녁 7시였다. 조타실에 올라 멀리 망원경으로 살펴보니, 즉 항구 입구에 닻을 내리고 있었으며 거리는 30리쯤 떨어져 있었다.

25일 안개가 끼었는데, 미국 선박은 아직 닻을 올리지 않았다. 10시 정여창 제독이 양위호를 불러 훈련을 검열하였으며, 오후 2시 미국 선박이 접근해 와서 위원호 옆에 닻을 내렸다. 김경수·이응준 등 또한 위원호로 왔다가 다시 양위호로 돌아갔다. 우리 배의 통제관 呂翰이 마침 미국 선박에서 돌아오기에 물어보았더니, 미국 선박이 항구 밖에서 안개에 막혀 48시간 동안 멈춰 있느라 기한을 놓쳤음을 알게 되었다. 슈펠트는 "내일 10시에 연대에서의 방문에 대한 답방을 하겠다."고 알려왔다. 김경수 등이 이윽고 들어와서 신헌이 오늘 저녁에 곧 도착한다고 알렸다. 말투가 겸손한 것이 전날과 전혀 달랐다. 몇 마디 말을 나눈 후, 이응준이 옷깃을 당기며 요청하여 별실로 데리고 들어갔다. 이응준이 말하기를 "어제 왕경으로 돌아가 정부의 의견이 둘로 나뉘었다고 들었는데, 興寅君 李最應이 자못 외교를 배척합니다."라고 하자, 김경수는 덧붙였다. "新政을 저지하려는 사람입니다." 필담을 몇 차례 나눈 후 떠나면서 이응준 등이 슈펠트에게 가서 응접하겠다고 요청하였는데, 마침 미국 선박의 선장이 와서 여한의 문의에 대답하기를 "슈펠트는 이틀 내에는 공무를 처리하지 않는다."고 하였으므로 곧 김경수 등에게 이 말을 전달하였고, 그들은 5시에 작별 인사를 하고 떠났다.

26일 9시, 미국 선박 선장 쿠퍼가 예방하였고, 10시에 슈펠트가 예방하였다. 인사가 끝나자 슈펠트는 "전권위임장은 이미 번역하였으며, 아울러 공문 1통을 작성하여 朝鮮의 기무총리아문에 자문으로 보내려고 하였지만 살펴보니 서둘러 길에 오르느라 번역문을 가지고 오지 못하였으며, 단지 연대 영사관이 고용한 중국인 문서담당원[文案]을 데리고 왔는데 중문과 영문이 과연 서로 일치하는지 확인할 능력이 없으니, 대신 한번 검토해달라."고 이야기하였다. 내가 오후 4시에 만날 때 틈을 내어 대조해보겠다고 응낙하자, 슈펠트는 작별 인사를 하고 떠났다. 나와 정여창은 의논하여, 다음날 저녁 7시 슈펠트 및 미국·일본 두 선박의 선장을 초대하여 저녁 식사를 하기로 하였다. 곧바로 영문으로 초청장을 만들어 발송하였지만, 슈펠트는 병을 이유로 사양하면서 "밤에 외출하여 연회에 참석할 수는 없다."고 답하였다. 두 선장의 답서는 약속대로 하겠다는 것이었는데, 3시에 조준영이 이응준 일행을 데리고 와서,

議約大官 경리기무사 신헌, 副官 경리기무사 김홍집과 종사관 기무부주사 徐相雨[69] 3명의 명첩을 전달하면서 안부를 묻고, 내일 10시 배에 올라 찾아뵙겠다고 약정하였다. 大官은 즉 大臣을 말하는데, 下國에서는 감히 大臣이라 칭할 수 없어 격을 낮춰 官이라고 하였으니, 예법에 맞는 일이다. 얼마 안 되어 시계가 4시를 알리자, 미국 선박으로 가서 슈펠트를 답방하였으며, 조준영 등은 배에 남아 기다렸다. 슈펠트는 중문과 영문으로 작성한 국서와 전권위임장 각 1통을 내놓았는데, 검토해보니 문제가 없었다. 슈펠트가 내게 상의하기를, "조약을 아직 체결하지 않아 갑작스레 국서를 전달하기 불편하니, 먼저 朝鮮 정부에 공식 자문을 보내, 국서는 조약 체결 이후에 다시 제출하겠다고 하면 어떨지?"라고 물었다. 나는 "국서 제출 순서는 경중과는 관계가 없습니다. 단지 먼저 전권위임장을 朝鮮 정부에 자문으로 보내면 회의가 가능할 것입니다."라고 답하였다. 슈펠트는 아울러 朝鮮의 의약대관·부관이 전권사신인지를 물었다. 나는 "국왕이 이미 특별히 파견하여 조약 체결을 논의하도록 하였으니, 전권을 부여하지 않았을 리 없습니다. 게다가 우리 중당대인께서 조약 원고 내에 전권위임장을 분명하게 기록하였으니, 朝鮮 정부가 이렇게 논의된 바를 삼가 준수하여 문제가 있는 것이 아니라면 감히 멋대로 덧붙이거나 줄이지는 못하였을 것입니다."라고 답하였다. 나는 이윽고 작별인사를 하고 배로 돌아와 다시 조준영 등과 필담을 나누면서, 전권 문제에 대해 말하였는데, 이응준이 다시 별실에서 이야기하자고 요청하였다.

27일 9시, 정여창 제독의 요청으로 점호에 참가하였다. 9시 30분 슈펠트가 찾아와 조약을 체결할 때 해안가에 장막을 세우면 인천 행관에 갈 필요가 없다고 상의해왔으며, 또한 朝鮮 정부의 두 사신이 배에 오를 때 예포를 발사해야 하는가에 대해서도 문의하였다. 나는 "해안가에서 조약을 체결하면, 오가는 수고를 피할 수 있고 접대 비용을 줄일 수 있으니 진실로 일거양득입니다. 조금 있다가 신헌·김홍집 두 사신과 이야기해보겠습니다. 예포는 즉 중국 관례에 따라 세 발을 쏘면 될 것입니다."라고 답하였다. 10시 조준영·이응준 등이 먼저 도착하였고, 11시 30분 신헌과 김홍집 두 사신이 서상우 및 신헌의 아들 奭熙와 손자 德均을 이끌고 배에 올랐다. 배의 사병들을 정렬시켜 환영하고 예포 세 발을 쏜 후, 통역을 통해 "陪臣 모모가 선창에 들어오면, 먼저 三跪九叩頭의 예를 행하고 국왕을 대신하여 삼가 황태후·황상의 안부

69) 서상우(徐相雨, 1831~1903)는 자가 은경(殷卿)이고 호가 규정(圭廷)으로, 홍문관교리, 예조참판, 성균관대사성, 공조판서, 궁내부특진관 등을 지냈다. 1882년 통리기무아문부주사로 조·미조약과 이듬해 조·영조약을 체결할 때 종사관으로 참여하였다.

를 여쭙고, 그런 다음에야 손님과 주인의 상견례를 행합니다."라고 전하게 하였다. 그래서 나와 정여창은 선창의 양쪽에 나란히 서서, 신헌과 김홍집이 고두례를 마치기를 기다린 다음에 비로소 상견을 하였다. 손님에게 차를 내오게 한 다음, 나는 정여창과 함께 즉시 朝鮮國王의 안부를 물었다. 신헌과 김홍집은 바로 이 중당대인의 안부를 물었으며, 응대하는 사이에 아주 정숙한 태도를 보였다. 23일에 [朝鮮 측의 무례한 응대에 분노하여] 배로 돌아가겠다고 조금 단호한 태도를 보여주었던 일 이후, 그들은 비로소 청의 관원을 얕잡아봐서는 안된다는 점을 알게 되었던 것이다. 뒤이어 김경수 일행 및 왕경에서 온 모든 사람은 감히 조금도 건방지거나 무례한 잘못을 범하지 않았으며, 두 사신 또한 허리를 굽혀 더욱 공손한 자세를 보였다. 자리에 앉아 인사말 여러 마디를 한 다음, 배에 머물게 하여 식사를 같이하였는데, 음식을 먹으면서 김홍집과 아주 길게 필담을 나누었다. 신헌은 즉 광서 초년 일본과 조약을 체결한 사람이고, 나이는 70여 세였다. 비록 걷는 것이 몹시 불편하였지만, 그래도 또한 단정한 풍도를 보여주었다. 김홍집은 40세가 넘었지만 보기에 마치 30세 정도로 보였고, 대화를 해보면 전반적으로 통달하여 時務를 잘 알고 있었다. 일본에 가서 稅則을 다시 정하는 문제를 협상할 때 그 章程이 주도면밀하였는데, 이것은 그가 정한 바였으니, 朝鮮에서 아주 출중한 사람이었다. 식사를 마치고 함께 미국 선박으로 가서 슈펠트를 예방하였는데, 슈펠트는 더욱 예의를 갖추었다. 그다음 함포의 위치를 두루 살펴보더니 [김홍집은] 경탄을 금치 못하였다. 4시에 배로 돌아왔으며, 신헌이 먼저 돌아갈 것을 요청하였다. 나는 다시 김홍집과 오랫동안 필담을 나눴다. 6시가 돼서야 비로소 소형 윤선으로 그를 돌려보냈다. 7시 30분 미국·일본 두 배의 선장 두 사람이 연회에 참석하여 즐겁게 놀다가 흩어졌다.

28일 오후 4시, 인천부사 鄭志鎔이 소 한 마리, 돼지 두 마리 및 닭과 생선 등의 음식물을 미국 선박에 보내려 한다면서, 통역관을 보내 지시를 요청하였으며, 또한 이응준이 다시 왕경으로 가서 직접 기무를 [국왕께] 직접 보고한다고 이야기하였다. 중국에서 파견한 관원이 여기에 와서 조약 체결을 주지함에 모든 교제에 대하여 와서 보고하지 않음이 없으니, 이 점 역시 恭順함을 잘 보여주는 증거의 하나이다. 처음에는 정지용 또한 여러 번 예의상 식품을 보내주었는데, 나와 정여창은 모두 물리치고 하나도 받지 않음으로써, 조정이 藩服을 優恤하는 뜻을 실천하였다.

29일 저녁 5시, 국왕이 승정원 우부승지 金晩植에게 명첩을 가지고 와서 위문하도록 하였다. 이 명첩을 담은 상자는 안에 붉은 비단을 겹쳐 붙인 것으로, 그가 무릎을 꿇고 이를 바치자나는 長揖을 하고 그것을 받았다. 열어보니 곧 우측 아래에 '朝鮮國王 李熙'라는 여섯 글자가 쓰여 있었는데, 마치 파리 대가리처럼 가늘었다. 김만식이 일어나 자리에 앉자 필담을 몇 차례 나눴는데, 돌아가서 국왕에게 다음과 같이 알려달라고 부탁하였다. "일을 마친 다음에 직접 왕경으로 찾아가 알현하려 하니, 미리 연락을 주시기 바랍니다." 정여창과 함께 각기 직함 명첩[銜帖]과 답장서신[璧柬]을 건네주자, 김만식이 다시 무릎을 꿇고 이를 받았다. 이어서 인천부사에게 지시를 전달해달라고 하였는데, 즉 다음날 가마와 말을 준비하여 물가에서 기다리고 있다가 나와 정여창을 行館에 안내하여 신헌과 김홍집 등을 답방할 수 있게 해달라고 부탁하였다.

4월 초1일 비가 내렸다. 미국 선박 선장 쿠퍼가 슈펠트의 지시를 받고 와서, 조약 체결 시기를 정하자고 독촉하였다. 10시에 급하게 준비시켜 식사를 마친 다음 정여창과 함께 상륙하여 인천 행관에 이르러, 신헌·김홍집 등과 상견례를 마치고 자리에 앉아 오랫동안 필담을 나눴다. 두 시에 식사가 들어왔는데, 식사할 때에도 필담을 이어갔으며 모두 김홍집이 붓을 잡았다. 대체로 미곡 수출은 조정의 논의 및 백성의 생계에 장애가 되니 반드시 방법을 마련하여 금지해달라고 요청하는 내용이었다. 나는 슈펠트와 말할 기회를 엿보아 응당 다툴 것이라고 답장하였다. 4시 30분 작별하고 돌아왔으며, 다시 미국 선박으로 가서 미곡 수출에 관한 조항을 가지고 슈펠트와 토론하였다. 7시에 배로 돌아와 서신을 작성하여 신헌·김홍집에게 의논한 바를 알렸다.

초2일 새벽에 비가 개었다. 무관에게 임무를 주어 인천으로 가서 [전날 밤에 쓴] 서신을 전달하게 하였다. 1시 30분 이응준이 특별히 신헌·김홍집의 답장서신을 가지고 왔는데 그 내용은 다음과 같았다. "왕경으로 돌아가 필요한 문건을 모두 정리하였으며, 내일 김홍집이 배에 와서 일률적으로 상의할 것입니다. 招商局[에서 朝鮮의 商務를 시찰하도록 파견한] 5명에 대해서는 이미 조정에 통보하였고, 그들을 왕경까지 호송하여 상무를 살필 수 있게 하도록 지시하였는데, 모래를 출발 날짜로 잡고자 합니다." 또 朝鮮 國王이 우리를 만나는 데 큰 관심을 보였기 때문에 나와 정여창에게 일을 마친 다음 왕경으로 한 차례 유람하도록 요청하였으며, 이미 행관에게 집을 청소하여 준비하라고 지시하였다고 하였다. 3시가 넘어 이응준은 작별 인사를 하고 떠났다. 슈펠트가 스와타라호에서 朝鮮人이 오는 모습을 멀리서 보더니 수행원을 우리 배로 보내 조약 체결 시기를 묻기에, 내일 김홍집이 배에 와서 정해지면 다시 알려주겠다고 답장하였다.

初3일 2시, 김홍집이 서상우·이응준을 이끌고 우리 배에 왔다. 자리에 앉은 다음 김홍집이 왕경에서 가져온 문건을 건넸으며, 다시 조약 체결 사안에 대해서 서로 의견을 주고받았는데, 그 내용은 『필담』에 기록하였다[아래의 30번 문서를 참조]. 그는 4시에 작별 인사를 하고 떠났다. 이날 저녁 조약 체결 문제가 대략 결정되었는데, 朝鮮에 도착한 지 10여 일이 지났는데 아직 한 글자도 천진에 전달하지 못하였으므로, 이 중당대인께서 염려하실까 걱정하여 정여창과 상의하여 진해호 군함을 初5일에 보고서를 가지고 먼저 돌아가게 하기로 하였다.

初4일 새벽에 일어났다. 신헌·김홍집 두 사신이 이응준을 보냈는데, 국왕이 직함 명첩과 답장서신을 되돌려주도록 지시하고 아울러 우리 군함에 각기 소 한 마리, 돼지 열 마리, 닭 200마리, 흰쌀 다섯 석을 보내 군사를 위로하였으므로 그것을 받았다. 12시 슈펠트가 인천 행관에 가서 신헌·김홍집 두 사신을 답방하고, 곧바로 전권위임장을 교환할 예정이었는데, [내게] 동행을 요청하였으므로 상륙하여 인천 행관에 갔다. 상견례를 마친 다음 신헌·김홍집 두 사신이 전권위임장을 내놓고, 슈펠트와 함께 서로 검토하였다. 마침내 初6일 해안 가까이에 장막을 세우고, 거기 모여서 서명하기로 약정하였다. 4시에 슈펠트는 먼저 돌아갔다. 나는 홀로 남아 김홍집과 필담을 나누다가 배로 되돌아와 이 중당대인에게 올리는 보고서를 작성하고 아울러 『필담』·『일기』 두 책을 동봉하여 진해호 통제관 육윤화에게 넘겨주면서, 늦어도 내일 5시 닻을 올려 연대로 돌아간 다음 沿道에서 물어보아 [천진으로] 부치도록 지시하였다.

13. 3월 21일, 威遠號 선상에서 이응준과 나눈 필담.

마건충 : "[조·미]조약 사무는 대부분 아직 정해지지 않았습니다. 만약 일본인이 물어오면, 결단코 조금이라도 누설해서는 안 될 것이며, 신속하게 귀국 관원들에게 알려 그 일을 신중하게 처리하도록 해야 할 것입니다."

이응준 : "당연히 훈계하신 대로 할 것입니다."

마건충 : "귀국에서 현재 파견한 이품관 조준영은 어느 곳에 머무르고 있습니까?"

이응준 : "지금 인천부에 있으며, 내일 아침 당연히 이곳에 오니 만날 수 있을 것입니다."

마건충 : "귀하께서 여기에 오셨는데, 그전에 귀국 재상 興寅君 李最應을[70] 만났는지요? 무슨

70) 흥인군(興寅君) 이최응(李最應, 1815~1882)은 자가 양백(良伯), 호가 산향(山響)으로 흥선대원군 이하응(李昰應)의 형이다. 대원군 정권에서는 요직에 등용되지 못하다가, 1873년 대원군이 실각한 뒤

당부가 있었습니까?"

이응준 : "앞서 흥인군을 만났는데, 대부분 감사의 뜻만을 이야기하였습니다."

마건충 : "귀 조정에서 우리 이 중당대인께서 마련한 조약 원고에 대해 어떤 의견이 있습니까?"

이응준 : "두루 보살펴 보신 점에 대해 감사를 드리며, 모든 사람의 뜻이 정말 하나였습니다."

마건충 : "이번 조약 일은 이 중당대인께서 준비한 것으로 충분히 타당하니, 응당 신속하게 결정해야 할 것이며, 지체하거나 그르쳐서는 안 됩니다. 제가 연대에서 출발할 때, 영국·프랑스·독일 등이 각기 군함을 모아 朝鮮에 올 것이라고 하였는데, 과연 그렇다면 즉 조약 체결에 필시 많은 견제를 받을 것입니다."

이응준 : "이런 정보는 응당 조정에 전달할 것입니다."

마건충 : "귀국이 만약 미국과 적절한 조약을 체결한다면, 뒤따라 오는 다른 나라와도 미국과의 조약 원고를 근거로 삼을 수 있을 터입니다. 장차 강력한 이웃 국가가 결단코 제멋대로 협박을 하기 어려울 것이니, 또한 귀국의 복입니다."

이응준 : "조정의 의견 역시 그렇습니다."

마건충 : "조약 내 제1조에 대해 귀 조정에서 어떤 의논이 있었습니까?"

이응준 : "아직 자세한 사항을 듣지 못하였으며, 미국[의 슈펠트가 본국에 보낸] 전보에 회신이 있었는지 알지 못합니다."

마건충 : "연대에서 전에 미국 사신을 만나, 아직 答電이 없었는지 문의하였습니다, 대략 제1조의 취지는 반드시 방법을 마련해서 밝혀야 할 것입니다."

이응준 : "이 역시 조정에 전달하겠습니다."

마건충 : "현재 귀 국왕께서 일품대원을 파견하였는데, 그 성명이 무엇인지 또한 언제 도착할 수 있는지 알려주시기를 바랍니다."

이응준 : "듣자 하니 대인께서 朝鮮에 도착하신 다음에 파견하였다고 합니다. 그래서 제가 아직 상세히 듣지 못하였습니다."

비로소 같은 해 12월에 좌의정, 1878년에 영의정이 되어 민씨 정권의 주요 인물이 되었다. 1880년 12월 통리기무아문의 설치로 영의정이 총리대신으로 바뀜에 따라 총리대신이 되었으나, 1881년 유림들의 반대로 사직하고 한직인 영돈녕부사를 지냈다. 1882년 잠시 광주부유수를 지낸 뒤 다시 영돈녕부사가 되었다. 그러나 그해 6월 10일 임오군란 때 폭동 군인들에 의해 살해되었다.

마건충 : "執事[이응준]께서 이미 제1조의 취지를 귀 조정에 전달하였는데, 귀 조정의 의견은 결국 어떻습니까?"

이응준 : "제가 전달한 날에는 대략 감사하는 뜻이 있었다는 것만 들어서 알지, 그 정도는 상세하지 않습니다. 조만간 秉權大臣과 서로 만날 때 당연히 확실한 이야기가 있을 것입니다."

또 이응준이 말하였다 : "황상께서 특별히 대인을 파견하실 때 내린 諭旨를 가지고 오셨습니까?"

마건충 : "이미 우리 이 중당대인께서 귀 국왕께 자문으로 전달하였습니다. 이번 일은 전례가 없어서, 예부에서 전달할 수 없었습니다."

14. 22일 오후, 인천 행관에서 武二品 仁川府防禦使 정지용과 나눈 필담.

마건충 : "왕경에서 언제 의약대원을 파견하기로 하였습니까?"

정지용 : "지방관으로서는 조정에서 어느 날 파견하기로 하였는지 알 수 없습니다."

마건충 : "계속 다과를 마련하는데, 폐를 끼쳐 불편합니다."

정지용 : "보잘것없는 액수인데, 어찌 지나치다고 할 수 있겠습니까!"

마건충 : "제가 직접 요리사를 데리고 와서 모두 스스로 처리할 수 있으니, 앞으로는 지나치게 염려하지 않아도 됩니다."

정지용 : "손님을 접대하는 예인데, 어찌 이렇게 분부하십니까?"

마건충 : "전에 천진에 있을 때 이미 이응준에게 편의를 제공할 필요가 없다고 부탁하였습니다. 이번에 굳이 거절하는 것은 우리 중당대인께서 마침 간곡하게 당부하셨기 때문으로, 귀국에 조금이라도 접대 비용이 발생하지 않게 해야 합니다. 일체의 가마와 말, 인부 등은 모두 마땅히 우리가 위로하고 보상할 것이니, 지방관이 대신 치를 필요가 없습니다."

정지용 : "비록 체휼을 받는다고 하지만, 이곳 땅 주인으로서 저희가 어찌 스스로 편안할 수 있겠습니까?"

15. 22일 오후, 二品參判 조준영과 나눈 필담.

마건충 : "집사[조준영]께서는 방금 일본 관원을 만났는데, 어떤 얘기를 나눴습니까?"

조준영 : “가서 만나 인사말을 나눈 후, 倭使가 ‘대청국 사신이 왔다는데 들으셨습니까?’라고 질문을 던지기에 ‘갑작스레 중국 사신이 와서 접반관으로 여기에 왔습니다.’라고 답하였습니다.”

마건충 : “倭使의 성씨를 상세하게 알 수 있습니까?”

조준영 : “花房義質입니다.”

마건충 : “이곳에 온 것은 어떤 공무가 있어서라고 합니까?”

조준영 : “公使로서 왕경에 머물기 위해 왔다고 하였습니다.”

마건충 : “일찍이 귀국 사신 趙秉鎬가 전에 倭京에 가서 花房義質과 필담을 나눈 글을 보았는데, 花房義質이 생각건대 그 사람인 것 같습니다.”

조준영 : “과연 그 사람입니다.”

16. 23일 새벽, 조준영과 나눈 필담.

마건충 : “花房義質는 현재 어디에 머뭅니까?”

조준영 : “듣기에 오늘 상륙하여 경성 밖의 館所로 향한다고 합니다.”

마건충 : “倭使의 館所는 직접 지은 것입니까? 아니면 귀국이 대신 마련해준 것입니까?”

조준영 : “倭館은 그들 스스로 지은 것이 아닙니다. 朝鮮에서 잠시 들어갈 곳을 정해주었습니다.”

마건충 : “군은 이전에 일본에 사신으로 가서, 일찍이 우리나라의 何如璋 공사를 만난 적이 있습니까?”

조준영 : “물론 하여장 공사를 만나 뵐 수 있었습니다. 하여장 공사는 그사이에 임무가 바뀌어 북경으로 돌아갔습니까?”

마건충 : “현재 청 조정에서는 黎庶昌[71] 관찰을 특별히 파견하여 임무를 이어받게 하였습니다. 군이 일본에 가서 논의한 抽稅通商章程은 과연 결론이 났습니까?”

조준영 : “유람차 왕래하여 그런 일은 처음부터 논의에 참여하지 않았습니다.”

---

71) 여서창(黎庶昌, 1837~1896)은 자가 순재(蒓齋)로 귀주성(貴州省) 준의현(遵義縣) 출신이다. 그는 곽숭도(郭嵩燾)·증기택(曾紀澤) 등이 유럽으로 파견될 때 수행하여 영국·독일·프랑스·스페인 등지에서 참찬(參贊)으로 일하였고, 1881년 도원(道員)으로 승진한 다음 제2대 주일본 공사로 파견되었고(1884년까지), 이후 1887년부터 1889년까지 다시 주일본 공사로 모두 6년간 근무하였다.

마건충 : "군이 일본으로 갈 때, 함께 간 사람이 趙秉鎬입니까, 아니면 魚允中입니까?"[72]

조준영 : "어윤중과 함께 갔습니다."

마건충 : "어윤중이 지난겨울 천진에 왔었는데, 되돌아와서 만난 적이 있습니까?"

조준영 : "되돌아온 이후에, 물론 만났습니다."

마건충 : "어윤중과는 무슨 대화를 나누었습니까?"

조준영 : "바쁘게 만나고 헤어져 긴 이야기를 나누지는 못하였습니다."

마건충 : "무릇 일을 처리할 때는 성의로 해야 합니다. 그런데 당신께서는 아주 모호하니, 정말 기대하던 바가 아닙니다. 하물며 본 道臺는 황상께서 특별히 파견하여 보내셨는데, 이 모두 귀국의 일을 돕기 위한 것입니다. 그런데 당신의 대답은 너무 무성의하니 정말 답답합니다."

조준영 : "그 사정을 알고 있다면, 제가 어찌 감히 성의를 다해 털어놓지 않겠습니까?"

마건충 : "귀국과 일본이 통상조약을 논의하였지만, 아직 협의가 이루어지지 않았다는 점은 외국인도 모두 알고 있습니다. 당신의 직위는 아주 무겁고, 일본에 遊歷하러 갔는데 어찌 모른다고 말할 수 있습니까?"

조준영 : "조병호가 일본에 간 것은 과연 通商抽稅에 관한 일 때문이었습니다. 저는 풍속 관찰을 할 목적이었기에 유람이라고 말한 것이며, 맡은 바 임무가 달랐던 것입니다."

---

72) 어윤중(魚允中, 1848~1896)은 자는 성집(聖執), 호는 일재(一齋)로 문신·정치가이다. 1881년 조정에서 조사(朝士) 시찰단 60명을 일본으로 파견할 때 박정양(朴定陽)·홍영식(洪英植) 등과 함께 반장인 조사로 선발되었는데, 그가 맡은 부문은 재정·경제 부문이었다. 도쿄에서 약 3개월에 걸쳐 메이지유신(明治維新)의 시설·문물·제도 등을 상세히 시찰하고 많은 참고 자료를 수집하였으며, 당시 중국에 가 있던 영선사(領選使) 김윤식(金允植)과 합류하여 청의 북양대신 이홍장, 천진해관도 주복(周馥) 등과 회담한 뒤 그해 12월에 귀국하였다. 1년간에 걸친 일본·중국 시찰의 복명서(復命書)를 제출하여 초기 개화 정책을 추진하는 데 큰 작용을 하였다. 이후 1882년 조·미조약, 중국·조선상민수륙무역장정에 관여하였으며 1883년 서북경략사(西北經略使)에 임명되어 중강무역장정(中江貿易章程)·회령무역장정(會寧通商章程)을 협정하고, 또한 두만강 국경 지대를 조사하였다. 1884년에 서북경략사와 병조참판을 겸임하였으며, 뒤에는 호조참판을 겸임하였다. 1884년 갑신정변 이후 중용되지 못하다가, 1894년 갑오개혁 내각이 수립되자 김홍집 내각, 박정양 내각에서 탁지부대신이 되어 재정·경제 부분의 개혁을 시도하였다. 1896년 2월 아관파천으로 갑오개혁 내각이 무너지자, 고향인 보은으로 피하다가 원한을 품고 있었던 향반(鄕班)의 습격으로 1896년 2월 17일에 피살되었다. 저서로 『종정연표(從政年表)』 등이 있다.

마건충 : "사신으로서 임무는 다르지만, 필경 '처음부터 논의에 참여하지 않았다.'고 핑계를 대서는 안 됩니다."

조준영 : "조약이 아직 체결되지 않아 어찌 알 수 있겠습니까? 그렇지만 처음부터 간여하지 않았기 때문에, 그렇게 말씀드린 것뿐입니다."

마건충 : "중국 사신은 일본의 商埠에 없는 곳이 없습니다. 朝鮮과 일본이 처음 조약을 체결한 이후부터 논의한 일은 모두 제가 그 경과를 알고 있습니다. 사후에 만약 제가 무언가를 묻는다면, 마음을 다해 보여주시기를 바랍니다."

조준영 : "제 눈이 미치는 바라면 삼가 마땅히 요청하신 대로 할 것입니다."

17. 23일, 五品鴻臚寺 高永周, 三品鴻臚寺 韓文奎와 나눈 필담.

마건충 : "조[준영]군은 조약 체결에 대해서 그 경과를 조금이라도 알고 있습니까?"

고영주 : "이분 역시 미리 듣기는 하였지만, 그러나 문제를 參酌하고 討論하는 자리에는 아마도 끼지 않았을 것입니다."

마건충 : "군 등은 현재 왕경에서 홍려시를 전담합니까? 아니면 따로 관장하는 일은 없습니까?"

고영주 : "제가 관장하는 일은 오로지 事大에 관한 事務뿐입니다."

마건충 : "매년 귀국이 황도에 조공하는데, 군 등은 조공 사절을 따라갈 수 있습니까?."

고영주 : "한문규는 이전에 여러 차례 사신으로 선발되어 다녀온 적이 있지만, 저는 병이 많아서 한 차례도 다녀오지 못하였습니다."

마건충 : "이번에 조약을 체결한 이후, 만약 본 道臺가 왕경에 가서 귀국 국왕을 알현한다면, 어떤 의례를 갖추는지 저에게 상세하게 알려주시기를 바랍니다."

고영주 : "자연 조정에서 논의하여 정할 것인데, 제가 어찌 어떤 定見이 있겠습니까?"

마건충 : "귀하가 맡은 것이 事大事務인데, 어찌 모른다는 말입니까."

고영주 : "[저는 단지] 분주하게 편의를 제공할 따름입니다. 예법에 관해서는 실로 감히 끼어들 수 없습니다."

마건충 : "전해 듣기로 왕경 내 조신들이 두 당파로 나누어져, 하나는 외교 관계를 맺고자 하고 다른 하나는 굳게 거부하고자 한다는데, 맞습니까?"

고영주 : "제가 생각하기에 옛날 盛代에도 매번 큰 變化[更張]가 있을 때마다 또한 서로 다른 의견이 없었던 것은 아닌 것 같습니다."

마건충 : "당신들은 옛것에 얽매이고자 합니까? 아니면 시기와 형세를 살피면서 변화를 생각하고 있습니까?"

고영주 : "비록 일찍이 읽은 책은 많지 않으나, 역시 무릇 시세에 따라 적절하게 처리하는 것이 좋은 계책임은 알고 있습니다."

마건충 : "귀국과 일본이 통상하면서 새로 항구 하나를 열었는데, 즉 이름이 元山이라는 곳은 아마 永興 근처에 있겠지요?"

고영주 : "대략 [원산에서] 1백 리의 거리입니다."

마건충 : "일본과의 이전 조약에서 개방한 곳은 부산·원산에 지나지 않았는데, 이제 인천이 추가되어 모두 세 군데 항구가 됩니까?"

고영주 : "그렇습니다. 그러나 인천은 잠시 부두를 세우지 않습니다."

마건충 : "내가 듣기에 인천은 대략 올가을쯤 개항한다고 하였습니다."

고영주 : "과연 우리 달력으로 8월로 약속하였지만, 아직 아무런 움직임도 없습니다."

마건충 : "귀국 달력은 어떤 달력입니까?"

고영주 : "대인께서 물으신 바는 아마 농담이시겠지요. 朝鮮이 淸의 正朔을 떠받든다는 것을 모르십니까?"

마건충 : "청에서 역법을 정하는 곳에 欽天監이 있습니다. 귀국 또한 이런 관청이 있습니까?"

고영주 : "역시 그런 관청이 있지만, 災異·祥瑞를 관찰할 따름입니다. 時憲書, 즉 달력은 청에서 반포한 달력을 사용합니다."

마건충 : "아주 적절한 답변입니다."

18. 23일 저녁, 김경수와 이어서 담화를 나눴는데 고영주가 붓을 잡았다.

마건충 : "金君의 이름과 호, 관직은 어떻게 됩니까? 또 새로 파견한 議約大員 申公의 이름과 호, 관직은 어떻게 됩니까?"

김경수 : "기무부참사 이품관 金景遂이고, 호는 忍齋입니다. 申公의 이름은 櫶이며, 기무총리아문 通商大臣입니다."

마건충 : "朝鮮과 일본이 처음 조약을 체결할 때 역시 이 신헌 공이 참여하였기에 오래전부터 그 이름을 들었습니다. 김[경수]군은 오늘 왕경에서 왔는데, 도중에 수고가 많았습니다."

김경수 : "나랏일 때문인데 어찌 감히 수고가 많다고 하겠습니까? 미국 측은 어찌 아직 오지 않았습니까?"

마건충 : "미국 사신은 아마도 항구 밖 짙은 안개 때문에 제시간에 도착할 수 없는 것 같습니다."

김경수 : "아마도 그런 것 같습니다."

마건충 : "일찍이 사신으로 황도에 오신 적이 있습니까?"

김경수 : "무릇 예닐곱 차례 다녀온 적이 있는데, 庚申(1860)年 [황상께서 熱河로] 蒙塵한 변란은 북경에서 직접 목격하였습니다."[73]

마건충 : "당신은 그 일을 직접 목격하였는데, 어떤 主見이 있습니까?"

김경수 : "그때의 견해를 말씀하시는 것입니까, 아니면 현재의 견해를 말씀하시는 것입니까?"

마건충 : "그때의 견해입니다."

김경수 : "치욕을 참으면서 억지로 和約을 맺은 것은 실로 시세에 따른 뛰어난 계산입니다."

마건충 : "그럴 때 諸侯는 勤王의 大義를 지켜야 하였습니다. 당신은 이 사건을 목격하였을 때, 결국 어떤 주견이 있었습니까?"

김경수 : "義理는 충분하였지만, [그것을 현실화시킬 수 있는] 事力은 부족하였습니다. 정말 안타까웠습니다! 정말 안타까웠습니다!"

마건충 : "당신이 陪臣된 사람으로서 갑작스레 이 사건을 언급한 것은 정말 무례한 일이었습니다." 【이날 저녁, 즉 통역에게 전달하여 내일 새벽 가마와 말을 준비하여 배로 돌아가겠다고 지시하였다.】

19. 3월 24일 巳刻, 일본 공사 花房義質가 찾아와 인천 행관에서 영어로 문답을 나누었다. 영어로 문답을 나눈 節略.

인사를 마치자, 마건충이 물었습니다 : "일본과 朝鮮은 통상한 지 이미 오래되었으니, 한강에

73) 애로우호 전쟁(제2차 아편전쟁) 때 함풍제가 북경을 버리고 승덕(承德. 熱河)으로 도피한 사건을 말한다.

온 적이 한 번은 아닐 것으로 생각합니다."

하나부사 : "무릇 대여섯 차례입니다. 명을 받아 주재공사로 파견되어 왕래한 지 이미 여러 차례입니다. 지금 다시 王京으로 가서 몇 개월을 머무르려 하는데, 듣자 하니 미국 사신 슈펠트가 군함을 타고 이곳으로 온다고 하여, 한번 만나려 하였는데 아직 도착하지 않았습니다. 그런데 朝鮮 왕자의 신혼을 서둘러 축하하러 가야 할 사정이라 오래 기다리지 못하고 지금 곧 입경합니다."

마건충 : "청과 일본 두 나라 군함이 앞뒤로 이곳에 도착하여 우연히 만났으니, 그야말로 좋은 만남이라 하겠습니다."

하나부사 : "두 나라 군함이 한강에서 마주친 것은 옛적부터 없었던 일입니다. 다만 우리 동방 3국이 지금부터 더욱 우호를 돈독히 함으로써, 서양과 대결하여 이길 수 있기를 바랄 뿐입니다."

마건충 : "우리 두 나라는 이미 조약을 체결하였으며, 일본과 朝鮮 또한 조약을 체결하였으니 우호는 굳이 말할 필요도 없습니다. 중국은 朝鮮에 대해서는 의무상 응당 보호해야 하며 단순한 우호만은 아닙니다."

하나부사 : "귀 道臺께서 여기 온 것은 무슨 일 때문입니까? 뜻하는 것이 통상입니까?"

마건충 : "우리 東三省과 朝鮮은 영토가 서로 인접하고 있어 변경 주민들이 예전부터 무역해왔습니다. 朝鮮에서 歲功을 두 차례 바칠 때, 또한 토산물을 가지고 와 북경 근처에서 판매하는 것을 허락하였으니, 통상은 다시 논의할 필요조차 없습니다. 부득이하게 육로로 왕래하는 것은 매우 힘이 드는데, 연대에서 동쪽으로 바다를 건너면 윤선으로 단지 하루 거리이니, 장래 중국 상인이 혹은 곧장 해로를 이용하면 훨씬 편하고 빠를 것입니다. 게다가 천진에서 슈펠트가 동쪽으로 간다는 사실을 알았습니다. 그래서 우리 李 中堂께서 이 틈을 타서 본 道臺를 파견하여 제독 정여창과 함께 가까운 곳에서 巡洋을 함으로써 朝鮮의 항구를 파악해보고자 합니다."

하나부사 : "전에 요코하마에서도 일찍이 슈펠트를 한번 만난 적이 있는데, 이번 행로에 혹시 우호조약을 체결하려는 것 아닙니까?"

마건충 : "듣기로 그가 이미 귀국에 요청하여 朝鮮 國王에게 서신을 보내달라고 하면서 조약을 체결하겠다는 뜻을 보였다고 하는데, 대신 전달하였습니까?"

하나부사 : "일찍이 그런 일이 있었습니다. 그런데 그때 슈펠트가 황급히 귀국해버렸고, 작년

에 요코하마[橫濱]를 출발하여 다시 천진에 이르렀는데, 듣기에 그는 이미 李 中堂大人에게 朝鮮 國王께 조약을 체결하겠다는 뜻을 전달하고 권고해달라고 부탁하였다는데, 맞습니까?"

마건충 : "우리 이 중당대인께서 깊이 시국을 살펴보니, 전 세계가 모두 통상하는데, 통상하지 않은 곳은 朝鮮 한 나라뿐입니다. 게다가 朝鮮은 이미 일본과 통상하고 있지만, 유독 구미 제국은 단호히 거절하여 큰 불화가 생길까 염려하십니다. 그래서 대인께서는 작은 나라를 어여삐 여기는 마음으로, 지난해 朝鮮 國王에게 자문을 보내 미국과의 통상을 권유하였는데, 역시 7년 전 귀국과의 통상을 권유한 것과 같은 뜻입니다."

하나부사 : "과연 매우 좋습니다. 일본 또한 누차 이야기하였지만, 그런데도 朝鮮은 결코 믿고 따르지 않습니다. 이번에 이 중당대인께서 권유하셨으니, 반드시 성과가 있을 터입니다."

마건충 : "朝鮮國 사신이 귀국에 가서 稅則을 세운다고 하는데, 협의가 끝났습니까? 인천의 개항은 과연 언제입니까? 제 생각으로는 인천은 황폐하고 척박하여, 아마 개항해도 무익할 것입니다."

하나부사 : "지난해 朝鮮國 사신이 일본에 와서 논의한 세칙은 너무 무거워, 정해서 시행하기 어려웠습니다. 이번에 와서 다시 논의하려는데, 인천은 비록 황폐하고 척박하지만 땅이 왕경과 가까워 장래 무역이 크게 왕성해질 것으로 기대합니다."

마건충 : "朝鮮과 논의한 세칙이 결국 몇 퍼센트 징수를 기준으로 하는 것입니까?"

하나부사 : "수출은 5퍼센트, 수입은 10퍼센트입니다. 우리 두 나라가 통상한 지 몇 년이 되어 상무가 비로소 호전되는 기색이 있습니다. 만약 수입품에 대해 10퍼센트를 징수하면, 반드시 판매가 정체될 것입니다. 그래서 일본에서는 수·출입을 막론하고 5퍼센트 징수를 제안하고자 합니다. 하물며 洋布[영국 면포]라는 상품만 보더라도, 북경에서 가지고 오면 구입하는 사람이 이를 귀하게 여겨 비싼 값으로 사고자 하지만, 일본에서 운반해오면 이를 가볍게 여겨 제값을 내려 하지 않습니다. 즉 이 항목에 대해 수입세 10퍼센트를 부과하면 일본 상인은 아주 큰 손해를 입게 됩니다. 다행히 귀 道臺와 슈펠트가 여기에 왔으니, 혹은 이 기회에 적정한 세칙을 논의한다면 어떻겠습니까?"

마건충 : "귀국 상민을 위해 세칙을 마련하려는 것은 좋은 의도 같습니다. 다만 朝鮮은 처음

항구를 개방할 때, 비용이 매우 많이 들기 때문에 10퍼센트를 징수하자고 청하는 것입니다. 중국 변경 백성과 朝鮮의 무역 같은 경우 이미 수백 년 동안 시행해온 세칙이 있어 다시 변경을 논의할 필요조차 없습니다. 슈펠트가 온다면 세칙의 높고 낮음에 대해 스스로 견해가 있을 터입니다. 그런데 제가 만약 이번에 만약 수·출입상품 가격에서 5퍼센트를 징수해야 한다는 주장을 고집한다면, 朝鮮은 아마도 허락하기 어려울 것입니다."

하나부사 : "지난해 朝鮮 사신이 귀국한 다음에 외무경 이노우에 가오루(井上馨)[74] 역시 朝鮮이 통상이익에 밝지 못하여, 세칙 문제로 대국에 지장을 초래하기는 곤란하다고 하였습니다. 지금 저를 파견하여, 수입 상품은 가격의 7.5퍼센트 징수를 제안하고자 하는데, 이보다 높으면 더 올리기는 곤란합니다."

마건충 : "일본과 朝鮮의 통상은 매년 수·출입 통계가 얼마 정도 됩니까?"

하나부사 : "지난해에는 30~40만 정도였습니다."

마건충 : "수출 상품은 도대체 어떤 것이 主宗입니까?"

하나부사 : "미곡입니다. 지난해 朝鮮에서 논의한 세칙 내에는 미곡 수출 금지 조항이 있는데, 이것은 곧 결코 허용하기 곤란합니다."

마건충 : "귀국 남방에서는 곳곳에서 쌀을 생산하는데, 왜 朝鮮 쌀이 필요합니까?"

하나부사 : "세 나라 비록 모두 미곡을 생산하지만, 이쪽이 비싸면 저쪽이 싸서 작지 않은 차이가 있습니다. 그래서 일본 상인 중 대다수가 朝鮮에서 쌀을 사는 것은 중개운송의 이익을 꾀해서입니다. 방금 듣자 하니 朝鮮 조정에서 이미 신헌을 이곳으로 파견하여 슈펠트와 조약 체결을 논의한다고 하는데, 귀 道臺께서 역시 만나실 생각이지요?"

마건충 : "신헌은 곧 전에 일본과 조약을 한 사람 아닙니까? 듣자 하니 그 사람은 경험이

---

74) 이노우에 가오루(井上馨, 1836~1915)는 죠수 번(長州藩) 출신의 무사로 메이지유신에 참여, 메이지유신의 원훈(元勳)이자 구원로(九元老) 가운데 한 사람이 되었다. 정치가이자 실업가로 메이지 시대에 외무경(外務卿)·참의(參議)·농상무대신(農商務大臣)·내무대신(內務大臣) 등 요직을 역임하였는데, 1876년에 부사(副使)로 강화도조약의 체결에 참여하였고, 1879년부터 외무경(外務卿)으로 일하면서 임오군란·갑신정변과 관련된 조선과의 외교 사무를 처리하였으며, 1885년부터 1887년까지 외무대신을 지냈다. 1894년 제2차 이토 내각의 내무대신, 주중국 공사, 제3차 이토 내각의 대장대신(大藏大臣) 등을 지냈다. 근대 일본의 '탈아입구(脫亞入歐)' 전략의 주도자 가운데 한 명이기도 하다.

많고 숙련되었다고 하니, 올 때 당연히 한번 만나보려 합니다. 게다가 우리 이 중당께서 일찍이 슈펠트의 요청을 따라 朝鮮에 미국과의 통상을 권유한 적도 있습니다. 본 道臺가 마침 왔으니 서로 소개함으로써 양국의 우호를 통하도록 하는 것은 역시 제 직분 내의 일입니다."

하나부사 : "시간이 이미 점심시간이라 황급하게 출발해야 하니, 깊은 대화를 나누지 못해 아쉽습니다. 귀 道臺께서 이곳에 최소한 3주를 대기하신다면, 며칠 안에 다시 찾아뵙겠습니다."

마건충 : "이곳에 얼마나 오래 머무를지 아직 정해지지 않았지만, 다시 만날 기회는 있을 것입니다. 감히 귀하를 오랫동안 붙잡지 못합니다."

20. 25일, 위원호 선상에서 이응준과 나눈 밀담.

이응준 : "조약 체결을 할 때 [이홍장] 대인께서는 사신은 마땅히 전권대신이어야 하며, 그렇지 않으면 조약을 체결할 수 없다고 하셨습니다. 각국이 통상하는 방법은 모두 전권이라야 비로소 조약을 체결할 수 있다는 것입니다. 아마 우리 조정의 공론이 일치하지 않는 것 때문일 터입니다."

마건충 : "제가 다른 직위의 朝鮮 관원에 대해서도 이렇게 말하지 않았습니까?"

마건충 : "먼저 파견된 議約大員 신헌과 김홍집 두 분은 정·부관의 구별이 있습니까?"

이응준 : "신헌이 대관이고 김홍집이 부관입니다."

마건충 : "내가 마땅히 신헌과 김홍집 두 분이 당연히 전권을 가지고 있어야 비로소 조약 체결이 가능하다고 하지 않았습니까?"

이응준 : "그렇습니다."

마건충 : "결국 당신에게 질문하는 것은 귀 국왕께서 이미 전권을 주었는지 여부입니다."

이응준 : "우리 국왕께서는 주고자 하셨지만, 흥인군이 통상에 뜻이 없어 가로막았습니다."

마건충 : "흥인군이 통상에 뜻이 없음을 어떻게 압니까?"

이응준 : "흥인군이 말씀하시기를 '우리가 통상을 요청할 일이 없는데, 어찌 나와 김윤식에게 서신을 보내 요청한다는 말이 있습니까?'라고 하였습니다."

마건충 : "우리 이 중당께서 받은 흥인군의 서신 내에 '조약 체결에 관한 일은 오로지 이 중당

대인에게만 우러러 의지합니다.'라는 구절이 있었는데, 이 말은 어디서 나왔다고 합니까?"

이응준 : "흥인군이 말씀하시기를, 당신의 서신은 미국이 朝鮮에 진출하려는 것을 막아달라는 뜻이었지, 통상에 관한 이야기는 없었다고 하였습니다."

마건충 : "우리 이 중당께서 흥인군에게 보낸 서신은 귀 국왕께 올렸습니까?"

이응준 : "흥인군은 아직 보지 못하였으나, 저는 이미 보았습니다. 그냥 일반적으로 서신에서 하는 내용뿐이었습니다."

마건충 : "당신이 천진에서 돌아올 때 이 중당의 서신을 받아오지 않았습니까?"

이응준 : "받아왔습니다만, 서신에는 그런 말이 없었습니다."

마건충 : "김경수는 흥인군의 私人입니까?"

이응준 : "김경수와 한문규 모두 그렇습니다."

마건충 : "신헌과 김홍집 정·부사가 이 중당께서 흥인군에게 보낸 서신을 보았습니까? 또 귀국 국왕께 보낸 자문도 보았습니까?"

이응준 : "신헌은 나이가 연로하여, 아마 김홍집이 보았을 것입니다."

마건충 : "김홍집은 사람됨이 어떻습니까?"

이응준 : "매우 현명합니다."

마건충 : "귀국 국왕께서 가까이 두고 신임하십니까?"

이응준 : "과연 가까이 두고 신임합니다."

마건충 : "김홍집은 이 중당의 두 차례 서신을 보고 어떤 말을 하였습니까?"

이응준 : "아직 만나지 못해 두 차례 서신을 보았는지도 모릅니다. 제 생각에는 아마도 보았을 것입니다."

마건충 : "당신은 이 일이 신속히 이루어질 것으로 생각합니까?"

이응준 : "김홍집과 조약을 논의하면 될 것입니다."

마건충 : "하지만 신헌이 의약정사이니 아마도 제쳐두기 어려울 것입니다."

이응준 : "정·부사가 함께 가서 조약을 논의할 때, 대인께서 질문하시면 반드시 김홍집이 답변할 것입니다."

마건충 : "내가 생각건대 신헌은 연로하여 배에 오르기 어려울 것이고, 미국 사신과 본 道臺가 먼저 나서서 곧바로 인천에 가서 논의할 수도 없으니, 방법은 김홍집 한 사람이

우리 배에 와서 논의하고 연후에 신헌에게 전달하는 것이 가장 낫겠습니다. 그러나 이런 방법은 반드시 신헌·김홍집의 事權이 동일해야 가능합니다."

이응준 : "두 분이 오늘 꼭 오실 터시니, 모든 것은 내일 다시 상의하십시오."

마건충 : "김홍집의 관직은 무엇입니까?"

이응준 : "이품 예부참판입니다."

21. 26일, 조준영과 나눈 필담.

마건충 : "내일 신헌·김홍집·서상우 세 사람은 대략 몇 시에 배에 옵니까?"

조준영 : "巳時 정각에 여기 도착할 것으로 예상합니다."

마건충 : "내 생각으로는 내일 오전 세 분이 배에 도착하여 간단한 식사를 하고, 오후에 본 道臺를 따라 미국 선박에 가서 잠깐 미국 사신을 만나고자 합니다. 그때는 전권위임장을 이미 한문으로 번역해놓았을 것이니, 세 사람이 내일 여기 올 때 귀 국왕이 특별히 파견한다는 전권위임장을 가지고 와서 서로 교환하여 검토해볼 수 있었으면 합니다. 그렇게 되면 이후 [조약 체결] 처리가 가능해질 것입니다."

조준영 : "내일 방문하는 것은 처음의 문안 인사인데, 어찌 국왕의 전권위임장을 반드시 가지고 올 필요가 있겠습니까? 조약 체결을 하는 날 대략 검토해도 늦지 않을 것입니다."

마건충 : "그 방법도 아주 좋습니다. 그러나 본 道臺는 일을 줄이자는 뜻에서 일부러 이런 의견을 낸 것입니다. 미국 사신의 위임장은 이미 마련되었으므로 내일 세 분이 도착하여 즉시 그 자리에서 제출할 수 있을지요?"

조준영 : "조금 있다 돌아와 알려드리겠습니다."

22. 이응준의 요청으로 별실에 가서 나눈 私談.

이응준 : "朝鮮 國王의 전권위임장 공문 형식이 응당 중국과 같은 것이야 할 터인데, 그 형식을 잘 모르니 작성해서 보여주시면 좋겠습니다."

마건충 : "귀 국왕께서 평시에 신하들에게 명령할 때 어떤 체재를 사용하시는지 묻고 싶습니다."

이응준 : "[국왕께서 내리는 명령은] '경이 가서[卿其往]'로 시작하고 '이상[欽哉]'으로 끝납

니다.”

마건충 : “그렇다면 응당 대신 초안을 작성해드릴 수 있습니다.”

이응준 : “정말 너무나 감사합니다.”

23. 3월 27일 오시, 위원호 선상에서 朝鮮 議約正使 신헌과 나눈 필담.

마건충 : “전에 집사께서 일본과 조약 체결을 협상할 때 함께 일을 하였던 이름이 윤자[승]라는 관원은 현재 어디에 있습니까?”

신헌 : “현재 경상도관찰사로 재직중입니다.”

24. 부사 김홍집과 나눈 필담.

마건충 : “지난해 집사께서 사신으로 일본에 가서 논의한 통상장정을 천진에서 받아 읽어보았더니, 매우 치밀하여 탄복하지 않을 수 없습니다.”

김홍집 : “부끄러워 감당하기 어렵습니다. 하여장[75] 공사와 황준헌[76] 참찬 두 분께서는 근래 어떻습니까? 그사이에 이미 교대하란 복명을 받았겠지요?”

마건충 : “하여장 공사는 이미 귀국하였고, 황준헌 참찬은 미국 샌프란시스코에 가서 총영사를 이어받아 맡았습니다. 조정에서는 이제 여서창을 일본 공사로 파견한다고 합니다. 전날 花房義質이 입경 도중 인천을 거칠 때, 일찍이 깊은 대화를 나누었습니다. 그 의도를 살짝 엿보았는데, 세칙에 관해서는 말을 아끼는 것 같았습니다.”

김홍집 : “정말 말씀대로입니다. 花房義質가 우리나라에 와서 關稅를 논의한 지 몇 해가 되었

75) 하여장(何如璋, 1838~1891)은 자가 자아(子峨)로 광동성(廣東省) 대포현(大埔縣) 출신의 외교관으로, 중국과 일본이 정식으로 국교를 맺은 다음의 첫 번째 주일본 공사로 4년여를 근무하였다. 1880년 일본을 방문한 조선의 수신사 김홍집이 하여장을 방문하였을 때 그가 참찬관 황준헌에게 쓰게 한 『사의조선책략』을 기증한 것은 유명한 사건이다. 1868년 진사(進士) 출신인 하여장이 1877년 일본으로 파견되기 전에 한림원시강(翰林院侍講)으로 승진한 상태였으므로, 원문에서 ‘何侍講’으로 부르고 있다.

76) 황준헌(黃遵憲, 1848~1905)은 자가 공도(公度)이고 별호는 인경려주인(人境廬主人)으로, 청대의 시인이자 외교관, 개혁가로 이름이 높다. 광동성 가응주(嘉應州) 출신으로 1876년 거인(擧人)으로 합격하여 주일본 참찬(參贊), 로스앤젤레스 총영사, 주영국 참찬, 싱가포르 총영사를 지냈으며, 무술개혁기에는 서리호남안찰사(署湖南按察使)로 순무(巡撫) 진보잠(陳寶箴)을 도와 개혁을 추진하였다.

지만, 양쪽 주장이 결국 서로 맞지 않아서, 매우 골머리를 앓고 있습니다. 어떻게 해야 적절히 타협할 수 있을지 모르겠습니다."

마건충 : "이 중당께서 천진에서 집사가 지난해 일본과 논의한 세칙을 열람하였는데, 외무부에서 확실하게 윤허할 수 없었습니다. 그래서 이 중당께서 이번에 미국이 와서 조약을 논의할 때 세칙을 안에 나열하고 조속히 미국과 조약 체결을 확정함으로써, 그것을 일본에 보여준다면 일본이 비록 교활하더라도 시종일관 완강히 버틸 수는 없을 것입니다."

김홍집 : "이 중당대인께서 朝鮮을 위해 주도면밀하게 계획을 마련해주시니 영원토록 감격하며, 그 칭송하는 마음을 어떤 모습으로도 표현할 수 없습니다."

마건충 : "미국 사신이 먼저 항구에 도착하고, 두 분이 나중에 도착하였으니, 공법에 따르면 나중에 도착한 사람이 먼저 가서 인사를 해야 합니다. 오후에 두 분께서 적은 수의 종복을 앞세워 가시면 좋은데, 관원마다 4~5명이면 될 것입니다. 그들의 선박에 가서 구경하겠다면, 다음번에 다시 가도 늦지 않습니다."

김홍집 : "삼가 가르침대로 하겠습니다."

25. 27일 오후 2시 반, 신헌·김홍집 두 사신과 함께 미국 선박에 가서 미국 사신 슈펠트를 만났을 때 김홍집과 나눈 필담.

마건충 : "슈펠트가 다음과 같이 말하였습니다. '오늘 처음 뵈니, 일을 처리할 때는 아닌 것 같습니다. 그러나 한 날을 골라 정해 연안의 장막에서 서로 전권위임장을 교환하여 검토해봄으로써, [이후 편하게] 조약을 논의할 수 있었으면 합니다.'"

김홍집 : "슈펠트 사신의 도타운 마음을 삼가 잘 알겠습니다. 그러나 귀 사신 일행이 朝鮮을 싫어하지 않는다면, 육지에 올라 객사에 머무르셔서 주인의 마음을 편안하게 해주십시오. 조약 체결 문제는 날짜를 정해 다시 알려드릴 수 있기를 절실히 바랍니다."

마건충 : "슈펠트 사신이 다음과 같이 말하였습니다. '육지에 오르는 일은 여러 가지로 불편하며, 게다가 여러분께 폐를 끼쳐 마음이 정말 불편하니, 연안 근처에서 논의함으로써 두 분께서 배에 오르는 수고를 피하고, 게다가 조약 체결에 도움이 되게 하는 편이 나을 것 같습니다.'"

김홍집 : "슈펠트 사신이 이렇게 고집하시니, 감히 다시 억지로 요청할 수는 없겠습니다. 주인의 마음으로는 더욱 미안하고 두려워 불편합니다."

마건충 : "일 처리는 양쪽 모두 편한 게 좋으니, 서로 미안할 바는 없을 것입니다. 내일 본 道臺가, 즉 배 위의 사람들에게 지시하여 뭍에 올라 천막을 치게 하면 되겠습니까?"

김홍집 : "천막을 치는 일은 본래 번거롭게 대인께서 지나치게 염려하실 필요가 없습니다. 하물며 시기를 정한 다음에 다시 상의해도 늦지 않은데, 내일의 분부는 속히 멈춰주시면 다행이겠습니다."

마건충 : "이 일은 제가 배로 돌아가서 다시 執事와 상세하게 논의하도록 하겠습니다."

김홍집 : "알겠습니다."

26. 4시 30분, 위원호로 돌아와 김홍집과 나눈 필담.

마건충 : "내일 장막을 치는 일은 저희가 알아서 준비할 것이니 괜히 힘들일 필요 없습니다. 배에 장막이 매우 많고, 게다가 선원들이 이 일에 능숙하기 때문입니다. 장막을 모두 친 다음 다시 날짜를 정해 상의합시다."

김홍집 : "도타운 호의에 비록 매우 감격하여 황송하지만, 어디에 장막을 치는지와 상관없이 날짜를 확정하기를 기다린 다음 장막을 치는 것이 아주 적절할 것이며, 반드시 미리 지휘할 필요는 없을 것 같습니다."

마건충 : "맞습니다. 다만 어떤 날에야 비로소 일 처리가 가능한지 약속해주시겠습니까? 미국 사신이 재촉하니 신속하게 알려주시기를 바랍니다."

김홍집 : "미국 사신의 재촉은 저희도 헤아릴 수 있습니다. 하지만 부득이하게 하선하여 대관과 함께 상의해야 하므로, 여기서 서둘러 답변하기는 곤란합니다. 양해하여주십시오."

마건충 : "객사로 돌아가 대관과 함께 상의하여 날짜를 정하면 알려주시기 바랍니다."

김홍집 : "어찌 감히 알려드리지 않을 수 있겠습니까?"

마건충 : "지난해 어윤중이 천진에서 이 중당대인과 면담하였는데, 일찍이 華商이 귀국에 와서 무역하여 倭商의 이익을 빼앗아주도록 요청한 바 있습니다. 지금 이 중당대인께서 招商局의 5인을 파견하여 함께 이 배에 왔는데, 왕경에 가서 商務를 살펴보고자 하니,

사람을 보내 호송해주실 수 있겠습니까? 결코 즉각 무역을 시작하는 일 따위는 없으며, 단지 미리 가서 商務를 살펴보려는 것뿐입니다."

김홍집 : "귀국 상인 5인이 왕경에 가려고 하는 이유를 알려주셨는데, 감히 이 자리서 즉각 대답을 드리지는 못합니다. 대관께 직접 아뢰고 직접 정부에 전달한 다음 다시 통보를 해드리겠습니다."

마건충 : "빠르면 빠를수록 좋습니다. 대단히 감사합니다."

마건충이 다시 말하였습니다 : "전에 미국 사신이 천진에서 우리 이 중당대인과 상의할 때, '朝鮮은 오랫동안 중국의 속방이었으니, 천진에서 중국이 조·미조약 체결을 결정해버리는 것만 못하다.'고 이야기하였습니다. 그러나 당시 이 중당께서는 답변하기를 '朝鮮은 비록 屬邦이지만, 內治·外交는 모두 自主해왔다.'고 답변하셨습니다. 미국 사신은 끝내 석연치 못한 마음으로, 朝鮮과 평등하게 상대하기 곤란하다고 이야기하였습니다. 미국 사신은 여기에 이르러서도 역시 누차 이런 말을 하고 있습니다. 그는 말합니다. '朝鮮 國王이 조회를 한 장 써서 미국 國主[대통령]에게 보내되, 그 안에서 朝鮮이 비록 중국의 속방이지만 조약 체결 문제는 원래 自主할 수 있다고 운운하면 어떻겠습니까?' "

마건충이 또한 말하였습니다 : "미국 사신의 의도는, 즉 이 중당대인께서 논의한 제1조의 구절을 조약 조문 밖에서 밝히자는 것입니다. 만약 조약 내에 집어넣으면, 양국의 평행 체제에 지장이 있을 것입니다. 제가 천진에서 이 중당대인에게 작별 인사를 할 때에도 간곡하게 이 점을 훈시하셨습니다. 만약 朝鮮 國王이 미리 조회 한 장을 준비하여 미국 국주에게 보내는데, 반드시 밀봉할 필요 없이 슈펠트 사신에게 보내 읽고 확인하게 하면, 그는 즉시 조약을 체결할 때 平行相待할 수 있을 것입니다. 조약에 서명한 다음 그가 조회와 조약문을 함께 미국으로 가지고 돌아가 국주에게 올리면 됩니다."

김홍집 : "가르침이 꼼꼼한 데다가 편리한 방법까지 제시해주시니, 정말로 감격스럽습니다. 다만 이 일은 국왕께서 처분하실 것으로 부득이 대신들과 상의하시도록 곧바로 전달하여 재가를 받은 다음에야 다시 알려드릴 수 있습니다."

마건충 : "이 일은 귀 국왕께서 처분하실 일이니 응당 대신 주를 올려 재가를 받으십시오. 다만 이는 실로 절대 빼놓을 수 없는 일이니, 朝鮮의 입지를 세워 구미 각국이 업신여

길 수 없게 하기 위해서입니다. 게다가 이 중당대인께서 주청하여 저를 파견하면서 군함도 함께 보내 여기 와서 일을 돕도록 하면서, 朝鮮의 事大는 예로부터 공손하였지만 지금 각국이 통상하고 時局이 크게 변하였으니, 마땅히 朝鮮이 조약을 체결하여 통상하는 것을 허용함으로써 다른 나라가 속이고 협박하는 것을 막아야 한다고 언명하셨습니다."

김홍집 : "朝鮮이 청을 섬긴 지 3백 년이 되었는데, 이렇게 보호해주시는 은혜를 치우쳐 누리고 있습니다. 이번에도 이 중당대인께서 자비로운 마음으로 시국을 살피시고 대신 계획을 마련하셔서 朝鮮의 입지를 확실하게 세움으로써 다른 나라가 속이고 협박하는 것을 막고자 해주시니 정말로 탄복하지 않을 수 없습니다. 제가 비록 우매하지만 어찌 이런 지극한 뜻을 우러러 헤아리지 못하겠습니까? 하물며 두 분 대인께서 직접 군함을 이끌고 먼 곳에서 오셔서 朝鮮을 위해 일을 주지해주시니 특히 고맙고 송구스럽기 그지없습니다."

마건충 : "이 중당대인께서 朝鮮을 위해 마치 집안일처럼 일을 도모하시는 것은 실로 귀국이 강력한 이웃과 이웃하고 있기 때문으로, 일본과 러시아는 이미 못된 마음을 품고 있어 사변을 예측하기 어렵습니다. 누차 서신을 보내 미국과의 통상 개방을 요청하신 것은 바로 이 때문입니다. 제가 군함을 몰고 귀국에 와서 중간에서 대신 호의를 전달하는 것은 응당 해야 할 일이므로, 감사의 말씀은 사양해야 할 것입니다. 하지만 조회문은 반드시 주도면밀하고, 구석구석까지 빈틈없게 다듬어야 할 것입니다."

김홍집 : "삼가 가르쳐주신 바를 잘 알겠습니다. [조약 체결] 시기를 정하는 일은 부득이하게 조회 내용을 보고하여 재가를 받기를 기다려야 하며, 그다음에야 알려드릴 수 있습니다."

마건충 : "알겠습니다. 그러나 저는 이번 조회는 문장을 꾸미기 어려우므로 어리석음을 무릅쓰고 제가 대신 원고 한 장을 작성하였으니, 한번 검토해주십시오."

김홍집 : "이 원고를 대신 작성해주시는 지극한 은혜를 입었으니, 정말 감사하다는 말씀을 드리지 않을 수 없습니다. 일이 중대하여 제가 감히 멋대로 대답을 드릴 수는 없습니다. 다만 마땅히 대관들이 함께 직접 논의한 다음 국왕께 전달할 것입니다."

27. 29일 오후 5시, 위원호 선상에서 승정원 부승지 金晩植과 나눈 필담.

마건충 : "저희가 군함을 몰고 여기에 왔지만, 公事가 아직 갈피를 잡지 못한 연유로 몸을 빼서 왕경으로 달려갈 수가 없으니 정말 마음속으로 꺼림칙합니다. 그런데 귀 국왕께서 먼저 겸손을 베푸셔서, 명첩을 휴대한 집사를 보내 안부를 물어주시니, 부끄러워 땀이 그치지 않습니다. 번거롭더라도 집사께서 귀 국왕께 대신 전달해주시면, 저희는 조약 체결 업무가 끝나기를 기다린 다음 직접 왕경으로 가서 인사드리겠습니다."

김만식 : "알겠습니다. 조정에 돌아가서 대신 아뢰겠습니다."

마건충 : "심려를 끼쳐드렸으니, 먼저 감사의 마음을 밝힙니다."

김만식 : "저희 임금께서 이렇게 안부를 물으신 것은, 단지 두 분 대인께서 잠시 강가의 객사에 머물고 계셔서 [일 처리가] 이렇게 늦어짐을 우려하신 때문입니다. 제가 올 때 누차 미안하고 부끄럽다는 뜻을 전달해달라고 하셨습니다."

마건충 : "귀 국왕의 명첩은 실로 감당하기 어렵습니다. 삼가 직함 명첩과 답장서신을 갖추었으니, 가지고 돌아가 국왕께 올려주시기를 바랍니다."

김만식 : "삼가 알겠습니다."

마건충 : "전에 신헌·김홍집 두 사신이 배에 올라 먼저 방문해주시고, 또한 누차 여러분이 왕림해주셨습니다. 내일 정여창 제독과 함께 인천으로 가서 답방하고자 하는데, 지금 공사에 대해서 한담을 나누고 있으니, 번거롭더라도 돌아가셔서 대신 전달해주시면 고맙겠습니다. 또 지방관에게 우리를 위해 내일 새벽 포구에 가마 두 채와 말 여덟 필을 준비해달라고 대신 요청해주십시오."

김만식 : "당연히 시간에 맞게 기다리도록 하겠습니다."

김만식은 다시 말하였습니다 : "방금 신헌·김홍집 두 분을 뵈었는데 두 분 대인의 德意를 정말 칭송하셨습니다. 또 병이 있어 오늘의 약속을 지키지 못할 것 같아 몹시 부끄러워 한숨만 나온다고 하셨습니다. 만약 내일 감사의 답방을 하신다는 소식을 들으면 정말로 그분들에게 더할 나위 없는 기쁨이 될 것입니다."

마건충 : "제가 생각하기에 조약 내 여러 조항 가운데 쌀 수출 금지를 제외하면, 크게 바꿀 것은 없습니다. 미국 사신이 누차 독촉하는 것은, 귀 국왕의 전권위임장이 언제 내려질지 그리고 조회가 언제 도착할지 몰라서 그러는 것입니다. 본 道臺 또한 이 중당대

인께서 4월 초순 귀향하여 백일상을 치르시는 만큼, 중당대인께서 출발하기 전에 한번 뵙고 귀국을 염려하시는 중당대인의 마음을 먼저 위로해드리고자 조약 체결이 신속하게 이뤄지기를 바라는 것입니다."

김만식 : "대인께서 돌아가실 기한이 매우 촉박한데, 어찌 그렇지 않겠습니까? 전권위임장은 방금 이미 내려왔으며 조회문은 내일쯤이면 당연히 도착할 것이니, 깊이 염려하지 않으셔도 됩니다."

김만식은 다시 말하였습니다 : "제 從弟 金允植은 이 중당대인께서 돌봐주시는 德意를 크게 입었습니다. 매번 [이 중당대인의] 서신을 볼 때마다 이 중당대인의 忠政을 이야기하며 온 집안사람이 감격하는 모습은 정말 말로 표현할 수 없습니다."

마건충 : "이 중당대인께서는 사람과 사물을 접하실 때에 전혀 畛域을 구분하지 않습니다. 더군다나 동생분 領選使[김윤식]가 겸허하고 예절 바르신 분이니 저희도 역시 진심으로 경탄하는 바입니다."

김만식 : "일전에 특별히 서신을 보낸 것은 대인을 염려하는 마음에서 나왔습니다. 종제의 서신 속에서 특히 이 뜻만을 전달하고자 하였으니, 그래서 이를 알고 더욱 누누이 감사드립니다."

김만식은 다시 말하였습니다 : "우리 임금께서 명첩을 보내신 예절은 당연히 미국 사신에게는 행하지 않을 터입니다. 원래 체제가 그런 것입니다. 미국 사신이 만약 의아하게 생각한다면 대인께서 속방과 우방의 구분에는 등급이 있음을 분명하게 말씀해주시면 아주 좋겠습니다. 묻지 않는다면 굳이 언급하실 필요는 없습니다."

마건충 : "미국 사신은 본디 속방과 우방의 구별을 알고 있으니 이상하게 여기지 않을 것이며, 게다가 저희도 어찌 미국 사신에게 알릴 필요가 있겠습니까?"

28. 4월 초1일 오시가 시작될 무렵, 인천에 가서 신헌과 김홍집 두 사신을 답방하고 김홍집과 나눈 필담.

마건충 : "여러분과 헤어진 지 사흘이 되어 몹시 뵙고 싶었는데, 모두 평안하셨을 것으로 생각합니다."

김홍집 : "비를 무릅쓰고 찾아주시니 황송하기 그지없습니다. 저희는 덕분에 별 탈이 없는데,

안부를 물어주시니 대단히 감사합니다."

마건충 : "옛사람[王徽之]은 눈을 무릅쓰고 [친구 戴逵를] 방문하였다고 하는데, 지금 우리는 비를 무릅쓰고 방문하여 흉금을 털어놓고 이야기할 수 있으니, 어찌 즐겁지 않겠습니까? 미국 사신이 누차 재촉하기를, '전권위임장이 일단 내려와야 조약 체결을 논의할 수 있다.'고 하였습니다. 오늘 새벽 특별히 그 선장을 우리 배로 보내 내일 회의하자고 약속하였는데, 여러분 의견은 어떻습니까? 게다가 '조회문을 만약 귀 국왕께서 이미 윤허하였다면, 그 국주에게 가지고 가는 것은 나중에 해도 무방하다.'고 하였습니다."

김홍집 : "미국 사신의 재촉에 대해서는 이미 삼가 지시를 받았습니다. 본래 날짜를 지정하고 특별히 달려와 알리려고 하였지만, 委員이 京城에 가서 돌아오지 않았기 때문에, 그래서 이렇게 약속이 늦어졌습니다. 만약 답변을 받으면 당연히 즉시 가서 뵙고 알리겠으니, 너그러이 넘기시고 질책하지 않아 주시면 정말 다행이겠습니다. 조회문은 위원이 돌아올 때 당연히 가지고 올 것입니다."

마건충 : "여러분이 어떤 날짜에 논의를 시작할지 약속해주셔야 하는 것은, 미국 사신이 오늘 저녁 오로지 정확한 날짜를 기다리고 있기 때문입니다."

김홍집 : "전문 위원이 돌아오기까지 대략 며칠이 넘지는 않을 것입니다."

마건충 : "회의는 본래 형식적인 것이고, 결국은 반드시 사적으로 적절하게 논의하면 될 터이니, 만나기만 하면 곧 결론을 내릴 수 있을 것입니다. 어제 배에서 일이 없어, 일찍이 미국 사신이 베껴 준 영어 문장을 자세하게 한문과 비교하며 읽어보았는데, 크게 다른 곳은 없었습니다. 간혹 한두 구절에 미세한 차이가 느껴졌지만, 이미 제가 한문본과 영어본을 수정하여 지금 특별히 가지고 와서 읽어보시도록 올립니다."

김홍집 : "주도면밀하게 중재해주시니 정말 감사합니다."

마건충 : "조약 원고의 제8조는 미국 사신이 굳이 삭제를 원하지 않는데, 여러분께서는 어떤 탁견이 있으십니까? 원래의 번역 원고 내에는 '事故가 있기 때문에'라는 구절이 있으므로, 이후에 어떤 이유가 있다면 바로 귀국이 수출을 금지할 수 있으니, 이런 방법은 곧 금지하지 않는 가운데 금지를 포함하는 것입니다."

김홍집 : "미곡 문제는 朝鮮의 형편이 결코 수출을 논의할 수 없는 상황이라는 점에 대해 전에 이미 상세히 아뢰었으니, 잘 중재를 해주시면 정말 다행이겠습니다. 비록 원고 내에 상세하게 밝혀놓기는 하였지만, 지금 가르침을 받고 보니 특히 기대한 바와

다릅니다. 朝鮮은 상무의 권한이 스스로 행사하는 권리라는 점에 대해 전혀 어두우니, 지금 비록 엄격하게 방지하더라도 여전히 밀수의 폐단이 있을까 우려하지 않을 수 없습니다. 그래서 중국과 조선이 [지금 준비 중인] 첫 [통상]장정을 맺을 때의 사례처럼 하려는 것입니다. 하물며 인천 항구에 대해서 일본이 이미 다른 제의를 하고 있으니, 꼭 그 부분을 분명히 보충해서 써넣으려는데 어떠신지요?"

마건충 : "미국 사신은 미곡 문제에 대해 단연코 삭제를 원하지 않는 것 같은데, 여러분은 또한 끝까지 판매 금지를 고집하고 계시니, 제가 중간에 끼여 조정하기가 몹시 곤란합니다. 또 논의한 조약 원고는 충분히 타당하며, 귀국을 위해 훗날 이익을 취하고 손해는 방지할 방법을 전반적으로 마련한 것입니다. 만약 미곡 문제 하나로 인해 우호조약이 이루어지지 않는다면 정말 애석할 것입니다. 우리 이 중당대인께서 천진에서 누차 이러한 뜻을 알린 바 있습니다. 김윤식의 『문답필담』도 이미 귀 조정에 전달되었을 터이니, 여러분 역시 상세하게 읽어보셨을 터입니다."

김홍집 : "매우 간절하게 가르쳐주시는데, 매우 두렵고 부끄럽습니다. 영선사의 『필담』 원고를 저희는 아직 보지 못하였습니다. 그러나 어떤 이유가 있으면 朝鮮이 수출을 금지할 수 있다는 뜻은, 그야말로 손해를 방지하는 방법이라 할 수 있겠습니다. 백성의 사정과 나라 형편이 정말 [그것을 막아주는] 장애가 될 수 있을 것입니다."

마건충 : "미국 사신이 만약 악착같이 조약 원고대로 처리하고자 한다면, 여러분의 의견은 어떻습니까? 사실대로 알려주시기를 바랍니다."

김홍집 : "이 중당대인께서 우리 대신에게 보낸 서신에 '비록 약간의 변경이 있지만, 대체로 이 범위를 벗어나지 않는다.'고 하셨습니다. 제가 보기에 이 조항에 대해 注明하는 것은 약간의 변경에 지나지 않는데, 감히 누차 번거롭게 해드리는 것은 朝鮮의 사정을 보자면 나라 여론이나 민심이 모두 이것을 우려하고 있기 때문입니다. 저희가 이 일을 처리하는 데 어찌 이렇게 따지지 않을 수 있겠습니까?"

마건충 : "여러분이 제8조 가운데 고쳐야 할 곳이 있다면 알려주실 수 있습니까?"

김홍집 : "이렇게 말씀해주시니 정말 다행입니다. 제8조는 모두 그대로 따르되, 다만 인천 항구에서는 [수출을] 금지한다는 구절을 넣는다면 조금이나마 朝野의 기대에 부응할 수 있을 것입니다. 이렇게 조약 내에 보충하여 밝힌다면 정말 다행이니, 어떻게 감사드려야 할지 모르겠습니다."

마건충 : "제가 배로 돌아간 다음 미국 사신에게 분명히 이야기하면 혹은 허락해줄 수도 있을 것입니다."

김홍집 : "이렇게 두루 보살펴주시니, 다만 귀하의 德意를 찬송할 따름입니다."

마건충 : "설령 미국 사신이 여전히 집요한 점이 있더라도, 저는 제8조를 '朝鮮은 미곡 수출을 종래 금지해왔다.'는 내용으로 바꿀 수 있을 것이라 생각합니다. 지금 조약을 체결하려는데, 미국 상민은 미곡의 판매·운송에 대해서는 응당 이미 개항한 항구의 장정에 따라야 할 것입니다. 이렇게 朝鮮이 일본인에게 인천에서 미곡 수출을 금지한 것과 같이 한다면, 미국 상인 역시 응당 그대로 따라야 할 것입니다."

김홍집 : "지당하신 말씀이고, 두루 빈틈이 없습니다."

마건충 : "조약 원고의 제8조 외에 여전히 추가하거나 삭제해야 할 곳이 있다면 상세하게 알려주시기 바랍니다."

김홍집 : "식사를 마친 후에 다시 알려드리겠습니다."

29. 점심 식사를 마치고 김홍집과 나눈 필담.

마건충 : "전에 이응준이 받아 전달한 통상장정 두 부는 천진에 있을 때 이미 받아서 읽어보았습니다. 조약 원고는 이미 장정을 안에 포괄하고 있어, 조약과 별도로 다시 밝힐 필요는 없습니다."

김홍집 : "맞습니다. 맞습니다. 보충해서 밝히고자 하는 것은 특별히 상세한 장정입니다. 이것은 피차의 상민이 왕래할 때까지 조금 기다려 다시 정해도 무방하지 않겠습니까? 큰 가르침을 주시기 바랍니다."

마건충 : "상세한 장정은 양국이 조약을 비준하여 항구를 개방할 때 따로 잘 논의하면 될 것입니다. 그래서 제12조 끝 부분에 통상에 관한 상세한 장정을 언급하였습니다."

김홍집 : "이해하였습니다."

마건충 : "조약 원고의 별도 조항은 어떻게 다룰지 또한 알려주십시오."

김홍집 : "전에 올린 통상장정 중에 기독교 책자를 엄금하고 징벌한다는 부분은 아편과 함께 열거하였습니다. 그런데 지금 조약에서는 단지 아편에 관한 조항만 들고 있을 뿐이고 기독교 엄금은 아예 보이지 않는데, 무슨 이유 때문입니까? 확실한 가르침을 바

랍니다."

마건충 : "기독교에 관한 일을 만약 조약 내에 언급한다면 구미 각국과 반드시 사이가 벌어질 것입니다. 그래서 이 중당대인께서 여러 차례 고려한 결과, 굳이 언명할 것까지는 없고, 제12조 내에 '응당 조약에 이미 실린 사항을 따라 우선 처리한다.'는 구절을 덧붙이는 편이 나을 것 같습니다. 만약 조약 체결 이후 기독교 관련 사건이 발생하면, 朝鮮에서 엄금하여 근절시킬 수 있습니다. 게다가 조약 내에 洋人의 내지 여행을 허락한다고 실려 있지도 않으니, 만약 조약 체결 이후 외국 선교사가 내지를 여행한다면 즉각 조약에 근거하여 처벌할 수 있습니다."

김홍집 : "가르침이 아주 분명하니, 정말 탄복할 수밖에 없습니다."

또 김홍집이 말하였다 : "조약 원고의 각 조항은 모두 적절합니다. 저희는 外務에 익숙하지 않고 더구나 물어볼 사람도 없습니다. 이후에도 만약 의견이 있다면 조약 체결 이후 다시 서서히 논의하는 편이 타당할 것입니다."

마건충 : "조약이 일단 체결되면 다시 논의할 수는 없으니, 마땅히 체결되기 이전에 저와 상의하여 미국 사신과 의논할 수 있게 해주십시오."

김홍집 : "실로 더이상 논의할 것은 없습니다. 오로지 원고에 따라 협정하기를 엎드려 기대하는 바입니다."

마건충 : "제8조는 제가 당연히 힘써 변론하여 성사될 수 있게 하겠습니다. 조약 원고 가운데 몇 군데를 손보았으니 귀하께서 수정해주십시오."

김홍집 : "알겠습니다. 우리가 가지고 있는 원고를 조항별로 고치되, 제8조 개정에 관해서 이미 분명한 가르침을 받았으니, 당연히 금석처럼 받들겠습니다."

마건충 : "조약 원고가 모두 적절하다고 하시니, 다른 날 한번 만나서 상의한다면 정말로 서명할 날을 확정할 수 있을 것입니다."

김홍집 : "알겠습니다. 위원이 돌아오면 곧 직접 가서 가르침을 받되, 그 자리에서 반드시 서명하는 날을 정하겠습니다."

마건충 : "서명하는 날은 아무래도 반드시 미국 사신과 만나 상의한 다음에야 날을 정할 수 있는데, 위원이 내일 돌아올 수 있습니까?"

김홍집 : "위원은 수일 내 돌아오겠지만, 지금 명확하게 알려드리기는 어려우니, 조금은 느긋하게 시간을 주십시오."

마건충 : "어제 귀 국왕께서 副承旨官을 보내 명첩을 가지고 배를 방문하게 하셨습니다. 저희는 그야말로 송구스러운데, 일이 마무리되면 응당 직접 왕경에 가서 문안을 드리겠으니, 미리 언질을 주시기 바랍니다."

김홍집 : "어제 승지가 돌아갔는데, 이미 가르침을 받았으니 복명하면서 당연히 대신 보고를 올렸을 것입니다."

마건충 : "招商局員 5인이 왕경에 가서 상무를 살펴보고자 하는데, 며칠 안에 확실한 이야기를 해주시기 바랍니다."

김홍집 : "이 일은 이응준이 돌아와야 비로소 알려드릴 수 있습니다."

또 김홍집이 말하였다 : "[북양수사 총교습] 클레이슨은 영국인인데, 영국과는 종래 서로 왕래한 적이 없습니다. 현재 두 대인을 수반하여 부득이하게 합석하고 있는데, 외교상의 전례에 없는 일이니, 실로 문제가 있는 것 같습니다."

마건충 : "클레이슨 교습은 이미 중국에서 기용해서 역시 중국인[華人]일 따름입니다."

30. 초3일 미시, 김홍집이 위원호 선상으로 찾아와 나눈 필담.

마건충 : "우호조약에서 집사의 관함은 어떻게 써넣어야 합니까?"

김홍집 : "경리총리기무아문사 전권대관 모, 전권부관 모라고 쓰면 됩니다."

또 김홍집이 말하였다 : "외람된 질문입니다만, 우호조약에 君主라고 써야 합니까, 아니면 國主라고 써야 합니까?"

마건충 : "군주와 국주의 의미는 같습니다. 다만 영국은 조약에 군주라 칭하고, 이탈리아 역시 군주라 칭하며, 미국과 문서를 주고받을 때는 國主라 칭하였습니다."

김홍집 : "인장을 찍으면 서명은 불필요합니까?"

마건충 : "서명은 본명 아래에 하고, 인장은 연호 위에 찍습니다."

김홍집 : "서명을 하게 되면 성은 쓰고 이름은 쓰지 않습니까?"

마건충 : "관원의 직함과 성명 모두 반드시 써야 합니다."

마건충 : "어제저녁 슈펠트 사신을 만났을 때 미곡에 관한 부분을 여러 차례 힘써 다투었지만, 그는 결국 분명하게 허락하지 않았습니다. 만약 오늘 저녁 전권위임장과 조회 두 건을 본다면, 짐작건대 허락해줄 것입니다. 그런데 원문에 인천항에서 미곡은 일괄적

으로 반출을 불허한다고 하였는데, 말뜻이 명확하지 않았습니다. 제가 임의로 '이미 개항한 항구'와 '각종[各色]'이란 단어를 추가하였는데, 이것이 비교적 타당할 것 같습니다."

김홍집 : "귀하의 성의에 깊이 감사드립니다."

마건충 : "오늘 새벽 미국 사신이 특별히 그 선장을 보내 만났는데, 어제 花房義質 공사의 편지를 받았으며, 안에는 '며칠 내로 배로 돌아가 모든 사무에 관해서 세세하게 이야기를 나누고자 합니다.'라는 내용이 있었다고 합니다. 미국 사신은 그가 끼어들까 두려워 내일 만나 직접 조약 체결 날짜를 정하여 일본 사신이 오기 전에 일찌감치 결론을 내리자고 요청해왔습니다. 또 내일 직접 만날 때 그가 國書 1건을 제출할 것인데, 봉인을 뜯어 한문으로 번역하지는 못하였습니다. 귀 국왕께서 그 국서를 접수하면 역시 미리 답장을 준비해야 할 것입니다. 조약 체결은 미국에서 시작하였으므로 미국이 먼저 국서를 보내야 하는데, 미국 사신이 지금까지 늦추고 올리지 않는 것은 전적으로 전권위임장과 조회 때문입니다."

김홍집 : "날짜를 정하는 일에 대해 많은 지적을 받았는데, 정말 감복합니다! 그러나 내일은 너무 촉박하니, 불가불 돌아가 대관과 상의하고, 나아가 미국 국서가 아직 한문 번역본이 만들어지지 않았으며 또한 아직 보지도 못하였다고 보고할 것입니다. 게다가 국서를 올릴 때의 예절은 몹시 곤란한 점이 있습니다. 이 일은 처음의 일이라 각국 사례를 모르기 때문입니다. 부득이하게 조정에 달려가 알려야 합니다."

마건충 : "내일 만나는 것은 대략 상의하는 데 지나지 않으며, 서명 날짜는 며칠 늦추어도 됩니다. 내일 제가 미국 사신과 오후 2시에 인천에서 만나기로 약속할 수 있는데, 국서는 우호조약을 체결하면서 사절을 보낸다는 것에 지나지 않아 결코 공무를 언급하지 않으니 제출 예절은 전혀 필요 없습니다. 미국 사신이 직접 집사에게 전달하고, 전담 무관을 시켜 왕경에 휴대하여 가서 올리게 하면 되며, 집사께서 직접 받으실 때 예절을 베풀 필요는 없습니다."

김홍집 : "감사합니다. 감사합니다. 이것은 꼭 비밀로 해주시기 바랍니다."

김홍집 : "조약 체결에 관한 일이 결정되고, 조약 책자를 필사하면 이 일은 거의 마무리됩니다. 설령 서명할 때 花房義質 사신이 느닷없이 참석하더라도 귀찮은 일은 발생하지 않을 것입니다."

마건충 : "만약 일본 사신이 도착하기 이전에 서명한다면 더욱 좋을 것입니다. 조약 책자를 필사하는 것은 이틀이면 마무리될 수 있으니, 초6일 또는 초7일 모두 가능합니다."

김홍집 : "아주 적절한 지적이십니다. 오늘 이 이야기는 절대 누설하지 마십시오."

마건충 : "알겠습니다. 조약은 서명 이후에도 일본 사신이 알게 해서는 안 되며, 반드시 조약을 비준한 이후에야 공포할 수 있습니다."

김홍집 : "삼가 명심하겠습니다. 그러나 일본 사신은 왕경에 머물고 있으며, 이목이 매우 많고 또한 매우 교활하니, 심히 우려됩니다."

마건충 : "만약 집사의 동료 가운데 누설하는 사람이 없다면, 일본 사신이 결코 다른 곳에서 소식을 알 수 없을 터입니다. 일본 사신이 만약 알게 되면, 혹시 일본 정부에서 주미 공사에게 서신으로 알려 중간에서 도발함으로써 미국이 조약 비준을 거부하게 하여 몹시 골치 아플 것입니다."

김홍집 : "이번 일은 매우 쉽지가 않으니, 심히 염려됩니다. 저희가 어찌 감히 누설하겠습니까? 그러나 다만 끝까지 비밀을 지킬 수 있다고 분명히 말하지 못하는 것은 우리나라 사람들이 이런 관계에 대해 잘 모르기 때문입니다."

마건충 : "이 일을 제가 조심스럽게 말씀드리는 것 역시 사전에 방비하려는 뜻입니다."

김홍집 : "알겠습니다."

마건충 : "내일 미국 사신과 만나면, 반드시 전권위임장을 서로 검토해보는 것 외에, 한 장을 따로 옮겨 써서 서로 교환하여 보관해야 합니다. 따라서 전권위임장은 집사께서 먼저 가지고 숙소로 돌아가 한 장을 그대로 옮겨 써서, 내일 미국 사신에게 주어 보관할 수 있게 하십시오. 피차간에 이미 문서를 갖추었으니, 내일 일은 역시 그냥 만나서 전달하는 것뿐입니다. 조회문에 대해서는 제가 가지고 가서 미국 사신에게 보여주고, 그런 다음 제가 잠시 보관하다가 조약에 서명하는 날 다시 넘겨줌으로써 신중함을 보이겠습니다."

김홍집 : "삼가 지시에 따르겠습니다."

31. 초4일 오후, 슈펠트와 함께 신헌·김홍집 두 사신을 인천 館署에서 만나다.

마건충 : "어제 [김홍집] 집사께서 상륙하여 돌아간 다음, 조회문을 가지고 미국 선박에 가서

슈펠트 사신과 협의하였습니다. 미국 사신은 비로소 확실히 의심을 풀었는데, 미곡에 관한 부분을 힘써 여러 차례 변론해서야 비로소 앞서 우리가 논의한 대로 할 수 있게 되었습니다. 현재 저들이 이곳 관서에 온 것은, 하나는 두 분의 인사에 답례하고자 함이고, 다른 하나는 전권위임장을 제시하고자 함인데, 여러분은 전권위임장을 별도로 한 부 베껴놓으셨습니까?"

김홍집 : "미국 사신과의 협의는 대부분 귀하께서 알선해주신 덕택입니다. 미곡에 관한 부분 또한 협의에 따르게 된 것에 대해 정말 대단히 감사하고 다행으로 여깁니다. 전권위임장은 이미 한 부를 베껴 보관하고 있습니다. 조약 책자 또한 제가 복귀한 다음 밤새도록 세 부를 베껴두도록 하였고, 다만 아직 특별히 장식하지는 않았는데 한번 살펴봐 주실 수 있을지 모르겠습니다. 미국 사신이 도착하기를 기다려, 지금 이 자리에서 인장을 찍고 서명을 하는 것은 어떻습니까?"

마건충 : "미국 사신이 이번에 오는 것은 최초 협상에 불과합니다. 만약 귀하께서 조약 책자를 이미 마련하였다면, 조약 체결은 초6일 아침 10시 포구 언덕에서 서명하는 것이 가장 좋겠고, 책자를 裝幀할 필요는 없습니다. 다만 나중에 조약 책자를 교환할 때, 귀 국왕께서 장정을 하도록 지시하시면 그때 약간 장식을 해도 됩니다."

김홍집 : "알겠습니다. 미국 사신이 도착하면, 각기 전권위임장을 제시해 서로 검토하겠습니다."

마건충 : "미국 사신의 전권위임장은 모두 적절하게 갖추어져 있으니, 바로 받아서 증거로 삼으십시오."

김홍집 : "감사합니다. 일본 사신이 내일 도착하게 되면 아마도 귀찮은 일이 생길 것 같습니다."

마건충 : "방금 이미 초6일 아침에 서명하기로 확정하였으니, 내일 일본 사신이 오더라도 아무 걱정 없습니다."

김홍집 : "알겠습니다. 미국 사신이 국서를 제출하였습니다."

마건충 : "이 국서는 밀봉하여 제본되어 있고, 또한 한문 번역본을 첨부하지 않았습니다. 제 생각에는 이 국서를 집사 등이 먼저 개봉하면 제가 대신 번역할 수 있으며, 그런 다음 가지고 가서 국왕께 올리면 곧 답장할 수 있을 것입니다."

김홍집이 국서를 마건충에게 건네주었다.

마건충 : "지금 여기에 계속 머무르시다가, 제가 [한문] 번역본을 가지고 돌아오기를 기다려

그때 상세하게 영어본을 검토해보십시오."

또 마건충이 말하였다 : "국서의 내용은 전권위임장과 거의 비슷합니다."

32. 4월 초6일 서명 이후, 김홍집이 다시 배로 찾아와 나눈 필담.

마건충 : "모든 일이 끝났습니다. 축하드립니다."

김홍집 : "조약 체결이 순조롭게 이루어진 것은 전적으로 귀하께서 알선해주신 덕택이니, 정말로 감격스럽습니다."

마건충 : "이는 모두 황상의 威德과 이 중당대인이 준비해주신 결과이지, 제가 무슨 힘이 있겠습니까?"

김홍집 : "황상의 天恩과 이 중당대인의 大德을 진실로 어떻게 감사드려야 할지 모르겠습니다. 다만 서쪽을 바라보며 찬송할 뿐이니, 천진으로 돌아가는 날에 이 중당대인께 저희를 위해 대신 감사의 뜻을 전달해주십시오. 정말 부탁드립니다! 이 중당대인께서 丁憂 때문에 고향으로 돌아가셨는데, 그래도 다시 돌아와서 일을 시작하시겠지요?"

마건충 : "이 중당대인께서는 백일 후에 당연히 복귀하실 것입니다. 현재 비록 본적지에 계시지만, 큰일은 역시 모두 이 중당대인께서 결정하고 계십니다."

김홍집 : "중·외의 사무를 위해서는 정말 다행입니다."

마건충 : "저희는 초8일에 왕경에 갈까 하며, 초10일에 배로 돌아와 11일에 출항하려 합니다. 귀 국왕께서 보내실 자문 등은 혹은 이응준을 파견하여 우리 배를 타고 휴대하여 가게 하면 어떻겠습니까?"

김홍집 : "초8일에 출발하여 왕경에 오신다면, 정말 기쁘고 다행이겠습니다. 배로 돌아가는 일은 5~6일을 늦춰주셔서, 저희 국왕의 기대에 부응해주시기를 감히 요청합니다. 배편에 자문을 보내는 일은 이미 전달하였지만, 조정의 뜻을 아직 듣지는 못하였습니다."

마건충 : "이번에 왕경에 가는 것은 전적으로 귀 국왕께서 명첩을 보내주신 일에 대한 답례 차원이니 감히 오래 머무르지는 못하고, 천진에도 또한 일이 많으니 이 점을 전해주십시오."

김홍집 : "왕경에 도착하신 다음 다시 논의하는 게 가장 좋을 것 같습니다. 이 말씀 역시 당연

히 전달할 터이지만, 돌아가는 데 서두르지 마시고 적어도 며칠 늦춰주시기 바랍니다."

33. 초6일의 만남에서 슈펠트와 김홍집의 필담이 있었다.

마건충 : "슈펠트 사신이 말합니다. '금년 여름 미국 군함이 부산·원산으로 갈 예정인데, 귀 정부에 먼저 통보해주시기를 지금 요청하는 바입니다.'"

김홍집 : "마땅히 이 뜻을 정부에 알리겠습니다."

마건충 : "내일 국왕의 답서가 도착할 수 있겠습니까?"

김홍집 : "아마 내일은 아닐 것 같습니다."

마건충 : "슈펠트 사신은 급히 귀국하려는데, 초8일에 출발할 예정입니다."

김홍집 : "알겠습니다. 내일 국서를 넘길 터이니 초8일 출발에 지장이 없을 것입니다."

마건충 : "슈펠트 사신이 여러분께 자기 배에서 오찬을 같이하자고 정중히 요청하였습니다."

김홍집 : "내일 국서를 넘겨드리는데, 저와 대관은 바로 돌아가 復命해야 하니, 감히 오래 머무르지는 못합니다. 게다가 오늘 부름에 응해 슈펠트 사신과 주인과 손님의 인사를 나누었으니, 내일 다시 해드릴 필요는 없을 것 같습니다. 저희가 오늘 돌아갈 때 슈펠트 사신을 배까지 마중하여 감사를 드리면서 아울러 작별 인사를 하는 게 아마 적당할 것 같습니다."

34. 조약 체결을 마친 다음, 슈펠트 사신이 먼저 떠나고 다시 김홍집과 나눈 필담.

마건충 : "朝鮮이 처음 통상하게 되었으니, 응당 해관[關卡] 설립 방법을 생각해야 합니다."

김홍집 : "지당하신 말씀이니, 어찌 부응하지 않을 수 있겠습니까? 해관 제도는 조금 쉰 다음 가르쳐주시면 다행이겠습니다."

또 김홍집이 말하였다 : "전에 통상의 권리를 우리가 장악해야 한다는 뜻을 풀이해주셨으니, 지금은 비준 문서 양식을 가르쳐주십시오."

마건충 : "朝鮮의 지방관청[州府]에서 쓰는 것과 같은 종류입니다."

김홍집 : "조약 책자의 비준 양식은 또한 어떠합니까?"

마건충 : "대개 國寶를 찍는 데 지나지 않습니다."

김홍집 : "결코 연월을 기록할 필요가 없습니까?"

마건충 : "연월을 적는 것은 끝부분에 합니다."

김홍집 : "海關規則은 朝鮮에서 전에 세운 적이 없으며, 일본 사신이 누차 이 점을 지적하였습니다. 그래서 감히 규칙이 어떻게 해야 적절한지 여쭙고자 합니다."

마건충 : "중국·외국의 해관규칙을 참작하여 쓸 수 있습니다. 하지만 朝鮮에서는 처음 시작하는 것이라, 귀국에서 이런 일을 잘 아는 사람을 고용하여 총괄하게 하되, 절대로 일본인을 고용해서는 안 됩니다."

김홍집 : "맞습니다. 맞습니다. 또한 토지임대료[地租]의 규모나 거류지 경계의 크기, 벌금의 가볍고 무거움 등에 대해서는 어떻게 해야 합니까? 얼마 전 일본 사신과 통상장정을 협의하였지만, 저들은 우리가 外規를 모른다고 깔보면서 오로지 적고 가볍게 내려고만 하고, 경계 역시 가능하면 넓게 차지하려고 합니다. 그래서 이런 질문을 드리는 것입니다."

마건충 : "벌금은 마땅히 사안의 경중에 따라 재판관이 결정합니다. 토지임대료나 거류지 경계는 마땅히 원칙을 정해야 하는데, 각 항구의 주위 몇 리를 허용해줍니다. 통상장정을 가지고 일본 사신이 다툰다면, 미국과의 조약처럼 통상장정 조항에 萬國公例에 따라 참작하여 처리한다고 써넣으십시오."

김홍집 : "우리나라 사람들은 모두 萬國公法에 무지하여 그 모든 장단점을 전혀 알지 못합니다. 그래서 일본인의 협박을 받아왔으니, 그렇지 않으면 무얼 걱정하겠습니까?"

마건충 : "중국도 처음 항구를 개항하였을 때, 역시 통상조례를 잘 알지 못하여 큰 손해를 보았습니다. 지금은 외국에 사람을 보내 살펴보고 연구하게 하여 그 내막을 잘 압니다."

김홍집 : "확실히 그렇군요. 朝鮮은 다행히 중국의 지도를 받아 장래 크게 손해를 보는 일이 없기를 바랄 수 있습니다. 아니, 계속 보호해주시고 지적해주시기 바랍니다."

마건충 : "부득이하다면, 귀 국왕께서 북양대신에게 자문을 보내 조정에 대신 상주하도록 요청해주신다면 혹 사람을 파견하여 이곳에 와서 돕게 할 수 있으며, 아니면 귀국에서 사람을 중국 해관에 파견해 학습을 시키십시오. 그렇지 않다면 귀 국왕께서 직접 상주해도 됩니다."

김홍집 : "알겠습니다. 왕경에 가서 다시 가르침을 받겠습니다. 날이 이미 늦었고 바람 또한 조금 잦아들었으니, 곧장 미국 배에 가서 작별 인사를 하고 돌아갈 수 있게 해주십시오."

35. 초9일, 왕경의 사신관에서 김홍집과 나눈 필담.

김홍집 : "현재 일본 사신이 통상장정을 마무리하고자 花房義質가 금번 행차에 전권위임장을 가지고 왔는데, 이전 원고에 실린 각 조항 대부분이 협의가 이루어지지 않아 크게 우려됩니다. 예컨대 10퍼센트 課稅 세칙은 이미 미국 사신이 허락하기로 하였지만, 조약 원고를 공개할 수 없으니 이미 미국과 10퍼센트 과세를 하겠다고 약정한 점 역시 언급해서는 안 됩니까?"

마건충 : "정말 탁견이십니다. 전에 일본 사신과 이야기하였을 때 일찍이 7.5퍼센트[七五] 과세를 허용한다는 말이 있었습니다."

김홍집 : "그 말은 花房義質의 말입니까?"

마건충 : "그렇습니다. 처음 인천 행관에서 만났을 때 밀담을 나눴는데, 花房義質는 그것이 井上馨의 뜻이라고 하였습니다. 지금 미국이 10퍼센트 과세를 허용하였다는 실마리를 슬쩍 보여주면, 저들이 혹은 허락해줄지 모르겠습니다. 저들이 여전히 끝까지 버틴다면 차라리 질질 끌다가, 조약 교환 이후에 미국이 허락한 것을 가지고 일본에 요구하는 것도 한 방법입니다."

김홍집 : "7퍼센트나 5퍼센트 등으로 반드시 세율을 확정해야 합니까?"

마건충 : '七五'라는 것은 100냥에서 7냥 5전[즉 7.5퍼센트]을 과세한다는 뜻이며, 다만 수입 상품만을 가리키는 것입니다. 수출 상품은 여전히 5퍼센트를 과세하며, 수입 상품 가운데 몇 가지에 대해서는 그들도 30퍼센트 과세까지 허용할 것입니다."

김홍집 : "저들의 협상이라는 것은 오로지 협박에서 나옵니다. 이번 [미국과 약정한] 세칙을 승낙시켜 따르게 할 수 있다면, 아마도 감히 질질 끌어 조약 체결 이후까지 지연시키지 못할 것이니, 매우 좋은 방법입니다."

마건충 : "그와 만나 이야기할 때 반드시 內剛外柔의 태도를 가져야 합니다. 만약 협의가 이뤄지지 않아도 큰 지장은 없습니다. 공법에서 전권으로 일을 처리하는 사람이 반드시 모든 결정을 내릴 수 있는 것은 아닙니다."

김홍집 : "공법에 대해 알려주시는 바가 마치 어리석음을 깨우쳐주시는 것 같으니 어찌 감히 승복하지 않겠습니까? 그와 만날 때 종래 부드럽고 완곡한 자세를 취한 것은 성가신 일을 발생시키지 않기를 바랐기 때문입니다."

마건충 : "각국 사이에 우호조약이 이뤄지지 않아 문제가 발생하는 일은 있어도, 결단코 통상규칙이 합의를 이루지 못했다고 사이가 벌어지는 사례는 없습니다. 영국·프랑스 두 나라의 통상조약은 기한이 만료된 지 이미 5년이 되었으나, 두 나라가 전권사신을 파견하여 상의하였지만 타결되지 않은 것 또한 대여섯 차례가 됩니다. 두 나라의 우호 관계는 여전히 처음과 같습니다."

김홍집 : "이렇게 분명하게 분석해주시니 정말 감복합니다. 저들은 우리가 공법을 이해하지 못한다고 기만하는데, 매번 협의가 이루어지지 않을 때마다 걸핏하면 우호 관계를 해친다는 말로 위협합니다. 이런 가르침을 받았으니 그런 말을 막을 수 있겠습니다."

마건충 : "마침 朝鮮이 통상을 시작하니, 모든 일에 대해서 아직 미약할 때 문제가 더 커지지 못하도록 막아야 합니다. 집사 등은 지금 상대방의 공격을 늦추는 계책을 이용하여, 잠자코 通商章程과 公共稅則을 마련하고 미국과 조약을 비준할 때를 기다렸다가 통상장정과 공공세칙을 항구마다 공포하면 됩니다. 그리고 무릇 朝鮮에 와서 무역하려 하는데, 조약 내에 합의된 세칙이 없는 경우에는 – 이것은 일본인을 가리킵니다. 朝鮮과 일본의 조약은 결코 세칙을 함께 논의하지 않았기 때문입니다 – 곧 公議稅則에 따라 징수하면 됩니다. 그때 일본이 여전히 세칙에 합의하지 않았다면 공의세칙에 따라 징수하면 됩니다. 저들이 비록 교활하게 억지를 쓰더라도 결국 굴복하지 않을 수 없습니다. 미국과의 조약[제5조]에서 수·출입 상품에 대해 몇 퍼센트를 징수한다고 언명한 것이 바로 공의세칙입니다.

김홍집 : "이러한 가르침은 구구절절 절실한 것이니, 정말로 경탄합니다."

마건충 : "미국은 다른 나라와 종래 세칙을 합의한 적이 없으며, 세칙은 저들 스스로 정하였습니다. 영국·프랑스·독일 등 어느 나라 사람이 가서 무역하더라도 모두 스스로 정한 세칙으로 징수하는데, 이것을 公共稅則이라 합니다."

김홍집 : "전에 올린 통상장정 원고는 한가한 때 다시 검토하시고, 항목마다 첨삭하여 적절한 것이 될 수 있게 힘써주십시오. 그다음 제게 내려주시면 대단히 감사하겠습니다."

마건충 : "이번에 가져오지 않았지만, 모든 조항은 대부분 적당합니다. 다만 몇 군데 문제가 있는데, 차라리 관대할지언정 가혹하게 굴지 않음으로써 남들이 구실로 삼지 못하게 해야 합니다."

이윽고 김홍집이 통상장정을 가지고 와서 질문을 던지자, 즉 붓을 들어서 답변해줌으로써 그것을 풀어주었다.

36. 초10일, 새벽 김홍집과 나눈 필담.

김홍집 : "한 가지 일에 관해 비밀리에 보고드릴 것이 있는데, 朝鮮은 땅이 좁고 백성은 가난하며 근래 경비가 실로 부족하고 채무가 너무 많아 일본에서 간혹 차관을 빌려주겠다는 뜻을 비칩니다. 그러나 이 일은 이미 부득이하니, 차라리 上國에 요청하여 한집안 사람처럼 돌봐주는 은혜를 기대하는 편이 훨씬 나을 것 같습니다. 귀하께선 어떻게 생각하시는지 알지 못하나, 지금 국왕의 密旨를 받아 감히 질의하는 바입니다."

마건충 : "차관을 빌리는 일은 관계되는 바가 아주 무겁습니다. 잘 사용하면 나라가 그 이익을 얻지만, 잘못하면 도리어 피해를 봅니다. 나라에서 차관을 요청하는 제도는 서양에서 만들어졌는데, 왕왕 이것으로 국가를 부유하게 만든 사례도 있지만, 또 이로 인해 나라가 쇠약해진 사례도 있습니다. 외국에 돈을 빌리는 것은 그 백성에게서 빌리는 것이니, 다른 나라에 돈을 빌리는 것 역시 다른 나라 백성에게 돈을 빌리는 것입니다. 다른 나라 정부에 돈을 빌려달라고 한 경우는 종래 없으며, 한 나라의 정부에 돈을 빌린다면 반드시 그 나라로부터 협박을 받게 됩니다. 이런 점을 보면, 일본이 돈을 빌려주겠다는 의도는 매우 염려됩니다. 누차 서양 상인이 돈을 빌려주고자 하였지만, 청 정부에서 모두 거절하여 후환을 막았습니다. 그렇지만 중국은 繁富하여 자금 마련이 매우 쉽지만 朝鮮은 貧脊하니, 富强을 추구하고자 부득이하게 이러한 조치를 하는 것은 확실히 시세가 그렇게 만든 것입니다. 그렇지만 빌리기 전에 마땅히 돈을 빌려서 어떤 일을 할 것인지, 과연 백성을 위해 어떤 좋은 사업을 벌일 것인지, 하려는 일이 과연 백성에게 유익한지를 알 수 있다면, 나라를 부강하게 만들 수 있고 상인을 부유하게 만들 수 있으니, 빌려주고자 하는 사람도 적지 않을 것입니다. 비록 백만, 천만의 액수를 요구해도 한번 부르면 모여들 것이고, 게다가 이자도 아주 낮을 것입니다. 빌려주는 사람은 장래 반드시 상환을 받을 수 있음을 알고 있기 때문입니다."

김홍집 : "몹시 주도면밀하게 알려주시니, 구구절절 감복합니다. 경비를 마련하는 일은 오로

지 礦山만 논의가 가능한데, 일본이 조약 체결 이후 곧 광산 개발을 요구해왔지만, 朝鮮은 일본의 기만과 협박을 우려하여 지금까지 허용하지 않았습니다. 중국의 광산 기술자를 요청하여 광산 개발을 시작해보기를 원하는데, 이에 대해 어떻게 생각하십니까? 이 일을 시작할 때 혹시 [광산을 담보로 중국으로부터] 자금을 빌리고 상환할 방법이 있을까요? 그 액수는 50만을 얻고자 하며, 해마다 갚아나가고자 합니다. 깊이 생각하시고 결정해주시기 바랍니다."

마건충 : "귀국이 풍부한 각종 금속[五金] 광산이 풍부하여, 일본과 러시아가 탐낸 지 오래입니다. 그러나 광산에 관한 일은 전에 전혀 실질적으로 파악한 바 없으니, 먼저 광산 기술자를 요청하여 시작하되 주도면밀한 고려를 해야 합니다. 반드시 사전답사를 확실히 하여, 어디에 어떤 광물이 있고, 어떤 곳의 광맥이 가장 왕성한지를 파악한 다음에 채굴하기 쉬운 곳을 먼저 골라 우선 처리해야 합니다. 이런 다음에야 경비를 마련하여 개발할 수 있습니다. 朝鮮은 특히 척박하여 이런 방법에 의지해야만 부강해질 수 있습니다. 들어보니 너무 기뻐서 돌아가 당연히 이 중당대인께 보고하여 먼저 광산 기술자 몇 명을 파견하여 광산을 답사하도록 요청할 것이며, 광물이 과연 풍부하다면 자금 마련은 자연 쉬워질 것입니다. 귀 국왕께서 이 중당대인께 비밀 서신을 보내 이 일을 제안하신다면, 제가 돌아가 다시 상세하게 대신 전달하겠습니다. 이후 이 중당대인께서 과연 귀국 광산에 대해 실제로 파악을 하시면, 반드시 朝鮮이 손해 보지 않는 지당한 방법을 마련하여 자금을 빌려줄 것이니, 백만, 천만을 빌리는 것도 아주 쉬울 것입니다."

김홍집 : "알겠습니다. 삼가 마땅히 이런 사정을 상세하게 전달하여 보고하겠습니다. 다만 대인께서 돌아가 이 중당대인께 보고하여 좋은 방안을 마련하더라도, 좀 더 가르침을 주시면 정말 다행이겠습니다. 현재 領選使가 천진에서 처리하는 器械 등의 문제는 자금이 없어서 고민이기 때문입니다. 만약 대인께서 돌아가 이 중당대인께 보고하고 장기적으로 먼저 편리한 방법을 마련하여, 조선이 그 자금을 확보할 수 있게 해주신다면 더욱 다행이겠습니다. 朝鮮은 包蔘稅 수입이 있으니, 그것으로 매년 나누어 상환할 수 있습니다."

마건충 : "아주 좋습니다. 기계 경비는 규모가 그리 크지 않으니, 제가 마땅히 이 중당대인께 완곡하게 요청하면 작은 나라를 사랑하는 마음으로 반드시 허락해주실 것입니다.

다만 포삼세는 어느 곳에서 뽑아 상환할 것인지 알려주시면 보고하여 아뢰는 데 편할 것입니다."

김홍집 : "아주 적절한 가르침을 주셔서 정말 감사하고 송구스럽습니다. 포삼세는 義州府 [맞은편] 柵門의 接境에서 징수합니다."

마건충 : "알았습니다. 다만 차관 문제는 불가불 신중하게 朝鮮을 위해 도모하는 일이니, 절대로 일본인의 계책에 빠져서는 안 됩니다. 간곡하게 부탁드립니다."

김홍집 : "감사합니다. 감사합니다. 어찌 가슴속에 새기지 않겠습니까?"

37. 13일 밤 9시, **威遠號 선상에서 韓文奎·高永周와 나눈 필담.**

한문규·고영주 : "영국 사신이 현재 국서를 가지고 왔는데, 부본이 있습니까? 만약 국서를 가지고 왔다면, 답장 국서는 마땅히 미국 사신이 왔을 때와 같아야 합니까? 조약 내용은 미국 사신이 왔을 때와 다른 점이 없다고 하는데, 즉 조회문 또한 보내야 합니까? 대관·부관의 전권위임장 역시 전과 같은 사례로 하면 됩니까?"

마건충 : "여러분이 여기에 온 것은 국왕의 뜻입니까?"

한문규·고영주 : "물론 국왕의 명을 받고 와서, 삼가 이렇게 여쭙는 것입니다."

마건충 : "물으신 각 항목 또한 국왕의 뜻에서 나온 것입니까?"

한문규·고영주 : "조목조목 명을 받았습니다."

마건충 : "국왕께서는 영국과 신속하게 조약을 체결하고자 하시는 뜻이 있습니까?"

한문규·고영주 : "신속하게 조약을 체결하시길 바랍니다."

마건충 : "영국 사신은 전권위임장 電報를 가지고 있지만, 국서는 아직 도착하지 않았습니다. 그러나 전권이 있으니 바로 조약 체결이 가능합니다. 영국 사신의 국서가 없으니, 답장 국서는 필요 없습니다. 조회문은 응당 조약 체결 논의 이전에 미국 때와 마찬가지로 보내서 외교의 명분을 바르게 해야 합니다. 영국 사신이 이미 누차 언급하였으며, 이 중당대인께서 보내온 지시 역시 이미 이 점을 언급하셨습니다. 그런데 조약이 미국과의 조약과 차이가 있느냐, 아니냐는 朝鮮에서 위원을 파견하여 조약 체결 논의를 빨리하느냐, 천천히 하느냐에 달려 있습니다. 대관·부관의 전권위임장은 전례와 같습니다."

한문규·고영주 : "조약의 차이점은 위원을 파견하여 조약 체결 논의를 할 때 알 수 있습니까?"

마건충 : "대략 비슷할 것입니다. 여러분은 바로 왕경에 돌아가십니까?"

한문규·고영주 : "인천으로 돌아간 다음 바로 전달할 사람을 뽑아 국왕께 아뢰겠습니다."

마건충 : "조회에 관한 일은 작성이 끝나면 곧 보내주도록 전달해주셔서, 영국 사신과 협상하기 편하도록 해주십시오."

한문규·고영주 : "당연히 지시하신 대로 신속히 전달하겠습니다. 대저 대관·부관에게 보낸 서신에서 어떤 사람이 말하길, '조약 원고는 이전 조약과 비교하여 한 글자도 틀려서는 안 된다.'라고 하였습니다. 지금 대인께서 대략 비슷할 것이다고 하시니 조금은 놀라지 않을 수 없습니다."

마건충 : "전에 신헌·김홍집 두 분께 보낸 서신에서 '만약 귀 국왕께서 신속하게 위원을 파견하여 조약 체결 논의를 한다면, 조약 조항은 아마 거의 같을 것입니다.'라고 하였습니다. 지금 이렇게 말한 바와 대략 비슷하니, 결코 다른 게 아닙니다. 새로 파견한 대관·부관은 이미 인천에 도착하였습니까?"

한문규·고영주 : "이미 인천부에 도착하였을 것입니다. 일본 사신이 이 소식을 듣고 급히 와서 간섭하지 않을까 염려되어, 내일 내로 영국 사신과 만나 조약을 의정할 것입니다. 그런데 서명과 인장을 찍는 일은 다시 며칠을 기다려 마감하는 것이 적절할 것 같습니다."

마건충 : "영국 사신이 이곳에 올 때 이 중당대인의 서신을 가지고 왔으며, 게다가 재삼 제가 소개해주도록 부탁하셨으니, 대관·부관에게 연락하여 내일 배에 와서 한번 만나보고 조회문을 신속하게 보내주어서 논의를 시작할 수 있도록 해주시겠습니까? 일본 사신이 만약 오면 제가 함부로 끼어들지 못하게 하겠습니다."

한문규·고영주 : "돌아가면 즉시 조정에 전달하겠습니다. 조회문과 전권위임장을 신속하게 보내달라는 뜻이 가장 중요하겠지요?"

마건충 : "그렇습니다. 또 영국 군함이 이곳에 왔는데, 예물을 보낼 필요는 없습니다. 저들이 와서 귀국에 요구하는 것이 있는데, 만약 저들이 예물을 가지고 와서 선물을 하면 답례를 해도 되지만, 그렇지 않다면 즉 공금을 낭비하는 것이고, 또 외국인에게 웃음거리가 될 것이니 아주 난처합니다. 다만 저들이 필요로 하는 일용 식품, 예컨대 소·돼지·닭·오리·채소류는 사람을 통해 해당 배로 보내면, 그 값을 받을 수 있습

니다."

한문규·고영주 : "예물을 서두르지 말라는 가르침은 온당하지 않음이 없습니다만, 이미 미국 선박에 보냈으니, 이번에 빠뜨릴 수는 없습니다. 선원들에게 잔치를 베푸는 일은 위문하는 뜻이니, 어찌 하지 않을 수 있겠습니까? 일용 식품은 이미 지시를 받았으니 응당 지체되지 않을 것입니다. 그러나 우리 지방은 빈궁하여 가축이 없고 세밀한 물품은 반드시 경성에서 구해와야 하므로 매번 운반에 수고가 많이 들어가니, 너그럽게 양해하여주십시오. 또 이런 말을 영국 선박에 전달해주시면 좋겠습니다."

마건충 : "예물과 위로 포상은 귀 국왕이 은혜를 베푸는 것이니, 영국 선박으로 보내지 않아도 영국인은 반드시 이상하게 여기지 않을 것입니다. 대관·부관께서 내일 배에 와서 이야기를 나눌 수 있겠습니까?"

한문규·고영주 : "저녁에 도착하면 아침에 배에 오를 수 있을 것입니다."

38. 14일, 文一品 병조상서 趙寧夏가[77] 김홍집과 함께 배에 와서 나눈 필담.

조영하 : "朝鮮은 다행스럽게도 작은 나라를 사랑해주시는 황상의 은덕과 이 중당대인의 후한 보살핌을 받았고, 두 분 대인께서 순조로운 조약 체결을 도와주셨으니 정말 다행입니다. 국왕께서도 한없이 감격하십니다."

마건충 : "朝鮮의 事大는 평소 공순하다고 알려져 있습니다. 따라서 무릇 朝鮮에 도움이 되는 일이라면 우리 이 중당대인께서 황상께 상주하여 방법을 마련하여 보호하지 않음이 없습니다. 저희가 여기에 온 것은 이런 명령을 성사시키기 위해서일 뿐이니, 제가 무슨 힘이 있겠습니까?"

조영하 : "다행히 두 분 대인이 朝鮮에 계실 때 영국 선박이 도착하여 신경을 많이 쓰시게

77) 조영하(趙寧夏, 1845~1884)는 자가 기삼(箕三), 호가 혜인(惠人)으로 신정왕후(神貞王后) 조대비의 조카이다. 1863(철종 14)년 정시문과에 병과로 급제한 이후 통리기무아문 당상, 독판군국사무, 공조판서, 지중추부사 등을 지냈다. 1873년 민승호(閔升鎬) 등 민씨 척족과 결탁하여 대원군 세력 축출에 앞장섰으며, 1882년 전권대관(全權大官)으로 일본의 변리공사(辨理公使) 하나부사 요시모토(花房義質)와, 그리고 조·미수호조약 체결의 예비 교섭차 인천에 도착한 마건충(馬建忠)과도 접견하였다. 이후 대청외교의 사무를 전담하면서 관세·외교 담당 고문으로 독일인 묄렌도르프(Paul Georg von Möellendorf)를 초빙, 입국하게 하였고, 청과 중국·조선상민수륙무역장정을 의정하였는데, 갑신정변 때 피살당하였다.

하였으니, 실로 송구스러우나 朝鮮의 사정에서 보면 천만다행입니다. 국왕께서도 매우 감격하시어 저희에게 그것을 전달하라고 하셨습니다."

마건충 : "영국 선박이 이곳에 도착하여 때마침 만나고, 게다가 이 중당대인이 보낸 서신을 지참하여, 저희에게 소개해달라고 하셨습니다. 저희는 당연히 조금 기다려 조약 체결이 완료되면 그때 가서야 귀국할 것입니다. 이 또한 의리상 거절할 수 없는 것일 뿐입니다."

조영하 : "저희가 출발 인사를 할 때 '지금 이번에 영국 선박이 왔는데, 마침 상국 선박이 닻을 올리기 전이니 매우 다행이다. 앞날의 일 역시 미리 계산할 수 없으니, 너희들은 이런 사유에 대해 반드시 대인들께 朝鮮에 오래 머물기를 간청하여 시종일관 의지하여 도움을 받을 수 있도록 하라.'는 국왕의 지시가 있었습니다. 이런 뜻을 양해하여 주십시오[원문 불명]."

마건충 : "귀 국왕께서 이미 만류의 뜻을 가지고 계시니, 저희는 응당 지시를 따를 것입니다. 다만 저희는 행동을 마음대로 할 수 없으니, 귀 국왕께서 만류하고자 하는 뜻을 북양대신께 자문을 보내 대신 상주할 수 있게 해주시거나, 아니면 직접 상주하여 밝혀주시기 바랍니다."

조영하 : "삼가 당연히 사유를 갖추어 상주할 것이니, 반드시 귀 함선의 내일 새벽 출발을 늦춰주시기를 바랍니다."

마건충 : "지난 이틀 동안 번갈아 영국 사신과 그 참찬을 만났는데, 저들의 의도는 미국과의 조약을 약간 수정하고자 하지만, 저는 한 글자도 바꿀 수 없다고 버텼습니다. 저들은 또한 세 가지 일을 특별히 밝혀두고자 하였습니다. 첫째는, 개항할 항구입니다. 미국과의 조약에서 어떤 항구를 개항할 것인지 밝히지 않았기 때문에, 반드시 집사께서 조회 1통을 준비하여 그 안에 개항할 항구는 즉 부산·원산·인천 세 곳 항구라고 언급해야 합니다. 그러나 영국 사신은 '인천 항구는 수심이 얕아 화물을 싣고 내리는 것이 불편하니, 반드시 경기도·충청도 해안 근처의 다른 항구를 지목해 인천 항구와 바꾸어야 한다.'고 하였습니다. 둘째는, 朝鮮은 삼면이 바다로 島嶼가 많지만 정밀한 海圖가 없어서 반드시 군함을 곳곳에 파견하여 측량해야 하는데, 이는 따로 거기에서 무역하려는 뜻이 아니며, 朝鮮과 일본이 체결한 조약 내에 실려 있습니다. 셋째는, 영국은 미국에 뒤이어 여기 온 것에 대해 불쾌한 마음이 있어, 조약에 서명한 다음

국왕을 알현하기를 원하는데, 그럼으로써 미국 사신에게 뽐내려는 것입니다. 이 세 가지 일은 여러분이 결정해야 할 것입니다."

조영하 : "따로 항구 하나를 지목하는 것은 결코 협의하기 어렵습니다. 곳곳에서 측량하는 것은 이미 일본도 한 일이지만, 왕경에 가서 국왕을 알현해야지, 저희가 감히 멋대로 대답할 수 있는 일은 아닙니다."

마건충 : "별도로 항구 하나를 지목하는 것은 세 곳 항구 외에 다른 한 항구를 개항하는 것이 아닙니다. 저들은 인천 항구가 화물을 싣고 내리기에 불편하므로 따로 다른 항구와 바꾸려는 것입니다. 왕경에 가서 국왕을 알현한다는 것은 저들의 사적인 생각으로, 영국이 만약 국왕을 알현할 수 있다면 다른 나라보다 앞선 일이니 비교적 영광스럽다고 생각하는 것입니다."

조영하 : "인천은 일본과 5~6년 동안 논쟁하다 가까스로 허용하였습니다. 지금 만약 별도의 항구를 지목하면, 일본인이 개항시킨 인천항은 결코 변동이 없을 것이니, 결국 항구 하나를 더 개항시키는 것이 아닙니까? 알현 문제는 朝鮮에서 외국인을 접견한 적이 없어 아마도 놀라고 의심할 것입니다. 영국이 만약 이후에 다른 나라보다 앞서고자 한다면, 훗날 다른 나라가 와서 다시 그럴 터이니, 장차 어떻게 대응할 수 있겠습니까? 양해하여주십시오."

마건충 : "이 두 가지 일은 영국 사신이 제게 대신 전달해달라고 부탁하여, 그래서 감히 전달하는 것입니다. 조금 후 영국 사신을 만나러 갈 때 직접 그에게 밝히십시오."

조영하 : "다만 대인께서 중간에서 주지해주시니, 잘 이야기해주십시오. 지금 저들 사신을 깨우쳐 우리 사정을 양해하게 해주셔서, 이것 때문에 서로 번거롭게 되지 않았으면 다행이겠습니다."

마건충 : "제가 물론 힘을 다해보겠습니다."

조영하 : "감사합니다. 감사합니다."

마건충 : "집사의 전권위임장은 굳이 휴대하고 갈 필요가 없습니다. 만날 때 다만 귀 국왕께서 집사를 파견해 왔다고 하고, 미국과 맺은 조약을 굳게 따를 것이며, 한 글자도 감히 바꿀 수 없다고 하십시오. 하물며 朝鮮 신민은 처음 통상하는 것이라 외교 방법을 몰라서 오로지 이 중당대인의 주지에 의존하였는데, 만약 이 중당대인께서 협의한 조약 원고에서 더하거나 빼는 게 있다면 신민의 마음을 설득하기 매우 곤란하다

고 하십시오. 이런 주장을 내세우면 영국 사신이 끝까지 집요하게 굴지는 않을 것입니다."

조영하 : "이런 가르침을 받았으니 정말 감격하여 잊지 못할 것입니다. 어떻게 보살펴주신 은혜에 감사드려야 할지 모르겠습니다."

39. 오후 윌리스와[78] 조영하를 찾아가 인사하며 나눈 필담.

마건충 : "영국 사신[윌리스]은 말합니다. '군함을 파견하여 측량하는 문제는, 만약 집사께서 직접 문서를 갖추어 조약 외에 별도로 밝혀주신다면 일이 쉽게 진척될 것입니다.' "

조영하 : "정부는 조약 체결을 가능하면 쉽게 처리하기를 바랍니다. 꼭 그렇게 하겠습니다. 조회문은 오늘내일 사이에 도착할 것입니다. 인장을 찍어 조속히 완결하기를 바랍니다."

마건충 : "영국 사신은 현재 저들의 번역관이 도착하면 즉 날짜를 정해 서명할 수 있으며, 대략 4~5일을 넘기지 않을 것입니다."

조영하 : "만약 4~5일 지연되면 일본 사신이 갑자기 도착하여 지장을 받을 수도 있는데, 조약 체결을 어찌 걱정하지 않을 수 있겠습니까?"

마건충 : "일본 사신이 오더라도 방해가 되지 않을 것입니다. 왕경에 가서 알현하고자 하는 뜻은 영국 사신이 집사께서 반드시 대신 전달해주신다면 다행이라고 합니다."

조영하 : "당연히 전달할 것입니다. 다만 [국왕께서] 어떻게 처분하느냐에 달려 있을 뿐입니다."

마건충 : "영국 사신은 말합니다. '문서를 갖추어 군함의 측량을 허용한다는 점을 밝히는 것을 제외하면, 서로 미국과 맺은 조약에 따라 서명하는 것을 분명히 승낙합니다.'"

조영하 : "모두 대인께서 소개하고 주지해주신 덕분입니다. 감격하여 잊지 못할 것입니다."

---

78) 윌리스(Sir George Omancy Willes, 韋力士, 1823~1901)는 영국 해군제독으로 아편전쟁에도 참여하였다. 1881년부터 1884년까지 영국의 주중국 함대사령관을 맡았으며, 1882년에는 영국 정부를 대표하여 조선에서 조·영조약을 체결하였으나, 이 조약은 영국에서 비준을 받지 못하였다.

(2) 문서번호 : 2-1-1-61(422, 666a-677b)

사안 : 조·미조약 체결 사안을 상주하면서 아울러 朝鮮 國王의 자문 및 조약문과 조회 등의 문건을 초록해서 올립니다(具奏美韓議約事並錄送朝鮮國王咨條約及照會等件).

첨부 문서 : 1. 「朝鮮 國王의 咨文(朝鮮國王咨)」 : 조·미조약을 이미 체결하였고, 이미 따로 朝鮮은 중국의 속방임을 밝혔으며, 咨文으로 조약 원고 등을 올립니다(美韓條約議定, 已別行聲明朝鮮爲中國屬邦並咨呈條約稿本等).

2. 「첨부 문서[淸單]」 : 조·미조약 각 항목의 초록(抄錄美韓條約各款)

3. 「朝鮮 國王이 미국 대통령에게 보낸 조회(朝鮮國王致美國總統照會)」 : 朝鮮은 중국의 속방이지만 내정과 외교는 自主하며, 중국에 대해 응당 행해야 하는 모든 의례는 미국과 관계가 없습니다(朝鮮爲中國屬邦而內政外交自主, 所有對中國應行各禮與美國無關).

4. 「미국 대통령이 朝鮮 國王에게 보낸 조회(美國總統致朝鮮國王書)」 : 관원을 파견하여 通商友好條約을 맺고자 합니다(派員議立通商友好條約).

5. 「朝鮮 國王이 미국 대통령에게 보낸 답신(朝鮮國王覆美國總統書)」 : 전권대신을 파견하여 朝鮮에 온 관원과 조약을 체결하였으니 신속히 비준하고 서로 조약문을 교환하기를 바랍니다(派全權與來員議約, 尙希速行批准互換).

6. 「미국 해군준장 슈펠트가 朝鮮 집정대신에게 보낸 서신(美國水師摠兵薛斐爾致朝鮮執政大臣照會)」 : 國書를 대신 올려주십시오(請代呈國書).

7. 「朝鮮 총리통서대신 金晩植이 미국 해군준장 슈펠트에게 보낸 조회(朝鮮總理統署大臣金晩植覆美國水師總兵薛斐爾照會)」 : 朝鮮 國王이 귀 총통에게 보낸 답신을 대신 올리는데, 양국이 通商和好하기를 바랍니다(請代呈本國王覆貴總統照會尙希兩國通商和好).

8. 「朝鮮 議約大官의 전권위임장(朝鮮議約大官全權憑據).」 : 朝鮮 國王이 全權大官 申櫶, 副官 金弘集을 특별히 파견하여 미국 全權大臣과 通商友好條約을 논의하여 체결하도록 하였습니다(朝鮮國王特派全權大臣申櫶、副官金弘集,

與美國全權大臣議立通商友好條約).

9.「미국 議約大臣의 전권위임장(美國議約大臣全權憑據)」: 미국 총통이 전권대신 슈펠트를 특별히 파견하여 朝鮮에 가서 通商友好條約을 맺도록 하였습니다(美國總統特派全權大臣薛斐爾至朝鮮議立通商友好條約).

날짜 : 光緒八年四月二十七日(1882년 6월 12일)

발신 : 軍機處

수신 : 總理衙門

四月二十七日, 軍機處交出張樹聲抄摺稱 : 79)

奏爲朝鮮與美國議立和好通商條約, 現已事竣, 恭摺仰祈聖鑒事.

竊前北洋大臣李鴻章籌辦朝鮮與美國議約事宜, 業將商定約稿, 請派二品銜候選道馬建忠前往朝鮮會辦, 並派統領北洋水師記名提督丁汝昌酌帶兵船, 偕美總兵薛斐爾東駛, 以壯聲勢各緣由, 於本年三月初六日, 奏奉諭旨欽遵在案. 馬建忠等於前月二十日自煙臺起椗, 次日駛抵朝鮮漢江口停泊. 時有日本公使花房義質已乘兵船, 先在該處下椗. 馬建忠登岸至仁川府行館, 連日接見朝鮮伴接官趙準永及金景遂、李應浚等, 每與言及約事, 答語支吾, 意頗烱爍. 花房義質來見, 語氣亦涉窺探. 馬建忠以日使意存蠱惑, 朝人情近猶豫. 不得不稍參權變, 固爲指陳大義, 斥其不知推誠相待, 深負大皇帝調護屬邦至意, 徑出行館回舟. 金景遂諸人惶恐挽留, 自是王京來人, 皆益恭謹.

二十四日薛斐爾抵港, 馬建忠與議原擬約內第一條, 彼堅執有礙平行體制, 且本國電復未到, 斷難擅允. 詞意甚爲決絕, 乃議由朝鮮國王另備照會, 於未經立約之前, 先行聲明. 再四熟商, 始行首肯. 在彼則謂, 不列約中, 尙不礙其體面, 在我則先聲明而後立約, 是彼已認明朝鮮爲我屬邦, 較初議於立約後設法聲明, 尤有根據. 二十七日朝鮮

79) 이하의 내용은『국역『清季中日韓關係史料』』제3권에 실린 (59) 문서번호 : 2-1-1-59(419, 606a-609b)의 첨부 문서 1(「署理北洋大臣 張樹聲의 奏摺과 附片(署北洋大臣張樹聲奏摺及附片)」과 같은 내용이다.

國王所派全權大副官, 經理統理機務衙門事申櫶、金宏集, 登舟謁議, 於此節皆無異詞. 次及原擬第九款米糧出口一條, 申櫶、金宏集謂:"於朝議民情有礙," 堅欲議禁, 薛斐爾堅不肯允. 相持累日, 金宏集乃議:"添註'惟仁川口不准出米'一句." 馬建忠復與美使重加商酌, 改爲"惟於仁川已開一口, 各色米糧概行禁止運出," 較爲周帀, 美使急欲定約, 勉強允行. 其餘各款, 間有一二處改易數字, 於大指均無出入. 計議定條約十四款, 卽於四月初六日在仁川港, 由申櫶、金宏集會同薛斐爾, 鈐印畫押. 據馬建忠節次稟報. 本月二十日, 並准朝鮮國王將約本及照會底稿, 兩國國書、全權字據, 抄錄咨送, 專差副司直李應浚賫呈請奏前來.

伏查中西互市之初, 中國罕通西例. 各國來立條約, 大都因利以乘便, 損我以益彼. 沿至今日, 挽救爲難. 朝鮮僻在東北, 近偪於日俄兩國. 日人以議稅未定, 惟事挾制, 俄人以拓地爲志, 尤所覬覦. 其國中士大夫又多拘守常經, 自安積弱, 固應失當, 勢難圖存. 朝廷深惟藩衛之誼, 疊諭李鴻章妥籌指引, 該國王與一二臣工, 始知幡然變計. 李爲該國密擇邦交, 先聯美國, 乘薛斐爾東來之機, 令馬建忠往蒞其事. 謀畫經年, 次第就緖. 如第二款領事必須奉到批准文憑視事, 及辦事不合追回一節, 則於領事有予奪之權, 不致動與地方官齟齬礙難鈐制. 第五·第六·第七·第十二等款, 皆商務緊要關鍵, 自操利權, 預防流弊, 悉已包括無遺. 第四款審案之事, 雖不能如西國案件俱由地方官訊斷, 亦由朝美律法不同之故, 但西人通商之處, 被告多屬本地之人, 茲定爲由被告所屬官員以本國律例審斷, 則可持平辦理, 朝人不致喫虧. 其日後改定律例一節, 尤有關係, 雖一時未必辦到, 特存是說, 可待將來. 第十款拏犯之事. 各口本地民人多恃洋人爲護符, 犯案則領事必爲庇匿, 茲定有或准差役自行往拏之條, 可免骫法縱奸肆無顧忌. 其第十四款提明互相酬報專條, 以救一體均霑之弊, 卽遇強國, 亦不能以勢力相偪. 至洋人入內地傳教, 朝鮮尤所深惡. 近年固有教士私往, 屢滋事端, 但朝人有必不能容之情. 而公法又無於條約內明言禁止之例. 現在約內不提傳教一節. 而於第十二款內議明應遵條約已載者先行辦理, 其未載者俟五年後再行議定, 則立約後如有洋人前往傳教, 朝鮮卽可照約相拒, 不至以民教起釁, 多生枝蔓.

다만 마지막 부분에 날짜가 기록되어 있는 점만 다르다.

以上各節，均照西國通例，斟酌倣辦，於取益防損之道，實已籌慮周密．此皆憑藉皇靈，故美使迅就範圍，辦理尚屬順手．朝鮮守而弗失，他國續議通商，持此約爲依據，可以杜窺伺而絕要求．從此謀求馭外之道，以立自強之基，庶可世守東藩，仰承聖主以大字小之德．除照抄朝鮮國王咨文暨約本照會及兩國國書、全權字據恭呈御覽，並將馬建忠節次來稟及『日記』、『筆談』各件，一併抄送總理各國事務衙門查核外，所有朝鮮與美國議約事竣緣由，理合恭摺由驛馳奏．伏乞皇太后、皇上聖鑒訓示．謹奏．
再，朝鮮與美國定約，各國相率而至．以美約係北洋奏派委員馬建忠前往會辦，英、法、德等國皆由駐京使臣，懇臣處函致馬建忠，仍在朝鮮代爲先容，並會同商辦．各國續定條約，自應以美約爲張本，期間亦必不能一無辯論，朝鮮未習外交情事，辦理恐難悉合機宜．且中國旣隱然爲美國莅盟，亦不能於他國置之不問．昨接總理衙門函，屬轉飭馬建忠暫行留駐朝鮮．此次該國王來咨，亦有請留馬建忠、丁汝昌，商辦他國交涉之語．如英、法、德三國相繼東往議約，似應仍令馬建忠在彼襄助，以資熟手，而期妥善．臣謹附片具陳．是否有當，伏乞聖鑒訓示．謹奏．

光緒八年四月二十六日，軍機大臣奉旨：
該衙門知道．單三件、片一件發．
欽此．

照錄清單

1.「朝鮮國王咨」
謹將朝鮮國王來咨繕具清單恭呈御覽.[80)]

[省略]

80) 이하의 내용은 이 책에 실린 문서번호 2-1-1-60(420, 610a-665a)의 첨부 문서 1.「朝鮮 國王 자문(朝鮮國王咨)」과 같은 내용이라 생략한다. 다만 마지막 부분에 "右咨欽差北洋通商大臣衙門"이라는 구절만 첨가

光緒八年四月初十日發, 四月二十日到.

光緒八年四月二十六日, 軍機大臣奉旨:

覽.

欽此.

2. 「清單」

謹將朝鮮國與美國議立條約並照會照錄清單, 恭呈御覽.[81]

[省略]

3. 「朝鮮國照會」[82]

[省略]

光緒八年四月二十六日. 軍機大臣奉旨:

覽.

欽此.

謹將朝鮮國王咨送兩國國書、全權字據並照會各件, 照錄清單, 恭呈御覽.

4. 「美國國書」[83]

되어 있다.

81) 이 책에 실린 문서번호 2-1-1-60(420, 610a-665a)의 첨부 문서 2. 「朝鮮과 미국이 새로 체결한 조약(朝鮮與美國新議條約)」과 같은 내용이라 생략한다.

82) 이 책에 실린 문서번호 2-1-1-60(420, 610a-665a)의 첨부 문서 5. 「朝鮮 國王이 미국 대통령에게 보낸 조회(朝鮮國王致美國總統照會)」와 같은 내용이라 생략한다.

83) 이 책에 실린 문서번호 2-1-1-60(420, 610a-665a)의 첨부 문서 3. 「미국에서 朝鮮에 보낸 국서(美國致朝

[省略]

5. 「朝鮮國答國書」[84]

[省略]

6. 「美國照會」[85]

[省略]

7. 「朝鮮國統理大臣答照會」[86]

[省略]

8. 「朝鮮國全權字據」[87]

[省略]

光緖八年三月二十八日, 統理機務衙門奉諭.

鮮國書)」와 같은 내용이라 생략한다.

84) 이 책에 실린 문서번호 2-1-1-60(420, 610a-665a)의 첨부 문서 4. 「朝鮮에서 미국에 답장으로 보낸 국서(朝鮮覆美國國書)」와 같은 내용이라 생략한다.

85) 이 책에 실린 문서번호 2-1-1-60(420, 610a-665a)의 첨부 문서 6. 「미국 사신 슈펠트가 朝鮮 집정대신에게 보낸 조회(美使薛斐爾致朝鮮執政大臣照會)」와 같은 내용이라 생략한다.

86) 이 책에 실린 문서번호 2-1-1-60(420, 610a-665a)의 첨부 문서 7. 「朝鮮 통리대신 김윤식이 미국 사신 슈펠트에게 보낸 답장조회(朝鮮統理大臣金允植覆美使薛斐爾照會)」와 같은 내용이라 생략한다.

87) 이 책에 실린 문서번호 2-1-1-60(420, 610a-665a)의 첨부 문서 8. 「朝鮮 전권위임장(朝鮮全權字據)」와 같은 내용이라 생략한다.

著申櫶爲全權大官, 金宏集爲全權副官, 前往仁川, 與美國全權大臣, 妥議和好通商條約.

欽哉.

9. 「美國全權字據」[88]

[省略]

光緒八年四月二十六日, 軍機大臣奉旨 :

覽.

欽此.

4월 27일, 軍機處에서 張樹聲의 다음과 같은 奏摺을 초록하여 보내왔다.

朝鮮과 미국이 우호통상조약을 체결하는 일은 지금 이미 마무리되었으며, 삼가 주접으로 올리니 황상께서 살펴주시기를 우러러 바랍니다. 살펴보건대 前北洋大臣 李鴻章은 朝·美條約 체결 문제를 처리하기 위해 조약 초안을 협의하여 정하고, 二品銜侯選道 馬建忠을 朝鮮에 보내서 함께 처리하도록 해주실 것을 청하면서, 아울러 統領北洋水師記名提督 丁汝昌에게 군함을 이끌고 미국 준장 슈펠트와 함께 朝鮮에 동행하여 위세를 보이도록 하겠다는 내용으로, 올해 3월 6일 상주하여 諭旨를 받든 바 있습니다. 馬建忠 등은 지난달 20일 煙臺에서 출발하여, 다음날 朝鮮의 漢江 강구에 도착하여 정박하였습니다. 그때 일본 공사 花房義質가 이미 군함을 타고 먼저 그곳에 정박하고 있었습니다. 馬建忠은 상륙하여 仁川府의 行館에 이르렀고, 연일 朝鮮의 伴接官 趙準永과 金景遂·李應浚 등을 접견했는데, 그들은 매번 조약 문제에 대해서 언급할 때마다 답변을 얼버무렸고 그 뜻을 제대로 드러내려 하지 않았습니다. 그리고 花房義

88) 이 책에 실린 문서번호 2-1-1-60(420, 610a-665a)의 첨부 문서 9. 「미국 전권위임장(美國全權字據)」와 같은 내용이라 생략한다.

質도 와서 접견했는데, 그 말투 역시 무언가를 엿보려는 것이었습니다. 馬建忠은 일본 공사가 뭔가 속이려는 마음을 갖고 있고, 朝鮮人들은 아직 주저하는 마음을 가지고 있는 것 같다고 판단하였습니다. 그리하여 어쩔 수 없이 약간 임기응변으로 나가 大義에 대하여 확고하게 설명해주고, 그들이 진심으로 상대를 대하는 점을 알지 못해 屬邦을 보호하려는 皇上의 지극한 뜻을 심히 저버렸다고 꾸짖었으며, 곧바로 行館을 나와 배로 돌아왔습니다. 金景遂 등 여러 사람이 당황하여 만류하였고, 이후로 한양에서 온 사람들은 모두 더욱 공손하고 삼가는 모습을 보였습니다.

24일 슈펠트가 항구에 도착하여, 馬建忠이 원래 조약문의 제1조로 삼으려 했던 것에 대하여 그와 논의하였는데, 그는 양국의 평행체제에 장애가 되고, 또 본국에서 회신 전문이 아직 도착하지 않았기 때문에 마음대로 승낙할 수 없다고 완강히 고집하였습니다. 그 말뜻이 매우 단호하여, 결국 朝鮮 國王이 따로 조회를 작성하여 조약을 체결하기 전에 먼저 밝히는 방안에 대하여 논의하였습니다. 거듭 깊이 상의한 뒤에야 그는 비로소 수긍하였습니다. 그들의 주장은 그 내용을 조약에 포함하지 않음으로써 그 體面에 문제가 되지 않게 하는 것이며, 우리 주장은 그 내용을 먼저 밝힌 다음 조약을 체결하는 것이므로, 이 방안은 그들이 朝鮮이 우리 속방임을 이미 인정한 것이고, 처음에 조약을 체결한 다음 방법을 마련하여 밝히기로 한 것과 비교하여 좀 더 근거가 있는 것입니다. 27일 朝鮮 國王이 파견한 全權大官·副官 經理統理機務衙門事 申櫶·金弘集이 배에 올라와 만나서 의논했는데, 이 점에 대해서 모두 이견이 없었습니다.

다음으로, 원래 제9조로 삼으려 했던 미곡 수출에 관한 조항에 대해서, 申櫶과 金弘集은 "朝鮮의 여론에 좋지 않다."고 하면서 이를 금지하기를 강력히 원하였고, 슈펠트 역시 이를 받아들이려 하지 않았습니다. 서로 고집하며 며칠이 지나자, 金弘集은 이내 "'오직 인천 항구에서만 米糧의 수출을 금지한다.'는 구절을 첨가하자."고 주장하였습니다. 저는 다시 슈펠트와 거듭 상의하여, '오직 이미 개항한 인천 항구에서 각종 米糧 수출을 모두 금지한다.'로 고치는 것이 더욱 적절하다고 정하였습니다. 슈펠트는 조약 체결을 빨리하려는 욕심에서 마지못해 받아들였습니다. 이 밖의 나머지 조항은 간혹 한두 군데에서 숫자를 고치기는 하였지만, 전체적으로는 크게 달라진 것이 없었습니다. 협의하여 결정한 조약 총 14개 조항에 대해서, 4월 6일 인천항에서 申櫶·金弘集이 슈펠트와 함께 인장을 찍고 서명하였습니다. 이상의 내용에 대한 馬建忠의 여러 차례 보고를 받았습니다. 이번 달 20일에는 朝鮮 國王이 조약문과 조회의 원고,

양국 國書와 전권위임장 등을 초록하여 咨文으로 보내면서 副司直 李應浚을 따로 보내어 상주해달라고 요청해왔습니다.

엎드려 살펴보건대, 중국과 서양이 서로 互市를 하게 된 초기에는 중국이 서양의 관례를 잘 알지 못하였습니다. 각국은 중국에 와서 조약을 체결할 때 대부분 이익을 따라 편리를 도모하여 우리에게 손해를 끼치면서 자신들의 이익을 챙겼습니다. 이 점은 오늘날까지 이어져 만회하기 매우 어렵습니다. 朝鮮은 東北의 편벽한 곳에 자리잡아 가까운 일본·러시아 두 나라의 압박을 받고 있습니다. 일본인들은 關稅 논의가 확정되지 않았다는 이유로 모든 문제마다 압박을 가하고 있으며, 러시아인들은 영토 개척을 목표로 삼아 더더욱 엿보고 있습니다. 朝鮮 국내 사대부들은 또한 옛 도리만을 墨守하며 스스로 안주한 채 날로 쇠약해져 실로 위기에 대한 대응 능력을 잃어 살길을 마련하기 어렵습니다. 조정에서는 藩屛을 지킬 방법에 대해 깊이 생각하여, 누차 李鴻章에게 지시하여 적절히 계획해서 이끌도록 하였고, 그 결과 朝鮮 國王과 한두 臣僚는 비로소 철저하게 방침을 바꾸어야 한다는 것을 알게 되었습니다. 李鴻章은 朝鮮을 위하여 外交 전략을 비밀리에 채택하고, 먼저 미국과 연합하기 위해 슈펠트가 동쪽을 방문하는 기회를 이용하여 馬建忠이 朝鮮에 가서 그 일을 처리하게 하였습니다. 계획한 바가 몇 년이 지나면서 점차 실마리를 갖추게 되었습니다. 이를테면 領事는 반드시 비준 문서를 받은 다음에야 업무를 볼 수 있고, 업무 수행이 부적절하면 비준 문서를 회수할 수 있다는 제2조의 내용은, 領事에게 재량권을 줌으로써 걸핏하면 지방관과 마찰을 일으켜 통제하기 어렵게 만들지 않으려는 것입니다. 제5조와 제6조, 제7조, 제12조 등은 모두 商務의 핵심 관건으로, 이권을 스스로 장악하고 폐해를 예방하기 위한 내용을 모두 빠짐없이 포함하였습니다. 제4조는 재판에 관한 것으로서, 비록 서양 국가와 관련된 사건을 모두 지방관이 심판하지 못하는 것은 朝鮮과 미국의 법률에 차이가 있기 때문이기도 하지만, 서양인들이 통상하는 곳에서 피고는 대부분 현지인이기 때문에 피고가 소속된 관원이 본국 법률에 따라 심판하도록 정한다면 공평하게 재판하여 朝鮮人들이 손해 보는 일이 없도록 할 수 있습니다. 나중에 법률을 개정한다는 내용도 특히 중요한데, 비록 당장은 이를 시행할 수 없겠지만, 이 구절을 특별히 남겨둠으로써 나중을 기약할 수 있습니다. 제10조는 범인 체포에 관한 사안입니다. 각 항구의 현지인이 洋人을 자기 호신부로 삼는 경우가 많아 죄를 지으면 領事가 반드시 보호해주니, 이에 혹은 差役을 보내 직접 체포하는 것을 허용한다는 구절을 넣음으로써, 법을 어기고 간악한 짓을 하는 무리가 거리낌없이 행동하는 것을 막을 수 있습니다. 제14조는 상호 보상을 언급한 특별 조항으로, 모든 것을 열국이 고루 누리는 폐단을 막기 위한 것이니, 설사 강국을 만난다 하더라도 그들이 세력으로 압박할 수 없을 것입니다. 서양 사람들이 내지로 들어가 선교하는 문제에 대해서, 朝鮮은 특히 매우 혐오합니다. 근래 선교사들이 몰래 들어가서 누차 문제를 일으킨 바 있고, 朝鮮人은 이를 절대 용납하지 않겠다는 마음을 갖고 있습니다. 그런데 萬國公法에는 조약 내에 선교 금지를 명시할 수 있는 규정이 없으며, 현재 조약에서는 선교에 관한 내용을 언급하지 않았습니다. 그러나 제12조에는 조약에 이미 실린 것들을 먼저 시행하되, 실리지 않은 것들은 5년 뒤에 다시 논의하여 정하도록 하였으니, 조약을 체결한 다음에도 서양인이 가서 선교한다면, 朝鮮에서 조약에 근거하여 이를 거부함으로써 백성들과 敎人들이 마찰을 일으켜 복잡한 문제를 일으키는 것을 막을 수 있습니다.

이상의 각 내용은 서양의 통례에 비추어 참작하여 작성한 것이며, 이익을 취하고 손해를 막는 방법에 있어서 실로 두루 주도면밀하게 헤아린 것입니다. 이는 모두 황상의 위엄을 빌린 덕분에 미국 사신을 신속하게 위압할 수 있었으므로 처리가 비교적 순조로울 수 있었습니다. 朝鮮을 지키고 잃지 않기 위해서는, 다른 나라들이 연이어 통상을 요구해올 때 이 조약을 근거로 삼음으로써, 그들이 엿보는 것을 막고 그들의 요구를 잘라낼 수 있을 것입니다. 앞으로 외세를 막아낼 수 있는 방도를 구하여 自强의 토대를 세워나간다면, 대대로 동방의 제후국 자리를 지키면서 황상의 字小之德을 더욱 우러러 받들 수 있을 것입니다. 朝鮮 國王의 자문과 조약문, 조회, 양국 국서와 전권위임장 등을 초록하여 열람하실 수 있도록 삼가 공손히 올리고, 아울러 馬建忠이 누차 보내온 보고와 『일기』·『필담』 등 각 문건을 함께 초록하여 總理衙門으로 보내 검토를 받는 것 외에, 조·미조약 체결이 마무리되었다는 내용을 마땅히 삼가 奏摺으로 갖추어 驛站을 통해 신속히 올리는 바입니다. 황태후와 황상께서 살펴보시고 훈시를 내려 주시기를 엎드려 청합니다. 삼가 주를 올립니다.

추가합니다. 朝·美條約을 체결하자 각국이 잇따라 뒤를 따르고 있습니다. 미국과의 조약은 북양대신이 위원 馬建忠을 朝鮮에 파견하여 함께 처리하였기 때문에, 영국·프랑스·독일 등은 모두 北京 주재 공사들을 통해서 저희가 馬建忠에게 서신을 보내 계속 朝鮮에 머물면서 대신 사전에 중개하고 아울러 함께 협상하도록 해달라고 간청하고 있습니다. 각국이 연이어 조약을 체결한다면 반드시 미국과의 조약을 기준으로 삼아야 할 터이며, 중간에 논쟁이 전혀 없을 수가 없을 터인데, 朝鮮은 외교 사무에 익숙하지 못하여 아마도 그 처리가 적절하게 이루어지지 못할까 염려됩니다. 또 중국이 이미 암암리에 미국을 위해 조약을 주선해주었으므로 다른 나라들에 대해서도 역시 모른 체할 수도 없습니다. 어제 馬建忠에게 지시를 전하여 잠시 계속 朝鮮에 머물도록 하라는 總理衙門의 서신을 받았습니다. 이번에 朝鮮 國王이 보내온 咨文도 馬建忠·丁汝昌을 머물게 하여 다른 나라들과의 교섭을 협의할 수 있도록 해달라고 청하는 내용이었습니다. 만약 영국·프랑스·독일 세 나라가 잇따라 朝鮮에 가서 조약 체결을 논의한다면, 馬建忠이 계속 그곳에서 도와주어 노련한 솜씨로 적절히 처리할 수 있게 해야 할 것 같습니다. 삼가 附片으로 아뢰는 바입니다. 이상의 내용이 적당한지 아닌지 황상께서 살펴보시고 훈시를 내려주시기 바랍니다. 삼가 주를 올립니다.

光緖 8년 4월 26일, 軍機大臣은 다음과 같은 유지를 받았다.

해당 아문에 알리라. 첨부 문서 3건과 附片 1건도 함께 발송하라.

이상.

첨부 문서 : 초록

1. 「朝鮮 國王의 자문」

삼가 朝鮮 國王이 보낸 자문과 첨부 문서[淸單]를 갖추어 삼가 올리니 살펴봐 주십시오.

[생략]

光緖 8년 4월 10일에 발송하여 4월 20일에 도착하였습니다.

光緖 8년 4월 26일에 軍機大臣이 다음과 같은 諭旨를 받았습니다.

알았다.

이상.

2. 「첨부 문서」

朝鮮國과 미국이 논의하여 체결한 조약 및 조회를 초록하여 삼가 올리니 살펴봐 주십시오.

[생략]

3. 「朝鮮國의 조회」

[생략]

光緒 8년 4월 26일, 군기대신이 다음과 같은 諭旨를 받았습니다.

알았다.

이상.

삼가 朝鮮 國王이 자문으로 보낸 양국의 국서, 전권위임장 및 조회 각 건을 초록한 첨부 문서를 삼가 올리니 살펴봐 주십시오.

4. 「미국 국서」

[생략]

5. 「미국 국서에 대한 朝鮮國의 답장 국서」

[생략]

6. 「미국의 조회」

[생략]

7. 「朝鮮國 統理大臣이 답장조회를 보냅니다.」

[생략]

8. 「朝鮮國의 전권위임장」

[생략]

光緖 8년 3월 28일 통리기부아문은 다음과 같은 상유를 받았습니다. 신헌을 전권대관, 김홍집을 전권부관으로 삼아 인천에 가서 미국 전권대신과 화호통상조약을 적절하게 의정하게 하라.

이상입니다.

9.「미국의 전권위임장」

[생략]

光緖 8년 4월 26일, 군기대신이 다음과 같은 諭旨를 받았습니다.

알았다.

이상.

(3) 문서번호 : 2-1-1-62(423, 678a-678b)

사안 : 馬建忠을 잠시 朝鮮에 주차시켜 각국과의 조약 논의를 돕도록 주청합니다(奏請暫留馬建忠駐朝鮮襄辦各國議約).

날짜 : 光緒八年四月二十七日(1882년 6월 12일)

발신 : 軍機處

수신 : 總理衙門

四月二十七日, 軍機處交出張樹聲鈔片稱.[89)]

再, 朝鮮與美國定約, 各國相率而至. 以美約係北洋奏派委員馬建忠前往會辦, 英、法、德等國皆由駐京使臣, 懇臣處函致馬建忠, 仍在朝鮮代爲先容, 並會同商辦. 各國續定條約, 自應以美約爲張本, 期間亦必不能一無辯論, 朝鮮未習外交情事, 辦理恐難悉合機宜. 且中國旣隱然爲美國莅盟, 亦不能於他國置之不問. 昨接總理衙門函, 屬轉飭馬建忠暫行留駐朝鮮. 此次該國王來咨, 亦有請留馬建忠、丁汝昌, 商辦他國交涉之語. 如英、法、德三國相繼東往議約, 似應仍令馬建忠在彼襄助, 以資熟手, 而期妥善. 臣謹附片具陳. 是否有當, 伏乞聖鑒訓示. 謹奏.

光緒八年四月二十六日軍機大臣奉旨 :

覽.

欽此.

---

89) 이하 상주문[附片]의 내용은 『국역『淸季中日韓關係史料』』 제3권에 실린 (59) 문서번호 2-1-1-59(419, 606a-609b)의 첨부 문서 1. 「署理北洋大臣 張樹聲의 奏摺과 附片(署北洋大臣張樹聲奏摺及附片)」의 附片

4월 27일, 軍機處에서 다음과 같은 張樹聲의 附片 초록을 보내왔습니다.

추가합니다. 朝·美條約을 체결하자 각국이 잇따라 뒤를 따르고 있습니다. 미국과의 조약은 北洋大臣이 委員 馬建忠을 朝鮮에 파견하여 함께 처리하였기 때문에, 영국·프랑스·독일 등은 모두 北京 주재 공사들을 통해서 저희가 馬建忠에게 서신을 보내 계속 朝鮮에 머물면서 대신 사전에 중개하고 아울러 함께 협상하도록 해달라고 간청하고 있습니다. 각국이 연이어 조약을 체결한다면 반드시 미국과의 조약을 기준으로 삼아야 할 것이고, 중간에 논쟁이 전혀 없을 수가 없을 터인데, 朝鮮은 외교 사무에 익숙하지 못하여 아마도 그 처리가 적절하게 이루어지지 못할까 염려됩니다. 또 중국이 이미 암암리에 미국을 위해 조약을 주선해주었으므로 다른 나라들에 대해서도 모른 체할 수도 없습니다. 어제 馬建忠에게 지시를 전하여 잠시 계속 朝鮮에 머물도록 하라는 總理衙門의 서신을 받았습니다. 이번에 朝鮮 國王이 보내온 咨文도 馬建忠·丁汝昌을 머물게 하여 다른 나라들과의 교섭을 협의할 수 있도록 해달라고 청하는 내용이었습니다. 만약 영국·프랑스·독일 세 나라가 잇따라 朝鮮에 가서 조약 체결을 논의한다면, 馬建忠이 계속 그곳에서 도와주어 노련한 솜씨로 적절히 처리할 수 있게 해야 할 것 같습니다. 삼가 附片으로 아뢰는 바입니다. 이상의 내용이 적당한지 아닌지 황상께서 살펴보시고 훈시를 내려주시기 바랍니다. 삼가 주를 올립니다.

光緖 8년 4월 26일 군기대신이 다음과 같은 諭旨를 받았습니다.

　알았다.

이상.

부분과 같다. 또한 이 책에 실린 (2) 문서번호 2-1-1-61(422, 666a-677b)의 뒷부분과도 같은 내용이다. 다만 상유 부분만 약간 다를 뿐이다.

(4) 문서번호 : 2-1-1-63(424, 679a)

사안 : 朝鮮과 각국 및 러시아와의 조약 체결 처리 방법(朝鮮與各國換約並與俄國換約辦法)

날짜 : 光緖八年四月二十八日(1882년 6월 13일)

발신 : 署北洋大臣

수신 : 總理衙門

四月二十八日, 署北洋大臣張樹聲文.【詳見密檔】

浮籤 : 朝鮮與各國換約並與俄國換約辦法由

4월 28일, 署理北洋大臣 張樹聲이 문서를 보내왔다.【상세한 것은 비밀 檔案 참조】

첨부 내용 : 朝鮮의 각국 및 러시아와 조약 체결 처리 방법.

(5) 문서번호 : 2-1-1-64(425, 679b)

사안 : 영국과 朝鮮이 이미 4월 21일에 조약을 체결하였습니다(英韓已於四月二十一日訂約).

날짜 : 光緒八年四月二十八日(1882년 6월 13일)

발신 : 영국 공사 웨이드

수신 : 總理衙門

四月二十八日, 英國公使威妥瑪函稱 :

日昨本大臣接准本國水師提督, 由日本長崎所發電咨內載 :

　本軍門於四月二十一日, 已與朝鮮國定約矣.

本大臣准此, 合卽備函奉達貴親王暨列位大臣, 卽希查照. 可以順頌日祉.

4월 28일, 영국 공사 웨이드가 다음과 같은 문서를 보내왔다.

얼마 전 본 대신은 본국의 水師提督이 일본 長崎[나가사키]에서 발신한 전보를 받았는데, 그 내용은 다음과 같았습니다.

　본 軍門은 4월 21일 이미 朝鮮과 조약을 체결하였습니다.

본 대신이 이를 받았으므로, 마땅히 문서를 갖추어 귀 친왕 및 여러 대신께 전달해야 하니, 살펴보시기 바랍니다. 날마다 안녕하시길 송축합니다.

(6) 문서번호 : 2-1-1-65(426, 680a)

사안 : 미국과 이미 통상조약을 체결하였다고 朝鮮 國王이 咨文으로 알려온 것을 대신 상주합니다(轉奏朝鮮國王咨報已與美國訂立通商條約文).

날짜 : 光緒八年四月二十九日(1882년 6월 14일)

발신 : 軍機處

수신 : 總理衙門

四月二十九日, 軍機處抄交烏拉喜崇阿摺稱 :

據咨轉奏事.

光緒八年四月二十六日, 准朝鮮國王李熙特遣賫咨官李應浚賫到咨文一件. 臣等公同閱看, 係因該國與美國講定修好通商條規, 專差賫咨前來, 乞爲據咨轉奏等情. 謹抄錄原咨, 恭呈御覽. 至該賫咨官役, 業經安置會同四譯館, 其例賞銀兩暨停止筵宴,[90] 仍頒(頌)給羊酒桌張,[91] 應由臣部照例辦理. 爲此謹具奏聞.

4월 29일, 군기처에서 烏拉喜崇阿가[92] 올린 奏摺을 초록하여 보냈습니다.

---

90) 연연(筵宴) 정지는 국상(國喪) 등 여러 사정이 있어 연회의 개최를 일시적으로 중지하는 것을 말한다. 조공 사절 등에 대해 이런 일이 있을 경우 대신 그 비용을 지급하기도 한다.

91) 양주(羊酒)는 보통 상으로 내리거나 궤증(饋贈)하는 물품을 가리킨다. 탁장(桌張)은 식탁이나 탁상을 말한다.

92) 오라희숭아(烏拉喜崇阿, ? ~ ?)는 자가 월계(月溪), 호가 달봉(達峯)으로 만주양황기인(滿洲鑲黃旗人)이다. 1856년 진사(進士)가 되고 형부주사(刑部主事), 병부상서(兵部尙書, 1884~1894 재임) 등의 자리를 거쳤다. 이 당시는 도찰원(都察院) 좌도어사(左都御史)로 있었다(1882~1884 재임).

[朝鮮 國王의] 咨文을 받고 대신 상주합니다.

光緒 8년 4월 26일 朝鮮 國王 李熙가 특별히 자문전달관[賫咨官] 李應浚을 파견하여 전달한 자문 1건을 받았습니다. 신 등이 공동으로 열람해보니, 朝鮮이 미국과 수호통상조규를 맺었기에 자문전달관을 단독으로 보냈으니 자문을 받고 대신 상주해달라 요청하는 내용이었습니다. 삼가 원 자문을 초록하여 올리니 살펴보시기 바랍니다. 자문을 가져온 官役은 이미 會同四譯館에 머무르게 하였습니다. 전례에 따라 은량을 상으로 내리는 일이나 연회를 정지하되[停止筵宴], 그래도 음식상[羊酒桌張]을 보내는 문제 등은 응당 臣部에서 전례에 따라 처리하겠습니다. 이에 삼가 상주하여 아룁니다.

(7) 문서번호 : 2-1-1-66(433, 686a)

사안 : 馬建忠과 丁汝昌을 다시 파견하여 군함을 대동하고 朝鮮에 가서 독일과의 조약을 돕도록 하겠습니다(再派馬建忠、丁汝昌酌帶兵船赴韓襄助與德議約).

날짜 : 光緒八年五月初二日(1882년 6월 17일)

발신 : 北洋大臣 張樹聲

수신 : 總理衙門

五月初二日, 署北洋大臣張樹聲文稱 :

竊照朝鮮與美國定約通商, 當經前閣爵大臣李中堂奏派道員馬建忠前往會辦. 嗣英、法、德等國, 相繼而至, 皆由駐京大臣商懇本署大臣函致馬道代爲先容. 旋接總理衙門函屬轉飭馬道暫行留駐朝鮮. 此次朝鮮國王來咨亦有請留馬道、丁提督商辦他國交涉事端之語, 業經本署大臣附片奏明, 仍令馬道在彼襄助, 欽奉諭旨允准轉行欽遵在案.

馬道等昨因英國條約已經議定鈐押, 暫回天津. 現在德國使臣亦將東駛, 自應仍派二品銜候選道馬建忠與統領北洋水師提督丁汝昌, 卽日酌帶兵船, 偕往襄助, 以資熟手, 而期妥善. 除分飭馬道、丁提督遵照外, 相應咨呈. 爲此咨呈貴衙門, 謹請查核.

5월 2일, 署理北洋大臣 張樹聲이 다음과 같은 문서를 보내왔다.

살펴보건대, 朝鮮과 미국이 조약을 맺고 통상하는 일은 前閣爵大臣 이홍장이 상주하여 파견한 委員 馬建忠이 朝鮮에 가서 함께 처리하였습니다. 이후 영국·프랑스·독일 등이 모두 잇따라 북경 주재 사신을 통해서 제가 馬建忠에게 서신을 보내 미리 사전에 알려달라고 간청하였습니다. 뒤이어 馬建忠에게 잠시 朝鮮에 머물도록 하라고 지시해달라는 총리아문의 서신 위촉을 받았습니다. 이번에 朝鮮 國王이 보내온 자문에도 馬建忠과 丁汝昌을 머물게 하여 다른 나라와 교섭할 때 상의하여 처리할 수 있게 해달라는 내용이 있었는데, 이미 제가 附片으로 馬建忠이 계속 朝鮮에서 돕도록 할 것을 상주하여, "그 요청을 전달하여 실행하는 것을 허락한다."는 諭旨를 받은 바 있습니다.
馬建忠 등은 어제 영국과의 조약이 이미 체결되었기 때문에 잠시 천진에 돌아와 있습니다. 현재 독일 사신 또한 장차 朝鮮으로 배를 타고 갈 예정이므로 二品銜候選道 馬建忠과 統領北洋水師提督 丁汝昌을 파견하여 그날로 군함을 대동하고 함께 가서 도움으로써, 숙련된 전문가의 능력을 보태 적절히 처리하도록 꾀하겠습니다. 馬建忠과 丁汝昌에게 각기 지시에 따르게 하는 것 외에 응당 귀 아문에 자문을 올려 알려야 할 것입니다. 이에 귀 아문에 자문을 올리니 살펴 검토해보시기 바랍니다.

(8) 문서번호 : 2-1-1-67(434, 686b)

사안 : 영국과 朝鮮의 조약 체결을 이미 확인하였습니다(已悉英韓訂約).

날짜 : 光緒八年五月初二日(1882년 6월 17일)

발신 : 總理衙門

수신 : 영국 공사 웨이드

五月初二日, 致英國公使威妥瑪函稱 :

昨准函開 :

接准本國水師提督電咨內載 :

於四月二十一日, 已與朝鮮國定約. 備函奉達.

等因. 本大臣等備悉一切, 相應函復貴大臣, 查照可也. 順頌日祉.

5월 2일, 영국 공사 웨이드에게 다음과 같은 문서를 보냈다.

어제 다음과 같은 내용의 서신을 받았습니다.

본국 해군제독의 다음과 같은 내용의 전보를 받았습니다.

4월 21일에 이미 朝鮮國과 조약을 체결하였습니다. 서신을 갖추어 알립니다.

본 대신 등은 이상의 내용을 모두 확인하였으므로, 마땅히 서신으로 귀 공사에게 답장하여 살펴보시게 해야 할 것입니다. 날마다 평안하기를 바랍니다.

(9) 문서번호 : 2-1-1-68(435, 687a-687b)

사안 : 조·독조약은 모두 조·미조약에 따라 조약을 체결하는데, 아울러 馬建忠에게 朝鮮에 도착한 다음 [브란트 독일 공사의 술수를] 몰래 방비하도록 지시하였습니다(德·韓悉照美韓條約議定, 並囑馬建忠等到韓後留心密防).

날짜 : 光緖八年五月初四日(1882년 6월 19일)

발신 : 署北洋大臣

수신 : 總理衙門

五月初四日, 署北洋大臣張樹聲函稱 :

五月朔日, 奉四月三十日直字六百七十五號公函, 祗悉一一. 巴使到津後, 擬改美約, 敝處未允, 業於四月二十七日函達. 嗣因德使東行, 仍派馬建忠等偕往朝鮮襄助, 亦經備牘咨呈鈞(→鈞)察在案. 此事巴使先浼洋務委員羅豐祿, 將擬改約底送閱. 樹聲拒不允改, 卽再來糾纏. 四月二十八日, 巴使來署晤商, 復理前說. 樹聲與之反覆辨論, 彼遂無可置詞, 願照美英已定之約不易一字, 仍派馬道往助其成. 巴使意甚喜懽, 臨別時猶再三聲謝. 現在該使先往煙臺守候, 馬道等定於初四日出洋. 就巴使在津情形揣之, 似不致別起波瀾. 法蘭亭所云, 或不免互相傾軋. 惟彼人素性叵測, 誠如藎籌,[93] 當已密屬馬道, 於到朝鮮後, 一切留心密防. 該道尙識機變, 當不至墮其術中.

至德國格音達船案, 樹聲在粤時, 已將一切情形咨呈鈞鑒. 並屢與德領事折辨, 按之實事, 本之條約, 彼皆無一而合. 是以未能遷就. 昨接澤生中丞來函,[94] 言現在德領事自

93) 신주(藎籌)는 신모(藎謀)와 마찬가지로 충성스럽고 뛰어난 계책·헤아림이란 뜻이다.

94) 중승(中丞)은 한대 어사중승(御史中丞)의 명칭에서 비롯되었는데, 명·청대의 경우 도찰원(都察院)의

知與條約說不去，不言理而言情，或可設法了結也．德使在津商定赴朝各節，前日咨達後，本擬肅函詳布，適奉來論，連日復加訪察，因是稍遲．專肅密復．祇敬鈞祺．

5월 4일, 署理北洋大臣 張樹聲이 다음과 같은 서신을 보내왔다.

5월 1일에 4월 30일자 直字 675호 공식 서신을 받고서 낱낱이 확인하였습니다. 브란트(Max von Brandt, 巴蘭德)[95] 공사가 천진에 도착한 후 조·미조약의 내용을 변경하려고 하였지만 저희가 허락하지 않았다는 것은 이미 4월 27일 서신으로 전달하였습니다. 이후 독일 공사가 朝鮮에 가기 때문에 馬建忠 등을 파견하여 함께 朝鮮에 가서 도움을 주게 하였다는 내용 또한 공문을 갖추어 자문으로 올렸으니, 이미 살펴보셨을 것입니다. 이번 일에서 브란트 공사는 먼저 洋務委員 羅豐祿에게[96] 연락하여 개정하고자 하는 조약 원고를 검토하도록 보내왔습니다. 제가 개정을 허락하지 않고 거절하자 다시 와서 소란을 피웠습니다. 4월 28일 브란트 공사가 본서로 찾아와 만나서 상의할 때 다시 종전 주장을 되풀이하였습니다. 저는 거듭하여 변론하였고 그는 결국 할 말이 없어져 英·美가 이미 정한 조약에 따라 한 글자도 바꾸지 않겠다고 바랐기에, 馬建忠을 파견해서 그 성사를 돕게 하였습니다. 이에 브란트는 매우 기뻐하며 헤어질 때 여러 차례 감사의 뜻을 표명하였습니다. 지금 브란트는 우선 煙臺로 가서 대기하고 있으며 馬建忠 등은 4일에 출발하기로 정하였습니다. 브란트가 천진에서 하였던 행동을 헤아려보면 아마도 다른 파란을 일으키지는 않을 것 같습니다. 다만 프랑스 통역 프랑뎅(Hippolyte Frandin, 法蘭亭)[97]은 혹시 서로 마찰을 피하기 어려울 수도 있다고 하였습

부도어사(副都御史)에 해당한다. 명·청대에는 순무(巡撫)가 부도어사나 첨도어사(僉都御使) 직함을 가지고 부임하였기 때문에 순무를 가리키는 별칭이 되었다.

95) 브란트(Max August Scipio von Brandt, 1835~1920)는 독일 외교관으로 동아시아에서 33년을 보냈는데, 일본에서 지낸 10년을 제외하고는 나머지를 모두 중국에서 보냈다. 그는 1861년 프러시아와 중국의 우호통상조약을 체결하였고, 그 뒤 주일 공사를 지내다가 1875년부터 주중국 공사를 지냈다.

96) 나풍록(羅豐祿, 1850~1903)은 자가 직신(稷臣)으로 복건성(福建省) 민현(閩縣) 출신이다. 복건선정학당(福建船政學堂)을 졸업하고 영국으로 유학 가서 유럽 공사관의 통역으로 일하였으며, 1880년 귀국하여 이홍장의 막료로서 일하면서 주로 영문 비서, 영어 번역 및 통역 업무를 담당하였다. 1882년 4월 4일 김윤식과 이홍장의 회담 때도 참여하였다. 그는 1883년에는 수사영무처(水師營務處) 도원(道員)으로 승진하였고, 1896년 이후에는 유럽에 공사로 파견되어 활동하였다.

니다. 다만 저 사람은 본디 속을 알기 어려우므로, 정말 뛰어난 계책을 주신 대로 응당 馬建忠에게 비밀리에 연락하여 朝鮮에 도착한 이후 조심하며 방비하도록 해야 할 것입니다. 마건충은 임기응변에 능하니 그의 술수에 빠지지 않을 것입니다.

독일 선박 格音達[不明]호 문제는, 제가 광동에 있을 때[98] 이미 모든 상황을 살펴보시도록 자문으로 올린 바 있습니다. 아울러 여러 차례 독일 영사와 논쟁할 때 사실에 근거하고 조약에 기초하여 따져보니, 저들의 요구는 하나도 들어맞는 것이 없었으므로 그 뜻을 따라줄 수 없었습니다. 어제 廣東巡撫 裕寬이[99] 보내온 서신을 받았는데, 현재 독일 영사도 조약과 들어맞지 않음을 알고 있다고 하였습니다. 이치를 따지지 않고 사정을 봐달라고 이야기하고 있으니 아마도 방법을 찾아 정리할 수 있을 것입니다. 독일 공사가 천진에 있을 때 朝鮮에 가는 것과 관련하여 논의·결정한 내용을 전날에 咨文으로 전달한 다음, 이번에 서신을 보내 자세히 알려드리려고 하였는데, 마침 황상의 유지를 받아 연일 찾아가서 확인하느라 이로 인해 조금 늦어졌습니다. 이에 비밀리에 답장합니다. 삼가 안녕하시길 바랍니다.

---

97) 프랑뎅(Hippolyte Frandin, 1852~?)은 프랑스 외교관으로 1875년 중국에 와서 이후 통역으로 일하였고 1883~1884년에는 영사관의 업무를 대리하였다.

98) 장수성(張樹聲)은 1877(光緒 3)년부터 양광총독(兩廣總督)을 지냈다.

99) 유관(裕寬)은 자는 택생(澤生)이며, 만주정백기인(滿洲正白旗人)이다. 1879년부터 1883년까지 광동순무(廣東巡撫)를 지냈다.

(10) 문서번호 : 2-1-1-69(436, 688a-689b)

사안 : 朝鮮 國王의 자문을 받았음을 알리는 예부의 奏摺을 받았습니다(知照朝鮮國王咨文及本部奏摺).

첨부 문서 : 1.「朝鮮 國王의 자문(朝鮮國王咨)」: 미국과 이미 通商友好條約을 체결하였다는 것을 자문으로 보고하면서, 또한 馬建忠 등을 파견해서 타국과의 조약 체결을 돕도록 요청하는 바입니다(咨報已與美訂立通商友好條約, 尙請仍派馬建忠等襄助與他國議約).

2.「예부의 주접(禮部奏摺)」: 미국과 이미 通商友好條約을 체결하였다는 朝鮮 國王의 자문을 받아 대신 상주합니다(轉奏朝鮮國王咨報已與美國訂立通商友好條約).

날짜 : 光緒八年五月初七日(1882년 6월 22일)

발신 : 禮部

수신 : 總理衙門

五月初七日, 禮部文稱 :

主客司案呈 : [100]

所有本部具奏朝鮮國賫咨官李應浚賫到咨文轉奏一摺, 於光緒八年四月二十九日具奏. 本日軍機處發出奉旨 :

該衙門知道.

欽此. 所有此次來京之賫咨官李應浚等, 本部已令前赴天津, 聽候北洋大臣飭知, 玆定

100) 주객사(主客司)는 빈례(賓禮) 및 외빈(外賓) 접대 사무를 관장하는 예부(禮部)의 한 부서를 가리킨다.

於五月初四日，由京起程. 該賫咨官等應須賞銀，俟本部行文戶部，支領到部後，發交直隸提塘,[101] 解至天津，由北洋大臣轉行頒給. 除應給羊酒桌張，由精膳司另行開單知照北洋大臣，照數備辦頒給外，相應抄錄該國王原文及本部原奏，知照總理各國事務衙門可也.

照錄原奏

1. 「朝鮮國王咨」[102]

朝鮮國王，爲會咨事.

竊照小邦僻在東隅，惟皇靈是仗，藩職是修. 邇來時局漸變，交涉轉滋，顧小邦用是憂慮，思所以維持彌綸. 幸蒙我皇上隆恩天大，洪猷遠彰，深軫小邦曾無他國之往來，未免應接之齟齬，曲賚造化，綏靖藩服. 至有北洋大臣密咨，審時度勢，開諭諄摯，將小邦與美國通好事宜，前後指敎，織悉周至. 又轉奏此等情形，奉旨派遣觀察馬建忠、提督丁汝昌，同美國總兵薛斐爾，乘兵船來泊於仁川港口，以襄助兩國通好. 當職用是感結衷腸，卽以陪臣經理統理機務衙門事申櫶、金宏集充差全權大・副官，出迎仁川港. 迺於本年四月六日，面同美國公使薛斐爾，講定修好通商條規十四款，鈐印畫押，互相憑據以爲永遠金石之信. 此莫非中朝視屛藩如手足，特垂鴻渥，俾禦外侮. 且由馬觀察、丁提督兩大人克體聖旨殫力周章，剋日竣事，順成和約. 小邦臣民莫不北望攢頌.

따라서 번속국(藩屬國)과 관련된 사무라는 예부의 주요 기능을 담당하는 부서이다. 안정(案呈)은 하급 속료가 상사에게 초안을 잡은 기안문서(보통 관련 司에서 쓰고 堂官이 검토·확정하기 때문에 呈堂稿라고 한다)를 올려 보고한다는 뜻이다. 이 정당고(呈堂稿)는 황제에게 올라가는 제본(題本)이나 각 성에 보내는 자문에도 그대로 실린다. 즉 보통 이 기안문서를 그대로 보낸 경우가 많아서, 사실상 공문의 초반 부분에 나오는 관행구로 생각하면 될 것 같다. '案呈'으로 시작되는 이 정당고는 대부분의 경우 '可也'로 끝맺음이 된다는 특징이 있다.

101) 제당(提塘)은 제당관(提塘官)을 말하는데, 군사적 수요에 따라 설치되어 보통 군사 정보를 전달하는 임무를 맡은 관직이다.

102) 앞서 나온 문서번호 2-1-1-60(420, 610a-665a)의 첨부 문서 1. 「朝鮮 國王 자문(朝鮮國王咨)」과 비교하면 앞부분은 조금 다르나 뒷부분은 거의 같은 내용이다.

隕越于下. 擬俟前頭使行恭修表謝之擧. 而先將條約冊子、照會文字及美國國書、小邦答國書、兩國全權字據等備文各稿, 另行抄錄, 庸備轉奏載案. 玆據揚(洋)威艦西駛, 專差副司直李應浚賫咨前往, 請(消)詳條報, 煩乞轉奏天陛以達事情. 嗣後或有他國交涉事端, 亦卽請旨, 暫留馬道、丁提督在此商辦, 俾小邦終始徼惠, 區區幸甚. 爲合行移咨請照驗轉奏施行. [須至咨者.]

2. 「禮部奏摺」[103)]

禮部, 謹奏爲據咨轉奏事.

光緖八年四月二十六日, 准朝鮮國王李熙特遣賫咨官李應浚賫到咨文一件. 臣等公同閱看, 係因該國與美國講定修好通商條規, 專差賫咨前來, 乞爲據咨轉奏等情. 謹抄錄原咨, 恭呈御覽. 至該賫咨官役, 業經安置會同四譯館, 其例賞銀兩曁停止筵宴, 仍頒給羊酒桌張, 應由臣部照例辦理. 爲此謹具奏聞.

5월 7일, 禮部에서 다음과 같은 문서를 보내왔다.

主客司에서 다음과 같은 기안 문서를 올렸습니다.

본 예부에서 朝鮮國 자문전달관[賫咨官] 李應浚이 가져온 자문을 대신 상주한다는 奏摺을 光緖 8년 4월 29일 상주하였습니다. 그리고 오늘 군기처에서 발송한 다음과 같은 諭旨를 받았습니다.

해당 아문에 알리라.

이상. 이번에 북경에 온 자문전달관 이응준 등에 대해서는 천진으로 가서 북양대신의 지시를 기다리도록 하였고, 이에 5월 4일에 북경에서 출발하기로 정하였습니다. 해당 자문전달관 등에게 응당 내려야 할 賞銀은 본부에서 戶部로 문서를 보내 본부에서 받으면 直隷 提塘官에 넘겨 천진에 운송하도록 하고, 北洋大臣을 통해 대신 지급하도록 하겠습니다. 응당 지급할

103) 이 부분은 문서번호 2-1-1-65(426, 680a)와 같은 내용이다. 다만 앞의 문서는 烏拉喜崇阿가 상주하였다는 것이 다른데, 여기에서는 맨 앞에 '禮部, 謹奏'가 추가되어 있어 예부에서 상주한 것임을 밝히고 있다.

음식상은 精膳司를 통해 별도로 목록을 만들어 북양대신에게 통지하여 그 수량대로 준비하여 지급하는 것 외에, 마땅히 朝鮮 국왕의 원 자문과 본부의 원 주문을 초록하여 총리아문에 알려야 할 것입니다.

첨부 문서 :「원 상주문」의 초록

1.「朝鮮 國王의 자문」

朝鮮 國王이 자문을 보냅니다.

삼가 생각건대, 朝鮮은 동쪽 변경에 위치하여 오로지 황상의 은총에 의지하면서 藩國의 직책을 수행해왔습니다. 최근 천하의 시국이 점차 변하고 교섭이 크게 늘어, 朝鮮은 이에 대해 우려하면서 인륜을 유지할 것을 고민하였습니다. 다행히 황상께서 하늘과 같이 큰 은혜와 멀리서도 빛나는 큰 계책을 베푸시고, 朝鮮이 다른 나라와 왕래한 적이 없어 應接 문제에 마찰을 피하지 못할 것을 깊이 염려하셔서, 造化의 이치를 펼쳐 藩服을 어루만지고 안정시켜 주셨습니다. 북양대신이 보낸 비밀자문은 시세를 깊이 헤아리고 친절하게 이끌어줌으로써, 朝鮮이 미국과 通好하는 사안에 대해 전후로 매우 세심하고 꼼꼼하게 가르침을 주었습니다. 또 북양대신은 이곳 朝鮮 상황을 대신 상주하고 諭旨를 받들어, 馬建忠 觀察과 丁汝昌 提督을 파견하여 미국 해군준장 슈펠트와 함께 군함을 타고 인천항으로 와서 양국의 通好를 도와주도록 하였습니다. 당직[朝鮮 國王]은 이에 감사한 마음을 새기고는, 즉시 陪臣 經理統理機務衙門事 申櫶과 金弘集을 전권대관과 부관에 임명하여 인천항으로 맞이하러 나가게 하였습니다. 이에 올해 4월 6일 미국 해군준장 슈펠트와 직접 수호통상조규 14조를 협의하여 정하였으며, 인장을 찍고 서명하여 서로 증빙으로 삼음으로써 금석과 같은 영원한 信物로 삼았습니다. 이는 청에서 藩屛을 수족같이 여기어 특별히 도타운 은혜를 내림으로써 외국의 모욕을 막아주신 것입니다. 또 馬建忠 觀察과 丁汝昌 제독 두 분이 聖旨를 본받아 온 힘을 다해 고심하면서 기한 내에 일을 마쳐 조약 체결이 평탄히 잘 마무리될 수 있도록 해주셨습니다. 이에 朝鮮의 신민은 간절한 마음으로 북쪽을 바라보면서 칭송하고 죄송함을 가누지 못하겠습니다. 아래에서 직책을 다하지 못하는 저로서는 다음 使行을 파견할 때 삼가 表文을 작성하여 謝恩하고자 합니다만, 우선 條約 册子와 조회 및 미국 국서, 朝鮮의 답장 국서, 양국의 전권위임장 등 문서의 원고를 별도로 초록하여 황상께 대신 전달해주시도록 올리는 바입니다. 그리고 지금 군함 揚威號가 중국으로 돌아가는 편을 이용하여 특별히 副司直 李應浚을 이 임무를 위해 파견하여 자문을 휴대하고 가서 상세하게 조목조목 보고하게 하고자 하니, 번거롭더라도 황상께 대신 상주하여 그 내용을 전달해주십시오. 앞으로도 혹시 타국과 교섭할 일이 있다면, 또한 마건충과 정여창을 잠시 잔류시켜달라고 황상의 유지를 청하고자 하니, 그들이 이곳에서 일을 함께 처리하게 해주셔서 朝鮮이 끝까지 은혜를 받을 수 있게 된다면 정말 다행이겠습니다. 이에 응당 자문을 보낸 바이니, 검토해보시고 대신 상주하여주십시오. [이상입니다.]

2. 「예부의 주접」

禮部에서 [朝鮮 國王의] 咨文을 받아 대신 상주합니다.
光緖 8년 4월 26일 朝鮮 國王 李熙가 특별히 자문전달관 李應浚을 파견하여 전달한 자문 1건을 받았습니다. 신 등이 공동으로 열람해보니, 朝鮮이 미국과 수호통상조규를 맺었기에 자문전달관을 단독으로 보내며 자문을 받아 대신 상주해달라고 요청하는 내용이었습니다. 삼가 원 자문을 초록하여 올리니 살펴보시기 바랍니다. 자문을 가져온 官役은 이미 會同四譯館에 머무르게 하였습니다. 전례에 따라 은량을 상으로 내리는 일이나 연회를 정지하되, 그래도 음식상[羊酒桌張]을 보내는 문제 등은 응당 臣部에서 전례에 따라 처리하겠습니다. 이에 삼가 상주하여 아룁니다.

(11) 문서번호 : 2-1-1-70(438, 691a)

사안 : 朝鮮 國王이 보낸 미국 국서를 서신으로 보냅니다(函送朝鮮國王致美國國書稿).

날짜 : 光緒八年五月初八日(1882년 6월 23일)

발신 : 總理衙門

수신 : 美國 署理公使 홀콤브

五月初八日, 致美國署公使何天爵函稱：

日昨貴署大臣來署面談, 擬看朝鮮國王致貴國國書底稿. 茲特照抄一分, 專函送上, 卽望察入是荷. 此布. 順頌日祉.

5월 8일, 미국 공사 홀콤브[何天爵]에게 다음과 같은 서신을 보냈다.

지난번 귀 서리공사께서 本署[총리아문]에 와서 면담하였을 때, 朝鮮 國王이 귀국에 보낸 국서 원고를 보고자 하였습니다. 이에 특별히 1건을 초록하여 서신으로 보내니 즉시 살펴봐 주십시오. 이에 보냅니다. 날마다 안녕하시길 바랍니다.

(12) 문서번호 : 2-1-1-71(439, 692a)

사안 : 朝鮮에서 미국으로 보낸 조회 원고를 서신으로 보냅니다(函送朝鮮致美國照會稿).
날짜 : 光緖八年五月十日(1882년 6월 25일)
발신 : 總理衙門
수신 : 美國 署理公使 홀콤브

五月初十日, 致美國署公使何天爵函稱 :

五月初九日, 貴署大臣來署晤談, 屬將朝鮮國致貴國照會錄送一分等因. 玆特照抄原文, 專函送上, 卽希檢收爲要. 此布. 順頌日祉.

5월 10일, 미국 공사 홀콤브에게 다음과 같은 서신을 보냈다.

5월 9일, 귀 서리공사께서 本署에 와서 면담하였을 때, 朝鮮 國王이 귀국에 보낸 조회를 초록하여 보내달라고 하였습니다. 이에 특별히 원문을 초록하여 서신으로 보내니 즉시 검토하고 받아주십시오. 이에 보냅니다. 날마다 안녕하시길 바랍니다.

(13) 문서번호 : 2-1-1-72(441, 693a)

사안 : 조·미조약 원고 등을 초록하여 보냅니다(抄送美韓條約稿等).

날짜 : 光緒八年五月十四日(1882년 6월 29일)

발신 : 總理衙門

수신 : 러시아 통역관 포포프[柏百福]

五月十四日, 致俄國繙譯官柏百福函稱 :

前准貴繙譯函, 請送給美國與高麗換約抄本等因. 本總辦當經回明各堂,[104] 刻下朝鮮換約底本, 甫由北洋寄到. 奉堂諭將朝鮮與美國定約底本及國書照會照抄一分送上, 祈轉呈布大人爲荷. 泐此. 順頌日祉.

5월 14일, 러시아 통역관 포포프에게[105] 다음과 같은 서신을 보냈다.

전에 귀 통역관의 서신을 받았었는데, 조·미조약 抄本을 보내달라는 요청이었습니다. 본 總辦은 각 堂上에 보고하였고, 지금 朝鮮이 체결한 조약 원고를 이제 막 北洋衙門에서 부쳐 왔습니다. 堂上의 지시를 받들어 조·미조약 원고 및 국서, 조회를 초록하여 한 부를 보내니, 상사에게 올려주십시오. 이에 보냅니다. 날마다 안녕하시길 바랍니다.

---

104) 여기서 총판(總辦)이 무슨 직함인지는 불명인데, 당상(堂上)은 정일품에서 정삼품의 관원, 또는 관서(官署)의 장관(長官)을 가리킨다.

105) 포포프(Pavel Stepanovich Popov[또는 Popoff], 柏百福, 1842~1913)는 러시아의 외교관·한학가(漢學家)이다. 1870년 대학 졸업 후 외교부로 들어갔고, 뒤이어 중국에 파견되어 통역으로 일하다가 1886년 주북경 총영사가 되었으며, 1902년 퇴임하고 귀국하였다.

(14) 문서번호 : 2-1-1-73(442, 693b)

사안 : 독일 공사는 먼저 출발하였고 馬建忠 등은 煙臺를 거쳐 朝鮮에 가며, 군함은 그 뒤를 따라가도록 지시하였습니다(德使已先行, 馬建忠等卽由煙臺赴韓, 兵船令隨後踵至).

날짜 : 光緖八年五月十七日(1882년 7월 2일)

발신 : 署北洋大臣 張樹聲

수신 : 總理衙門

五月十七日, 署北洋大臣張樹聲文稱:

據二品銜候選道馬建忠、統領北洋水師記名提督丁汝昌呈稱:

竊職道等於五月初三日在大沽會齊, 卽乘威遠併船南下, 次日午後駕抵煙臺, 則巴蘭德, 已先一日起椗而去. 詢其所往, 僉謂不知. 意必先付仁川守候. 超勇、揚威二船在大沽, 拖帶挖泥船各二艘, 前赴旅順, 復由旅順, 折回煙臺, 約二日後可至. 本擬在此暫候, 玆巴使已先赴朝鮮, 職道等亦未便久留. 卽定於初六日巳刻, 展輪東渡, 超勇、揚威令隨後踵至. 除至朝鮮後一切情形, 當隨時續報外, 所有自煙臺起程日期, 理合具文申報.

等情. 到本署大臣, 據此相應咨呈. 爲此咨呈貴衙門, 謹請查核.

5월 17일, 署理北洋大臣 張樹聲이 다음과 같은 문서를 보냈다.

二品銜候選道 馬建忠과 統領北洋水師記名提督 丁汝昌으로부터 다음과 같은 보고를 받았습니다.

저희는 5월 3일 大沽에 모두 모여 즉시 威遠號를 타고 다른 배들과 함께 南下하였고, 다음 날 오후 煙臺에 도착하였는데, 브란트 독일 공사는 이미 하루 전에 닻을 올려 떠났습니다. 그가 간 곳을 물었으나 모두 알지 못한다고 하였습니다. 아마도 필시 먼저 인천으로 가서 기다리고 있을 것입니다. 超勇과 揚威 두 군함은 大沽에서 浚渫船을 각 두 척씩 끌고 旅順으로 가는데, 旅順을 거쳐 다시 煙臺로 돌아오면 약 이틀 후에나 도착할 수 있습니다. 본래는 이곳에서 잠시 기다리려 하였다가, 지금 브란트가 이미 먼저 朝鮮으로 갔기에 저희 또한 오래 머무르기 곤란하여, 이에 6일 10시경 윤선을 타고 朝鮮으로 출발하기로 정하였습니다. 超勇·揚威號는 뒤따라오도록 지시하였습니다. 朝鮮에 도착한 후 모든 상황을 수시로 이어서 보고하는 것 외에, 煙臺에서 출발하는 일정을 응당 문서로 갖추어 보고해야 할 것입니다.

이상의 내용이 本 署大臣에게 도착하였습니다. 이를 받았으니 응당 자문으로 보고해야 할 것입니다. 이에 咨文으로 귀 아문에 올리니 삼가 검토해주십시오.

(15) 문서번호 : 2-1-1-74(443, 694a)

사안 : 조·독조약 체결이 마무리되었습니다(德韓議約事竣).

날짜 : 光緖八年五月十七日(1882년 7월 2일)

발신 : 독일 서리공사 譚廷襄

수신 : 總理衙門

五月二十一日, 德國署理欽差大臣譚廷襄照會稱 :

照得本館接到巴大臣由煙臺寄来十八日一函內稱 :

與朝鮮國辨約一事, 已於四月十五日, 在燕庄地方完結.

等因. 相應備文, 照會貴王大臣. 知悉批閱之餘, 當必同深欣慰也. 爲此照會.

5월 21일, 독일 서리공사 譚廷襄이[106] 다음과 같은 조회를 보내왔다.

살펴보니, 총리아문에서 브란트가 煙臺를 거쳐 보낸 18일 서신을 받았는데, 그 내용은 다음과 같았습니다.

朝鮮國과의 조약 체결은 이미 4월 15일 燕庄 지역에서 마무리되었습니다.

이에 따라 응당 문서를 갖추어 귀 王大臣께 조회를 보내야 할 것입니다. 내용을 모두 보시게 되면 필시 함께 기쁨과 위안을 느끼실 것입니다. 이에 조회를 보냅니다.

106) 譚廷襄은 아마도 譚敦邦(Count Christian von Tattenbach)을 가리키는 것으로 보인다. 譚敦邦은 1882년 3월부터 5월까지 參贊署理公使를 지냈다.

(16) 문서번호 : 2-1-1-75(444, 694b)

사안 : 조·독조약은 실제로 조·미조약에 따라 그대로 체결되었으며, [독일 공사] 브란트가 거듭 감사의 뜻을 표명하였습니다(德韓條約實本美韓原約議定, 巴蘭德申謝).

날짜 : 光緒八年五月二十二日(1882년 7월 7일)

발신 : 署北洋大臣 張樹聲

수신 : 總理衙門

五月二十二日, 署北洋大臣張樹聲函稱 :

本日申刻, 德使巴蘭德自朝鮮回津來晤, 備述朝鮮與該國議定和約, 已於西歷一千八百八十二年六月三十日, 卽中歷光緒八年五月十五日會同畫押, 一切均照美英原約, 並無更改. 朝鮮之接待與馬道建忠等之照料, 俱極用妥, 巴使再三稱謝, 喜形於色. 聞馬道亦已至煙臺, 計日到津, 再將一切情形, 詳細函衷. 巴使並云, 明晩卽起程入都, 恐勞鈞注. 先此馳報. 專肅.[107] 祗叩崇祺.

5월 22일, 署理北洋大臣 張樹聲이 다음과 같은 서신을 보냈다.

오늘 오후 4시경[申刻] 독일 공사 브란트가 朝鮮에서 천진으로 돌아와 만났는데, 朝鮮과 독일의 우호조약을 議定한 다음 서력 1882년 6월 30일, 즉 중국력 光緖 8년 5월 15일에 만나서 서명하였고, 모두 미국·영국과의 원 조약에 따라 조금도 바꾸지 않았다고 이야기하였습니다.

107) 전숙(專肅)은 특별히 공경스럽게 이 편지를 쓴다는 뜻의 서신 용어이다.

朝鮮의 접대와 馬建忠 등의 배려가 모두 극히 타당하였다고 브란트 공사가 여러 차례 감사를 표시하였는데, 얼굴에 기쁜 기색이 드러났습니다. 듣기에 馬建忠 역시 이미 煙臺에 도착하였으니 며칠 안으로 천진에 와서 다시금 모든 상황을 상세히 진술할 것입니다.[108] 브란트 공사가 아울러 말하기를 내일 오후 출발하여 북경으로 들어간다고 하였으니, 아마도 주의하셔야 할 것 같습니다. 우선 이렇게 보고합니다. 삼가 공경하게 이 편지를 씁니다. 삼가 안녕하시길 바랍니다.

108) 원문은 '詳細函袁'인데 아마 오기(誤記)가 있는 것 같다.

(17) 문서번호 : 2-1-1-76(445, 695a)

사안 : 조·독조약이 체결되어, 양국이 앞으로 우호 관계를 맺을 것이니 매우 기쁘고 위안이 됩니다(德韓議約事竣, 兩國從此友好, 同心欣慰).

날짜 : 光緖八年五月二十三日(1882년 7월 8일)

발신 : 總理衙門

수신 : 독일 서리공사 譚廷襄

五月二十三日, 給德國署公使譚廷襄照會稱：

光緖八年五月二十一日, 接貴署大臣照稱：

接到巴大臣由煙臺寄来十八日一械內稱：

與朝鮮國辦約一事, 已於四月十五日, 在燕庄地方完結.

等因. 照會前來. 查貴國與朝鮮議約事竣, 從此兩國克敦睦誼, 貿易流通, 本爵大臣等實同深欣慰. 相應照復貴署大臣查照可也.

5월 23일, 독일 서리공사 譚廷襄에게 다음과 같은 조회를 보냈다.

光緖 8년 5월 21일에 귀 서리공사의 다음과 같은 조회를 받았습니다.

브란트 공사가 煙臺를 거쳐 보낸 18일 서신은 다음과 같은 내용이었습니다.

朝鮮國과의 조약 체결은 이미 4월 15일 燕庄 지역에서 마무리되었습니다.

이 조회를 받고 살펴보니, 귀국과 朝鮮의 조약 사안이 완료되어 앞으로 양국이 우의를 돈독히 하고 무역으로 유통할 것이므로, 本 爵大臣 등은 실로 매우 기쁘고 위안이 됩니다. 마땅히 조회로 답장해야 하니 귀 서리공사께서는 살펴보십시오.

(18) 문서번호 : 2-1-1-77(446, 695b-700b)

사안 : 조·독조약을 議定하였으니, 독일 상인도 영국·미국이 朝鮮과 조약을 교환한 후 즉시 朝鮮에 가서 무역할 수 있습니다(德韓條約議定, 德商可於英美與朝鮮換約後, 卽行赴韓貿易).

첨부 문서 : 1. 「馬建忠이 올린 보고(馬建忠來稟)」 : 조·독조약 논의와 처리 상황을 보고합니다(稟報德韓議約辦理情形).

2. 「朝鮮 國王의 자문(朝鮮國王咨)」 : 조·미조약 사안을 자문으로 알립니다(咨報美韓條約事).

3. 「독일 공사 브란트가 朝鮮 통리아문 대신에게 보낸 조회(德事巴蘭德致朝鮮統理衙門大臣照會)」 : 유지를 받고 通商友好條約을 논의하러 왔습니다(奉旨來議通商友好條約).

4. 「朝鮮 통리아문 대신 조영하가 독일 공사 브란트에게 보낸 답장조회(朝鮮統理衙門大臣趙寧夏等覆德使巴蘭德照會)」 : 通商友好條約을 논의할 때 응당 중국에서 관원을 파견하도록 요청하여 함께 처리할 것입니다(籌議通商友好條約, 應請中國派員同來辦理).

5. 「독일 공사 브란트가 朝鮮 통리아문 대신 조영하 등에게 보낸 조회(德事巴蘭德致朝鮮統理衙門大臣趙寧夏等照會)」 : 조약 교환 전에 독일 상인이 먼저 와서 무역할 수 있기를 요청합니다(請於換約前准德商先來貿易).

6. 「朝鮮의 議約大官 조영하 등이 독일 공사 브란트에게 보낸 답장조회(朝鮮議約大官趙寧夏等覆德使巴蘭德照會)」 : 독일 상인이 조약 교환 전에 미리 와서 무역하는 것을 허락하나, 領事官은 賓禮로 상대하되 공문을 주고받으며 논의하기는 곤란합니다(准德商於換約前先來貿易, 惟領事官以賓禮相對, 未便公文往來議事).

날짜 : 光緖八年五月二十四日(1882년 7월 9일)

발신 : 署北洋大臣 張樹聲

수신 : 總理衙門

五月二十四日, 署北洋大臣張樹聲函稱 :

本月廿一日, 德使巴蘭德來晤, 詢悉德朝和約籤押日期, 當經馳報鈞察. 五夜接馬道建忠煙臺来禀, 本日該道到津, 並帶到朝鮮國王咨文及德朝約本一冊. 查馬道初八日抵漢江, 巴使先兩日到彼, 朝鮮議約大·副官趙寧夏、金宏集於十一日馳至. 次日與巴使會議, 十五日會同畫押. 所有約稿及聲明朝鮮爲中國屬邦照會, 均照美、英兩國原稿, 一無更易, 與巴使所言相同.
惟有兩端與美英稍異. 一則以馬道不諳德文, 約稿參用法文一冊, 以便校對. 此中·巴定約成例也. 一則巴使恐朝、德換約需時, 另備照會一通, 請於美、英二國換約, 同時令商民先來貿易. 馬道以與約稿無關出入, 令朝使照覆允行. 而於文內增未換約前, 領事官來口, 僅以賓禮相待, 不得以公牘議事一層, 以示區別. 巴使向來遇事常欲出人頭地, 此次所請, 不過稍事體面, 尚在情理之中. 而朝使復文聲明, 不得以公牘議事, 似於公法亦無不合.
朝鮮咨送英國約本, 係四月下旬遣使, 由陸路齎來, 不日計亦可抵津. 屆時當一併奏報. 玆先將馬建忠來禀及朝鮮國王咨文暨德、朝兩國使臣照會四件, 照錄附呈賜覽. 其條約與美約一律, 容俟奏報時, 再行咨達冰案.[109] 專肅. 祗叩鈞祺.

照錄清摺

1. 照錄「馬道建忠來禀」
敬禀者 :

109) 빙안(氷案)은 공문서·서신을 수신하는 기관을 가리키는 명칭인데, 여기서는 總理衙門을 가리키는 것으로 보인다.

竊職道前於本月初五日，由煙臺舟次肅上一稟，諒塵鈞鑒．初六日自煙臺起椗，至初八日行抵漢江，則德使巴蘭德與其統領駐紮大東洋兵船總兵貝朗格駕兵舶兩艘，先二日致．卽夕作書致前議約官員趙寧夏、金宏集二人，令請國王速派議約大員來會，並卽將約外聲明照會照錄携来．初十日晤巴使議定，以職道不諳德文，此次約稿援中・巴成例，[110] 參用法文一側，俾便校對．十一日朝鮮國王仍派趙、金二人爲議約大・副官，賫照會馳至．次日偕往德船，與巴使會議．初美、英二國約外照會，均於簽押日與約稿、國書並交．此次以巴蘭德素稱難與，慮有反覆．遂於是日，令趙、金二使先將照會賫交巴使，然後由職道議定於十五日簽押．巴使以成事之速，喜出望外，於約稿一無更易．惟欲於約外另行照會一通，以畧表異英、美二國之外，職道視照會所書，特恐朝、德換約需時，請於美、英二國換約後，同時令商民先來貿易．職道以所請於約稿無關出入，令朝使照覆允行，而於文內爲增入未換約前，商民雖准與美、英二國同時貿易，而領事官来口，僅以賓禮相待，不得以公牘議事一層，以示區別．十五日仍會同於濟物浦，支帳簽押，壹是如例．德船卽於十七日起椗，職道亦偕丁提督率威遠、超勇、揚威、登瀛洲四船，同日西渡．而日本花房義質在漢城聞朝、德議約，復於十一日，令其參贊近藤眞鋤來我舟及德船，偵探約稿，均未得見，怏怏而去．玆於十八日行抵煙臺，謹將一切辦理情形，肅稟具陳．爲此具稟，恭叩鈞安．職道馬建忠謹稟．五月十八日．

2. 照錄「朝鮮國王來咨」

朝鮮國王，爲咨覆事．

本年五月十一日，領選從事官尹泰駿回，承准貴署大臣四月三十日密咨內開：

> 德國公使來津，初欲照美國條約酌改數款，當與折辦，連日妥商．現已允照美約辦理．仍派馬建忠、丁汝昌偕往襄助．

等因．竊查德國公使先於本月初六日，乘兵船來泊仁川港，越二日馬觀察、丁提督適會東駛．仍差經理統理機務衙門事趙寧夏、金宏集爲全權大・副官，前往會辦．乃於

110) '파(巴)'는 파시(巴西), 즉 브라질을 가리킨다. 청과 브라질은 1881년 10월 3일 우호통상조약을 맺었으며, 조약문은 중국어와 포르투갈어, 프랑스어의 세 가지 언어로 작성되었다.

本月十五日，面同德國全權大臣巴蘭德，講定修好通商條規十四款，鈐印畫押，用昭憑信. 兹荷貴署大臣仰體皇上眷顧之念，深軫藩服交涉之宜，已與德使折辯，令彼按照美約，不准酌改. 且循小邦之懇，奏蒙俞允，再飭兩大員襄助. 東土臣庶，莫不北望攢祝，感戴洪庇. 謹將條約冊子、照會備文各稿，悉行抄錄，用備轉奏在案.

至俄國續議情形，先事慮患，密賜指導，尤無任銜結之至. 已飭總理機務李最應，臚實函覆，乞垂諒察，再行酌核. 現馬觀察、丁提督事蕆言旋，不容挽留. 日後有他國踵至，望煩兩大員屆時重來，以爲申徼嘉惠之地，實有厚幸. 兹憑威遠艦回順便佈告. 爲此合行咨覆，請照驗轉奏施行. 須至咨者.

右咨欽差北洋通商大臣衙門.

光緒八年五月十五日發.

3. 照錄「德使照會」

大德國欽差全權大臣巴，爲照會事.

照得本大臣現奉大德國大皇帝兼布國大君主特旨，派爲全權大臣，前往貴國，與貴國大君主所派全權大臣訂立和好通商行船條約. 本大臣現到仁川口岸，相應將以上所云各情知會貴大臣. 查本國此擧無非爲願與貴國通好起見之意. 惟望將來所立之約，可於兩國國家並兩國人民，均有裨益. 諒此意亦在貴國大臣洞鑑之中，更望貴國推誠以敦好之意相待，與從前所待他國全權大臣之意無異. 爲此照會. 尙希速爲見覆可也. 須至照會者.

右照會大朝鮮國列位統理機務衙門事全權大臣.

大德一千八百八十二年六月二十一日，書於德國施德是兵船.

4. 照錄「朝鮮國全權大官答照會」

大朝鮮國經理統理機務衙門事趙、金，爲照覆事.

本月初七日，接准貴大臣照會內稱：

本大臣現奉大德國大皇帝兼布國大君主特旨，派爲全權大臣，前往貴國，與貴國大君主所派全權大臣訂立和好通商行船條約. 本大臣現在到仁川口岸, 相應將以上所云各情知會.

等因. 本官竊照本國非不願與貴國立約, 但本國素無外交, 未諳事宜. 向來與美、英兩國議款, 皆有中國爲之先容. 今玆與貴大臣相待, 均無二致, 亦宜從同. 貴大臣既奉旨, 欲與本國修好, 莫如前往中國北洋衙門, 轉請派員同來辦理, 俾兩國妥善立約, 永敦睦誼. 是所厚望. 爲此照覆. 請煩貴大臣查照. 須至照會者.

右照會大德國全權大臣 巴.

大朝鮮國開國四百九十一年, 卽中國光緖八年五月初七日.[111)]

5. 照錄「德使照會」

大德國欽差全權大臣巴, 爲照會事.

照得本大臣現奉本國大皇帝特派前來, 貴國共立和好通商條約. 查德國政制所有議立約款, 應俟本國盟會議准後方能互換. 按照此例, 則兩國換約似當在美、英兩國換約之後, 惟本國商民前來貴國貿易, 若遲於別國商民, 未免向隅.[112)] 玆本大臣與貴大臣會議, 一切既承格外厚誼, 擬於他國商民前來通商之時, 卽遣本國官民, 在換約之前, 先來貿易, 均照此次約內所載各款. 如蒙應允, 則本國必以此節, 視爲貴國格外敦崇友睦之據. 諒貴大臣與貴國國家無不允也. 爲此照會, 望速見覆. 須至照會者.

右照會大朝鮮國經理統理機務衙門事大臣趙、金.

大德國一千八百八十二年六月二十七日.

6. 照錄「朝鮮國全權大官答照會」

大朝鮮國全權大副官經理統理機務衙門事趙、金, 爲照覆事.

本年五月十三日, 准貴大臣照會內開 :

本大臣前來, 共立和好通商條約. 查德國政制, 所有議立約款, 應俟本國盟會議准

111) 이 부분은 원 문서에 바로 뒤의 조회 앞부분에 나오는데, 아마 착각이 있었던 것 같다.

112) 향우(向隅)는 방구석이나 모퉁이를 향한다는 것인데, 고립되거나 기회를 얻지 못함을 뜻한다.

後, 方能互換. 按照此例, 似當在美英兩國換約之後, 本國商民前來貿易, 若遲於別國, 未免向隅. 玆擬於他國通商之時, 卽遣本國官民, 在換約之前, 先來貿易, 均照此約內所載各款.

等因. 本大臣承准此節, 尙屬情理之中, 自當通融辦理, 以表我國家敦崇友睦之誼. 顧査新約第二款內載, 領事官以奉駐紮中國批准文憑, 方可視事. 如貴國領事等官, 於換約之前, 至通商各口, 當以賓禮相待, 未便以公文往來議事, 理合先行聲明. 相應備文照覆, 煩請貴大臣査照辦理.

右照會大德國欽差全權大臣 巴.

大朝鮮國開國四百九十一年, 卽中國光緖八年五月十五日.

5월 24일, 署理北洋大臣 張樹聲이 다음과 같은 문서를 보내왔다.

이번 달 21일 독일 공사 브란트가 만나러 왔기에 독일과 朝鮮의 우호조약 서명 날짜를 자세히 묻고 이미 속히 알렸으니, 살펴보셨을 줄 압니다. 그날 5更에는 馬建忠이 煙臺에서 보낸 보고서를 받았는데, 오늘 馬建忠이 천진에 도착하였고 아울러 朝鮮 國王의 자문 및 조·독조약 책자를 가지고 왔습니다. 馬建忠은 8일에 한강에 도착하였고, 브란트 공사는 앞서 이틀 전에 그곳에 도착하였습니다. 朝鮮에서는 議約大官 趙寧夏와 副官 金弘集이 11일에 달려왔습니다. 다음날 브란트 공사와 회의하였고, 15일에는 함께 서명하였습니다. 조약 원고 및 朝鮮이 중국의 속방이라는 것을 밝힌 조회는 모두 미국·영국에 보낸 원고를 따라 조금도 변경하지 않았으며, 이것은 브란트 공사가 한 말과 같습니다.

다만 두 부분에서 미국·영국과의 조약과 약간 차이가 있습니다. 한 가지는 馬建忠이 독일어에 능숙하지 못해 조약 원고에 프랑스어본을 섞어 사용함으로써 대조할 수 있게 한 것입니다. 이는 중국과 브라질이 조약을 맺었을 때의 전례가 있습니다. 다른 한 가지는 브란트 공사가 조·독조약 교환에 시간이 걸릴까 염려하여 별도로 조회 1건을 준비하여 영국·미국 두 나라가 조약을 교환할 때 동시에 독일 商民이 먼저 와서 무역하게 해달라고 요청한 일입니다. 馬建忠은 조약 내용과 무관하므로 朝鮮 사신이 답장조회로 그것을 허용하게 하였습니다. 그리고 조회문 내에 조약 교환 전에 領事官이 항구로 올 수 있으나 다만 賓禮로 상대하되 공문을 주고받으며 일을 논의할 수 없다는 내용을 추가하여, 구별함을 보였습니다. 브란트 공사는 과거에도 일을 처리할 때 항상 남보다 두각을 보이고자 하였으며, 이번 요청도 약간 체면을 챙기려는 데 지나지 않으니 충분히 양해할 수 있는 사정입니다. 朝鮮 사신이 공문으로 논의할 수 없다고 답장에서 밝힌 것은, 아마도 만국공법과 들어맞지 않음이 없을 것입니다.
朝鮮에서 자문으로 영국과의 조약 책자를 보냈는데, 4월 하순에 사신을 파견하여 육로를 통해 가지고 오니 머지않아 곧 천진에 도착할 것입니다. 그때가 되면 아울러 상주하여 보고하겠습니다. 지금 馬建忠이 보내온 보고문과 朝鮮 國王의 자문 및 독일·朝鮮 양국 사신의 조회 4건을 초록하여 올리오니 살펴보시기 바랍니다. 이번 조약과 미국과의 조약은 한결같은데, 상주하여 보고할 때 다시 귀 아문에 자문으로 보내겠습니다. 삼가 이 서신을 보냅니다. 날마다 안녕하시길 바랍니다.

첨부 문서 : 초록 清摺

1. 「馬建忠이 보내 온 보고」 초록

삼가 보고합니다.
제가 이번 달 5일 煙臺의 배 위에서 올린 보고는 이미 살펴보셨으리라 생각합니다. 6일 煙臺에서 출발하여 8일에 한강에 도착하니, 독일 공사 브란트와 統領駐紮大東洋兵船總兵 벨랑거(貝朗格, Bellangue?[不明])가 군함 두 척을 이끌고 이틀 전에 도착해 있었습니다. 그날 저녁에 즉시 전 議約官員 趙寧夏 및 金弘集에게 서신을 보내 朝鮮 國王이 속히 議約大員을 파견하여 보내도록 요청하였습니다. 아울러 조약문과 별도로 [朝鮮이 중국의 속방임을] 밝히는 조회를 초록하여 가져오도록 하였습니다. 10일 브란트 공사를 만나 논의하였는데, 저는 독일어를 잘 몰라 이번 조약 원고는 중국·브라질 조약의 사례를 원용하여 프랑스어본을 함께 사용하여 대조할 수 있게 하였습니다. 11일 朝鮮 國王은 趙寧夏와 金弘集 두 사람을 議約大官·副官으로 파견하여 조회를 휴대하고 오도록 하였습니다. 다음날 함께 독일 선박으로 가서 브란트 공사와 회의를 하였습니다. 처음에는 영국·미국 두 나라에 보낸 조약 외의 조회는 모두 서명하는 날에 조약 원고, 국서와 함께 넘기기로 하였습니다. 브란트는 평소 함께하기가 어려운 인물이라 하여 논의를 뒤집을까 염려하였기 때문입니다. 하지만 결국 이날 趙寧夏·金弘集 두 사신이 먼저 조회를 브란트 공사에게 넘기도록 하였고, 그다음에 저를 통해 15일에 서명하기로 議定하였습니다. 브란트 공사는 일이 신속히 진행되는 것을 가지고 의외라고 기뻐하였고, 조약 원고에 대해 한 글자도 변경하지 않았습니다. 다만 조약 외에 따로 조회 1건을 보내 영국·미국과 약간 다르다는 점을 드러내기를 바랐습니다. 제가 조회 내용을 보니, 조·독조약 교환에 시간이 걸릴 것을 우려하여 미국·영국과 조약을 교환할 때 동시에 독일 商民이 [조약 교환 전에] 먼저 와서 무역할 수 있도록 요청하는 내용이었습니다. 저는 요청한 바가 조약문과 별 관계가 없으므로 朝鮮 사신이 답장조회를 보내 허락하되, 조회문에 조약 교환 전에 商民의 경우 비록 미국·영국 두 나라와 마찬가지로 동시에 무역하는 것을 허용하지만 영사관이 항구에 오더라도 賓禮로서 상대하되 공문을 주고받으며 일을 처리할 수 없다는 내용을 추가하여 구별을 보이고자 하였습니다.

15일에 제물포에서 회동하여 전례와 마찬가지로 장막을 치고 서명을 하였습니다. 독일 선박은 17일에 출발하였고, 저 역시 丁汝昌 제독과 함께 威遠·超勇·揚威·登瀛洲 4척을 인솔하여 같은 날 중국으로 돌아왔습니다. 일본의 花房義質는 한성에 있으면서 조·독조약 논의를 듣고는 11일에 參贊 近藤眞鋤를[113] 보내 조약 원고를 정탐하게 하였는데, 모두 보지 못하고 서둘러 떠나갔습니다. 지금 18일에 煙臺에 도착하였으니, 모든 처리 상황을 삼가 보고서로 갖추어 아뢰니다. 이에 보고서를 올리면서 편안하시기를 빕니다. 職道 馬建忠이 삼가 보고합니다. 5월 18일.

2. 「朝鮮 國王이 보낸 자문」 초록

朝鮮 國王이 답장자문을 보냅니다.

올해 5월 11일 領選從事官 尹泰駿이 귀 서리북양대신의 4월 30일자 비밀 자문을 받아왔는데 그 내용은 다음과 같았습니다.

> 독일 공사가 천진에 왔는데, 처음에 조·미조약에 비추어 몇 가지 항목을 개정하려 하기에 논쟁하며 연일 협상을 하였습니다. 지금은 이미 조·미조약에 따라 처리하기로 승낙하였습니다. 또한 馬建忠과 丁汝昌을 파견하여 함께 가서 돕도록 하였습니다.

113) 곤도 마스키(近藤眞鋤, 1840~1892)는 19세기 일본의 의사이자 외교관이다. 1870년대에 외무성에 들어가 부산 영사를 거쳐 20년 동안 조선 대리공사를 지냈다.

삼가 살펴보건대, 독일 공사는 5월 6일 군함을 타고 인천항으로 출발하였고, 이틀 후에 馬 觀察과 丁 提督이 만나 朝鮮으로 출발하였습니다. 그래서 經理統理機務衙門事 趙寧夏와 金弘集을 全權大官과 副官으로 선발하여 가서 함께 일을 처리하도록 하였습니다. 이번 달 15일에 독일 전권대신 브란트와 만나 수호통상조규 14조를 의정한 다음 인장을 찍고 서명하여 증거를 밝혔습니다. 지금 귀 서리북양대신께서는 朝鮮을 돌봐주시는 마음과 藩服이 교섭하는 사안을 깊게 걱정하시는 황상의 염려를 받들어, 독일 공사와 논쟁을 피하지 않고 그가 조·미조약을 그대로 따르게 하여 변경을 허락하지 않으셨습니다. 또 朝鮮의 간청에 따라 상주하여 황상의 허락을 받고 다시금 두 고위 관원에게 명령을 내려 朝鮮을 도와주도록 하였습니다. 이에 東土의 신료와 백성은 모두 북쪽을 바라보고 송축하면서 큰 은혜를 가슴에 새기고 있습니다. 삼가 조약 책자와 조회 등의 원고를 모두 초록하여 대신 상주해주시도록 준비하였습니다.

러시아가 뒤이어 조약을 체결하겠다고 나서는 상황에 대해 미리 우환을 걱정하시어 비밀리에 지시를 내려주었으니, 더욱 감격스러운 마음을 가눌 수 없습니다. 이미 總理機務 李最應에게 지시하여 사실대로 답장서신을 보내도록 하였습니다. 살펴보시고 다시 검토해주시기 바랍니다. 지금 馬 觀察과 丁 提督은 일을 마치고 돌아가니 만류할 수 없습니다. 앞으로 다른 나라가 뒤이어 올 경우, 번거롭더라도 두 분 고위 관원께서 그때 다시 와서 은혜를 베풀어 주시면 실로 다행이겠습니다. 이에 지금 威遠號가 돌아가는 편을 이용하여 알리는 바입니다. 이에 마땅히 답장자문을 보내야 하니, 살펴보시고 대신 상주해주시기 바랍니다. 이상입니다.

欽差北洋通商大臣衙門에 보냅니다.

光緖 8년 5월 15일 발송.

3.「독일 공사의 조회」 초록

대독일국 欽差全權大臣 브란트가 조회를 보냅니다.

본 대신은 현재 대독일 대황제 겸 프러시아 대군주의 特旨를 받들어 全權大臣으로 귀국에 파견되어, 귀국 대군주가 파견한 전권대신과 和好通商行船條約을 체결하고자 합니다. 본 대신은 현재 인천 해구에 도착하였으니 위에서 말한 각 상황을 귀 대신에게 알려야 할 것입니다. 살펴보건대, 본국의 이번 조치는 귀국과 通好를 하려는 의도에서입니다. 오로지 앞으로 맺을 조약은 양국 국가와 양국 인민에게 모두 이익이 되기를 바라는 바입니다. 진실로 이러한 뜻은 귀국 대신께서도 잘 알고 계시리라 믿습니다. 다시 바라건대, 귀국에서는 정성을 다하여 우호를 돈독히 하려는 마음으로 상대해주시고, 종전 다른 나라 전권대신을 대우하였던 것과 차이가 없도록 해주십시오. 이에 조회를 보내니 신속히 답장해주시기 바랍니다. 이상입니다.

大朝鮮國列位統理機務衙門事 全權大臣께 조회를 보냅니다.

대독일 1882년 6월 21일, 독일 施德是[Stosch]호에서 씁니다.

4. 「朝鮮國 全權大官의 답장조회」 초록

大朝鮮國經理統理機務衙門事 趙寧夏와 金弘集이 답장조회를 보냅니다.

이번 달 7일 귀 대신의 다음과 같은 조회를 받았습니다.

> 본 대신은 현재 대독일 대황제 겸 프러시아 대군주의 特旨를 받들어 全權大臣으로 귀국에 파견되어, 귀국 대군주가 파견한 전권대신과 和好通商行船條約을 체결하고자 합니다. 본 대신은 현재 인천 해구에 도착하였으니, 마땅히 이상에서 언급한 사항을 귀 대신에게 알려야 할 것입니다.

생각건대, 본국이 귀국과의 조약 체결을 원하지 않는 것은 아닙니다. 다만 본국은 평소 외교를 하지 않아 이런 문제에 익숙하지 않습니다. 지난번 영국·미국 두 나라와 조약을 논의할 때도 모두 중국에서 미리 알선해주었습니다. 지금 귀 대신과 상대할 때도 다름이 없으니, 역시 종전처럼 하는 것이 마땅합니다. 귀 대신이 유지를 받들어 본국과 修好를 하고자 할 때는, 중국 北洋衙門에 가서 관원을 파견하여 함께 가서 처리해달라고 요청함으로써, 양국이 적절하게 조약을 맺고 영원히 우의를 돈독하게 해야 할 것입니다. 이것을 매우 바라는 바입니다. 이에 답장조회를 보내니, 번거롭더라도 귀 대신께서 살펴보십시오. 이상입니다.

大德國欽差全權大臣 巴에게 보냅니다.

大朝鮮國 개국 491년, 즉 중국 光緖 8년 5월 7일.

5. 「독일 공사 조회」 초록

대독일 欽差全權大臣 브란트가 조회를 보냅니다.

본 대신은 현재 본국 대황제의 特旨를 받들고 와서, 귀국과 함께 和好通商條約을 체결하였습니다. 독일의 정치제도에서 모든 조약의 체결은 본국의 盟會에서 비준을 받은 다음에야 비로소 서로 조약을 교환할 수 있습니다. 이러한 전례에 따르면 양국의 조약 교환은 아마도 미국·영국과의 조약 교환 이후가 될 것인데, 본국 商民이 귀국으로 와서 무역하는 일이 아마도 다른 나라의 상민보다 늦어지면 상당한 기회를 잃게 되는 것을 피할 수 없습니다. 그래서 이번에 본 대신은 귀 대신과 회의하여 이 점에 대해 이미 특별한 厚誼를 받아, 다른 나라의 상민이 와서 通商을 할 때 본국 관민을 파견하여 조약 교환 전에 미리 와서 무역하더라도, 모든 일을 이번 조약 내에 실린 각 항목에 따라 처리하는 것을 허용받고자 합니다. 만일 허락해주신다면 본국에서는 필시 이 문제에 대해 귀국이 특별히 우의를 돈독히 하려는 증거로 여길 것입니다. 진실로 귀 대신과 귀국이 허락해주시리라 생각합니다. 이에 조회를 보내니, 속히 답장해주십시오. 이상입니다.

大朝鮮國經理統理機務衙門事 大臣 趙寧夏와 金弘集에게 보냅니다.

대독일국 1882년 6월 27일.

6.「朝鮮國 全權大官의 답장조회」 초록

大朝鮮國全權大·副官 經理統理機務衙門事 趙寧夏·金弘集이 답장조회를 보냅니다.

올해 5월 13일에 귀 대신의 다음과 같은 조회를 받았습니다.

> 본 대신은 [현재 본국 대황제의 特旨를 받들고] 와서, 귀국과 함께 和好通商條約을 체결하였습니다. 독일 정치제도에서 모든 조약의 체결은 본국의 盟會에서 비준을 받은 다음에야 비로소 서로 조약을 교환할 수 있습니다. 이러한 전례에 따르면 양국의 조약 교환은 아마도 미국·영국과의 조약 교환 이후가 될 것인데, 본국 商民이 귀국으로 와서 무역하는 것이 아마도 다른 나라의 상민보다 늦어지면 상당한 기회를 잃게 되는 것을 피할 수 없습니다. 그래서 다른 나라가 通商을 할 때 본국 관민을 파견하여 조약 교환 전에 미리 와서 무역하더라도, 모든 일을 이번 조약 내에 실린 각 항목에 따라 처리하도록 허용해주시기 바랍니다.

본 대신은 이러한 내용을 받았는데, 충분히 양해할 수 있는 사정이라 응당 융통성 있게 처리함으로써 우리 국가의 돈독한 우의를 표시하고자 합니다. 살펴보건대, 새 조약 제2조에 領事官은 중국 주재 [관원의] 비준 문서를 받아야 일을 볼 수 있다고 되어 있습니다. 가령 귀국 영사관 등이 조약 교환 이전에 통상하는 각 항구에 이른다면 마땅히 賓禮로써 상대하겠지만, 공문을 주고받으며 일을 처리하기는 곤란합니다. 이 점을 미리 분명히 밝혀야 할 것이므로 응당 문서를 갖추어 답장조회를 보냅니다. 번거롭더라도 귀 대신께서는 살펴보시고 처리하십시오.
대독일국 欽差全權大臣 브란트에게 보냅니다.
大朝鮮國 開國 491년, 즉 중국 광서 8년 5월 15일.

(19) 문서번호 : 2-1-1-78(447, 701a-704b)

사안 : 러시아와 朝鮮의 접경 지역은 겨우 토문강 출구 한 모퉁이로, 海口와 매우 가까운 곳이라 육로 접경 지역과는 차이가 있습니다. 러시아 공사가 교계 지역에서 논의하여 처리하자고 요청한 것은 아마도 잠시 시험해본 것 같습니다(俄韓接境僅土們江出口一隅, 逼近海口, 與陸路邊界有異, 俄使所請至交界商辦, 恐係姑爲嘗試).

첨부 문서 : 1. 「朝鮮의 總理機務 李最應이 보낸 서신(朝鮮總理機務李最應來函)」

2. 「馬建忠이 북양대신에게 올리는 보고(馬建忠上北洋大臣稟)」

날짜 : 光緒八年五月二十四日(1882년 7월 9일)

발신 : 署北洋大臣 張樹聲

수신 : 總理衙門

五月二十四日, 署北洋大臣張樹聲夾單稱 : 114)

俄國議與朝鮮立約通商一事, 前奉鈞函, 當於四月廿七日將辦理情形肅覆, 並將致朝鮮總理機務李最應函稿鈔呈在案. 嗣馬道建忠, 以朝、德議約派往襄助. 樹聲以朝鮮總理機務衙門之金宏集, 在該國廷臣中頗稱曉事, 近與各國議約常派充全權副官. 因將俄國與朝鮮邊界接壤, 條約宜防微杜漸, 布使所言兩國派員在交界處商辦一節, 宜妥籌因應. 諭令馬道於抵朝後, 密向金宏集等咨訪情形, 考求疆界, 以爲依據. 茲據該道來稟, 所考朝鮮與俄國接境, 僅有土們江口出海一隅, 按之地圖, 稽之條約, 其說似非鑿空. 接壤之地, 旣屬有限, 且偪近海口, 亦與陸路邊界有異. 其地又無都會, 卽非

114) 협단(夾單)은 협편(夾片)과 같은 것으로, 청대 관리들이 황제나 상사에게 보고할 때 함께 거론하기 힘들거나 따로 보고할 바가 있으면 별도의 용지에 써서 주접·보고서 첫 부분에 끼워넣었던 문서를

商賈聚集之區. 布使至交界商辦之說, 未審是否, 姑爲嘗試. 現接李最應復函, 卽本此立說, 謹錄呈鑒核. 馬建忠來稟, 亦照錄附上, 以備參考. 咸豐十年中國與俄分界, 鈞署自有詳細圖說案據, 朝·俄交界應可互考而知. 應如何酌復布使之處, 伏候鈞裁. 再敬崇祺.

1. 照錄「朝鮮國總理機務李最應來函」

北洋大臣制軍閣下：[115)]

頃聞李伯相奉諱回籍, 閣下由兩廣移節津門, 威望所推, 遐邇加額, 私心景仰, 無以自達. 迺玆副主事尹泰駿東渡, 不以最應愚陋, 先辱函教, 謬加奬飾, 愧不敢當. 敝邦仰荷皇上綏靖至恩, 亦惟伯相經畫遠謨, 向來美、英立約悉臻妥善. 現又馬觀察、丁提督奉旨襄辦德國訂議, 刻日就緒. 實賴閣下曲循寡君之懇, 奏蒙俞允, 俾敝邦外交, 終始仰成, 感紉五中, 銜結奚報? 承示總理衙門公函內, 俄國請款一事, 情形與他國不同. 交界商辦, 關係重大, 先事而慮, 勿貽後憂. 誠有如來諭所云者, 已經密告寡君, 而略擧一二管見, 仰佈以備財擇焉.

俄使稱與敝邦交界相接, 欲察看邊地, 另議數款. 夫兩國派員, 至交界商辦, 或因兩界毘連甚長, 或因兩國貿易甚旺, 方有此擧. 竊査俄國與敝邦邊地相接, 只在圖們江口, 是兩國交界僅屬一隅, 不得謂之毘連矣. 以言乎商務, 則圖們江口素無貿易之場. 惟圖們江內慶源府與吉林互市二年一次, 再內則會寧府互市每年一次. 則俄國欲與敝邦通商, 必由上國吉林界內, 是兩國邊界, 並無商務可擬矣. 商務旣無可擬, 邊界又非毘連, 則派員商辦一節, 似不置之不議.

惟敝邦旣與俄國, 於圖們江口一隅接界, 容俟他日約成, 再由兩國派員, 至該江口鹿島之北, 樹立界牌, 以後如有兩國越界人民, 按中·俄條約所載之款辦理. 至論通商一節, 則海參崴與已開之元山口岸, 一水可達, 仍照各國水路通商章程稱核辦爲妥. 希將此意代達俄使, 婉辭而謝之. 區區實有厚望, 未知閣下宏識以爲何如? 專此敬復. 順頌

말한다.

115) 제군(制軍)은 명·청대 총독(總督)의 별칭이다. 총독은 제수(制帥)·제헌(制憲)·독헌(督憲)으로도 불렸

勛安.

北洋大臣制軍閣下. 總理機務事李最應, 再拜壬午五月十五日.

2. 照錄「馬道建忠附稟」

敬再稟者:

憲台爲俄國事致朝鮮興寅君書,[116] 係交尹泰駿乘揚威快船賫來. 揚威紆道旅順, 勾當公事,[117] 後期二日始至. 職道於初八日致趙金二使書, 卽將先錄底稿寄去, 令呈其國王, 與執政預爲籌議. 迨寧夏等至語及此事則云, 其國與俄國何處交界及有無商務應否商辦, 在廷均屬茫然, 其國王轉命來詢於職道. 職道因爲遍稽掌故, 則朝鮮與俄國本非接境. 自咸豐十年中國與俄羅斯立約分界, 以圖們江口以東地歸俄羅斯. 於是朝鮮與俄國始有交界之處. 欲考朝鮮與俄國交界之處, 當先考朝鮮與中國交界之處. 謹按『會典』, 康熙五十一年烏剌總管穆克登奉旨查邊, 至白頭山卽長白山, 審視西爲鴨綠, 東爲土門, 遂於分水嶺勒石爲記. 盖中國與朝鮮以南北分界, 自長白山迤西則鴨綠江間之北爲中國, 南爲朝鮮. 而咸豐十年中·俄和約第一條, 則中國與俄羅斯, 係以東西分界, 自淤阿察河, 經琿春迤南, 盡圖們江口, 東爲俄羅斯, 西爲中國. 圖們江卽土門江又名豆滿江. 審是則土門江口迤西, 朝鮮仍與中國隔江接境, 而與俄羅斯交界, 僅在江口一隅. 又朝鮮『通文館志』載丁卯年咸鏡道觀察使金有源稱, 有異樣人至慶興府東門外, 聲稱爲俄羅斯人, 該國都統遣其在對岸界牌近處築室. 稽諸地圖, 則慶興府東門對岸, 卽土門江口之穆湖葳地. 則兩國交界僅在土門江口, 其證尤明. 且查中·俄咸豐十年和約稱, "兩國交界與圖們江之會處, 距該江口有空曠地二十里, 以分中俄屬地. 兩國均不得有【自圖們江之會處, 句下數語係由西人公用英文約本譯出】, 不得謂爲俄境." 則朝鮮與俄國接境, 僅在江口出海一隅, 其地甚小. 且隔江相望, 界畫判然, 非若

다. 북양대신은 직예총독(直隷總督)이 겸임하였기에 이런 용법이 나왔다.

116) 헌대(憲台)는 원래 한대에 어사가 머무는 관서를 가리켰으나, 나중에는 지방 관리가 지부(知府) 이상의 장관(長官)에 대해 사용하는 존칭으로 쓰였다. 헌(憲)은 보통 상사(上司)를 가리키는 말이다.

117) 구당(勾當)은 주관하거나 처리한다는 뜻이다.

他國壤地毘連，必須派員會勘乃明者比. 而此二十里，當時以爲中俄分界之所. 而以言商務則，此江口一隅，僅屬荒地. 卽附近之處，亦無大都會可屯集商賈. 故向來中·東互市，惟在慶源會寧二處. 從未有在土門江口者，以其地僻遠，非懋遷之場故也. 慶源、會寧均在土門南岸，與吉林隔江接境，俄國欲來此通商，必先越過吉林地界. 是兩國邊界，並無商務可興. 壤地既非毘連，商務又無可興，則派員至交界商辦，一層似可無庸置議. 第俟兩國立約後，公同遣人至該江口鹿島之北樹立界牌. 如有越境人民，當按照中·俄條約辦理. 至論通商則，俄國海參崴地方，與朝鮮已開元山口岸一水可達，宜仍照各國水陸通商章程辦理爲善.

旋以此意語之趙、金二使，二使亟以爲然，遂請於國王及執政，仿照以上所言大意，函復憲台，交職道携回，俾由總署轉示俄使. 此職道令朝鮮預籌與俄國邊界交涉事宜，而朝鮮囑職道代爲籌議之情形也. 肅此. 再請鈞安. 職道建忠謹又禀.

5월 24일, 署理北洋大臣 張樹聲이 다음과 같은 夾單을 보내왔다.

러시아가 朝鮮과 통상조약을 논의하는 사안에 대해서는 전에 총리아문의 서신을 받았으며,[118] 4월 27일 처리 상황을 삼가 답장으로 보내고, 아울러 朝鮮 總理機務 李最應에게 보낸 서신도 초록하여 올린 바 있습니다. 이어서 道臺 馬建忠이 조·독조약 논의를 도와주러 파견되었습니다. 제가 보기에 朝鮮 總理機務衙門의 金弘集은 朝鮮 조정의 관료 가운데 가장 일을 잘 안다는 평을 받고 있고, 최근 각국과 조약을 체결할 때 항상 全權副官으로 충당되었습니다. 러시아·朝鮮의 邊界는 맞닿아 있으니 條約으로 응당 문제가 커지기 전에 막아야 할 필요가 있지만, 뷰초프(Eugéne de Butzow)[119] 공사가 제안한 양국에서 관원을 파견하여 교계 지역에서 논의·처리하자는 사안은 잘 계획하여 대응함이 마땅합니다. 따라서 馬建忠이 朝鮮에 도착한

118) 『국역『清季中日韓關係史料』』 제3권에 실린 러시아 공사 뷰초프가 총리아문(總理衙門)에 보낸 문서, 즉 (54) 문서번호 : 2-1-1-54(412, 585a)의 「朝·露條約 체결 논의에서 육로 왕래에 관련된 부분은 응당 따로 관원을 파견하여 접경 지역에서 상의하도록 해야 할 것입니다(俄韓議約有關陸路往來各節, 應另行派員至交界商辦)」(光緒八年四月二十日, 1882년 6월 5일)를 참조.

119) 뷰초프(Eugéne de Butzow. 布策)는 러시아 외교관으로 1869~1870년 중국에서 근무하였고, 1872년 주일본 대리공사, 1874~1878년 주중국 공사를 지냈다.

다음 비밀리에 金弘集 등에게 상황을 묻고 疆界에 대해 연구하여 의거로 삼게 해야 합니다. 지금 馬建忠이 보낸 보고를 받았는데, 朝鮮·러시아의 交界 지역은 겨우 土們江 하구에서 바다로 나가는 한 모퉁이뿐이라고 하였습니다. 지도와 조약을 보건대, 그 말은 허무맹랑하지 않은 것 같습니다. 교계 지역은 아주 제한되어 있고, 또 海口와 가까워 육로의 邊界와는 다릅니다. 그 지역은 또 도회지가 없으니 상인들이 모이는 지역도 아닙니다. 뷰초프 공사가 국경에서 논의하여 처리하자고 한 말은 아마도 추측건대 시험 삼아 해본 것 같습니다. 지금 李最應의 답신을 받았는데 바로 이러한 논리에 따르고 있습니다. 삼가 초록하여 올리오니 검토해보십시오. 馬建忠이 보낸 보고서 또한 첨부하니 참고해주십시오. 咸豐 10년 중국·러시아와의 分界는 귀 官署에 상세한 圖說 資料가 있을 터이므로, 朝鮮·러시아 교계 지역과 비교하여 검토해보면 알 수 있을 것입니다. 어떻게 뷰초프 공사에게 답장을 보낼지는 삼가 총리아문의 결정을 기다립니다. 다시금 삼가 안녕을 바랍니다.

첨부 문서:

1. 「朝鮮國 總理機務 李最應이 보낸 편지」 초록

북양대신 制軍閣下께.

최근 듣기에 李 中堂大人께서 모친상으로 고향으로 돌아갔고 閣下[여기서는 서리북양대신 張樹聲]께서 兩廣總督에서 [대신] 천진으로 옮기셨다고 하니, 서리북양대신의 위엄과 명망이 머나먼 이곳까지 전해졌으나 개인적으로 景仰하는 마음을 전달할 길이 없었습니다. 지금 副主事 尹泰駿이 朝鮮으로 돌아왔는데, 저를 우매하다고 여기지 않으시고 먼저 편지로 가르침을 주시니, 과분한 격려에 부끄러움을 감당할 수 없습니다. 朝鮮은 황상께서 보살펴주시는 지극한 은혜를 입고, 또 李 中堂大人께서 훌륭한 계획을 세워주셔서, 지난번 영국·미국과의 조약 체결이 모두 훌륭히 마무리되었습니다. 지금 다시 馬 觀察과 丁 提督이 독일과의 조약 체결을 돕고 있으니 며칠 되지 않아 실마리가 잡힐 것입니다. 실로 閣下께서 朝鮮 國王의 간청을 곡진히 들어주시고, 황상께 상주한 후 허락을 받아 조선의 외교를 시종일관 이루어주게 하신 것이니, 감격스러움을 가슴속에 간직하겠지만 이 은혜를 어찌 갚겠습니까? 총리아문의 공식 서한을 받아보니, 러시아의 조약 요청 문제는 상황이 다른 나라와 같지 않습니다.

交界 지역에서의 협상도 관계된 바가 중대하니, 사안에 미리 염려하여 나중에 후환을 남기지 않아야 함은 진실로 보내주신 서한에서 말씀하신 바와 같아, 이미 국왕께 비밀리에 보고하였습니다.

그리고 한두 가지 제 의견을 들어 아뢰니 검토해주시기 바랍니다. 러시아 공사가 말하길, 朝鮮과 서로 국경을 접하고 있으니 邊地를 자세히 살펴보고 별도로 몇 가지 사항을 논의하고 싶다고 하였습니다. 무릇 양국에서 관원을 파견하여 교계 지역에서 협상할 때는 혹 두 나라 경계가 연접해 있거나 아니면 양국 무역이 활발해야 비로소 이런 일이 필요합니다. 그런데 러시아와 朝鮮은 邊地 교계 지역이 다만 圖們江[土們江] 하구뿐이며, 이는 양국 국경 가운데 겨우 한 모퉁이에 지나지 않아 連接한다고 보기 어렵습니다. 商務로 말해 보면 圖們江 하구는 평소 무역하는 곳이 아닙니다. 圖們江 지역 慶源府는 吉林과 互市하는데 2년에 한 차례이고, 다른 한편 그보다 위쪽 會寧府의 互市는 매년 한 차례입니다. 따라서 러시아가 朝鮮과 통상하고자 한다면 반드시 上國의 吉林 지역을 거쳐야 하니, 양국 변계는 商務를 꾀할 수 있는 곳이 아닙니다. 상무를 꾀할 수도 없고 邊界도 연접하지 않으니 관원을 파견해 협상하는 일은 논의할 필요가 없을 것입니다.

다만 朝鮮과 러시아는 圖們江 하구의 한 모퉁이에서 접경하고 있으니, 훗날 조약이 성립되기를 기다렸다가, 양국에서 관원을 파견하여 하구의 鹿屯島 북쪽에 경계비를 수립하고 이후 양국에서 越境하는 백성이 생기면 중국·러시아조약에 실린 조항에 따라 처리하겠습니다. 通商 문제는 블라디보스토크[海參崴]와 이미 개항한 元山 항구가 물길 하나로 이어지므로, 各國의 水路通商章程에 비추어 처리하는 것이 타당할 것입니다. 이러한 뜻을 대신 러시아 공사에게 전달하여 완곡하게 거절해주십시오. 이렇게 간절히 바라고 있지만 閣下의 큰 식견으로는 어떻게 여기시는지요? 삼가 이렇게 답을 합니다. 편안하시길 송축합니다.

북양대신 制軍閣下께. 總理機務事 李最應이 임오(1882)년 5월 15일에 再拜합니다.

2.「道員 馬建忠의 첨부 보고서」 초록

삼가 다시 보고합니다.

서리북양대신께서 러시아 문제로 朝鮮 興寅君에게 서한을 보내셨고, 그 서한은 揚威號를 타고 돌아오는 尹泰駿에게 넘겨 조선에 전달되었습니다. 揚威號는 旅順을 거쳐 공사를 처리하고 나서 2일에야 비로소 도착하였습니다. 저는 8일에 趙寧夏·金弘集 두 사신에게 보낸 편지를 먼저 초록하여 부친 다음 朝鮮 國王에게 올려 집정대신과 미리 논의하도록 하였습니다. 조영하 등이 이 사안에 대해서 언급한 바에 의하면, 朝鮮은 러시아와 어느 곳을 접하고 있는지, 商務가 있는지, 그리고 응당 商務를 興辦할 필요가 있는지 조정에 아무런 정보가 없어 朝鮮國王이 제게 물어보도록 지시하였다고 합니다.

제가 이 때문에 두루 전적을 찾아보니, 朝鮮과 러시아는 본래 접경하고 있지 않았습니다. 그러다가 咸豐 10(1860)년 중국과 러시아가 조약을 맺고 경계를 나누었을 때, 圖們江 하구 동쪽이 러시아에 귀속되었습니다. 이에 朝鮮과 러시아는 처음 交界 지역을 갖게 되었습니다. 朝鮮과 러시아의 交界 지역을 확인하기 위해서는 응당 朝鮮과 中國의 交界를 먼저 조사해야 합니다. 삼가 『[大淸]會典』에 강희 51(1712)년 烏剌總管 穆克登이 諭旨를 받들어 변경을 조사한 다음에 백두산, 즉 장백산에 이르러 자세히 살피고는, 서쪽은 鴨綠江이 되고 동쪽은 土門이 된다고 하여 마침내 分水嶺에 돌을 새겨 이를 기록하였습니다. 中國과 朝鮮은 남북으로 경계를 나누는데, 장백산 서쪽은 압록강이며 강의 북쪽은 중국, 남쪽은 朝鮮이 됩니다. 그리고 함풍 10년 중국·러시아 조약의 제1조는, 중국과 러시아는 松阿察[순가차, Sungacha]강에서 琿春을 거쳐 圖們江 하구에 이르기까지 동쪽은 러시아이며 서쪽은 중국이 된다고 하였습니다. 圖們江은 곧 土門江이며, 豆滿江이라고도 합니다. 이를 살펴보면 土門江 하구 서쪽의 朝鮮은 중국과 강을 사이에 두고 국경을 접하고 있으며, 러시아와의 交界는 겨우 하구 한 모퉁이가 됩니다. 또 朝鮮의 『通文館志』에는 "丁卯年(1867) 함경도 관찰사 金有源이 말하길, '異様人이 慶興府 동문 밖에 도착해서 러시아 사람이며 그쪽 나라 都統이 보냈고 그 對岸의 界牌 근처에서 집을 짓겠다고 소리 높여 말하였다.'라고 하였습니다."[120] 지도를 살펴보니 慶興府 동쪽 對岸은 바로 土門江 하구의 穆湖蔵地입니다. 따라서 양국 交界가 단지 土門江 하구뿐이라는 점은 더욱 분명합니다.

또 살펴보니, 중국·러시아는 함풍 10년 조약에서 "양국의 交界 중 圖們江과 만나는 곳은 해당 하구로부터 20리의 空曠地를 두어 중국·러시아의 소속 지역을 구분하며, 양국 모두가 소유할 수 없고【'圖們江과 만나는 곳'에서부터 문구 아래 몇 단어들은 서양인의 공용 영문 조약문을 번역하였다.】 러시아 영토라고 할 수 없다."라고 되어 있습니다.[121] 朝鮮과 러시아의

120) 『通文館志』「紀年續」 高宗 4년(서울대학교 규장각한국학연구소, 2000, pp. 350-351).

121) 실제 한문본 조약 원문에는 "양국의 交界 중 圖們江과 만나는 곳은 해당 하구로부터 20리의 空曠地가

접경은 겨우 바다로 나가는 하구 한 모퉁이뿐이며 그 땅은 매우 작습니다. 또 강을 사이에 두고 서로 바라보며 경계도 확연하여, 다른 나라가 국경을 길게 맞닿아 반드시 관원을 파견해 함께 조사·확인해야 하는 것과 다릅니다. 이 20리는 당시 중국·러시아가 分界한 장소로 여겨졌습니다. 그리고 商務로 말하자면 이 하구 지역은 황무지에 속하며 부근 지역에도 큰 都會地나 모일 만한 상인도 없습니다. 따라서 지금까지 중국과 조선의 互市는 경원과 회령 두 곳에서만 있었고 土門江 하구에는 없었으니, 그 지역이 궁벽하여 교역할 만한 장소가 아니었기 때문입니다. 경원과 회령은 모두 土門江 남쪽 강안에 속하며 吉林과 강을 사이에 두고 접경하고 있습니다. 러시아가 이곳에 와서 통상하려면 반드시 吉林 지역을 지나가야 하니, 이는 양국 변계에서 결코 商務가 흥할 수 없는 이유입니다. 경계가 연접하지 않고 상무 또한 왕성하지 않으니, 관원을 파견해 交界에서 협상하는 일은 더욱더 논의할 필요도 없습니다. 다만 양국의 조약 체결을 기다린 다음에 함께 관원을 파견하여 해당 하구의 鹿屯島 북쪽에 정계비를 설치할 필요가 있습니다. 그러고 나서 만일 월경하는 백성이 나타나면 중국·러시아 조약에 따라 처리하면 됩니다. 통상에 관한 논의는, 러시아의 블라디보스토크 지역이 朝鮮에서 이전에 개항한 元山 항구와 물길 하나로 이어지므로, 따라서 각국의 水路通商章程에 비추어 처리하는 것이 타당합니다.

뒤이어 이러한 내용을 趙·金 두 사신에게 이야기하자 두 사신이 매우 타당하다고 여겨, 국왕 및 執政에게 청하여 위에서 말한 바의 큰 틀에 따라 서리북양대신께 보내는 답장을 쓴 다음 제가 휴대하도록 넘겨서 總理衙門이 러시아 사신에게 대신 보여주도록 하였습니다. 이상이 제가 朝鮮이 러시아와의 邊界 교섭 문제를 미리 준비하도록 하고, 朝鮮에서 제게 대신 준비하도록 위촉한 내용입니다. 삼가 이상의 내용을 보고합니다. 편안하시기를 다시 청합니다. 職道 馬建忠이 삼가 다시 보고합니다.

있다."라는 구절뿐이고, 그 뒤의 내용은 실려 있지 않다.

(20) 문서번호 : 2-1-1-79(448, 705a)

사안 : 조·독조약이 체결되었기에, 이 때문에 감사를 드립니다(德韓議約事竣, 專此致謝).

날짜 : 光緒八年五月二十八日(1882년 7월 13일)

발신 : 독일 공사 브란트[巴蘭德]

수신 : 總理衙門

五月二十八日, 德國公使巴蘭德照會稱 :

所有光緒八年五月十五日德國與朝鮮國在仁川境內議立和好通商條約一事, 曾經本館譯大臣知照貴衙門在案. 查本大臣辦理此事, 深蒙貴王大臣, 鼎力資助. 又蒙署理直隸總督張大人派委候補道員馬, 同往該處. 而該道亦能盡心勸助, 出力異常. 所有感謝之忱, 除先行照會貴王大臣查照, 仍望轉達前途可也.

5월 28일, 독일 공사 브란트가 다음과 같은 내용의 조회를 보내왔다.

光緒 8년 5월 15일, 德國과 朝鮮이 인천 경내에서 우호통상조약을 체결한 일에 대해서 이전에 본 공사관의 서리공사가 귀 아문에 알린 적이 있습니다. 살펴보건대 본 대신이 이 사안을 처리할 때 귀국 王大臣으로부터 크게 도움과 협조를 받았습니다. 또 署理直隸總督 張樹聲이 候補道員 馬建忠을 보내 함께 그곳으로 가도록 해주었고, 馬建忠 道臺 역시 진심으로 도움을 주면서 많은 힘을 썼습니다. 이에 깊이 감사하는 마음을 우선 귀 王大臣에게 조회를 보내 알리니 살펴보시고 전달해주시기 바랍니다.

(21) 문서번호 : 2-1-1-80(449, 705b)

사안 : 조·독조약이 마무리된 것에 대해 브란트 공사가 감사의 뜻을 표명하였다는 것을 서신으로 알립니다(函術德韓議約事竣巴使致謝).

날짜 : 光緒八年六月初一日(1882년 7월 15일)

발신 : 總理衙門

수신 : 署北洋大臣 張樹聲

六月初一日, 致署北洋大臣張樹聲函【詳見密啟】:

浮籤 : 函述德國與朝鮮立約巴使稱謝由

6월 1일, 署理北洋大臣 張樹聲에게 문서를 보냈다. 【상세한 내용은 비밀 통보에 보인다.】

첨부 내용 : 조·독조약 체결에 대해 브란트 공사가 감사의 뜻을 표명한 내용을 서신으로 알립니다.

(22) 문서번호 : 2-1-1-81(450, 706a)

사안 : 조·독조약이 마무리된 것에 대해 감사의 뜻을 표명한 내용을 이미 北洋大臣에게 알렸습니다(德韓議約事竣致謝之意已函知北洋大臣).

날짜 : 光緒八年六月初一日(1882년 7월 15일)

발신 : 總理衙門

수신 : 巴蘭德

六月初一日, 給德國公使巴蘭德照會稱:

光緒八年五月二十八日, 准貴大臣照稱:

與朝鮮議立和好通商條約一事, 深蒙鼎力資助. 又蒙張大人派委候補道員馬, 仝往該處, 而該道亦能盡心勸助, 出力異常. 所有感謝之忱, 仍望轉達前途.

等因前來. 查前此譚大臣照稱貴國與朝鮮立約日期, 已將本王大臣欣慰之忱照復查照在案. 茲准前因, 除由本衙門將貴大臣稱謝之意函知北洋張大臣查照外, 相應照復貴大臣查照可也.

6월 1일, 독일 공사 브란트에게 다음과 같은 조회를 보냈다.

광서 8년 5월 28일에 귀 대신의 다음과 같은 조회를 받았습니다.

조선과 우호통상조약을 체결하였는데, 크게 도움과 협조를 받았습니다. 또 서리북양대신 張樹聲이 候補道員 馬建忠을 보내 함께 그곳으로 가도록 하였고, 馬建忠 道臺 역시 진심으로 도움을 주면서 많은 힘을 썼습니다. 이에 깊이 감사하는 마음을 대신 전달해주시기 바랍니다.

살펴보건대, 전에 독일 서리공사가 조회를 보내 조·독조약 날짜를 알려왔는데, 이에 대해 이미 기쁘고 위안이 된다는 본 王大臣의 마음을 답장조회로 알린 바 있습니다. 지금 위와 같은 조회를 받았으니, 본 아문에서 귀 대신의 감사하는 마음을 北洋大臣에게 서신으로 알리는 것 외에, 마땅히 귀 공사께서도 살펴보시도록 답장해야 할 것입니다.

(23) 문서번호 : 2-1-1-82(452, 707a-707b)

사안 : 프랑스 정부에서 부레 공사를 파견하여 朝鮮에 가서 조약을 맺고자 하나, 조약 내용은 다시 논의할 필요가 없고 조·미조약에 따라 서명하면 된다고 답하였습니다(法廷擬派寶使, 赴韓議約, 以已條約無庸再議, 可悉照美約簽定答之).

날짜 : 光緖八年六月初八日(1882년 7월 22일)

발신 : 北洋大臣 張樹聲

수신 : 總理衙門

六月初八日, 署北洋大臣張樹聲夾單稱 :

初六日三點鐘, 法國駐津領事狄隆來署謁晤, 談及朝鮮約事, 渠言 :

現接寶公使信, 特來相商. 寶公使前次雖在他處將美約底稿託人抄去, 其國家不知與現在籤押之約, 是否相同. 昨有來電, 擬先派寶公使赴朝議約, 恐不能卽須俟其國家核准, 可否無須候國書遞到, 先由中國派員同往?

等語. 樹聲答以 :

此次美國首與朝鮮立約, 英、德繼之, 皆一無更改. 前貴領事, 由朝鮮回京, 寶公使與鈞署已有成言, 悉照美約辦理. 今法廷派員再往, 本無可再議, 祇須會同籤押而已. 但派去之員無論奉有國書, 或國書辭義由電信傳到, 總須法國家予以定約之全權, 朝鮮方肯答應. 否則又何必徒勞往返? 至美·朝籤押之約, 載在盟書, 僅可由敝處照抄一分交閱.

渠又言約外聞尚有照會.

樹聲答以美英各國換約時, 確有朝鮮聲明係中國屬邦, 照會文件亦可照抄交閱. 狄隆亦無異議. 但言卽當稟請寶公使核示再定. 恐日內寶公使或至鈞署提及. 專此肅布, 再叩鈞祺.

6월 8일, 署理北洋大臣 張樹聲이 다음과 같은 夾單을 보내왔다.

6일 3시에 프랑스의 천진 주재 영사 딜롱(Charles Dillon, 狄隆)이[122] 本署를 방문하였습니다. 朝鮮의 조약 문제에 이야기가 미치자, 그는 다음과 같이 말하였습니다.

지금 부레(Frédéric-Albert Bourée, 寶海)[123] 공사의 서신을 받았는데 특별히 상의하러 오겠다는 내용이었습니다. 부레 공사는 지난번에 비록 다른 지역에 있었지만, 조·미조약 원고를 다른 사람에게 부탁하여 초록해 갔었습니다. 그러나 프랑스 정부는 현재 서명된 조약과 같은 내용인지는 아직 알지 못합니다. 어제 전보를 보내 왔는데 먼저 부레 공사를 朝鮮으로 파견하여 조약 체결을 논의하고자 합니다. 다만 본국의 승인을 받을 때까지 기다릴 수 없으므로 國書의 도착을 기다리지 않고 우선 중국에서 함께 관원을 파견하여 같이 가는 것이 어떻겠습니까?

저는 이렇게 답하였습니다.

이번에 미국이 먼저 朝鮮과 조약을 맺고 영국·독일이 뒤를 이었는데 모두 전혀 바뀌지 않은 내용이었습니다. 전에 귀 영사께서 朝鮮에서 북경으로 돌아왔는데, 부레 공사와 總理衙門은 모두 조·미조약에 따라 처리하기로 이미 합의하였습니다. 따라서 지금 프랑스 정부에서 관원을 파견하더라도 원칙적으로 다시 논의할 내용이 없으며, 단지 함께 서명만 하면 될 뿐입니다. 다만 파견되는 관원은 國書를 지니든, 아니면 國書의 내용을 電信으로 전달하든 상관없이, 반드시 프랑스 정부가 조약 체결을 위한 全權使臣을 보내야만 朝鮮에서도 비로소 긍정적인 답을 할 것입니다. 그렇지 않으면 어찌 헛되이 오가는 수고를 할 필요가 있겠습니까? 조·미조약은 盟書에 실려 있으니 저희 쪽에서 1건을 초록하여 보실

---

122) 딜롱(Charles Dillon, 狄隆, 1842~1889)은 1861년 중국에 와서 1865~1870년에 상해 주재 수습영사, 이후 1874년 7월에서 1884년 7월까지 천진 영사, 1885년 11월부터 1886년 4월까지 총영사(總領事)를 지냈다.

123) 부레(Frédéric-Albert Bourée, 寶海, 1836~1914)는 프랑스 외교관으로 1880~1883년 주중국 공사를 지냈다.

수 있도록 하겠습니다.

그는 다시, "조약 외에 따로 조회가 있다고 들었습니다."라고 언급하였습니다.

저는 "미국·영국과 각기 조약을 교환할 때 확실히 朝鮮은 중국의 속방이라는 것을 명확히 밝혔는데, 조회문도 역시 검토하시도록 초록할 수 있습니다."라고 답하였습니다. 딜롱도 이의가 없었습니다. 다만 부레 공사에게 즉시 보고하여 검토를 받은 다음 다시 확정하겠다고 하였습니다. 아마도 조만간 부레 공사가 귀 아문을 방문하여 이야기할 것입니다. 이 점을 삼가 알리며, 재차 편안하시기를 빕니다.

(24) 문서번호 : 2-1-1-83(453, 708a-718b)

사안 : 직예총독[겸 북양대신]이 조·미조약 체결에 대해 상주한 奏摺·附片 등 문서와 인쇄한 우호조약 책자를 자문으로 올립니다(咨呈直督具奏美韓議立商約摺、片等件及和約章程刊刻成本).

첨부 문서 : 1. 「署北洋大臣 張樹聲의 奏片(署北洋大臣張樹聲奏片)」 : 조·미우호통상조약 체결과 각 항목의 이해득실을 상주합니다(具奏美韓訂立通商友好條約並剖析各疑得失利弊).

2. 「署北洋大臣 張樹聲의 奏片(署北洋大臣張樹聲奏片)」 : 다시 馬建忠을 파견하여 朝鮮과 영국·프랑스·독일 등의 조약을 돕게 하도록 奏請합니다(奏請仍派馬建忠, 襄辦朝鮮與英、法、德等國議約).

3. 「첨부 문서」 : 조·미조약 14조 초록(抄錄美韓條約十四款)

4. 「朝鮮 國王이 미국 대통령에게 보낸 조회(朝鮮國王致美總統照會)」 : 朝鮮은 중국의 속방이지만, 내치와 외교는 自主해왔습니다. 朝鮮과 美國이 피차 동등하게 조약을 체결함에, 조선이 중국에 대해 시행해야 할 각 예절은 모두 美國과 조금도 관련이 없습니다(朝鮮爲中國屬邦, 內治外交自主, 美韓平行立約, 朝鮮對中國所行各禮節, 與美國無關).

날짜 : 光緒八年六月初九日(1882년 7월 23일)

발신 : 盛京將軍 崇綺

수신 : 總理衙門

六月初九日, 盛京將軍崇綺等文稱 :

會辦通商處案呈 :

光緒八年五月十六日, 准直隸督部堂咨開：[124]

為恭錄咨行事. 照得本署大臣於光緒八年四月二十四日, 在天津行館, 由驛具奏朝鮮與美國議立和好通商條約現已事竣一摺. 又附奏如英、法、德三國相繼東往議約, 仍令馬建忠在彼襄助一片. 玆於四月二十七日, 准兵部火票遞回原摺後開：

軍機大臣奉旨：

該衙門知道. 單三件片一件併發.

欽此. 又原片後開：

軍機大臣奉旨：

覽.

欽此. 相應恭錄咨會. 為此合咨請, 煩查照欽遵施行.

等因. 准此除分行外, 相應照抄原咨, 美國與朝鮮和約章程刊刻成本, 咨呈貴衙門查照可也.

照錄抄單

1.「署北洋大臣張樹聲奏片」[125]

[省略]

2.「署北洋大臣張樹聲奏片」附片[126]

124) 독부당(督部堂)은 총독의 별칭이다. 관서의 장관(長官)을 당관(堂官)이라고 하는데, 각성 총독은 병부상서·도찰원우도어사 직함을 겸하기 때문에 통칭하여 부당(部堂)이라고 한 데서 비롯되었다.

125) 이 내용은『국역『淸季中日韓關係史料』』제3권에 실린 (59) 문서번호 : 2-1-1-59(419, 606a-609b)의 첨부 문서 1(「署理北洋大臣 張樹聲의 奏摺과 附片(署北洋大臣張樹聲奏摺及附片)」, 그리고 이 책에 실린 (2) 문서번호 : 2-1-1-61(422, 666a-677b)과 같은 내용이라 생략한다.

126) 바로 위 문서의 마지막 부분(再, 이하의 내용)과 같은 내용이라 생략한다.

[省略]

3. 抄錄「美韓條約十四款」[127]

[省略]

4. 「朝鮮國王致美總統照會」[128]

[省略]

6월 9일, 盛京將軍 崇綺 등이 다음과 같은 문서를 보내왔다.

會辦通商處에서 다음과 같은 기안문서를 올렸습니다.

광서 8년 5월 16일에 直隸總督의 다음과 같은 咨文을 받았습니다.

삼가 초록하여 자문으로 보냅니다. 살펴보건대 本 署大臣은 광서 8년 4월 24일 天津行館에서 역참을 통해 朝鮮과 미국이 和好通商條約을 체결하는 일이 이미 마무리되었다는 奏摺을 올렸습니다. 또 영국·프랑스·독일 세 나라가 연이어 朝鮮에 조약을 체결하려 하므로, 다시 馬建忠을 시켜 그곳에서 도와주도록 해야 한다는 附片을 상주하였습니다. 이에 4월 27일 兵部의 火票를 통해 原摺을 돌려받았는데, 그 뒤에 다음과 같은 내용이 실려 있었습니다.

軍機大臣이 다음과 같은 諭旨를 받았습니다.

해당 아문에 알리라. 첨부 문서 3건과 附片 1건도 함께 발송하라.

또 原片에 대해서 다음과 같은 내용이 있었습니다.

---

127) 이 책에 실린 (2) 문서번호 : 2-1-1-61(422, 666a-677b)에 실린 첨부 문서 2. 「조·미조약 각 항목의 초록(抄錄美韓條約各款)」과 같은 내용이라 생략한다.

128) 이 책에 실린 (2) 문서번호 : 2-1-1-61(422, 666a-677b)에 실린 첨부 문서 3. 「朝鮮 國王이 미국 대통령에게 보낸 조회(朝鮮國王致美國總統照會)」와 같은 내용이라 생략한다.

軍機大臣이 다음과 같은 諭旨를 받았습니다.

알았다.

[이상과 같은 諭旨를 받았으므로 직예총독은] 마땅히 공손히 초록하여 자문으로 알려야 합니다. 이에 응당 자문으로 요청하니, 번거롭더라도 검토하고 삼가 준수하여 시행하십시오.

[성경장군은 직예총독의] 이상과 같은 자문을 받아 나누어 통보하는 것 외에, 마땅히 原 자문 초록과 조·미조약 인쇄본을 자문을 통해 귀 아문에 올리오니 살펴보시기 바랍니다.

첨부 문서 : 초록

1. 「署北洋大臣 張樹聲의 奏片」

[생략]

2. 「署北洋大臣 張樹聲의 奏片」 附片

[생략]

3. 「조·미조약 14조」 초록

[생략]

4. 「朝鮮 國王이 미국 총통에게 보낸 조회」

[생략]

(25) 문서번호 : 2-1-1-84(455, 718b-726a)

사안 : 朝鮮과 영국이 수호조약을 맺었으며, 다시 馬建忠 등을 파견하여 프랑스와의 조약 체결 사안도 함께 도울 수 있도록 주청합니다(具奏朝鮮與英修好條約, 仍請派馬建忠等會辦, 與法訂約事宜).

첨부 문서 : 1. 「첨부 문서[清單]」 : 조·영통상우호조약(英·韓通商友好條約)

2. 「朝鮮 國王이 영국에 보낸 조회(朝鮮國王致英國照會)」 : 朝鮮은 중국의 속방임을 밝힙니다(朝鮮聲明係中國屬邦).

3. 「영국 전권사신이 朝鮮의 議約大臣에게 보낸 조회(英全權致朝鮮議約大臣照會)」 : 조약에 실리지 않은 통상항구에 군함이 입항하고 아울러 연해에서 海圖를 측량하는 문제에 대해 조회를 보냅니다(照會條約未載通商口岸兵船入口, 及測繪沿岸海圖之事).

4. 「朝鮮의 議約大臣이 영국 전권사신에게 보낸 답장조회(朝鮮議約大臣覆英全權照會)」 : 영국 군함과 朝鮮 백성이 왕래할 때 특별히 평화를 유지하여 말썽이 생기지 않도록 해야 합니다(英兵與鮮民往來, 應格外持平, 免生事端).

날짜 : 光緒八年六月初十日(1882년 7월 24일)

발신 : 軍機處

수신 : 總理衙門

六月初十日, 軍機處交出恩承等抄摺稱 :

爲據咨轉奏事. 准盛京禮部送到朝鮮國王咨文一件並和約一冊. 臣等公同閱看, 係因該國與英國講定修好通商條規, 繕冊備文, 咨請轉奏. 並因法國亦要通好, 請旨更派道員馬建忠、提督丁汝昌前往商辦等情. 謹鈔錄原咨並將該國與英國所換條約等件, 恭呈御覽. 伏候命下, 由臣部移咨總理各國事務衙門及北洋大臣欽遵辦理. 爲此謹奏請旨.

照錄清單

1.「英・韓通商友好條約」

謹將朝鮮國與英國更換條約所咨原冊, 鈔錄恭呈御覽.

大朝鮮國與大英國, 切願敦崇和好, 惠顧彼此人民. 是以大朝鮮國大君主特派大官經理統理機務衙門事趙寧夏、副官經理統理機務衙門事金宏集, 大英國大君主特派水(各)師提督駐紮中國各兵船統領勳賜佩帶三等寶星韋力士. 彼此皆係特派議約大員, 互訂條款, 臚列於左 :

第一款. 嗣後大朝鮮國大君主、大英國大君主, 並其人民, 各皆永遠和平友好. 若他國有何不公輕藐之事, 一經照知, 必須相助, 從中善爲調處, 以示友誼關切.

第二款. 此次立約通商和好後, 兩國可交派秉權大臣, 駐紮彼此都城, 並於彼此通商口岸, 設立領事等官, 均聽其便. 此等官員與本地官交涉往來, 均應用品級相當之禮, 兩國秉權大臣與領事等官, 享獲種種恩施, 與彼此所待最優之國官員無異. 惟領事官必須奉到駐紮之國批准文憑, 方可視事. 所派領事等官必須眞正官員, 不得以商人兼充, 亦不得兼作貿易. 倘(尚)各口未設領事官, 或請別國領事兼代, 亦不得以商人兼充. 或卽由地方官照現定條約代辦. 若駐紮朝鮮之英國領事等官辦事不合, 須知照英國公使, 彼此意見相同, 可將批准文憑追回.

第三款. 英國船隻在朝鮮左近海面, 如遇颶風, 或缺粮食、煤、水, 距通商口岸太遠, 應許其隨處收泊, 以避颶風, 購買粮食, 修理船隻. 所有經費係由船主自備. 地方官民應加憐恤援助, 供其所需. 如該船在不通商之口, 潛往貿易, 拏獲船貨入官. 如英國船隻在朝鮮海岸破壞, 朝鮮地方官一經聞知, 卽應飭令將水手先行救護, 供其粮食等項.

一面設法保護船隻貨物，並行知照領事官，俾將水手送回本國．並將船貨撈起一切費用，或由船主或由英國認還．

第四款．英國民人在朝鮮居住，安分守法．其性命、財產，朝鮮地方官應當代爲保護，勿許稍有欺凌、損毁．如有不法之徒，欲將英國房屋、業産搶刦、燒毁者，地方官一經領事告知，卽應派兵彈壓，並查拏罪犯，按律重辦．朝鮮民人如有欺凌英國民人，應歸朝鮮官按律懲辦．英國民人無論在商船、在岸上，如有欺凌、騷擾、損傷朝鮮民人性命、財產等事，應歸英國領事官或英國所派官員，按照英國律例查拏懲辦．其在朝鮮國內，朝鮮·英國民人如有涉訟，應由被告所屬之官員，以本國律例審斷，原告所屬之國，可以派員聽審，審官當以禮相待．聽審官如欲傳訊、查訊、分訊證見，亦聽其便．如以審官所斷爲不公，亦許其詳細駁辨．大英國與大朝鮮國彼此明定．如朝鮮日後改定律例及審案辦法，在英國視與本國律例辦法相符，卽將英國官員在朝鮮審案之權收回，以後朝鮮境內英國人民，卽歸地方官管轄．

第五款．朝鮮國商民並其商船前往英國貿易，凡納稅船鈔並一切各費，應遵照英國海關章程辦理．與征收本國民人及相待最優之國稅鈔，不得額外加增．英國商民並其商船前往朝鮮貿易，進出口貨物均應納稅，其收稅之權，應由朝鮮自主．所有進出口稅項及海關禁防、偷漏諸弊，悉聽朝鮮政改(府)設立規則，先期知會英國官，布示商民遵行．現擬先訂稅則大略．各色進口貨有關民生日用者，照估價值百，抽稅不得過一十，其奢靡、玩耍等物，如洋酒、呂宋煙、鐘表之類，照估價值百，抽稅不得過三十．至出口土貨，概照值百，抽稅不得過五．凡進口洋貨，除在口岸完納正稅外，該項貨物，或入內地，或在口岸，永遠不納別項稅費．英國商船進朝鮮口岸，須納船鈔，每噸銀五錢，每船按中曆一季抽一次．

第六款．朝鮮國商民前往英國各處，准其在該處居住，賃房、買地、起蓋棧房，任其自便．其貿易工作一切，所有土産以及製造之物，與不違禁之貨，均許買賣．英國商民前往朝鮮已開口岸，准其在該處所定界內居住，賃房、租地、建屋，任其自便．其貿易工作一切，所有土産以及製造之物，與不違禁之貨，均許買賣．惟租地時不得稍有勒逼，該地租價，悉照朝鮮所定等則完納．其出租之地，仍歸朝鮮版圖．除按此約內所指明歸英國官員應管商民錢産外，皆仍歸朝鮮地方官管轄．英國商民不得以洋貨運入內地售賣，亦不得自入內地采買土貨，併不得以土貨由此口販運彼口．違者將貨物入官，並將該商交領事官懲辦．

第七款．朝鮮國與英國彼此商定．朝鮮商民不准販運洋藥入英國通商口岸，英國商民亦不准販運洋藥入朝鮮通商口岸．並由此口運往彼口，亦不准作一切買賣洋藥之貿易．所有兩國商民，無論僱用本國船別國船，及本國船爲別國商民僱用販運洋藥者，均由各本國自行永遠禁止．查出，從重征罰．

第八款．如朝鮮因有事故，恐致境內缺食，大朝鮮國大君主暫禁米粮出口，經地方官照知後，由英國官員轉飭在各口英國商民，一體遵辦．惟於已開仁川一港，各色米粮，概行禁止運出．紅蔘一項，朝鮮舊禁出口．英國人如有潛買出洋者，均查拏入官，仍分別懲罰．

第九款．凡礮位、槍刀、火葯、鉛丸一切軍器，應由朝鮮官自行採辦，或英國人奉朝鮮官准買明文，方准進口．如有私販，查貨入官，仍分別懲罰．

第十款．凡兩國官員商民在彼此通商地方居住，均可僱請各色人等，勷執分內工藝．惟朝鮮人遇犯本國例禁，或牽涉被控，凡在英國商民寓所行棧及商船隱匿者，由地方官照知領事官，或准差役自行往拏，或由領事派人拏交朝鮮差役．英國官民不得稍有庇縱捎留．

第十一款．兩國生徒往來，學習語言、文字、律例、藝業等事，彼此均宜勷助，以敦睦誼．

第十二款．玆朝鮮國初次立約，所訂條款，姑從簡略，應遵條約已載者，先行辦理，其未載者，俟五年後，兩國官民彼此言語稍通，再行議定．至通商詳細章程，須酌照萬國公法通例，公平商訂，無有輕重大小之分．

第十三款．此次兩國訂立條約，與夫日後往來公牘，朝鮮專用華文，英國亦用華文，或用英文，必須以華文註明，以免歧誤．

第十四款. 現經兩國議定, 嗣後大朝鮮國大君主有何惠政、恩典利益, 施及他國或其商民, 無論關涉海面行船、通商貿易、交往等事, 爲該國並其商民從來未霑, 抑(仰)爲此條約所無者, 亦准英國官民一體均霑. 惟此種優待他國之利益, 若立有專條互相酬報者, 英國官民必將互訂酬報之專條, 一體遵守, 方准同霑優待之利益.

以上各條現經大朝鮮國·大英國大臣, 同在朝鮮仁川府議定. 繕寫華文、洋文各三分, 句法相同, 先行畫押盖印, 以昭憑信. 仍俟兩國御筆批准, 總以一年爲期, 在朝鮮仁川府互換. 然後將此約各款, 彼此通諭本國官員、商民, 俾得咸知遵守.

大朝鮮國 開國四百九十一年, 卽中國光緒八年四月二十一日

特派大官經理統理機務衙門事趙寧夏. 副官經理統理機務衙門事金宏集

西曆一千八百八十二年六月初六日

2.「朝鮮國[王致英國]照會」

大朝鮮國大君主, 爲照會事.

竊照朝鮮素爲中國屬邦, 而內治外交, 向來均由大朝鮮國大君主自主, 今大朝鮮國、大英國彼此立約, 俱屬平行相待. 大朝鮮國君主明允, 將約內各款, 必按自主公例, 認眞照辦. 至大朝鮮國爲中國屬邦, 其一切分內應行各節, 均與大英國毫無干涉. 除派員議立條約外, 相應先行聲明. 爲此備文照會. 請煩大英國大君主查照辦理. 須至照會者.

右照會大英國大君主

大朝鮮國開國四百九十一年, 卽中國光緒八年四月十四日

3.「英使照會」

大英國特派全權大臣水師提督統領韋, 爲照會事.

照得大朝鮮國大英國業經立具通商條約. 其有約內未及詳載者三節, 合於約外另具照會聲明.

一. 英國商民通商口岸, 約內雖未言明, 自應遵照日本現開元山、釜山、仁川三口辦理.

一. 按照公法, 各國兵船皆准駛進與國各口, 玆大朝鮮國·大英國自簽約之日, 英國兵舶於朝鮮無論何口, 均可駛入, 凡買取食物、淡水, 或需修船等事, 悉聽其便.
一. 朝鮮海濱, 至今未經詳細測量, 駕駛極爲危險. 應聽英國兵舶將朝鮮海岸所有島嶼、礁石、水綫, 審其位置, 測其深淺, 用繪海圖, 俾航海者, 得以穩渡.
以上三條均係大朝鮮國·大英國議明於約外聲明. 爲此本大臣備文照會, 請煩查照施行, 須至照會者.
右照會大朝鮮國議約全權大臣趙·金

4.「朝鮮國全權大副官答照會」
大朝鮮國議約全權大官趙、副官金, 爲照覆事.
本月二十日, 接准貴大臣照會內:
約內未及詳載另行聲明三節.
等因. 准此. 本大臣等查各節既係條約內未及詳載之款, 自應按照公法辦理, 其第二·第三節, 應由朝鮮政府轉飭沿海地方官, 於貴國兵舶進口時, 妥爲照料. 惟朝鮮人民向未習與他國往來, 誠恐易涉驚疑, 應請貴大臣, 嗣後於各兵船進口時, 務飭兵弁格外持平, 俾得互相體諒, 不致意外滋生事端, 寔爲公便. 相應先行聲明, 爲此備文照覆, 請煩貴大臣查照辦理. 須至照覆者.
右照覆大英國議約全權大臣 韋
大朝鮮國開國四百九十一年, 卽中國光緖八年四月二十一日

6월 10일, 軍機處에서 다음과 같은 [禮部尙書] 恩承[129] 등의 주접 초록[抄摺]을 내려보냈다.

[朝鮮 國王의] 咨文을 받고 대신 상주합니다.
盛京禮部에서 보낸 朝鮮 國王 자문 1건과 조약 책자 1부를 받았습니다. 신 등이 공동으로

129) 은승(恩承, ?~1892)은 엽혁나랍씨(葉赫那拉氏)의 만주정백기인(滿洲正白旗人)이다. 광서 원년 이후 총관내무부대신(總管內務府大臣), 도찰원좌도어사(都察院左都御史), 정람기한군도통(正藍旗漢軍都統), 예부상서(禮部尙書) 등의 관직을 거쳤다.

열람해보니, 朝鮮과 영국이 수호통상조약을 맺어 책자를 만들고 문서를 갖추어 대신 상주해주도록 자문으로 요청하면서, 아울러 프랑스 또한 通好를 요청하였기에 다시금 道員 馬建忠, 提督 丁汝昌을 파견하여 처리하도록 해달라고 요청하는 내용이었습니다. 삼가 원 자문을 초록하고 아울러 朝鮮과 영국이 교환한 조약 등의 문서를 삼가 올리니 살펴봐 주십시오. 엎드려 명령이 내려오기를 기다렸다가, 臣部를 통해 총리아문 및 북양대신에게 자문으로 보내 삼가 준수하여 처리하도록 하겠습니다. 이에 삼가 상주하며 諭旨를 청합니다.

첨부 문서 : 照錄

1. 조·영통상우호조약

朝鮮國과 영국이 다시금 교환한 조약에 대해 보낸 자문 原冊을 초록하여 삼가 올리니 살펴봐 주십시오.

大朝鮮國과 大英國은 和好를 도탑게 하고, 피차의 인민을 은혜로써 보살피기를 간절히 바란다. 이에 大朝鮮國 군주는 全權大官 經理統理機務衙門事 趙寧夏, 全權副官 經理統理機務衙門事 金弘集을 특별히 파견하고, 大英國 大君主는 해군제독 駐紮中國各兵船統領 勳賜佩帶三等寶星 윌리스(George Willes, 韋力士)를 파견하여, 피차 모두 특별히 파견된 議約大員으로 서로 조약을 맺고 條款을 체결하였으며, [그 내용을] 다음과 같이 열거한다.

제1조. 앞으로 大朝鮮國 大君主와 大英國 大君主 및 그 人民은 각기 모두 영원토록 평화롭고 우애 있게 지낸다. 만약 다른 나라가 불공정하거나 모욕하는 일이 있어 이를 일단 알리면, 반드시 서로 돕고 중간에서 잘 조정하여 우의가 도타움을 보여야 한다.

제2조. 이번에 通商條約을 맺은 뒤 양국은 서로 秉權大臣을 파견하여 피차의 수도에 주재시킬 수 있고, 또한 피차의 通商港口에는 總領事 등의 관원을 둘 수 있으며, 모두 그 편의를 들어준다. 이들 관원은 현지 관원과 교섭하기 위해 왕래할 때 모두 같은 품급에 상당하는 예절로써 대우한다. 양국 秉權大臣과 領事 등의 관원은 갖가지 특혜를 받을 수 있고, 양국에서 서로 最惠國의 관원을 대하는 것과 다름없게 한다. 다만 領事官은 반드시 주재국의 비준 문서를 받아야만 업무를 시작할 수 있다. 파견되는 領事 등의 관원은

반드시 정규 관원이어야 하며, 상인을 겸임시킬 수 없고, 또 무역 행위를 겸해서도 안 된다. 만약 각 항구에 아직 領事官을 두지 못하면 다른 나라 領事의 겸임을 요청할 수 있지만, 이 경우 또한 商民으로 겸임하게 해서는 안 되며, 혹은 현지 지방관이 현재 체결된 조약에 비추어 대신 처리할 수 있다. 만약 朝鮮에 주재하는 英國 領事 등 관원의 일 처리가 부당한 경우, 반드시 英國 公使에게 알려야 하며, 피차의 의견이 같으면 비준 문서를 회수할 수 있다.

제3조. 영국 선박이 朝鮮 인근 해상에서 태풍을 만나거나 식량·석탄·식수가 떨어졌는데 通商港口에서 너무 멀리 떨어져 있다면, 응당 근처의 어디에서나 정박하여 태풍을 피하고 식량을 구매하거나 선박을 수리할 수 있도록 허용해야 한다. 모든 경비는 船主가 스스로 준비하며, 지방 官民은 가련히 여기고 도와주어 그들이 필요한 것을 제공해주어야 한다. 만약에 해당 선박이 통상하지 않는 항구에 몰래 가서 무역하였다면, 그 배의 화물을 거둬들여 몰수한다. 만약 영국 선박이 朝鮮 해안에서 난파하고 朝鮮 지방관이 이를 들어서 알게 되었다면, 곧바로 지시를 내려 선원들을 먼저 구조하고 식량 등의 물품을 제공해야 한다. 다른 한편으로는 방법을 마련하여 선박과 화물을 보호하면서, 동시에 領事官에게 문서로 알려 선원들을 본국으로 귀환시키고 배에 실린 화물을 건져낼 수 있게 해야 한다. 모든 비용은 선주 혹은 영국에서 스스로 상환한다.

제4조. 영국 民人은 朝鮮에 거주하면서 본분에 따라 법도를 지킨다. 그 생명과 재산은 朝鮮 지방관이 응당 대신 보호하며, 조금이라도 침탈되거나 훼손되어서는 안 된다. 만약 불법 무리가 영국의 건물·자산을 약탈하거나 불태워 파괴하려 한다면, 지방관은 일단 領事에게 알리고, 곧바로 군대를 파견하여 진압함과 동시에 그 범인을 체포하여 법에 따라 엄히 처벌해야 한다. 朝鮮 백성이 만약 영국 백성을 기만·모독한다면, 마땅히 朝鮮 관원에게 넘겨 朝鮮 법률에 따라 처벌해야 한다. 영국 백성이 商船에서든 뭍에서든 朝鮮 백성을 기만하고 소동을 부리고 朝鮮 백성의 生命과 재산을 손상하는 일이 발생한다면, 마땅히 영국 領事館이나 영국이 파견한 관원이 영국 법률에 따라서 체포·처벌한다. 朝鮮 국내에서 朝鮮과 영국의 백성이 소송을 일으키게 되면, 응당 피고가 소속된 나라의 관원이 본국 법률에 따라 심판하고, 원고가 소속된 나라에서는 관원을 파견하여 참관할 수 있으며, 재판관은 그를 응당 禮로써 대우해야 한다. 재판에 참석한 관원이 만약 증인을 소환하거나 조사하거나 따로 나누어 심문하고자 한다면,

또한 그 편의를 들어준다. 만약 재판관의 판결이 불공정하다고 여긴다면, 역시 상세하게 반박할 수 있다. 大英國과 大朝鮮國은 만약에 朝鮮이 나중에 법률과 裁判制度를 개정하고, 영국에서 보기에 그것이 영국의 법률 및 제도와도 부합한다고 판단하게 되면, 영국 관원이 朝鮮에서 갖는 재판권을 곧바로 회수하고 이후 朝鮮 경내의 영국 人民은 朝鮮 지방관의 관할을 받게 한다고 피차 명확하게 규정한다.

제5조. 朝鮮國 商民과 그 商船이 영국에 가서 무역할 때 무릇 關稅·船舶稅 및 일체의 각종 비용은 응당 영국의 稅關章程에 따라 처리하는데, 영국 인민 및 최혜국 대우를 하는 나라의 商民에게 징수하는 國稅보다 더 많은 액수를 덧붙여 징수해서는 안 된다. 영국 商民과 商船이 朝鮮에 가서 무역하는 경우, 수·출입하는 화물은 모두 關稅를 낸다. 그 關稅 징수권은 응당 朝鮮이 自主한다. 수·출입 관세 및 금지품 반입 및 탈세 방지 방안은 모두 朝鮮 정부가 규칙을 제정하여 먼저 영국 관원에게 알리고, 商民에게 포고하여 따르게 한다. 지금 稅則의 大綱을 먼저 다음과 같이 정한다. 각종 수입 화물 가운데 민생과 관련된 일용품은 그 가격을 100으로 잡았을 때 關稅가 10을 넘지 않게 하며, 예를 들어 양주·담배·시계 등 사치품과 완구는 그 가격을 100으로 잡았을 때 關稅가 30을 넘지 않게 한다. 수출하는 토산품에 대해서는 가치를 100으로 하였을 때 關稅가 5를 넘지 않게 한다. 무릇 수입된 洋貨는 항구에서 正規 關稅를 내는 것 외에 해당 화물이 내지로 들어가든 항구에 머물든 영구히 별도의 稅費를 내지 않는다. 영국 상선이 朝鮮 항구에 들어올 때에는 반드시 선박세[船鈔]를 내야 하는데 톤당 銀 5錢이며, 음력을 기준으로 계절마다 한 차례씩 징수한다.

제6조. 朝鮮國 商民이 영국 각지에 가서 무역할 때 해당 지역에 거주하면서 건물을 임대·구입하거나, 창고·점포를 세우는 것은 그 스스로의 편의에 맡긴다.[130] 무역 업무 일체에서 모든 토산품과 제조품, 법률을 어기지 않는 화물은 모두 매매를 허용한다. 영국 상민이 이미 개항한 朝鮮 항구에 갈 경우, 그곳에서 거주하면서 건물을 임대하거나 땅을 빌려 건물을 짓는 것은 그 스스로의 편의에 맡긴다. 무역 업무 일체에서 모든 토산품과 제조품, 법률을 어기지 않는 화물은 모두 매매를 허용한다. 다만 땅을 빌릴

130) 영문본 초안은 다음과 같이 서술되어 있다. “Subjects of Chosen who may visit Great Britain, its colonies and possessions, shall be permitted to reside, and to rent premises, purchase land, or to construct residences or warehouses in all parts of the country.”(『朝英通商章程』 奎 23358, 동북아역사넷)

때 조금이라도 강제가 있어서는 안 된다. 해당 토지의 임대료는 모두 朝鮮에서 정한 규정에 따라 완납하도록 하며, 임대한 토지는 여전히 朝鮮의 영토에 속한다. 이 조약에서 명시한 바에 따라 영국 관원이 관할해야 할 상민의 동산(動産. [錢產])을 제외하고, 나머지는 모두 朝鮮 지방관의 관할을 받는다. 영국 상민은 洋貨를 내지로 운반하여 판매할 수 없고, 또한 스스로 내지로 들어가 토산품을 구매할 수도 없으며, 아울러 토산품을 이 항구에서 저 항구로 운반하여 판매할 수도 없다. 위반하면 화물을 몰수하며, 해당 상인은 영사에게 넘겨 처벌한다.

제7조. 朝鮮과 영국은 朝鮮 상민이 鴉片[洋藥]을 운반하여 영국의 통상항구로 가서 판매해서는 안 되며, 영국 상민도 아편을 운반하여 朝鮮의 개항장으로 들여오거나 이 항구에서 저 항구로 운반해서는 안 되며, 또한 아편을 매매하는 무역 모두를 금지하기로 서로 논의하여 정한다. 양국의 모든 상민은 본국이나 타국 선박을 빌리거나 또는 타국 상민에게 고용된 본국 선박을 이용하는 경우를 막론하고, 아편을 운반·판매하는 일은 모두 각자의 본국에서 영원히 금지한다. 위반한 사람이 나오면 엄히 처벌한다.

제8조. 만약에 朝鮮에서 事故가 생겨 국내의 식량 부족이 염려되기 때문에 朝鮮國 군주가 잠시 米糧의 수출을 금지할 경우, 지방관을 통해서 이를 통보받은 다음 영국 관원들은 다시 각 항구에 있는 영국 상민에게 이를 전달함으로써 그들이 모두 따르게 한다. 다만 이미 개항한 인천 항구에서는 각종 米糧의 반출을 모두 금지한다. 紅蔘은 朝鮮에서 오래도록 수출을 금지해왔으므로, 영국인이 만약에 몰래 사들여서 해외로 반출하면 모두 잡아들여 몰수하고, 각기 나누어 처벌한다.

제9조. 무릇 대포·총칼·화약·탄환 등 모든 무기는 朝鮮 관원이 직접 구매하거나, 영국인이 朝鮮 관원의 구입 허가 문서를 받아야만 수입을 허용한다. 만약 몰래 사들이는 사람이 있다면 화물을 조사하여 몰수하고, 각기 나누어 처벌한다.

제10조. 무릇 양국 관원·상민이 피차의 통상 지방에 거주할 때, 모두 각 직종의 인원을 고용·초청하여 직무상 기술 작업을 돕거나 처리하게 할 수 있다. 다만 朝鮮人으로서 본국의 금령을 범하였거나 연루되어 기소되었는데 영국 상민의 거택·창고 및 상선에 숨은 경우, 지방관은 한편으로 領事官에게 통지하고 다른 한편으로 差役을 파견하여 스스로 체포를 행한다. 혹은 영사가 사람을 파견하여 잡아서 朝鮮의 差役에게 넘긴다. 영국 관민은 이 사람을 비호하거나 억류해서는 안 된다.

제11조. 양국의 학생이 오가며 언어·문자·법률·기술 등을 배울 때에는 서로 도와줌으로써 우의를 도탑게 한다.

제12조. 이번에 朝鮮國이 처음 조약을 체결하므로 여기 다듬어 세운 조항은 일단 간략하게 정하였는데, 응당 조약에 이미 실린 사항을 따라 우선 처리하고, 실리지 않은 것은 5년을 기다린 다음 양국 관민이 서로 언어가 조금 통하게 될 때 다시 논의하여 정한다. 통상에 관한 상세한 章程은 반드시 萬國公法의 통례를 참조하여 공평하게 논의·결정하되, 輕重이나 大小의 차별이 없게 한다.

제13조. 이번에 양국이 체결한 조약과 이후에 왕래할 공문은 朝鮮은 漢文[華文]을 전용하고, 영국 역시 漢文을 사용하거나 혹은 英文을 사용하되 반드시 한문으로 주석을 달아 차이나 잘못을 피해야 한다.

제14조. 현재 양국에서는 다음과 같이 논의하여 정하였다. 앞으로 朝鮮에서 다른 나라 또는 그 상민에게 어떠한 혜택과 은전·이익을 제공할 때, 그것이 해상 항해나 통상무역·교류 등과 관련된 것이든 상관없이 그 나라와 상민이 그동안 누리지 못하던 것이거나 아니면 이 조약에 실리지 않은 것이라면, 영국 官民 또한 그러한 모든 이익을 똑같이 누릴 수 있도록 허용한다. 다만 다른 나라의 이익을 우대하는 이러한 종류의 것이 만약 별도의 조항을 두어 서로 보상하기로 한 것이라면, 영국 관민은 반드시 서로 보상해주기로 한 별도의 조항을 모두 준수해야만 비로소 별도의 조항에서 우대하는 이익을 같이 똑같이 누릴 수 있도록 허용한다.

이상의 각 조항은 지금 大朝鮮과 大英國 양국 대신이 朝鮮 仁川府에서 논의하여 결정하였다. 漢文과 英語로 각 3부씩 필사하고, 내용 구성을 똑같이 하여, 먼저 서명하고 인장을 찍음으로써 서로 간의 신뢰를 밝힌다. 그리고 양국 군주가 서명하고 비준하기를 기다려 총 1년을 기한으로 하여 朝鮮 인천부에서 서로 교환하도록 한다. 그 후에는 이 조약의 각 조항을 서로 본국의 관원·상민에게 널리 알림으로써, 모두가 알고 따르게 한다.

大朝鮮國 開國 491년, 즉 中國 光緒 8년 4월 21일

特派大官經理統理機務衙門事 趙寧夏, 副官經理統理機務衙門事 金弘集

西曆 1882년 6월 6일

2.「朝鮮國의 조회」

大朝鮮國 군주가 조회를 보냅니다.

삼가 생각건대 朝鮮은 본래 중국의 속방이지만, 내치와 외교는 예전부터 모두 大朝鮮國 군주가 自主해왔습니다. 현재 大朝鮮國과 大英國이 피차 조약을 체결하는 데, 모두 동등하게 서로를 대해야 합니다. 大朝鮮國 군주는 조약 내 각 조항을 반드시 自主公例에 따라서 성실하게 그대로 시행할 것임을 밝힙니다. 大朝鮮國이 중국의 속방이라고 하였지만, 그 직분 내에서 응당 시행해야 할 모든 사항은 모두 大英國과 조금도 관련이 없습니다. 관원을 파견하여 조약을 맺는 것 외에, [이 점을] 마땅히 미리 밝혀야 할 것입니다. 이에 문서를 갖추어 조회를 보내니, 번거롭더라도 大英國 대군주께서 살펴보시고 처리해주시기 바랍니다. 이상입니다.

대영국 군주에게 보냅니다.

大朝鮮國 개국 491년, 즉 중국 광서 8년 4월 14일

3.「영국 사신의 조회」

大英國特派全權大臣 海軍提督統領 윌리스가 조회를 보냅니다.

大朝鮮國과 大英國은 이미 통상조약을 맺었습니다. 그 조약 내에 상세히 실리지 않은 세 가지 항목을 마땅히 조약 외 별도로 조회를 갖추어 밝혀야 할 것입니다.

1. 영국 상민이 통상하는 항구에 대해서 조약에서 언급하지 않았지만, 당연히 일본에 현재 개항한 元山·釜山·仁川 세 곳 항구[의 선례]에 따라 처리해야 합니다.

1. 공법에 따르면 각국 군함은 모두 동맹국[與國]의 항구에 진입하는 것이 허용됩니다. 이에 朝鮮國과 大英國이 조약을 맺은 날부터 영국 군함이 朝鮮의 어떠한 항구라도 관계없이 모두 진입할 수 있습니다. 군함의 식량·식수의 구매, 또는 선박 수리 등은 모두 그에 대한 편의를 제공해야 합니다.

1. 朝鮮의 해안은 지금까지 상세히 측량하지 않아 배를 몰 때 매우 위험합니다. 영국 군함이 朝鮮 해안의 섬과 암초·해안선에 대해 그 위치를 살피고 깊이를 측량함으로써 海圖를 만들어, 항해하는 사람들이 무사히 건널 수 있게 해야 합니다.

이상 세 항목은 모두 大朝鮮國과 大英國이 조약과 별도로 밝히기로 합의한 것입니다. 이에 본 대신이 문서를 갖추어 조회하오니, 번거롭더라도 검토해주시기 바랍니다. 이상입니다.

大朝鮮國議約全權大臣 趙·金에게 보냅니다.

4. 「朝鮮國 全權大·副官의 답장조회」

大朝鮮國 議約全權大官 趙, 副官 金이 답장조회를 보냅니다.

이번 달 20일에 귀 대신의 다음과 같은 조회를 받았습니다.

조약 내 상세히 실리지 않은 세 항목에 대해 별도로 밝혀야 합니다.

본 대신 등이 살펴보니 각 항목은 조약 내 상세히 실리지 않은 항목이므로 당연히 公法에 따라 처리해야 합니다. 그 제2·3항목은 朝鮮 정부를 통해 연해 지방관에게 지시하여, 귀국 군함이 항구에 진입할 때 적절하게 돌보도록 하겠습니다. 다만 朝鮮 인민은 지금까지 타국과 왕래하는 데 익숙지 않아, 진실로 놀라고 의심할까 두렵습니다. 청컨대 귀 대신은 앞으로 각 군함이 항구에 진입할 때 병사들이 힘써 특별히 평화를 유지하도록 지시하여 서로 이해할 수 있게 함으로써, 생각하지 못한 말썽이 생기지 않도록 하는 것이 진실로 공평하고 편리할 것입니다. 먼저 밝히는 바입니다. 이에 문서를 갖추어 답장조회를 보내니, 번거롭더라도 귀 대신께서 살펴보시고 처리해주시기를 요청합니다.

大英國議約全權大臣 윌리스에게 보냅니다.

大朝鮮國 開國 491년, 즉 中國 光緒 8년 4월 21일

(26) 문서번호 : 2-1-1-85(456, 726b-727b)

사안 : 朝鮮 國王의 자문과 조·영조약을 초록하여 보냅니다(鈔送朝鮮國王咨文及英韓通商友好條約).

첨부 문서 : 1. 「朝鮮 國王의 자문(朝鮮國王咨)」: 이미 영국과 조약을 체결하였으며, 또한 프랑스와의 조약 체결을 지도해주시기 바랍니다(已與英國訂約, 尙望指導與法訂約).

2. 「예부의 奏摺(禮部奏摺)」: 조·영조약 및 아울러 관원을 파견하여 조·불조약 체결을 돕도록 상주하여 諭旨를 청합니다(具奏英韓條約並請旨派員襄辦法韓訂約).

날짜 : 光緖八年六月十一日(1882년 7월 25일)

발신 : 禮部

수신 : 總理衙門

六月十一日, 禮部文稱:

主客司案呈:

所有本部抄錄朝鮮國王咨文, 並該國與英國原換條約等件轉奏一摺, 於光緒八年六月初六日具奏, 本日軍機處發出奉旨:

該衙門知道.

欽此. 相應抄錄本部原奏, 並將該國王原文, 暨該國原咨條約一冊, 知照總理各國事務衙門可也.

照錄清單

1. 「朝鮮國王咨」

朝鮮國王, 爲咨會事.

小邦與美國定約一摺, 已差副司直李應浚, 附揚威艦專往備達. 本年四月十一日, 英國水師提督韋力士, 乘兵艦來泊仁川港, 適馬道、丁提督未及回棹, 接到總理衙門暨北洋大臣函內指意, 飛書相告. 嗣又領選使金允植, 專人由陸回國, 報知當職. 卽以經理統理機務衙門事趙寧夏、金宏集, 充差大·副官, 前往商酌. 迺於本月二十一日, 面同英國提督韋力士, 講定修好通商條規十四款, 按照美約, 不容更易, 鈐印畫押, 用昭憑信. 此莫非中朝王公大人暨北洋大臣, 克體皇上綏靖之眷, 深軫小邦交涉之宜, 維持籌畫, 靡不用極. 並囑馬道、丁提督仍留會辦, 襄助協議, 務底十分妥善. 當職與一國臣民, 益加感激, 鐫結衷曲. 謹將條約冊子、照會備文等各稿, 悉行抄錄, 庸備轉奏在案, 以暴小邦無事不達之忱. 玆法國亦要通好, 前頭接應, 不得不預爲講究. 深望部堂諸大人先賜指導, 亦卽請旨更派馬道、丁提督重來商辦, 俾小邦終始徼惠, 區區幸甚. 爲此合行移咨, 請照驗轉奏施行.

2. 「禮部奏摺」[131]

[省略]

6월 11일 禮部에서 다음과 같은 문서를 보내왔다.

主客司에서 다음과 같이 기안문서를 올렸습니다.

본부에서 朝鮮 國王의 咨文과 아울러 조·영조약 초안 등의 문건을 초록하여 대신 상주하는

131) 이 책에 실린 (25) 문서번호 : 2-1-1-84(455, 718b-726a)와 같은 내용이라 생략한다.

奏摺을 광서 8년 6월 6일에 올렸는데, 오늘 軍機處에서 다음과 같은 諭旨를 받아 보내왔습니다.

해당 아문에 알리라.

[이에 따라] 응당 본부의 原奏를 초록하고 아울러 朝鮮 國王의 原文 및 朝鮮에서 咨文으로 보낸 조약 1책을 총리아문에 알려야 할 것입니다.

첨부 문서 : 초록

1.「朝鮮 國王의 자문」

朝鮮 國王이 자문으로 알립니다.

조선이 미국과 조약을 맺었다는 것을 알린 奏摺은 이미 副司直 李應浚을 파견하여 揚威號 군함 편에 부쳐 전달하도록 하였습니다. 올해 4월 11일 영국 해군제독 윌리스가 군함을 타고 인천항에 왔는데, 마침 馬建忠 道臺와 丁汝昌 提督이 아직 귀국하기 전이었고, [윌리스의 조약 체결을 도우라는] 총리아문과 북양대신의 서신에 담긴 취지를 그들에게 신속하게 알렸습니다. 이후 또 영선사 金允植이 사람을 보내 육로로 귀국시켜 제게 보고하였습니다. 이에 즉시 經理統理機務衙門事 趙寧夏와 金弘集을 大·副官으로 파견하여 협의하러 보냈습니다. 이번 달 21일 영국 제독 윌리스를 직접 만나 수호통상조규 14조를 체결하였는데, 미국과의 조약에 비추어 조금도 차이가 없게 하였으며, 인장을 찍고 서명을 하여 증빙으로 삼았습니다. 이는 청의 王工大人 및 북양대신께서 속방을 편안하게 해주려는 황상의 돌봄과 조선의 교섭에 대한 염려를 받들어 정말 지극히 계속 권도를 해주신 것이라고 하지 않을 수 없습니다. 아울러 馬建忠 道臺와 丁汝昌 提督에게 지시하여 계속 朝鮮에 남아 도우면서 함께 협의하여 힘써 조약 체결이 적절하게 이루어질 수 있도록 해주셨습니다. 저는 조선 신민과 함께 더욱 감격하고 마음속에 그 은혜를 새기고 있습니다. 삼가 조약 책자, 조회문서 등의 각 원고를 모두 초록한 다음에 대신 상주해주실 수 있도록 준비하여 올림으로써 어떤 일이든 위에 알리지 않는 것이 없는 조선의 정성을 드러내고자 합니다. 이번에 프랑스 또한 通好를 요청하였는데, 앞으로의 응대 역시 부득불 미리 준비하지 않을 수 없습니다. 여러 部堂大人께서 먼저 지도해주시고 또 즉시 諭旨를 청해 馬建忠 道臺와 丁汝昌 提督을 다시 한번 보내 함께 처리하게 함으로써, 조선이 계속 은혜를 받을 수 있게 해주신다면 정말 다행으로 여길 것입니다. 이에 마땅히 자문을 보내오니, 살펴보시고 대신 상주해주시기 바랍니다.

2. 「예부의 奏摺」

[생략]

(27) 문서번호 : 2-1-1-86(457, 728)

사안 : 馬建忠을 安徽省으로 보내 李鴻章을 만나 中·韓通商章程 및 朝鮮이 시급히 준비해야 하는 각 개항장의 통상 사무를 적절히 논의하도록 지시하고자 합니다(擬飭馬建忠赴皖謁李鴻章, 妥議中·韓通商章程及朝鮮急須籌辦各口通商事宜).

첨부 문서 : 1. 「天津 주재 프랑스 영사 딜롱이 보낸 서신」 : 프랑스 공사가 약 1개월 후 朝鮮으로 간다고 합니다(法使約在一月後赴朝鮮).

날짜 : 光緒八年六月十一日(1882년 7월 25일)

발신 : 署北洋大臣 張樹聲

수신 : 總理衙門

六月十一日, 署北洋大臣張樹聲函稱 :

朝鮮現與各國通商立約之後, 轉瞬居期開辦. 一切交涉、商務, 皆須預爲籌畫, 而練兵、設防諸事, 亦卽相因而起. 該國王頗思奮發自强. 惟以素昧外交, 不特國中無練習洋務之人, 卽求能通西國語言、文字者亦不可得. 其君臣一惟中國是依. 前次馬道建忠在彼時, 議約大官趙寧夏等, 卽有偕來謁商少荃中堂之意.[132] 日本於朝鮮方百計兜攬, 中國勢不得不爲代謀. 至該國已開口岸, 准其與中國商民互相貿易, 前奉諭旨, 飭令函商少荃中堂, 妥議章程, 亦已欽遵辦理. 此兩端者, 皆係創局. 其中委曲繁重之處, 多有非筆墨所能盡達, 須與少荃中堂一一熟議者. 馬道建忠往來朝鮮, 玆事原委皆其所悉, 擬令趁輪船赴皖面陳. 一是適接少荃中堂來電, 亦有屬馬道前往一商之語. 惟奏明襄助朝鮮與各國議約之員, 恐一旦法、俄派人東去, 請委該道同往, 又未便遠離. 頃

132) 소전(少荃)은 이홍장의 호(號)이다.

法領事狄隆有致馬道函言，接寶使函謂，朝鮮李最應覆函鈔呈，不知俄使如何置議，如一月之內亦未能議定東去．擬飭馬道刻日赴皖，一行計往返不過二十餘日，可無誤事．是否可行，卽望迅賜示遵．狄領事與馬道函照錄呈鑒．素此．祗叩鈞祺．

1. 謹將駐津法國狄領事來函譯呈鈞鑒．

頃接本國駐京大臣來函內謂：

　朝鮮之行約，在一月之後．

特此佈聞．卽請升祺．

狄隆啓

六月初九日

6월 1일, 署理北洋大臣 張樹聲이 다음과 같은 서신을 보내왔다.

朝鮮은 이제 각국과 통상조약을 체결한 다음, 순식간에 기한이 닥쳐 통상을 개시해야 합니다. 모든 交涉과 商務는 반드시 사전에 앞서 준비해야 하고, 군대의 조련 및 방어 설비 건설 등의 필요 또한 이에 따라 곧바로 생겨납니다. 朝鮮 國王은 자못 분발하여 自强을 생각하고 있습니다. 다만 평소 외교에 어둡고, 나라에 洋務를 익힌 사람이 없을뿐더러, 서양 언어·문자에 능통한 사람을 구하려 해도 또한 구할 수 없습니다. 그 君臣은 하나같이 오로지 중국에 의지하고 있습니다. 이전에 道員 馬建忠이 朝鮮에 체류할 당시 議約大官 趙寧夏 등이 함께 찾아와 李 中堂大人의 뜻을 물었습니다. 日本이 바야흐로 온갖 수단을 동원하여 朝鮮의 이권을 독점하려 하니, 중국이 대신 계획해주지 않을 수 없는 형편입니다. 朝鮮의 이미 개항한 항구에서 중국 상민과 서로 무역할 수 있도록 허용하는 문제에 대해서는 이미 전에 諭旨를 받았는데, 李鴻章과 서신으로 상의하여 관련 章程을 적절히 마련하라고 지시하는 것이었으므로, 또한 이미 지시에 따라 처리하였습니다.

이 두 가지 일은 모두 처음 시작하는 것입니다. 그 가운데 구체적이고 복잡한 내용은 대부분 서신으로 능히 모두 전달할 수 있는 바가 아니고, 반드시 李 中堂大人과 하나하나 세심하게 논의해야 할 것입니다. 馬建忠은 朝鮮을 왕래한 경험이 있어 이 사안들의 경위에 대해 모두

숙지하고 있으므로, 배편으로 安徽省에 보내 李 中堂大人에게 직접 전달하도록 하려고 합니다. 때마침 李 中堂大人이 보내온 電報에서도 馬建忠을 보내 한번 상의해보자는 말이 있었습니다. 다만 馬建忠은 황상께 상주하여 朝鮮과 각국의 조약 체결을 지원하도록 한 관원이므로, 일단 프랑스와 러시아 측에서 조약 체결을 위해 朝鮮으로 사람을 파견하면 해당 道員도 함께 가도록 요청할 터이니 멀리 떠내보기 어려운 상황입니다. 얼마 전에 프랑스 영사 딜롱이 馬建忠에게 서신을 보내 말하길, 부레 공사의 서신을 받았는데, 朝鮮의 李最應이 보낸 답장을 초록하여 올렸으나 러시아 공사가 이에 대해 어떻게 대응할지 모르겠으며, 한 달 내에는 朝鮮에 갈지 결정하지 못할 것 같다고 하였습니다. 그렇다면 馬建忠에게 즉시 安徽省으로 가도록 해도, 오고가는 데 불과 20여 일밖에 걸리지 않아 일을 그르치지는 않을 것입니다. 이렇게 해도 좋은지 신속히 답장을 주어 그에 따라 처리할 수 있도록 해주십시오. 딜롱 영사가 馬建忠에게 보낸 서신을 베껴 올리오니 살펴봐 주십시오. 이상입니다. 삼가 평안하시기를 바랍니다.

첨부 문서 :

1.「天津 주재 프랑스 영사 딜롱이 보내 온 서신을 번역하여 올리오니 살펴봐 주십시오.」

얼마 전에 본국의 公使가 다음과 같은 서신을 보내왔습니다.

朝鮮과의 조약 체결은 한 달 후에나 있을 것입니다.

이에 특별히 알려드립니다. 삼가 평안하기를 빕니다.

딜롱이 보냅니다.

6월 9일

(28) 문서번호 : 2-1-1-87(458, 729a)

사안 : 朝鮮과 각국의 조약 체결에 대해 馬建忠을 安徽省으로 보내 李鴻章에게 알리고 상의한 다음, 신속하게 天津으로 돌아오게 할 수 있습니다(朝鮮與各國換約事宜, 可飭馬建忠赴皖稟商, 迅速回津).

날짜 : 光緒八年六月十二日(1882년 7월 26일)

발신자 : 署北洋大臣 張樹聲

수신자 : 總理衙門

六月十二日, 致署北洋大臣張樹聲函.【詳見密檔】.

浮籤.「函覆朝鮮與各國換約事宜, 可飭馬道往皖稟商, 迅速回津由」.

6월 12일, 署理北洋大臣 張樹聲에게 다음과 같은 서신을 보냈다.【상세한 내용은 密檔에 보인다.】

첨부 내용 : 朝鮮과 각국의 조약 교환 사무에 대해 道員 馬建忠을 安徽省으로 보내 [李鴻章에게] 알리고 상의한 다음, 신속하게 天津으로 돌아오게 할 수 있습니다.

(29) 문서번호 : 2-1-1-88(459, 729b)

사안 : 馬建忠이 이미 安徽省에 가서 [李鴻章에게] 보고하며 상의하였고, 아울러 吳大澂이 러시아·朝鮮의 국경 및 교역 상황에 대해 보낸 답장서신을 초록하여 올립니다(馬建忠已赴皖稟商, 並鈔呈吳長(→清)卿函覆俄·韓交界·商務情形).

날짜 : 光緒八年六月十七日(1882년 7월 31일)

발신자 : 署北洋大臣 張樹聲

수신자 : 總理衙門

六月十七日, 署北洋大臣張樹聲函【詳見密檔】.

浮籤. 「函述馬道現已赴皖. 茲詢吳長(→清)卿朝·俄交界·商務情形,[133] 茲將覆函抄呈由」

6월 17일, 署理北洋大臣 張樹聲이 다음과 같은 서신을 보내 왔다. 【상세한 내용은 密檔에 보인다.】

133) 오장경(吳長卿)은 오청경(吳清卿)의 오기(誤記)인데, 청경(清卿)은 오대징(吳大澂, 1835~1902)의 자(字)이다. 오대징의 호(號)는 항헌(恒軒)으로 청말을 대표하는 서법가이자 문학가·수장가이다. 1868년 진사(進士) 출신으로, 광서 6(1880)년 1월 삼품함경(三品銜卿)으로 길림에 파견되어 길림장군 명안(銘安)을 돕게 되었으며, 광서 7(1881)년에는 독판삼성영고탑혼춘방무겸둔간사의(督辦三姓·寧固塔·琿春防務兼屯墾事宜)로 임명되었고, 광서 10(1884)년에는 갑신정변 때 조선에 파견되었으며, 광서 11(1885)년에는 길림의 혼춘부도통 의극당아(依克唐阿)와 함께 러시아의 사절을 만나 혼춘의 흑정자(黑頂子)에서 변계를 조사·확정하는 역할을 맡기도 하였다. 이후 나중에는 광동순무(廣東巡撫)·호남순무(湖南巡撫)를 지내기도 했는데, 청일전쟁에서 군대를 이끌고 응전하였다가 패전한 다음 은퇴하였다.

첨부 내용 : 馬建忠 道員은 현재 이미 安徽省으로 떠났습니다. 지금 吳大澂에게 朝鮮·러시아의 국경 및 교역 상황을 문의하였는데, 이에 대한 답장서신이 와서 초록하여 올립니다.

(30) 문서번호 : 2-1-1-89(461, 731a-732a)

사안 : 魚允中 등의 상금과 관련하여 朝鮮 國王에게 보낸 자문 원고를 초록하여 보냅니다(錄送發朝鮮國王有關魚允中等賞銀咨文稿).

첨부 문서 : 1. 「北洋大臣이 朝鮮 國王에게 보낸 咨文(北洋大臣發給朝鮮國王咨文)」 : 魚允中·李應浚 등에게 베풀 상금 및 음식상[羊酒桌張]을 돈으로 환산한 금액을 자문을 통해 알립니다(咨明頒給魚允中、李應浚等賞銀和羊酒桌張折價數目).

날짜 : 光緒八年六月十七日(1882년 7월 31일)

발신자 : 署北洋大臣 張樹聲

수신자 : 總理衙門

六月十七日, 署北洋大臣張樹聲文稱:

案照朝鮮差來問議官魚允中、齎咨官李應浚等奉賞銀兩, 昨准禮部解交本署大臣並將羊酒桌張折價咨行籌款一併頒給等因. 當飭津海關道籌撥羊酒桌張銀兩, 與奉賞銀兩一併頒給, 魚允中李應浚等祗領, 另行咨報. 玆據津海關道稟稱:

據該問議官遣通事聲稱, 向來奉賞銀兩, 由禮部給該國王咨文一件. 現由天津給領銀兩, 請由北洋大臣逕給咨文, 以便李應浚齎領回國.

等情. 本署大臣查此次魚允中等係爲商務交涉而來, 與常年例貢不同. 且李應浚亟應航海回國, 自可由本署大臣逕給該國王咨文, 以免該齎咨官守候. 除給咨外, 相應錄稿咨呈貴衙門, 謹請查核.

1. 照錄「抄單」

爲咨明事.

案准禮部咨開：

此次朝鮮差來問議官魚允中一員奉賞銀三十兩, 小通事一名銀八兩, 從人四名銀各四兩. 又另案差來齎咨官李應浚一員奉賞銀三十兩, 小通事一名銀八兩, 從人四名銀各四兩, 均經本部奏准. 現由戶部領出, 按分封固, 粘貼印花. 查該問議官魚允中、齎咨官李應浚等, 已前赴天津, 聽候北洋大臣妥籌事件, 應將奉賞銀兩解至天津, 由北洋大臣轉行頒給祗領. 至該問議官等應行停止筵宴, 仍頒給羊酒桌張. 計兩分, 每分折價銀十二兩八分一厘, 並由北洋大臣一併頒給.

等因. 到本署大臣. 准此. 當將奉賞銀共一百零八兩, 又羊酒桌張折價共銀二十四兩一錢六分二厘, 飭由津海關道於六月十三日轉行頒給問議官魚允中、齎咨官李應浚等, 照數祗領. 相應咨明貴國王, 請煩查照. 須至咨者.

右咨朝鮮國王

6월 17일, 署理北洋大臣 張樹聲이 다음과 같은 문서를 보내왔다.

살펴보건대, 朝鮮에서 보내온 問議官 魚允中, 자문전달관 李應浚 등이 상금으로 받은 銀兩은 어제 禮部가 본 대신에게 운송하여 넘기면서, 아울러 음식상[羊酒桌張]을 돈으로 환산한 금액을 咨文으로 알려, 본 대신이 비용을 마련하여 한꺼번에 지급하도록 요청해왔습니다. 이미 天津海關道에게 음식상[羊酒桌張] 금액을 준비하여 상금으로 받은 은량과 함께 魚允中·李應浚에게 지급하여 받아 가도록 하되, 이에 대해서 별도로 자문으로 알리도록 하였습니다. 이에 天津海關道가 다음과 같은 보고를 올렸습니다.

해당 問議官이 통역을 보내와, 지금까지 상금으로 받는 銀兩은 禮部에서 朝鮮 國王에게 咨文으로 통보하였다고 알렸습니다. 현재 天津에서 지급하여 받아 간 銀兩에 대해 청컨대 北洋大臣께서 직접 자문을 작성하여 李應浚 등이 귀국할 때 가져갈 수 있게 해주십시오.

본 대신이 살펴보건대, 이번에 魚允中 등은 商務 交涉을 위해 왔으므로, 과거의 정례적인 조공 사절과는 다릅니다. 또 李應浚은 응당 시급히 바다를 통해 귀국해야 하니, 제가 朝鮮 國王에게 직접 咨文을 보내 해당 자문전달관(이응준)이 기다리지 않도록 해도 될 것입니다.

자문을 발급한 것 외에, 마땅히 자문 원고를 초록하여 귀 아문에 올리니 삼가 검토해주시기 바랍니다.

첨부 문서 :

1. 「자문 원고[抄單]」 초록

자문으로 알립니다.

禮部에서 다음과 같은 자문을 보내왔습니다.

이번에 朝鮮에서 보내온 問議官 魚允中 1명에게 銀 30兩, 小通事 1명에게 銀 8兩, 하인 4명에게 각각 은 4兩씩을 상으로 주고, 다른 일로 파견되어 온 자문전달관 李應浚 1명에게 銀 30兩, 小通事 1명에게 銀 8兩, 하인 4명에게 각각 銀 4兩씩을 상금으로 주는 것은, 모두 禮部에서 上奏하여 재가를 받았습니다. 현재 戶部로부터 받아 각각의 상금에 따라 나누어 밀봉하고 증빙서[印花]를 붙였습니다. 問議官 魚允中, 자문전달관 李應浚 등은 이미 天津으로 떠나 北洋大臣이 사안을 적절히 처리하기를 기다리고 있으니, 응당 상금 銀兩을 天津으로 보내 北洋大臣이 받아서 그들에게 지급하도록 해야 할 것입니다. 해당 問議官 등에 대해 筵宴은 정지하되 음식상[羊酒桌張] 몫의 금액은 그대로 지급해야 합니다. 銀兩으로 계산하면 몫마다 銀 12兩 8分 1釐로 환산되니, 아울러 北洋大臣께서 일괄 지급해주십시오.

이에 따라 상금 총 108냥과 연회 용품을 환산한 총 24냥 1전 6분 2리를 天津海關道로 하여금 6월 13일 問議官 魚允中, 자문전달관 李應浚 등에게 지급하여, 금액에 맞춰 받아 가도록 하였습니다. 이에 마땅히 귀 국왕에게 자문으로 알리오니, 번거롭더라도 검토해주시기 바랍니다. 이상입니다.

朝鮮 國王께 자문으로 알립니다.

(31) 문서번호 : 2-1-1-90(462, 732b-733b)

사안 : 1. 이미 馬建忠에게 安徽省에 가서 李鴻章에게 알리고 상의하도록 하였습니다(已令馬建忠赴皖稟商於李鴻章).

2. 吳大澂 督辦이 조·러 交界 및 陸路 通商에 대해 보내온 답장서신을 초록하여 올립니다(錄呈吳清卿督辦函覆俄·韓交界及陸路通商事).

첨부 문서 : 1. 「吳大澂 督辦이 署北洋大臣 張樹聲에게 보낸 서신(吳清卿督辦致署北洋大臣張樹聲函)」: 러시아와 朝鮮의 육로 통상은 朝鮮에 불리하니, 반드시 힘써 저지해야 합니다(俄·韓陸路通商, 於韓不利, 務須力阻).

날짜 : 光緒八年六月十七日(1882년 7월 31일)

발신자 : 署北洋大臣 張樹聲

수신자 : 總理衙門

六月十七日, 署北洋大臣張樹聲函稱 :

昨奉直字六百八十二號公函, 謹已誦悉. 馬道建忠於本日趁輪南去. 樹聲已將應與少荃中堂籌議各事, 逐一告知, 飭令到皖稟商後, 卽速回津, 可不致遲悞. 前因吉林寧古塔等處與朝鮮及俄境毘連, 當將朝俄交界及陸路商務情形, 函詢吳清卿督辦, 頃接覆函, 並錄呈垂覽, 以備參核. 肅此密覆. 祇敬鈞綏.

1. 照錄「吳督辦來函」

正封面間, 接奉五月初八日惠械承示. 高麗與英、美定約, 德、法亦可就緒. 並蒙咨示朝·美約章. 敬讀大疏於保護外藩之意, 周詳懇切, 欽佩莫名. 惟查俄國與朝鮮毘連之處, 只有圖們江海口二十里. 江西爲朝鮮地, 江東爲俄界, 自二十里以內皆係中國琿春地段. 近來該處瀕江一帶, 頗有俄人侵占之地, 招致朝鮮貧民在彼私墾. 鄙意界址不可不清, 正擬在二十里界牌以北, 添設卡房, 派兵駐守, 以防侵越之弊. 今俄人忽有與朝鮮陸路通商之議, 其意在假道琿春, 往來便捷, 將來圖們江東岸琿春所轄沿江地面, 卽爲該國陸路通商必由之路. 勢必覬覦琿春, 以進逼朝鮮. 故現在琿春一隅, 實與朝鮮唇齒相依, 所以阻隔俄人窺伺朝鮮之意, 足爲朝鮮東邊之保障.

茲由總署函致尊處, 派員與高麗預爲籌議, 務須力阻其陸路通商之說. 若就圖們江口二十里地爲俄朝接壤, 可通商旅, 則彼處爲山窮水盡之鄉, 陸路旣不通車, 海口亦不通船. 在朝鮮必多不便, 在俄國亦非其所願, 不如仍照英美各國海口通商, 兩無窒礙. 尚望台端從長計議, 力爲主持. 是所切禱手覆, 再請勛安.

6월 17일, 署理北洋大臣 張樹聲이 다음과 같은 서신을 보내왔다.

어제 直字 682號 공식 서신을 받아 삼가 이미 모두 살펴보았습니다. 馬建忠은 오늘 윤선을 타고 남쪽으로 내려갔습니다. 저는 이미 李 中堂大人과 반드시 논의해야 할 사항을 하나하나 알렸고, 安徽省에 도착하여 상의한 다음 신속하게 天津으로 돌아오도록 하였으니, 일 처리를 지체하거나 그르치지는 않을 것입니다. 며칠 전 吉林·寧古塔 등 지역이 朝鮮 및 러시아와 국경을 접하는 곳이므로 조·러 국경 및 육로 통상 상황에 대해 吳大澂 督辦에게 서신을 보내 문의하였는데, 방금 답장을 받았습니다. 아울러 함께 초록하여 올리오니 살펴보시고 참고해주십시오. 삼가 이에 비밀 답장을 보냅니다. 편안하시길 빕니다.

첨부 문서 :

1. 「吳大澂 督辦이 보내온 서신」 초록

편지를 봉하고 있던 차에, 5월 8일자 보내주신 서신을 받았습니다. 朝鮮과 영국·미국이 조약을 체결하였으니, 독일·프랑스[와의 조약] 또한 단서가 마련될 수 있을 것입니다. 아울러 자문으로 보내주신 조·미조약을 받았습니다. 북양대신께서 올리신 奏摺을 삼가 읽어보니 外藩을 보호하려는 뜻이 몹시 주도면밀하고 간절하여 정말 탄복하지 않을 수 없습니다. 다만 살펴보건대 조·러 국경이 접한 지역은 단지 도문강 海口 20리뿐입니다. 강 서쪽은 朝鮮 땅이고, 강 동쪽은 러시아 땅이며, 20리 너머의 지역은 모두 중국 琿春 지역입니다. 근래 이 지역 강 주변 일대에 러시아인들이 자못 침탈한 땅이 있는데, 朝鮮 貧民들을 불러들여 사사로이 개간하고 있습니다. 제 생각으로 국경은 명확하지 않을 수 없으니, 20리 경계비 북쪽으로 초소[卡房]를 增設하고 병사를 보내 주둔시켜 침탈의 폐단을 막아야 할 것입니다. 현재 러시아인들이 갑자기 朝鮮과 陸路로 통상하겠다는 뜻을 갖게 되었는데, 그 의도는 琿春의 길을 빌려 신속하게 왕래하고, 장래 도문강 동쪽 연안의 琿春 관할 지역을 러시아의 육로 통상에서 반드시 거쳐야 하는 길로 삼으려는 데 있습니다. 반드시 琿春을 엿보면서 朝鮮으로 나아가려는 상황입니다. 따라서 현재 琿春 일대는 실로 朝鮮과 이와 잇몸처럼 서로 의지하는 관계에 있으므로, 러시아인이 朝鮮을 노리는 뜻을 저지하면 朝鮮의 동쪽 변경을 보장하기에 충분할 것입니다.

지금 총리아문에서 귀 北洋大臣衙門에 서신을 보내, 관원을 파견하여 朝鮮과 사전에 미리 대응책을 마련하여 그들의 육로 통상 주장을 반드시 힘껏 저지해야 한다고 하였습니다. 설사 도문강 海口 20리 땅에서 러시아와 朝鮮이 접경하여 상인들을 서로 왕래할 수 있다고 하더라도, 그곳은 산길과 물길이 모두 막힌 지역으로 陸路는 수레가 통하지 않을 뿐 아니라 海口 또한 배가 통하지 않습니다. 朝鮮 측에서는 필시 불편한 점이 많고 러시아 측에서도 바라는 바가 아닐 것이니, 차라리 영국·미국 등 국가의 사례에 비추어 海口에서 通商하는 방식을 따르게 하여 양측 모두 장애가 없도록 하는 편이 더 낫습니다. 대신께서 장구한 계책을 논의하여 힘써 주도하시기를 바랍니다. 이에 절실한 마음으로 답장을 보냅니다. 다시 편안하시기를 청합니다.

(32) 문서번호 : 2-1-1-90(467, 737a)

사안 : 朝鮮은 이미 영국·독일과 조약을 체결하였습니다(朝鮮已與英、德訂約).

날짜 : 光緖八年六月二十日(1882년 8월 3일)

발신자 : 署北洋大臣 張樹聲

수신자 : 總理衙門

六月二十日, 署北洋大臣張樹聲文稱 :

竊照本署大臣於光緒八年六月十九日, 在天津行館, 由驛具奏朝鮮與英、德兩國議約事竣一摺. 相應抄稿咨呈貴衙門. 謹請查核施行.

6월 20일, 署理北洋大臣 張樹聲이 다음과 같은 문서를 보내왔다.

光緖 8년 6월 19일 天津行館에서 朝鮮과 영국·독일의 조약 체결이 마무리되었다는 奏摺 1건을 驛站을 통해 올렸습니다. 마땅히 奏摺의 원고를 초록하여 咨文으로 귀 아문에 보내드려야 할 것입니다. 살펴 검토해주시기 바랍니다.

(33) 문서번호 : 2-1-1-91(468, 737b-747a)

사안 : 조·독조약을 자문으로 보냅니다(咨送德韓條約).

첨부 문서 : 1.「첨부 문서[清單]」: 조·독조약 14조(德·韓條約十四款)

2.「朝鮮 國王이 독일에 보낸 조회(朝鮮國王致德國照會)」: 朝鮮은 중국의 屬邦이지만 내치와 외교는 자주이며, 독일과 평등하게 조약을 체결하였고, 朝鮮이 시행하는 각 예절은 독일과 무관합니다(朝鮮爲中國屬邦, 而內治外交自主, 與德平行立約, 其所行各禮與德無關).

3.「朝鮮 議約大官·副官의 전권위임장(朝鮮議約大官、副官全權憑據)」: 朝鮮 國王은 全權大官 趙寧夏 등을 특파하여 독일 전권대신과 조약을 체결합니다(朝鮮國王特派全權大官趙寧夏等, 與德國全權大臣議約).

4.「독일 議約全權大臣 위임장(德國議約全權大臣憑據)」: 독일 황제는 브란트를 전권대신으로 특파하여 朝鮮과 통상우호조약을 체결합니다(德皇特派巴蘭德爲全權大臣, 至韓議立通商友好條約).

5.「독일 사신 브란트가 朝鮮 統理大臣에게 보낸 조회(德使巴蘭德致朝鮮統理大臣照會)」: 지시를 받아 朝鮮에 와서 조약을 체결하고자 하니, 관원을 파견하여 함께 논의하기를 바랍니다(奉旨來韓議約, 望派員會同商訂).

6.「朝鮮 統理大臣 趙寧夏 등이 독일 사신 브란트에게 보낸 답장조회(朝鮮統理代身趙寧夏等覆德使巴蘭德照會)」: 朝鮮과 독일의 조약 체결 문제는 응당 중국과 상의하여 관원을 파견하여 함께 처리해주도록 요청해야 할 것입니다(德韓議約事, 應請轉商中國, 派員同來辦理).

7.「독일 사신 브란트가 朝鮮 統理大臣 趙寧夏 등에게 보낸 조회(德使巴蘭德致朝鮮統理代臣趙寧夏等照會)」: 조약 교환 이전에 독일 상인들이 먼저 무역할 수 있도록 허용해주십시오(請於未換約前, 准德商先行貿易).

8.「朝鮮 統理大臣 趙寧夏 등이 독일 사신 브란트에게 보낸 답장조회(朝鮮全權大臣趙寧夏等覆德使巴蘭德照會)」: 조약 교환 이전에 독일 상인들이 먼저 무

역할 수 있도록 허락합니다. 다만 이때 領事官은 단지 賓禮로서만 접대합니다(准德商於未換約先行前來貿易. 惟此時領事官僅以賓禮接待).

9. 「朝鮮 國王의 자문(朝鮮國王咨)」: 독일과의 조약이 체결되었음을 자문으로 알립니다(咨報與德議約事).

날짜 : 光緒八年六月二十日(1882년 8월 3일)

발신자 : 署北洋大臣 張樹聲

수신자 : 總理衙門

六月二十日, 署北洋大臣張樹聲咨送德國與朝鮮換約條款.【原文在英股】[134]
照錄英股付朝鮮換約清單三件.

1. 謹將朝鮮國與德國議立條約並照會, 照錄清單, 恭呈御覽.
大朝鮮國大君主與大德國大皇帝兼大布國大君主, 均欲惠顧彼此人民, 敦崇和好. 大朝鮮國大君主特派全權大官崇祿大夫行兵曹判書兼經理統理機務衙門事趙寧夏, 全權副官嘉善大夫吏曹參判兼經理統理機務衙門事金宏集, 大德國大皇帝兼大布國大君主特派欽差駐劄中華全權大臣巴蘭德, 各將所奉全權字據, 互相校閱, 俱屬妥善, 訂立條款. 臚列於左 :
第一款. 嗣後大朝鮮國大君主、大德意志合盟國並其人民, 各皆永遠和平友好. 若他國有何不公輕藐之事, 一經照知, 必須相助, 從中善爲調處, 以示友誼關切.
第二款. 此次立約通商和好後, 兩國可交派秉權大臣, 駐紮彼此都城, 並於彼此通商口岸, 設立領事等官, 均聽其便. 此等官員與本地官交涉往來, 均應用品級相當之禮, 兩國秉權大臣與領事等官, 享獲種種恩施, 與彼此所待最優之國官員無異. 惟領事官必須奉到駐紮之國批准文憑, 方可視事. 所派領事等官必須眞正官員, 不得以商人兼充, 亦不得兼作貿易. 儻各口未設領事官, 或請別國領事兼代, 亦不得以商人兼充. 或卽由

134) 영고(英股)는 아마도 총리아문의 부서인 영국고(英國股)를 가리키는 것 같다. 영국고는 1863년 설립되

地方官照現定條約代辦. 若駐紮朝鮮之德國領事等官辦事不合, 須知照德國公使, 彼此意見相同, 可將批准文憑追回.

第三款. 德國船隻在朝鮮左近海面, 如遇颶風, 或缺粮食、煤、水, 距通商口岸太遠, 應許其隨處收泊, 以避颶風, 購買粮食, 修理船隻. 所有經費係由船主自備. 地方官民應加憐恤援助, 供其所需. 如該船在不通商之口, 潛往貿易, 拏獲船貨入官. 如德國船隻在朝鮮海岸破壞, 朝鮮地方官一經聞知, 卽應飭令將水手先行救護, 供其粮食等項. 一面設法保護船隻貨物, 並行知照領事官, 俾將水手送回本國. 並將船貨撈起一切費用, 或由船主或由德國認還.

第四款. 德國民人在朝鮮居住, 安分守法. 其性命、財産, 朝鮮地方官應當代爲保護, 勿許稍有欺凌、損毁. 如有不法之徒, 欲將德國房屋、業産搶刦、燒毁者, 地方官一經領事告知, 卽應派兵彈壓, 並查拏罪犯, 按律重辦. 朝鮮民人如有欺凌德國民人, 應歸朝鮮官按律懲辦. 德國民人無論在商船、在岸上, 如有欺凌、騷擾、損傷朝鮮民人性命、財産等事, 應歸德國領事官或德國所派官員, 按照德國律例查拏懲辦. 其在朝鮮國內, 朝鮮·德國民人如有涉訟, 應由被告所屬之官員, 以本國律例審斷, 原告所屬之國, 可以派員聽審, 審官當以禮相待. 聽審官如欲傳訊、查訊、分訊證見, 亦聽其便. 如以審官所斷爲不公, 亦許其詳細駁辨. 大德國與大朝鮮國彼此明定. 如朝鮮日後改定律例及審案辦法, 在德國視與本國律例辦法相符, 卽將德國官員在朝鮮審案之權收回, 以後朝鮮境內德國人民, 卽歸地方官管轄.

第五款. 朝鮮國商民並其商船前往德國貿易, 凡納稅船鈔並一切各費, 應遵照德國海關章程辦理. 與征收本國民人及相待最優之國稅鈔, 不得額外加增. 德國商民並其商船前往朝鮮貿易, 進出口貨物均應納稅, 其收稅之權, 應由朝鮮自主. 所有進出口稅項及海關禁防、偷漏諸弊, 悉聽朝鮮政府設立規則, 先期知會德國官, 布示商民遵行. 現擬先訂稅則大略. 各色進口貨有關民生日用者, 照估價值百, 抽稅不得過一十, 其奢靡、玩耍等物, 如洋酒、呂宋煙、鐘表之類, 照估價值百, 抽稅不得過三十. 至出口土貨, 概照值百, 抽稅不得過五. 凡進口洋貨, 除在口岸完納正稅外, 該項貨物, 或入內

어 영국과 오스트리아·헝가리제국 관련 업무 그리고 각종 상무나 관세 사무를 담당하였다.

地，或在口岸，永遠不納別項稅費．德國商船進朝鮮口岸，須納船鈔，每噸銀五錢，每船按中歷一季抽一次．

第六款．朝鮮國商民前往德國各處，准其在該處居住，賃房、買地、起蓋棧房，任其自便．其貿易工作一切，所有土產以及製造之物，與不違禁之貨，均許買賣．德國商民前往朝鮮已開口岸，准其在該處所定界內居住，賃房、租地、建屋，任其自便．其貿易工作一切，所有土產以及製造之物，與不違禁之貨，均許買賣．惟租地時不得稍有勒逼，該地租價，悉照朝鮮所定等則完納．其出租之地，仍歸朝鮮版圖．除按此約內所指明歸德國官員應管商民錢產外，皆仍歸朝鮮地方官管轄．德國商民不得以洋貨運入內地售賣，亦不得自入內地采買土貨，併不得以土貨由此口販運彼口．違者將貨物入官，並將該商交領事官懲辦．

第七款．朝鮮國與德國彼此商定．朝鮮商民不准販運洋藥入德國通商口岸，德國商民亦不准販運洋藥入朝鮮通商口岸．並由此口運往彼口，亦不准作一切買賣洋藥之貿易．所有兩國商民，無論僱用本國船別國船，及本國船爲別國商民僱用販運洋藥者，均由各本國自行永遠禁止．查出，從重征罰．

第八款．如朝鮮因有事故，恐致境內缺食，大朝鮮國大君主暫禁米粮出口，經地方官照知後，由德國官員轉飭在各口德國商民，一體遵辦．惟於已開仁川一港，各色米粮，概行禁止運出．紅蔘一項，朝鮮舊禁出口．德國人如有潛買出洋者，均查拏入官，仍分別懲罰．

第九款．凡礮位、槍刀、火葯、鉛丸一切軍器，應由朝鮮官自行採辦，或德國人奉朝鮮官准買明文，方准進口．如有私販，查貨入官，仍分別懲罰．

第十款．凡兩國官員商民在彼此通商地方居住，均可僱請各色人等，勷執分內工藝．惟朝鮮人遇犯本國例禁，或牽涉被控，凡在德國商民寓所行棧及商船隱匿者，由地方官照知領事官，或准差役自行往拏，或由領事派人拏交朝鮮差役．德國官民不得稍有庇縱措留．

第十一款．兩國生徒往來，學習語言、文字、律例、藝業等事，彼此均宜勷助，以敦睦誼．

第十二款. 玆朝鮮國初次立約, 所訂條款, 姑從簡略, 應遵條約已載者, 先行辦理, 其未載者, 俟五年後, 兩國官民彼此言語稍通, 再行議定. 至通商詳細章程, 須酌照萬國公法通例, 公平商訂, 無有輕重大小之分.

第十三款. 此次所定條約係用中國文、德國文、法國文各三紙, 業經公同譯校, 各相符合, 毫無訛誤. 嗣後如有彼此不明之處, 除各用兩國文字外, 兼以法文爲正. 至日後往來公牘, 朝鮮專用華文, 德國亦用華文, 或用德文, 必須以華文註明, 以免歧誤.

第十四款. 現經兩國議定, 嗣後大朝鮮國大君主有何惠政恩典利益施及他國或其商民, 無論關涉海面行船、通商貿易、交往等事, 爲該國並其商民從來未霑, 抑爲此條約所無者, 亦准德國官民一體均霑. 惟此種優待他國之利益, 若立有專條互相酬報者, 德國官民必將互訂酬報之專條, 一體遵守, 方准同霑優待之利益.

其上各條現經大朝鮮國、大德國大臣同在朝鮮仁川府議定. 繕寫華文、德文、法文各三分, 句法相同, 先行畫押盖印, 以昭憑信. 仍俟兩國御筆批准, 總以一年爲期, 在朝鮮仁川府互換. 然後將此約各款彼此通諭本國官員、商民, 俾得咸知遵守.

大朝鮮國開國四百九十一年卽中國光緖八年五月十五日

全權大官崇祿大夫行兵曹判書兼經理統理機務衙門事 趙寧夏

全權副官嘉善大夫吏曹參判兼經理統理機務衙門事 金宏集

西曆一千八百八十二年六月三十日

2. 「朝鮮國照會」

大朝鮮國大君主, 爲照會事.

竊照朝鮮素爲中國屬邦, 而內治外交向來均由大朝鮮國大君主自主. 今大朝鮮國、大德國彼此立約, 俱屬平行相待. 大朝鮮國大君主明允將約內各款, 必按自主公例, 認眞照辦. 至大朝鮮國爲中國屬邦, 其一切分內應行各節, 均與大德國毫無干涉. 除派員議立條約外, 相應先行聲明. 爲此備文照會, 請煩大德國大皇帝查照辦理. 須至照會者.

右照會大德國大皇帝

大朝鮮國開國四百九十一年, 卽中國光緖八年五月初十日光緒八年六月二十三日，軍機大臣奉旨：
覽.
欽此.

3.「朝鮮國全權字據」：謹將朝鮮國王咨送兩國全權字據並照會各件照錄清單，恭呈御覽.
光緒八年五月初九日，統理機務衙門奉諭：
著趙寧夏爲全權大官，金宏集爲全權副官，前往仁川，與德國全權大臣，妥議和好通商條約.
欽哉.

4.「德國全權字據」
大德國大皇帝兼布國大君主，現願與大朝鮮國訂立和好通商行船條約．爲此特派我駐劄中華欽差大臣巴蘭德，作爲全權大臣，與大朝鮮國大君主所派全權大臣，妥商訂立．該全權大臣所擬各條，如果與此次與旨並各項訓諭之意相符，則朕無不允照施行．特此降旨，親筆畫押，盖用國寶，以昭憑信．欽此.
一千八百八十二年四月二十四日，書於委寺巴登行宮

5.「德使照會」[135)]

[省略]

6.「朝鮮國全權大官答照會」[136)]

---

135) 이 책에 실린 (18) 문서번호 : 2-1-1-77(446, 695b-700b)의 첨부 문서 3.「독일 공사 브란트가 朝鮮 통리아문 대신에게 보낸 조회(德事巴蘭德致朝鮮統理衙門大臣照會)」와 같은 내용이라 생략한다.

136) 이 책에 실린 (18) 문서번호 : 2-1-1-77(446, 695b-700b)의 첨부 문서 4.「朝鮮 통리아문 대신 조영하가 독일 공사 브란트에게 보낸 답장조회(朝鮮統理衙門大臣趙寧夏等覆德使巴蘭德照會)」와 같은 내용이라 생략한다. 다만 끝부분에 光緒八年五月初七日로 기록하고 있는데, 여기 생략된 조회는 光緒八年四月初

[省略]

7.「德使照會」[137]

[省略]

8.「朝鮮國全權大官答照會」[138]

[省略]

光緒八年六月二十三日,軍機大臣奉旨,
　覽.
欽此.

9.「朝鮮國王咨文」: 謹將朝鮮國王來咨, 繕具清單, 恭呈御覽.[139]

[省略]

光緒八年六月二十三日, 軍機大臣奉旨 :

七日로 날짜가 잘못 기록되어 있다.

137) 이 책에 실린 (18) 문서번호 : 2-1-1-77(446, 695b-700b)의 첨부 문서 5.「독일 공사 브란트가 朝鮮 통리아문 대신 조영하 등에게 보낸 조회(德事巴蘭德致朝鮮統理衙門大臣趙寧夏等照會)」와 같은 내용이라 생략한다.

138) 이 책에 실린 (18) 문서번호 : 2-1-1-77(446, 695b-700b)의 첨부 문서 6.「朝鮮의 議約大官 조영하 등이 독일 공사 브란트에게 보낸 답장조회(朝鮮議約大官趙寧夏等覆德使巴蘭德照會)」와 같은 내용이라 생략한다.

139) 이 책에 실린 (18) 문서번호 : 2-1-1-77(446, 695b-700b)의 첨부 문서 2.「朝鮮 國王의 자문(朝鮮國王咨)」과 같은 내용이라 생략한다.

覽.
欽此.

6월 20일, 署理北洋大臣 張樹聲이 조·독조약을 자문으로 보내왔다. 【원문은 [총리아문의] 英國股에 있다.】
英國股에서 넘긴 조·독조약 및 첨부 문서[清單] 3건 초록.

첨부 문서 :

1. 「朝鮮國이 독일과 체결한 조약 및 조회를 초록한 첨부 문서를 삼가 올리니 살펴봐 주십시오.」

大朝鮮國 대군주와 대독일 대황제 겸 프로이센국[大布國] 대군주는 피차의 인민을 은혜로써 보살피고 和好를 도탑게 하기를 간절히 바란다. 大朝鮮國 대군주는 全權大官 崇祿大夫 行兵曹判書兼經理統理機務衙門事 趙寧夏, 全權副官 嘉善大夫吏曹參判兼經理統理機務衙門事 金弘集을 특별히 파견하고, 대독일 대황제 겸 프로이센국 대군주는 欽差駐劄中華全權大臣 브란트를 파견하여, 각기 [본국에서] 받은 전권위임장을 서로 확인해보니 모두 적절하여, 조약을 맺고 다음과 같이 열거한다.

제1조. 앞으로 大朝鮮國과 大獨逸聯邦國 및 그 人民은 각기 모두 영원토록 평화롭고 우애 있게 지낸다. 만약 다른 나라가 불공정하거나 모욕하는 일이 있어 이를 일단 알리면, 반드시 서로 돕고 중간에서 잘 조정하여 우의가 도타움을 보여야 한다.

제2조. 이번에 通商條約을 맺은 뒤 양국은 서로 秉權大臣을 파견하여 피차의 수도에 주재시킬 수 있고, 또한 피차의 通商港口에는 總領事 등의 관원을 둘 수 있으며, 모두 그 편의를 들어준다. 이들 관원은 현지 관원과 교섭하기 위해 왕래할 때 모두 같은 품급에 상당하는 예절로써 대우한다. 양국 秉權大臣과 領事 등의 관원은 갖가지 특혜를 받을 수 있으며, 양국에서 서로 最惠國의 관원을 대하는 것과 다름없게 한다. 다만 領事官은 반드시 주재국의 비준 문서를 받아야만 업무를 시작할 수 있다. 파견되는 領事 등의

관원은 반드시 정규 관원이어야 하며, 상인을 겸임시킬 수 없고, 또 무역 행위를 겸해서도 안 된다. 만약 각 항구에 아직 領事官을 두지 못하면 다른 나라 領事의 겸임을 요청할 수 있지만, 이 경우 또한 商民으로 겸임하게 해서는 안 되며, 혹은 현지 지방관이 현재 체결된 조약에 비추어 대신 처리할 수 있다. 만약 朝鮮에 주재하는 獨逸 領事 등 관원의 일 처리가 부당한 경우, 반드시 獨逸 公使에게 알려야 하며, 피차의 의견이 같으면 비준 문서를 회수할 수 있다.

제3조. 독일 선박이 朝鮮 인근 해상에서 태풍을 만나거나 식량·석탄·식수가 떨어졌는데 通商港口에서 너무 멀리 떨어져 있다면, 응당 근처의 어디에서나 정박하여 태풍을 피하고 식량을 구매하거나 선박을 수리할 수 있도록 허용해야 한다. 모든 경비는 船主가 스스로 준비하며, 지방 官民은 가련히 여기고 도와주어 그들이 필요한 것을 제공해주어야 한다. 만약에 해당 선박이 통상하지 않는 항구에 몰래 가서 무역하였다면, 그 배의 화물을 거둬들여 몰수한다. 만약 독일 선박이 朝鮮 해안에서 난파하고 朝鮮 지방관이 이를 들어서 알게 되었다면, 곧바로 지시를 내려 선원들을 먼저 구조하고 식량 등의 물품을 제공해야 한다. 다른 한편으로는 방법을 마련하여 선박과 화물을 보호하면서, 동시에 領事官에게 문서로 알려 선원들을 본국으로 귀환시키고 배에 실린 화물을 건져낼 수 있게 해야 한다. 모든 비용은 선주 혹은 독일에서 스스로 상환한다.

제4조. 독일 民人은 朝鮮에 거주하면서 본분에 따라 법도를 지킨다. 그 생명과 재산은 朝鮮 지방관이 응당 대신 보호하며, 조금이라도 침탈되거나 훼손되어서는 안 된다. 만약 불법 무리가 독일의 건물·자산을 약탈하거나 불태워 파괴하려 한다면, 지방관은 일단 領事에게 알리고, 곧바로 군대를 파견하여 진압함과 동시에 그 범인을 체포하여 법에 따라 엄히 처벌해야 한다. 朝鮮 백성이 만약 독일 백성을 기만·모독한다면, 마땅히 朝鮮 관원에게 넘겨 朝鮮 법률에 따라 처벌해야 한다. 독일 백성이 商船에서든 뭍에서든 朝鮮 백성을 기만하고 소동을 부리고 朝鮮 백성의 生命과 재산을 손상하는 일이 발생한다면, 마땅히 독일 領事館이나 독일이 파견한 관원이 독일 법률에 따라서 체포·처벌한다. 朝鮮 국내에서 朝鮮과 독일의 백성이 소송을 일으키게 되면, 응당 피고가 소속된 나라의 관원이 본국 법률에 따라 심판하고, 원고가 소속된 나라에서는 관원을 파견하여 참관할 수 있으며, 재판관은 그를 응당 禮로써 대우해야 한다. 재판에 참석한 관원이 만약 증인을 소환하거나 조사하거나 따로 나누어 심문하고자 한다면,

또한 그 편의를 들어준다. 만약 재판관의 판결이 불공정하다고 여긴다면, 역시 상세하게 반박할 수 있다. 大獨逸國과 大朝鮮國은 만약에 朝鮮이 나중에 법률과 裁判制度를 개정하고, 독일에서 보기에 그것이 독일의 법률 및 제도와도 부합한다고 판단하게 되면, 독일 관원이 朝鮮에서 갖는 재판권을 곧바로 회수하고 이후 朝鮮 경내의 독일 人民은 朝鮮 지방관의 관할을 받게 한다고 피차 명확하게 규정한다.

제5조. 朝鮮國 商民과 그 商船이 독일에 가서 무역할 때 무릇 關稅·船舶稅 및 일체의 각종 비용은 응당 독일의 稅關章程에 따라 처리하는데, 독일 인민 및 최혜국 대우를 하는 나라의 商民에게 징수하는 國稅보다 더 많은 액수를 덧붙여 징수해서는 안 된다. 독일 商民과 商船이 朝鮮에 가서 무역하는 경우, 수·출입하는 화물은 모두 關稅를 낸다. 그 關稅 징수권은 응당 朝鮮이 自主한다. 수·출입 관세 및 금지품 반입 및 탈세 방지 방안은 모두 朝鮮 정부가 규칙을 제정하여 먼저 독일 관원에게 알리고, 商民에게 포고하여 따르게 한다. 지금 稅則의 大綱을 먼저 다음과 같이 정한다. 각종 수입 화물 가운데 민생과 관련된 일용품은 그 가격을 100으로 잡았을 때 關稅가 10을 넘지 않게 하며, 예를 들어 양주·담배·시계 등 사치품과 완구는 그 가격을 100으로 잡았을 때 關稅가 30을 넘지 않게 한다. 수출하는 토산품에 대해서는 가치를 100으로 하였을 때 關稅가 5를 넘지 않게 한다. 무릇 수입된 洋貨는 항구에서 正規 關稅를 내는 것 외에 해당 화물이 내지로 들어가든 항구에 머물든 영구히 별도의 稅費를 내지 않는다. 독일 상선이 朝鮮 항구로 들어올 때에는 반드시 선박세[船鈔]를 내야 하는데 톤당 銀 5錢이며, 음력을 기준으로 계절마다 한 차례씩 징수한다.

제6조. 朝鮮國 商民이 독일 각지에 가서 무역할 때 해당 지역에 거주하면서 건물을 임대·구입하거나, 창고·점포를 세우는 것은 그 스스로의 편의에 맡긴다. 무역 업무 일체에서 모든 토산품과 제조품, 법률을 어기지 않는 화물은 모두 매매를 허용한다. 독일 상민이 이미 개항한 朝鮮 항구에 갈 경우, 그곳에서 거주하면서 건물을 임대하거나 땅을 빌려 건물을 짓는 것은 그 스스로의 편의에 맡긴다. 무역 업무 일체에서 모든 토산품과 제조품, 법률을 어기지 않는 화물은 모두 매매를 허용한다. 다만 땅을 빌릴 때에는 조금이라도 강제가 있어서는 안 된다. 해당 토지의 임대료는 모두 朝鮮에서 정한 규정에 따라 완납하도록 하며, 임대한 토지는 여전히 朝鮮의 영토에 속한다. 이 조약에서 명시한 바에 따라 독일 관원이 관할해야 할 상민의 동산(動產. [錢產])을

제외하고, 나머지는 모두 朝鮮 지방관의 관할을 받는다. 독일 상민은 洋貨를 내지로 운반하여 판매할 수 없고, 또한 스스로 내지로 들어가 토산품을 구매할 수도 없으며, 아울러 토산품을 이 항구에서 저 항구로 운반하여 판매할 수도 없다. 위반하면 화물을 몰수하며, 해당 상인은 영사에게 넘겨 처벌한다.

제7조. 朝鮮과 독일은 朝鮮 상민이 鴉片[洋藥]을 운반하여 독일의 통상항구로 가서 판매해서는 안 되며, 독일 상민도 아편을 운반하여 朝鮮의 개항장으로 들여오거나 이 항구에서 저 항구로 운반해서는 안 되며, 또한 아편을 매매하는 무역 모두를 금지하기로 서로 논의하여 정한다. 양국의 모든 상민은 본국이나 타국 선박을 빌리거나 또는 타국 상민에게 고용된 본국 선박을 이용하는 경우를 막론하고, 아편을 운반·판매하는 일을 모두 각자의 본국에서 영원히 금지한다. 위반한 사람이 나오면 엄히 처벌한다.

제8조. 만약에 朝鮮에서 事故가 생겨 국내의 식량 부족이 염려되기 때문에 朝鮮國 군주가 잠시 米糧의 수출을 금지할 경우, 지방관을 통해서 이를 통보받은 다음에 독일 관원들은 다시 각 항구에 있는 독일 상민에게 이를 전달함으로써 그들이 모두 따르게 한다. 다만 이미 개항한 인천 항구에서는 각종 米糧의 반출을 모두 금지한다. 紅蔘은 朝鮮에서 오래도록 수출을 금지해왔으므로, 독일인이 만약에 몰래 사들여서 해외로 반출하면 모두 잡아들여 몰수하고, 각기 나누어 처벌한다.

제9조. 무릇 대포·총칼·화약·탄환 등 모든 무기는 朝鮮 관원이 직접 구매하거나, 독일인이 朝鮮 관원의 구입 허가 문서를 받아야만 수입을 허용한다. 만약 몰래 사들이는 사람이 있다면 화물을 조사하여 몰수하고, 각기 나누어 처벌한다.

제10조. 무릇 양국 관원·상민이 피차의 통상 지방에 거주할 때, 모두 각 직종의 인원을 고용·초청하여 직무상 기술 작업을 돕거나 처리하게 할 수 있다. 다만 朝鮮人으로서 본국의 금령을 범하였거나 연루되어 기소되었는데 독일 상민의 거택·창고 및 상선에 숨은 경우, 지방관은 한편으로 領事官에게 통지하고 다른 한편으로 差役을 파견하여 스스로 체포를 행한다. 혹은 영사가 사람을 파견하여 잡아서 朝鮮의 差役에게 넘긴다. 독일 관민은 이 사람을 비호하거나 억류해서는 안 된다.

제11조. 양국의 학생이 오가며 언어·문자·법률·기술 등을 배울 때에는 서로 도와줌으로써 우의를 도탑게 한다.

제12조. 이번에 朝鮮國이 처음 조약을 체결하므로 여기 다듬어 세운 조항은 일단 간략하게

정하였는데, 응당 조약에 이미 실린 사항을 따라 우선 처리하고, 실리지 않은 것은 5년을 기다린 다음 양국 관민이 서로 언어가 조금 통하게 될 때 다시 논의하여 정한다. 통상에 관한 상세한 章程은 반드시 萬國公法의 통례를 참조하여 공평하게 논의·결정하되, 輕重이나 大小의 차별이 없게 한다.

第13조. 이번에 체결한 조약은 한문, 독일어, 프랑스어를 사용하여 각 3장씩을 마련하였는데, 이미 함께 번역·교열하여 각기 서로 부합되고 조그마한 착오도 없었다. 앞으로 만약 서로 간에 불명확한 부분이 있다면, 각기 양국 문자 이외에 프랑스어를 겸하여 正本으로 삼는다. 이후 주고받을 공문은 朝鮮에서는 漢文[華文]을 專用하고, 독일 또한 漢文을 사용하거나 혹은 독일어를 사용하되 반드시 한문으로 주석을 달아 다르거나 잘못되는 것을 피해야 한다.

第14조. 현재 양국에서는 다음과 같이 논의하여 정하였다. 앞으로 朝鮮에서 다른 나라 또는 그 상민에게 어떠한 혜택과 은전·이익을 제공할 때, 그것이 해상 항해나 통상무역·교류 등과 관련된 것이든 상관없이 그 나라와 상민이 그동안 누리지 못하던 것이거나 아니면 이 조약에 실리지 않은 것이라면, 독일 官民 또한 그러한 모든 이익을 똑같이 누릴 수 있도록 허용한다. 다만 다른 나라의 이익을 우대하는 이러한 종류의 것이 만약 별도의 조항을 두어 서로 보상하기로 한 것이라면, 독일 관민은 반드시 서로 보상해주기로 한 별도의 조항을 모두 준수해야만 비로소 별도의 조항에서 우대하는 이익을 같이 똑같이 누릴 수 있도록 허용한다.

이상의 각 조항은 지금 大朝鮮과 大獨逸 양국 대신이 朝鮮 仁川府에서 논의하여 결정하였다. 漢文과 독일어, 프랑스어 각 3부씩 필사하고, 내용 구성을 똑같이 하여, 먼저 서명하고 도장을 찍음으로써 서로 간의 신뢰를 밝힌다. 그리고 양국 군주가 서명하고 비준하기를 기다려 총 1년을 기한으로 하여 朝鮮 인천부에서 서로 교환하도록 한다. 그 후에는 이 조약의 각 조항을 서로 본국의 관원·상민에게 널리 알림으로써, 모두가 알고 따르게 한다.

大朝鮮國 開國 491年, 즉 中國 光緖 8年 5月 15日

全權大官 崇祿大夫行兵曹判書兼經理統理機務衙門事 趙寧夏

全權副官 嘉善大夫吏曹參判兼經理統理機務衙門事 金弘集

西曆 1882년 6월 30일

2. 「朝鮮의 조회」

大朝鮮國 대군주가 조회를 보냅니다.

朝鮮은 평소 중국의 屬邦이지만 內治와 外交는 지금껏 모두 大朝鮮國 대군주가 自主해왔습니다. 현재 大朝鮮國과 대독일국은 서로 조약을 체결하였으니 모두 대등하게 상대해야 합니다. 大朝鮮國 대군주는 조약의 각 조항을 반드시 自主公例에 따라 성실하게 시행할 것임을 분명히 밝힙니다. 大朝鮮國이 중국의 屬邦으로서 그 본분 내에서 응당 행해야 하는 일체의 사항들은 모두 대독일국과 조금도 관련이 없습니다. 관원을 파견하여 조약을 체결한 외에, 마땅히 우선 분명히 알려야 합니다. 이에 문서를 갖추어 조회를 보내니, 청컨대 번거롭더라도 대독일국 대황제께서 검토하시고 처리해주십시오. 이상입니다.

대독일국 大皇帝께 조회를 보냅니다.

大朝鮮國 開國 491年, 즉 中國 光緒 8年 5月 10日

光緒 8년 6월 23일, 軍機大臣이 다음과 같은 諭旨를 받았다.

보았다.

이상.

3. 「朝鮮國 전권위임장」: 朝鮮 國王이 咨文으로 송부한 양국의 전권위임장 및 조회를 초록한 첨부 문서를 삼가 올리니 살펴봐 주십시오.

光緒 8년 5월 9일, 統理機務衙門에서 다음과 같은 諭旨를 받았습니다.

趙寧夏를 全權大官으로, 金弘集을 全權副官으로 삼아, 仁川에 가서 독일 全權大臣과 友好通商條約을 적절히 논의하게 하라.

이상.

4. 「독일 전권위임장」

대독일 대황제 겸 프로이센 대군주는 현재 大朝鮮國과 우호통상항해조약을 체결하고자 합니다. 이를 위해 駐箚中華欽差大臣 브란트를 특파하여 全權大臣으로 삼아 大朝鮮國 대군주가 파견한 全權大臣과 적절히 논의하여 체결하도록 하였습니다. 해당 全權大臣이 마련한 각 조항이, 만약 이번에 준 特旨 및 각종 지시[訓諭]의 뜻과 서로 부합한다면, 朕은 그에 따라 시행하지 않음이 없을 것입니다. 이에 특별히 諭旨를 내리고, 친필로 서명하고 國寶를 찍어 증빙을 밝히고자 합니다. 이상입니다.

1882년 4월 24일, Wiesbaden 行宮에서 씁니다.

5.「독일 사신의 조회」

[생략]

6.「朝鮮國 全權大官의 답장조회」

[생략]

7.「독일 사신의 조회」

[생략]

8.「朝鮮國 全權大官의 답장조회」

[생략]

光緖 8년 6월 23일, 軍機大臣이 다음과 같은 諭旨를 받았습니다.

알았다.

이상.

9.「朝鮮 國王 자문」: 朝鮮 國王이 보내온 자문을 삼가 초록하여 첨부 문서로 올리오니 살펴봐 주십시오.

[생략]

光緖 8년 6월 23일, 軍機大臣이 다음과 같은 諭旨를 받았습니다.

알았다.

이상.

(34) 문서번호 : 2-1-1-92(475, 754a)

사안 : 독일과 朝鮮이 조약 교환 전에 우선 통상한다는 내용으로 주고받은 공문을 초록하여 주실 것을 서신으로 요청합니다(函請鈔錄德韓爲換約之前先行通商互換公文).

날짜 : 光緖八年六月二十三日(1882년 8월 6일)

발신자 : 독일 통역관 아렌트(Karl Arendt)

수신자 : 總理衙門

六月二十三日, 德國繙譯官阿恩德函稱 :

所有德國與朝鮮立約, 除彼此議定條款外, 尚有德國、朝鮮國公文各一件, 其中訂明 :

德商無須俟德約互換, 始行通商, 可於英、美兩國換約後, 亦卽前往.

等因. 惟此項公文兩角, 本繙譯未能携帶來山, 實屬疏於檢點. 因憶北洋大臣張大人及馬道臺於詳文貴署時, 當必將此兩文抄錄呈閱矣. 貴總辦如肯分神, 卽望照錄一分, 擲交爲荷. 此佈. 順頌近祉.

6월 23일, 독일 통역관 아렌트(Arendt, 阿恩德)가[140] 다음과 같은 서신을 보내왔다.

독일과 朝鮮이 체결한 조약에는 서로 논의하여 정한 조항 외에, 또한 독일과 朝鮮이 각각 다음과 같은 내용의 공문 1건씩을 가지고 있습니다. 여기서 다음과 같이 합의하였습니다.

독일 商人은 朝鮮과 독일의 조약 교환을 기다렸다가 통상을 시작할 필요가 없으며, 영국·미국과의 조약 교환 후 또한 즉시 가서 通商할 수 있다.

140) 아렌트(Karl Arendt, 阿恩德, 1838~1902)는 독일 외교관으로, 1867년 중국에 와서 1870년 천진(天津) 영사를 지냈고, 1875~1887년 공사관 통역으로 일하였다.

다만 이 공문 두 통은 제가 휴대하여 [山東에?] 가져올 수 없었으므로 실로 검토에 소홀한 점이 있습니다. 그래서 기억하건대, 北洋大臣 張樹聲과 馬建忠 道臺가 귀 아문에 보고서를 올릴 때 응당 이 두 통의 공문을 초록하여 올려 검토하도록 하였을 것입니다. 귀 總辦께서 만일 기꺼이 수고로움을 감수하신다면, 즉시 초록 한 통을 보내주셨으면 합니다. 이와 같이 알립니다. 편안하시길 빕니다.

(35) 문서번호 : 2-1-1-93(476, 754a-763b)

사안 : 朝鮮이 영국·독일과 차례로 조약을 체결한 상황(朝鮮先後與英、德訂約情況).

첨부 문서 : 1. 「朝鮮 國王의 자문(朝鮮國王咨)」 : 이미 영국과 조약을 체결하였으며, 프랑스와의 조약 체결에도 다시 관원을 파견하여 지도해주시기를 청합니다(已與英訂約, 尙請派員指導與法訂約).

2. 「朝鮮 國王의 자문(朝鮮國王咨)」 : 조·영조약을 자문으로 보냅니다(咨送英韓條約).

3. 「朝鮮에서 영국에 보낸 조회(朝鮮致英照會)」 : 朝鮮이 중국의 속방임을 알립니다(朝鮮聲明爲中國屬邦).

4. 「영국에서 朝鮮에 보낸 조회(英致朝鮮照會)」 : 조·영조약에 기재되지 않은 통상항구, 군함의 입항 및 연안 지역의 측량과 海圖 제작 등 세 가지 사항에 대해 알립니다(聲明英韓約內未載, 通商口岸、兵船入口及測繪沿岸海圖三事).

5. 「朝鮮에서 영국에 보낸 답장조회(朝鮮覆英照會)」 : 영국군과 朝鮮 백성이 왕래할 때 반드시 각별하게 평화를 유지하게 하여 말썽이 일어나지 않게 해야 합니다(英兵與鮮民往來, 務須格外持平, 免滋事端).

날짜 : 光緖八年六月二十四日(1882년 8월 7일)

발신자 : 軍機處

수신자 : 總理衙門

六月二十四日, 軍機處交出張樹聲抄摺稱 :

爲朝鮮與英、德兩國議約事竣, 恭摺奏陳, 仰祈聖鑑事.

竊朝鮮與美國議定和好通商條約後, 請留北洋委員二品銜候選道馬建忠及統領北洋水師記名提督丁汝昌，商辦他國交涉．經臣奏明如英、法、德三國相繼東往議約，仍令馬建忠等襄助，以資熟手在案．伏查英國所派使臣水師提督韋力士，於本年四月十一日乘兵船駛至朝鮮漢口．其時馬建忠尚未起椗西回，當爲代達朝鮮．該國王卽於十三日派經理統理機務衙門事趙寧夏、金宏集爲議約大・副官，至漢口與英國會議．韋力士初以美約畧舉大綱，尚涉罣漏，歎(→欲)添註數條,[141] 以欺(→期)周密．又歎(→欲)於約內註明索巨文一島，如兵船停泊之地，意在專踞險要．馬建忠告以初次立約，向僅舉其大綱，沿海諸島照約皆可停泊船，據各國公例反覆開陳，韋力士之議始沮，一切照美約定擬．惟議另備照會聲明，約內未及詳議載者三節．[一,] 通商口岸請照日本現開三口辦理，二，兵船可駛入朝鮮各口，三，朝鮮海岸請允測繪海圖．馬建忠以核與約款公法，均無違礙．因告趙寧夏等轉請國王照准，卽於四月二十一日會集簽押，英約蕆事．

德國亦派駐京使臣巴蘭德爲朝鮮議約全權大臣，來津晤商．巴蘭德就美約增改數款，先以擬稿相示．臣先以峻詞拒之．嗣後連日籌商，再三論辦，巴蘭德乃欣然從命，允由美約一字不易．臣仍派馬建忠同往襄助，並令丁汝昌酌帶兵輪偕行．五月初八日馬建忠等抵漢江口，巴蘭德已先至朝鮮，仍派趙寧夏、金宏集爲議約大・副官．於十一日馳至，次日會議，十五日會同簽押．所有約款及聲明朝鮮爲中國屬邦照會，悉照美、英兩國原稿．其間亦有兩端稍異者．一，德文通曉者較少，此次約稿照中國與巴西定約故事，參用法文一冊，以便校對．二，巴蘭德恐朝・德換約需時，另備照會，請於他國通商時，遣德國商民先來貿易．馬建忠因與約款無關出入，令朝鮮使臣卽照覆允行．而於文內添，未換約前，領事官來口，僅以賓禮相待，未便以公文議事．一層於通融之中，仍示以確守公法之意．此英、德兩國使臣先後在朝鮮定約之情形也．

竊惟西人好勝性成．朝鮮與泰西各國立約通商，英(→美)人首導先路，英、德繼起．若一無可以據異之處，其心必有不甘，或能權(→橫)生枝筆(→節)．今於約款一成不變，而於約外無關利害之事，畧徇其情．彼謂立約雖後於別國，而另有微與別國不同者，

141) 이하 이 문서의 내용은 故宮博物院文獻館 編印,『淸光緖朝中日交涉史料』권3(北京, 1932), 문서번호 112(「直隷總督兼理通商事務大臣張樹聲奏朝鮮與英國議約事竣摺」 및 「附件二. 朝鮮與德國通商章程及照

[省略]

光緖八年六月二十三日, 軍機大臣奉旨:

覽.

欽此.

2. 「朝鮮國王咨」: 謹將朝鮮國與英國議立條約並照會, 照錄清單, 恭呈御覽.[142)]

[省略]

3. 「朝鮮國照會」[143)]

[省略]

4. 「英使照會」[144)]

[省略]

5. 「朝鮮國全權大·副官答照會」[145)]

會」)에 실린 동일한 내용의 주접과 대조하여 수정하였다.

142) 이 책에 실린 (25) 문서번호 : 2-1-1-84(455, 718b-726a)와 같은 내용이라 생략한다.

143) 이 책에 실린 (25) 문서번호 : 2-1-1-84(455, 718b-726a)의 첨부 문서 2. 「朝鮮 國王이 영국에 보낸 조회(朝鮮國王致英國照會)」와 같은 내용이라 생략한다.

144) 이 책에 실린 (25) 문서번호 : 2-1-1-84(455, 718b-726a)의 첨부 문서 3. 「영국 전권사신이 朝鮮의 議約大臣에게 보낸 조회(英全權致朝鮮議約大臣照會)」와 같은 내용이라 생략한다.

145) 이 책에 실린 (25) 문서번호 : 2-1-1-84(455, 718b-726a)의 첨부 문서 4. 「朝鮮의 議約大臣이 영국 전권에게 보낸 답장조회(朝鮮議約大臣覆英全權照會)」와 같은 내용이라 생략한다.

[省略]

光緖八年六月二十三日, 軍機大臣旨 :
　覽.
欽此.

6월 24일, 軍機處에서 張樹聲이 올린 다음과 같은 奏摺을 초록하여 보내왔다.

朝鮮과 영국·독일의 조약 체결이 완료되어 삼가 奏摺을 갖추어 아뢰니 살펴봐 주시기를 엎드려 빕니다.
살펴보건대, 朝鮮은 美國과 우호통상조약을 체결한 후 北洋委員 二品銜候選道 馬建忠과 統領北洋水師 記名提督 丁汝昌을 朝鮮에 머물게 하면서 다른 나라와의 교섭을 협의·처리하게 해달라고 요청하였습니다. 이에 대해 저는 이미 上奏하여 만약 영국·프랑스·독일 세 나라가 잇따라 朝鮮에 가서 조약 체결을 논의한다면, 다시 馬建忠 등에게 朝鮮을 도와 노련한 솜씨로 적절히 처리할 수 있게 하도록 지시한 바 있습니다. 엎드려 생각건대 英國에서 파견한 사신 해군제독 윌리스(George O. Willes)는 올해 4월 11일 군함을 타고 와서 朝鮮의 한강 어구에 도착하였습니다. 그때 馬建忠은 아직 닻을 올려 귀국하기 전이어서, 당연히 대신 朝鮮에 알려주었습니다. 朝鮮 國王은 13일 經理統理機務衙門事 趙寧夏와 金弘集를 議約大官·副官으로 삼아 파견하고, 한강 어구에서 영국과 회의를 하였습니다. 윌리스는 처음부터 조·미조약은 그 大綱을 대략 열거한 것으로 여전히 내용에 빠진 것이 있어 몇 가지 조항을 추가하여 좀 더 완벽하게 만들자고 하였습니다. 또 조약 내에 巨文島를 찾아 군함이 정박하는 곳으로 삼는다는 내용을 넣으려 하였는데, 그 의도는 요충지를 독차지하는 것이었습니다. 馬建忠이, 처음 조약을 체결할 때는 보통 단지 그 大綱만을 열거할 뿐이며 연해 지역의 島嶼는 조약에 따라 모두 선박을 정박시킬 수 있다고 답하면서 各國 公例에 따라 거듭 설명하자, 윌리스는 비로소 주장을 거두어들였고, 조약의 모든 내용은 조·미조약에 비추어 정하기로 하였습니다. 다만 조약에서 상세하게 다루지 않은 세 가지 내용은 별도로 조회를 갖추어 밝히기로 합의하였습니다. [첫째,] 통상항구에 대해서는 일본에 현재 개방한 세 곳 항구[의 선례]에 비추어 처리한다, 둘째, 군함은 朝鮮의 모든 항구에 입항할 수 있으며, 셋째, 朝鮮 해안에 대한 측량과 海圖 작성을 허용하기를 요청한다는 내용이었습니다. 馬建忠이 조약 내용 및 公法과 대조하면서 검토해보니 모두 저촉되는 것이 없었습니다. 따라서 趙寧夏를 통해 朝鮮 國王의 승인을 요청하였으며, 4월 21일 함께 모여 인장을 찍고 서명을 하여 조·영조약 체결이 완료되었습니다.

독일 또한 중국 주재 공사 브란트를 朝鮮議約全權大臣으로 삼아 天津으로 보내 저와 논의하게 하였습니다. 브란트는 조·미조약에서 몇 개 조항을 덧붙이고 수정하고자 우선 초안을 작성한 뒤 보여주었습니다. 저는 우선 준엄한 말로 이를 거부한 다음에 연일 협상을 하면서 논쟁을 꺼리지 않자, 브란트는 결국 기쁜 마음으로 우리 요구에 따라 조·미조약에서 한 글자도 고치지 않기로 승낙하였습니다. 저는 다시 馬建忠을 보내 돕도록 하였고, 아울러 丁汝昌이 군함을 이끌고 함께 가도록 하였습니다. 5월 8일 馬建忠이 한강 어구에 도착하였고, 브란트는 이에 앞서 朝鮮에 도착하였으므로, 朝鮮에서는 이전처럼 趙寧夏와 金弘集을 議約大官·副官으로 삼아 파견하였습니다. 이들은 11일에 도착하여 다음날부터 협의를 시작하였으며, 15일 함께 조약문에 인장을 찍고 서명하였습니다. 조약의 모든 조항 및 朝鮮이 중국의 屬邦임을 밝힌 조회는 모두 조·미조약, 조·영조약의 원고에 따랐습니다. 그 가운데는 또한 약간 다른 두 가지의 내용이 있습니다. 첫째는, 독일어에 능통한 사람이 비교적 적기 때문에, 이번 조약문은 중국·브라질조약의 선례에 비추어 프랑스어로 쓴 한 부를 섞어 대조·검토할 수 있게 하였습니다. 둘째는 브란트가 조·독조약의 교환까지 시간이 걸린다는 점을 우려하여 별도 조회를 통해 다른 나라가 통상을 시작할 때 독일 商民들도 우선 와서 무역할 수 있도록 해달라고 요청하였습니다. 馬建忠은 이 요청이 조약 내용의 변경과 무관하므로 朝鮮 사신에게 즉시 답장조회를 보내 승낙하도록 하였습니다. 그리고 조약 내에 '조약 교환 전에 領事官이 항구로 올 수 있으나, 다만 賓禮로 상대하되, 공문을 주고받으며 일을 논의할 수 없다.'는 내용을 첨가하였습니다. 한층 융통해주면서도 여전히 公法을 확실히 준수하려는 뜻을 드러낸 것입니다. 이상의 내용이 영국·독일 사절이 차례로 朝鮮과 조약을 체결한 상황입니다.

다만 서양인들은 남을 이기기 좋아하는 것이 버릇입니다. 朝鮮이 서양 각국과 조약을 체결하고 통상하는 것은 미국이 앞길을 이끌었고, 영국·독일이 그 뒤를 이었습니다. 만약 하나라도 다른 나라와 차별될 수 있는 부분이 없다면 반드시 그 마음속으로 기꺼워하지 않아, 혹 뜻밖의 말썽이 생길 수 있습니다. 현재 조약 내용은 모두 전혀 바꾸지 않았지만, 조약에서 규정되지 않은 利害와 무관한 일들은 대략 그 요청을 따라주면 됩니다. 저들이 조약 체결은 비록 다른 나라에 뒤처졌지만, 다른 나라와 조금이라도 차별되는 점을 얻는다면 남을 이기기 좋아하는 마음에 위안이 되어 결국 쉽사리 우리 뜻에 따르게 될 것입니다. 그렇지만 영국은 상업의 선도 국가이고, 독일은 屈起하여 경쟁하는 존재입니다. 이번에 朝鮮에 가서 조약 체결을 준비하면서, 적절하고 신속하게 조약 체결을 완료하고 또 다른 마찰을 낳지 않았을 뿐 아니라, 또한 朝鮮이 고무되어 기뻐하면서 조정에서 인원을 보내 도와준 것을 고맙게 여기도록 하였으니, 이 또한 조·미조약을 처음 체결하면서 기초를 잘 닦았기 때문이고, 해당 위원들이 또한 제대로 시기를 엿보며 잘 조종하여 이룬 결과입니다. 朝鮮 國王이 자문으로 보내온 조·독조약 책자는 馬建忠에게 넘겨 대신 휴대하여 와서 올리도록 하였고, 朝鮮이 영국과 체결한 조약 책자는 우선 육로로 보내 전달하도록 하였습니다. 현재 禮部에서 朝鮮 國王의 자문 및 朝鮮 조약 책자를 자문으로 제게 보내왔습니다. 삼가 두 통의 자문 및 조약 문건들을 모두 초록하여 올리오니 살펴봐 주십시오. 황태후·황상께서 살펴보시고 훈시를 내려주시길 엎드려 바랍니다. 삼가 주를 올립니다.

光緖 8년 6월 23일, 軍機大臣이 다음과 같은 내용의 諭旨를 받았다.

해당 아문에 알리라. 첨부 문서 5건도 함께 보내라.

이상.

첨부 문서 :

1. 「朝鮮 國王의 자문」: 조선 국왕이 보내온 자문을 초록하여 삼가 올리니 살펴봐 주십시오.

[생략]

光緖 8년 6월 23일, 軍機大臣이 다음과 같은 諭旨를 받았다.

알았다.

이상.

2. 「朝鮮 國王의 자문」: 朝鮮國과 영국이 체결한 조약 및 조회를 초록하여 삼가 올리니 살펴봐 주십시오.

[생략]

3. 「朝鮮國 조회」

[생략]

4. 「영국 사신의 조회」

[생략]

5. 「朝鮮國 전권대관·부관의 답장조회」

[생략]

光緖 8년 6월 23일, 軍機大臣이 다음과 같은 諭旨를 받았다.

알았다.

이상.

(36) 문서번호 : 2-1-1-94(483, 767a)

사안 : 朝鮮과 독일이 조약 비준서 교환 이전에 독일 상인이 朝鮮에 먼저 가서 무역할 수 있다는 내용으로 주고받은 공문을 초록하여 보냅니다(錄送德·韓爲德商在換約前可先往朝鮮貿易互換文稿).

날짜 : 光緒八年六月二十五日(1882년 8월 8일)

발신자 : 總理衙門

수신자 : 독일 사신 브란트

六月二十五日, 致德國公使巴蘭德函稱:

昨接來函內稱:

貴國暨朝鮮國公文各一件, 其中訂明, 德商無須俟德約互換始行通商, 可於英、美兩國換約後, 亦卽前往. 此項公文兩角, 未能携帶來山, 望照錄擲交.

等因. 査前項公文前由北洋大臣致本衙門信函內附鈔前來, 祇係備査之件. 本總辦等現已回明堂憲, 不作公事往來. 將原件照錄各一紙, 函送貴繙譯査收. 此佈. 順頌日祉.

6월 25일, 독일 공사 브란트에게 다음과 같은 서신을 보냈다.

어제 보내주신 다음과 같은 서신을 받았습니다.

독일과 朝鮮은 각각 다음과 같은 내용의 공문 1건씩을 가지고 있는데, 독일 商人은 朝鮮과 독일의 조약 교환을 기다렸다가 통상을 시작할 필요가 없으며, 영국·미국과의 조약 교환 후 또한 즉시 가서 通商할 수 있다고 합의하였습니다. 다만 이 공문 두 통은 제가 휴대하여 [山東에?] 가져올 수 없었으므로, 즉시 초록 한 통을 보내주셨으면 합니다.

살펴보건대 이 공문은 北洋大臣이 저희에게 보낸 서신에 초록을 첨부하여 보냈지만, 단지 검토를 위한 문건일 뿐입니다. 본 총판은 이미 상사에게 보고하였지만, 이것을 공문으로 다루어 주고받지는 않았습니다. 원 문건의 초록 각 1건씩을 귀 번역관에게 보내니 살펴보시고 보관하십시오. 이에 알립니다. 편안하시길 빕니다.

(37) 문서번호 : 2-1-1-95(496, 779a)

사안 : 朝鮮과 독일이 이미 우호통상조약을 체결하였음을 상주합니다(具奏德·韓已訂立通商友好條約).

날짜 : 光緒八年六月二十九日(1882년 8월 12일)

발신자 : 軍機處

수신자 : 總理衙門

六月二十九日, 軍機處交出恩承等抄摺稱 :

爲據咨轉奏事.

准北洋大臣轉遞朝鮮國王咨文一件並該國與德國所換和約一冊. 臣等公同閱看, 係因該國與德國講定修好通商條約, 繕冊備文咨請轉奏, 并稱日後有他國踵至, 望道員馬建忠等居時重來等情. 謹抄錄原咨恭呈御覽. 伏候命下, 由臣部移咨總理各國事務衙門及北洋大臣欽遵辦理. 至朝鮮國與德國所換和約, 據北洋大臣咨稱, 業由該大臣具奏. 此次臣部應毋庸鈔錄進呈, 合併聲明. 爲此謹奏請旨.

6월 29일, 軍機處에서 恩承 등이 올린 다음과 같은 奏摺 초록을 보내왔다.

[朝鮮 國王의] 咨文을 받고 대신 上奏합니다.

北洋大臣이 朝鮮 國王의 자문 1건 및 朝鮮과 독일이 교환한 조약 책자 1부를 보내왔습니다. 신 등이 함께 살펴보니, 朝鮮과 독일이 우호통상조약을 체결하였으므로 조약 책자와 자문을 갖추어 보내 대신 상주해달라고 요청하면서, 아울러 장래 다른 나라가 [조약 체결을 위해 뒤따라 朝鮮에] 오면 道臺 馬建忠 등을 때맞춰 다시 보내주기를 바란다는 내용이었습니다.

삼가 원 자문을 초록하여 올리니 살펴봐 주십시오. 엎드려 명을 주시길 기다렸다가 총리아문 및 北洋大臣에게 자문을 보내 지시에 따라 처리하도록 하겠습니다. 朝鮮과 독일이 체결한 조약은 北洋大臣의 자문에 따르면 이미 대신 상주하였다고 하였으므로, 이번에 저희 예부에서 다시 초록하여 올릴 필요는 없음을 아울러 밝히는 바입니다. 이에 삼가 상주하여 諭旨를 청합니다.

(38) 문서번호 : 2-1-1-96(497, 779b-780a)

사안 : 禮部에서 독일과 朝鮮이 조약 체결한 일을 자문에 따라 대신 上奏합니다(禮部據咨轉奏德·韓訂約摺).

첨부 문서 : 「朝鮮 國王의 자문(朝鮮國王咨)」 : 조·독조약 체결이 완료되었음을 자문으로 알립니다(咨報德韓議約事竣).

날짜 : 光緒八年六月二十九日(1882년 8월 12일)

발신자 : 軍機處

수신자 : 總理衙門

六月二十九日, 軍機處交片稱 :

本日禮部奏朝鮮國與德國換約據咨轉奏一摺. 奉旨 :

該衙門知道.

欽此. 相應抄錄原摺、咨文各一件, 知照貴衙門欽遵可也.

1. 照錄「咨文」[146)]

朝鮮國王, 爲咨會事.

本年五月十一日, 領選從事官尹泰駿回, 承准北洋大臣密咨內開 :

德國公使來津, 初欲照美國條約酌改數款, 當與折辨, 連日妥商. 現已允照美約辦理, 仍派馬建忠、丁汝昌偕往襄助.

等因. 竊查德國公使先於本月初六日乘兵船來泊仁川港. 越二日馬觀察、丁提督適會

146) 이 책에 실린 (18) 문서번호 : 2-1-1-77(446, 695b-700b)의 첨부 문서 2. 「朝鮮 國王의 자문(朝鮮國王咨)」과 거의 비슷하지만, 약간 축소된 내용이다.

東駛. 仍差經理統理機務衙門事趙寧夏、金宏集爲全權大·副官, 前往會辦. 乃於本月十五日, 面同德國全權大臣巴蘭德, 講定修好通商條約十四款, 鈐印畫押, 用昭憑信. 當職仰荷皇上眷顧藩服, 終始綏靖, 亦賴部堂諸大人暨北洋大臣, 經畫遠謨, 曲循小邦之懇, 奏蒙俞允, 再飭兩大員襄助東土. 臣庶莫不北望攢祝, 感戴洪庇. 謹將條約冊子、照會備文各稿, 悉行抄錄, 用備轉奏在案. 現馬觀察、丁提督事藏言旋, 不容挽留. 日後有他國踵至, 望煩兩大員屆時重來, 以爲申徼嘉惠之地, 實有厚幸. 玆憑威遠艦回順便佈告. 爲此合行移咨, 請照驗轉奏施行.

6월 29일, 軍機處에서 다음과 같은 附片을 보내왔다.

오늘 禮部에서 조·독조약 체결에 대해 [朝鮮 國王의] 자문을 받고 대신 上奏하였습니다. 이에 대해 다음과 같은 諭旨를 받았습니다.

해당 아문에게 알리라.

마땅히 원 奏摺과 咨文 각 1건을 초록하여 귀 아문에 알리니 삼가 따라서 처리하십시오.

첨부 문서 :

1.「咨文」초록

朝鮮國王이 자문으로 알립니다.

올해 5월 11일 領選從事官 尹泰駿이 귀 북양대신의 비밀 자문을 받아왔는데 그 내용은 다음과 같았습니다.

독일 공사가 천진에 왔는데, 처음에 조·미조약에 비추어 몇 가지 항목을 개정하려 하기에 논쟁하면서 연일 협상을 하였습니다. 지금은 이미 조·미조약에 따라 처리하기로 그가 승낙하였습니다. 또 馬建忠과 丁汝昌을 파견하여 함께 가서 돕도록 하였습니다.

삼가 살펴보건대, 독일 공사는 6월 6일 군함을 타고 인천항으로 출발하였고, 이틀 후에 馬建忠 觀察과 丁汝昌 提督이 만나 朝鮮으로 출발하였습니다. 그래서 經理統理機務衙門事 趙寧夏와

金弘集을 全權大官·副官으로 선발하여 가서 함께 일을 처리하도록 하였습니다. 이번 달 15일에 독일 전권대신 브란트와 만나 修好通商條約 14조를 체결한 다음 인장을 찍고 서명하여 증거를 밝혔습니다. 當職[朝鮮 國王]은 藩服을 보살피고 시종 안정시켜 주시는 황상의 은혜를 입었고, 또한 여러 部堂大人 및 北洋大臣께서는 멀리 내다보고 대책을 마련하여 朝鮮의 간청을 곡진히 따라서 上奏하여 재가를 받은 다음 다시 두 분 고위 관원이 돕도록 해주셨습니다. 朝鮮 臣民 가운데 북쪽을 바라보며 송축하고 널리 보호해주신 것에 대해 감사해하지 않는 사람이 없습니다. 삼가 조약 책자와 조회 등의 원고를 모두 초록하여 대신 상주해주시도록 준비하였습니다. 지금 馬建忠 觀察과 丁汝昌 提督은 일을 마치고 돌아가니 만류할 수 없습니다. 앞으로 다른 나라가 뒤이어 올 경우, 번거롭더라도 두 분께서 그때 다시 와서 은혜를 베풀어 주시면 실로 다행이겠습니다. 이에 지금 威遠號가 돌아가는 편을 이용하여 알리는 바입니다. 이에 마땅히 답장자문을 보내야 하니, 살펴보시고 대신 상주해주시기 바랍니다. [이상입니다.]

(39) 문서번호 : 2-1-1-97(499, 784a)

사안 : 조·독조약 체결에 대해 上奏하였고, [그에 대해 받은] 諭旨를 삼가 초록하여 알립니다(具奏德·韓議約一摺, 恭錄諭旨知照).

날짜 : 光緖八年六月三十日(1882년 8월 13일)

발신자 : 禮部

수신자 : 總理衙門

六月三十日, 禮部文稱:

主客司案呈:

所有本部抄錄朝鮮國王咨文轉奏一摺, 於光緖八年六月二十九日具奏. 本日軍機處發出奉旨:

　該衙門知道.

欽此. 相應抄錄該國王原文及本部原奏, 並該國原咨、條約一冊, 知照總理各國事務衙門可也.

6월 30일, 禮部에서 다음과 같은 문서를 보냈다.

主客司에서 다음과 같은 기안 문서를 올렸습니다.

本部에서 朝鮮 國王의 咨文을 초록하여 光緖 8년 6월 29일에 대신 上奏하였습니다. 오늘 軍機處에서 다음과 같은 諭旨를 받아 보내왔습니다.

　해당 아문에 알리라.

따라서 마땅히 朝鮮 國王의 原文 및 예부의 원 奏摺, 그리고 朝鮮國의 원 자문 및 조약 1책을 초록하여 總理衙門에 알려야 할 것입니다.

(40) 문서번호 : 2-1-1-98(552, 909a)

사안 : 朝鮮에서 미국 공사에게 보낸 조회를 서신으로 보냅니다(函送朝鮮致美使照會).
날짜 : 光緒八年八月八日(1882년 9월 19일)
발신자 : 總理衙門
수신자 : 미국 공사 존 영

八月初八日, 致美國公使楊約翰函稱 :

玆接北洋大臣李函送朝鮮國致貴署大臣照會一件. 耑此送收.[147] 卽頌日祉.

8월 8일, 미국 공사 존 영(John R. Young)에게[148] 다음과 같은 서신을 보냈다.

지금 北洋大臣 李鴻章이 朝鮮에서 귀 서리공사에게 보낸 조회 1건을 서신으로 보내온 것을 받았습니다. 특별히 이 때문에 받은 문건을 보내니 받아보십시오. 편안하시길 빕니다.

---

147) 단차(耑此)는 전차(專此)와 같은 뜻으로 서신 말미에 쓰는 상투어이다. 특별히 이 때문에 편지를 보낸다는 뜻이다,

148) 존 영(John R. Young, 楊約翰, 1840~1899)은 신문기자 출신으로, 1882년부터 1885년까지 미국의 중국 주재 공사로 재직하였다.

(41) 문서번호 : 2-1-1-99(553, 909b)

사안 : 朝鮮의 조회를 서신으로 보냅니다(函送朝鮮照會).

날짜 : 光緒八年八月八日(1882년 9월 19일)

발신자 : 總理衙門

수신자 : 독일 공사 브란트

八月初八日, 致德國公使巴蘭德函.【詳見英國與朝鮮交涉事件】

浮籤 :「函送朝鮮照會由」

8월 8일, 독일 공사 브란트에게 서신을 보냈다.【상세한 내용은『英國與朝鮮交涉事件』에 보인다.】

첨부 내용 : 朝鮮의 조회를 서신으로 보냈습니다.

(42) 문서번호 : 2-1-1-100(555, 917b)

사안 : 總理衙門 등의 도움에 감사드리는 朝鮮의 조회를 받았습니다(收到朝鮮照會, 感謝總署等之襄助),

날짜 : 光緒八年八月十日(1882년 9월 21일)

발신자 : 독일 공사 브란트

수신자 : 總理衙門

八月初十日, 德國公使巴蘭德函稱 :

八月初八日, 接到來函併附朝鮮照會一件. 本大臣閱悉之餘, 知此節深蒙貴署及李中堂格外分神. 除俟異日晤謝, 合先耑函致覆. 順頌日祉.

8월 10일, 독일 공사 브란트가 다음과 같은 서신을 보내왔다.

8월 8일, 보내주신 서신 및 朝鮮의 조회 1건을 받았습니다. 제가 모두 읽어보던 차에, 이러한 일이 귀 總理衙門 및 李 中堂大人께서 유달리 신경을 써주신 덕분임을 알게 되었습니다. 다른 날 직접 뵙고 감사 인사를 드리는 것 외에, 마땅히 우선 서신을 보내 답장을 드려야 할 것입니다. 편안하시길 빕니다.

(43) 문서번호 : 2-1-1-101(567, 948a)

사안 : 朝鮮 대신에게 보낼 답장조회를 대신 전달해주십시오(請代轉覆朝鮮大臣照會).

날짜 : 光緒八年八月十日(1882년 9월 21일)

발신자 : 미국 공사 존 영

수신자 : 總理衙門

八月十八日, 美國公使楊約翰函稱:

玆有覆朝鮮國大臣照會一件, 希貴衙門加封, 遞交北洋大臣, 代爲轉致是荷. 特此. 卽頌日祉.

8월 18일, 미국 공사 존 영이 다음과 같은 서신을 보내왔다.

현재 朝鮮國 대신에게 보낼 답장조회 1건이 있으니, 귀 아문에서 밀봉하여 北洋大臣에게 보내주셔서 [北洋大臣이] 대신 전달해주시면 감사하겠습니다. 이 때문에 특별히 이 서신을 보냅니다. 편안하시길 빕니다.

(44) 문서번호 : 2-1-1-102(569, 950a)

사안 : 미국 군함이 朝鮮에 갔을 당시 丁汝昌 제독이 우대해주셨는데, 감사의 인사를 대신 전해주십시오(美兵輪赴韓, 丁提督優待, 請代申謝).

날짜 : 光緒八年八月十九日(1882년 9월 30일)

발신자 : 미국 공사 존 영

수신자 : 總理衙門

八月十九日, 美國公使楊約翰照會稱:

玆准本國總管駐東洋兵船大臣水師哥提督理思來文內開:

上月曾派所轄之摩諾嘎西兵輪開往朝鮮海口. 於該處經中國督帶兵輪水師丁提督極有優禮相待. 請轉知貴國致謝.

等因前來. 相應將哥提督之意及本大臣欣謝之情, 一倂達知貴署, 卽希代爲轉致丁提督. 至所有優待之情, 本館自必照報本國, 以徵貴國官員於本國官商時, 加優禮也. 爲此照會.

8월 19일, 미국 공사 존 영이 다음과 같은 조회를 보내왔다.

지금 본국의 아시아함대 사령관 해군제독 클리츠(John M. B. Clitz, 哥理思)가[149] 다음과 같은 문서를 보내왔습니다.

지난달 제가 통솔하는 모노카시(Monocacy, 摩諾嘎西)호를 朝鮮 해안에 가도록 보냈습니

149) 클리츠(John M. B. Clitz, 哥理思, 1821~1897)는 미국 해군제독으로 미국-멕시코 전쟁, 미국 남북전쟁 등에 참여하였다. 해군소장으로서 1880년부터 1883년까지 미국의 아시아함대 사령관을 맡았다.

다. 그곳에서 중국 군함을 통솔하였던 해군제독 丁汝昌이 극진한 예로써 대우해주었습니다. 청컨대 귀국에 알려 致謝해주십시오.

마땅히 클리츠 제독의 뜻과 본 공사의 기쁘고 감사하는 마음을 아울러 귀 아문에 알리오니, 대신하여 丁汝昌 提督께 전해주십시오. 우대해주신 모든 사정은 저희가 반드시 본국에 보고하여, 귀국 관원이 본국 관원과 협의할 때 우대의 예를 더하도록 하겠습니다. 이에 조회를 보냅니다.

(45) 문서번호 : 2-1-1-103(580, 961a)

사안 : 丁汝昌 제독이 미국 군함을 우대한 사안에 대한 致謝를 이미 전달하였습니다(致謝丁提督汝昌優禮美國兵船事已轉致).

날짜 : 光緒八年八月二十三日(1882년 10월 4일)

발신자 : 總理衙門

수신자 : 미국 공사 존 영

八月二十三日, 給美國公使楊約翰照會稱：

光緒八年八月十九日, 准貴國大臣照稱：

貴國水師哥提督曾派所轄之摩諾嘎西兵輪開往朝鮮海口, 經中國水師丁提督極其優待之情. 一併達知貴署. 希代爲轉致丁提督, 並將所有優待之情, 照報本國.

等因前來. 除由本衙門轉飭丁提督知照外, 相應照覆貴大臣查照可也.

8월 23일, 미국 공사 존 영에게 다음과 같은 조회를 보냈다.

光緒 8년 8월 19일, 귀 대신이 보낸 다음과 같은 조회를 받았습니다.

미국 해군제독 클리츠는 일찍이 통솔 하의 모노카시호를 朝鮮 해안에 가도록 보냈습니다. 그곳에서 중국 군함을 통솔하는 해군제독 丁汝昌이 극진한 예로써 대우해주었습니다. 아울러 귀 아문에 알리오니 丁汝昌 提督에게 대신 전해주십시오. 우대해주신 모든 사정은 반드시 본국에 보고할 것입니다.

본 아문은 丁汝昌 제독에게 전달하여 알리는 것 외에, 마땅히 귀 공사께서 살펴보시도록 답장 조회를 보냅니다.

(46) 문서번호 : 2-1-1-104(598, 994b)

사안 : 조·미조약 체결에 도움을 준 것에 대해 지시를 받아 문서를 갖춰 감사드립니다(奉命備文申謝, 襄助美韓議約).

날짜 : 光緒八年九月六日(1882년 10월 17일)

발신자 : 미국 공사 존 영

수신자 : 總理衙門

九月初六日, 美國公使楊約翰照會稱 :

昨准本國來文內開 :

前派薛大臣與朝鮮國議訂通商條約一事, 中國一秉和睦之心, 盡情襄助, 以致薛大臣於其所辦者, 得以速成. 特囑爲致謝.

等因前來. 本大臣茲奉前因, 實深欣悅. 相應將此謝意特爲轉致, 卽希貴親王查照可也.

9월 6일, 미국 공사 존 영이 다음과 같은 조회를 보내왔다.

어제 본국에서 다음과 같은 내용의 공문을 보내왔습니다.

전에 슈펠트 사신을 보내 朝鮮國과 통상조약을 체결한 일에서, 중국이 줄곧 화목을 유지하려는 마음으로 정성을 다해 도움으로써, 슈펠트 사신이 처리하는 일이 신속히 성사될 수 있었습니다. 특별히 감사의 뜻을 전달해주시기 바랍니다.

본 공사는 이상의 통보를 받게 되어 실로 매우 기쁩니다. 마땅히 이러한 감사의 뜻을 특별히 전달하여 알리는 바이니, 귀 親王께서 살펴봐 주시기 바랍니다.

(47) 문서번호 : 2-1-1-105(624, 1030b~1041b)

사안 : 張佩綸이 무력을 강구하여 藩服을 안정시킬 것을 주청한 일에 대해 諭旨를 받아 적절히 논의한 奏摺과 附片 초고를 자문으로 보냅니다(咨送欽奉寄諭, 妥議張佩綸請講武以靖藩服等摺片稿).

첨부 문서 : 1. 「李鴻章의 奏摺(李鴻章奏摺)」 : 張佩綸이 조목조목 진술한 商政 관리, 兵權 간여, 일본과의 조약 보완, 군함 구매, 奉天 방어 및 永興灣 쟁탈에 대한 답변을 上奏합니다(奏覆張佩綸條陳理商政、預兵權、救倭約、購師船、防奉天及爭永興).

2. 「李鴻章의 주편(李鴻章奏片)」 : [朝鮮을] 대신하여 묄렌도르프를 초빙하고 아울러 馬建常을 朝鮮으로 보내 稅關 업무를 돕도록 할 계획입니다(擬代聘穆麟德竝馬建常前往朝鮮, 襄助關務).

3. 「朝鮮 國王의 자문(朝鮮國王咨)」 : 현명하고 노련한 인사를 파견하여 朝鮮의 외교 교섭 처리 문제에 대해 지도해주시기를 자문으로 요청합니다(咨請派遣賢明練達之士, 指導朝鮮一切交涉商辦事宜).

4. 「李鴻章과 朝鮮 대관 趙寧夏의 필담 절략(李鴻章與朝鮮大官趙寧夏筆談節略)」 : 일본에 대한 배상금, 招商局 차관의 용도 및 묄렌도르프를 대신 초빙하여 세관 업무를 돕도록 하는 문제 등(對日償款, 商局借款用途, 及代聘穆麟德襄助關務等事).

날짜 : 光緒八年十月十三日(1882년 11월 23일)

발신자 : 李鴻章

수신자 : 總理衙門

十月十三日, 署北洋大臣李鴻章文稱 :

光緖八年十月初五日，由驛具奏欽奉寄諭,[150] 悉心妥議覆陳一摺，又附奏擬爲朝鮮代聘前駐天津德領事穆麟德等，前往襄助商務一片．相應鈔錄摺、片咨送貴衙門，謹請查核．

1. 照錄「奏摺」．

奏爲欽奉寄諭，悉心妥議，恭摺覆陳，仰祈聖鑒事．

竊臣承准軍機大臣字寄：

九月十九日，奉上諭：

張佩綸奏，星象主兵,[151] 請講武以靖藩服一摺．據稱：

朝鮮亂作於內，敵偪於外．吳長慶一軍暫留鎭撫，殆權宜之策，非經久之圖．條陳六事，請飭籌辦．

等語．朝鮮密邇陪都，實爲東北屛蔽．該國情形積弱，現在變亂甫平，鄰邦窺伺，自應力爲護持，以昭字小之義，兼爲固圉之謀．第其間籌辦機宜措置，必須審愼．張佩綸所陳，理商政、預兵權、救倭約、購師船、奉天增兵、永興籌備各條，著李鴻章悉心籌度，妥議具奏．

等因．欽此．仰見聖慮周詳，集思廣益至意，欽悚莫名．伏查朝鮮積弱不振，强宗煽亂，經我國家視同內服，命將出師，擒獲首惡李昰應，安置保定，羣情震懾．於是天下萬國皆知朝鮮爲我屬邦，大義益明．又有吳長慶一軍暫留鎭撫，數月以來，水、陸將領及朝

150) 기유(寄諭)는 기신상유(寄信上諭)를 말한다. 군기처의 군기대신이 황제를 대신하여 고위 관료에게 상유를 전달할 때 그 문서의 첫머리에 '자기(字寄)'라는 용어를 쓰기 때문에 보통 군기대신자기(軍機大臣咨寄)라고도 하는데, 기밀 사건에 대해 특별한 관청에 내리는 기신상유(寄信上諭)가 바로 이것이다. 이와 달리 공개적으로 반포되는 상유는 명발상유(明發上諭)라고 한다.

151) 성상주병(星象主兵)은 별자리[星體]의 밝고 어두움이나 위치 등의 현상을 보고 인간세계의 길흉화복을 점치는 성상학(星象學)에서 나온 말이다. 북두칠성 가운데 마지막 일곱째 별[搖光. 또는 貪狼, 太白, 部星이라고 한다]이 군사 문제를 주관[主兵]하는데, '일곱째 별이 밝지 않으면, 집금어(執金吾, 금어는 양쪽에 금칠을 한 銅棒을 말하는데, 執金吾는 한대 경기 지역의 치안을 책임진 관원이었다)가 적절한 사람이 아니다(第七星不明, 執金吾非其人也).'라고 한 데서 병권(兵權)에 문제가 있음을 의미한다.

鮮陪臣，自該國來津者，臣詳加諮訪，僉稱："朝野晏然，人心大定，日本留護使館之隊爲數無幾，亦與民相安，該國王力圖振作." 臣遵旨籌商善後各務，漸有端緒，張佩綸所陳六事，有已經辦定者，有欲籌而未及辦者．謹悉心酌度，分條覆陳如左：

一．理商政．原奏當簡派大員爲朝鮮通商大臣，理其外交之政，而國治之得失、國勢之安傾，亦得隨時奏聞，豫謀措置等語．查光緒六年十一月駐日使臣何如璋致書總理衙門內，有「主持朝鮮外交議」一篇，以中國能於朝鮮設駐紮辦事大臣，凡內地政治、外國條約，皆由其主持爲上策．又稱時方多事，鞭長莫及，此策未能遽行．其次則請遣員前往朝鮮，代爲主持結約．當經總理衙門函商於臣，謂："此事若密爲維持保護，尚覺進退綽如．儻顯然代謀，在朝鮮未必盡聽吾言，而各國或將惟我是問．他日勢成騎虎，深恐彈丸未易脫手." 原係審時度勢之論，該衙門曾於七年正月請旨派臣勸諭朝鮮與西國通商摺內聲明在案．本年春間，臣與美國使臣商辦朝鮮約稿，奏派道員馬建忠，提督丁汝昌，前往襄助，令朝鮮另具照會聲明，該國爲中華屬國，顯寓主持調護之義．嗣英、德踵往議約，朝鮮國王卽屬馬建忠轉稟臣處，選派熟悉商務、公法之員，帮同辦理交涉事件．該國內亂平後，復遣陪臣趙寧夏等來議善後，亦諄諄以此相屬．臣慮其君臣不諳外交，或致措注失宜，允俟國王咨到酌辦．頃趙寧夏航海復來，接有朝鮮國王咨文一件．謹照抄恭呈御覽．其云代聘賢明練達之士，蓋欲臣薦員往助，仍隱由該國王調度，權可自彼操也．若如張佩綸所陳，簡派大員爲朝鮮通商大臣，理其外交，並預其內政，職似監國，向來敕使有一定體制，通商大臣當與該國王平行辦事，分際旣難妥洽，以後各國與朝鮮交涉事件，必惟中國是問，竊恐朝廷與總署不勝其煩矣．惟是泰西通例，凡屬國政治不得自主．故與人結約，多由其統轄之國主政．卽半主之國，可自立約，亦只能議辦通商而修好無與焉．今朝鮮與日本立約已越七年．當時約款竟認朝鮮爲自主之國，在朝鮮昧於公例，無足深責，而咨報禮部轉奏，並未一加駁斥．本年美、英、德三國訂約，始申明中國屬邦字樣，日本方嘖有煩言，各國尚不免疑議，將來換約時，恐有饒舌．儻欽派大臣駐紮該國，理其外交之政，必將日本及美、英各約畫一辦理，殊非易事．若不畫一亦非政體．此目前之難也．朝鮮爲東三省屏蔽．朝鮮危亡則中國之勢更急．乘此無事，派大臣往駐以主持通商爲名，藉與該國政府會商整理一切，保朝鮮卽以固吾圉，亦與泰西屬國之例相符．第其國內政治，中朝向不過問．一旦陰掣其權，而風土異宜，人才荏弱，措施張弛，未必盡如我意．若其陽奉陰違，或被他人挑唆生隙，朝廷又將何以處之？此日後之難也．
臣反覆籌維，未敢遽決此策，應請敕下軍機大臣會同總理衙門通盤籌畫，定議覆奏．至張佩綸請薦曾充專使，熟悉洋情者，以充其選，何如璋上年曾發此議．若派專使，宜無如該員之熟悉情形矣．
一．預兵權．原奏亂黨殺大臣並殺倭人．嗣後當由中國選派教習，代購洋鎗，爲之簡練掎角等語．查趙寧夏等八月初面呈該國王請示善後六條內，有整軍制一條，卽求中國爲之設法，經臣抄送總理衙門在案．嗣趙寧夏等商懇延請教師，借給洋鎗、炸砲．又經臣轉飭吳長慶，揀派精熟洋操員弁，就近教練，並籌撥銅炸砲十尊，英來福兵鎗一千桿，配齊藥彈，分批解送，吳長慶轉交該國王驗收應用．業於九月二十九日附片奏明在案，與張佩綸所擬辦法正同．
一．救倭約．原奏倭約莫貪於索費，尤莫狡於駐兵．聞告貸北洋，安知非借中帑，以款東兵？應無庸籌借．倭兵屯劄王城，尤多隱患，應由吳長慶密謀箝制等語．查前據趙寧夏等面稱，國無一月之儲，欲借債以救急．五月間，馬建忠往朝鮮爲英、德議約，卽稟聞該國財用窘乏，日本有借銀五十萬之說，該君臣恐受挾制未允．嗣花房義質又有代籌開礦，扣還償款之議，亦力持不可．轉瞬設關雇員及一切創舉經費，實無所措，該國急而求我，自係萬不得已．臣仰體皇上字小之仁，未便推諉致受日人籠絡，轉生貳心．因勸諭招商局員唐廷樞，於華商湊股籌借銀五十萬兩，議明取息八厘，分年由該國關稅、礦利攤還，當經據稟分咨總理衙門、禮部在案．各國借債，本係常事，卽中國亦屢向洋商認利借銀．臣旣爲朝鮮籌議善後，勸令華商借銀，並非出自官帑，似亦情理所宜．況隱杜該國轉求日本之漸！唐廷樞與趙寧夏等已會訂合同章程，斷無失信中止之理．今張佩綸疑爲借中帑以款東兵，殊屬誤會．臣前詢趙寧夏等日本償款，該國另有指項．玆復與筆談詰問，據稱該國向有贈給釜山日本人之費，近因通商停給，算得一年日本館所贈給者，可抵分年償款．日後商局借項用於何處，仍隨時報查，所言尚切實可信．謹將十月初二日『筆談節略』照抄呈覽．至倭約索費五十萬元，原訂五年分繳．適朝鮮派使赴日本，臣卽電商出使大臣黎庶昌，勸令朝使向日本外務省商減兵費．旋據黎庶昌九月十六電報，日本不允減款，只改爲十年分繳，是每年僅繳五萬元．朝鮮雖貧瘠，尙不至爲難．此卽所以救倭約之索費也．倭兵進箚王城，原約一年爲期．吳長慶旣平內亂，本可剋期撤回．臣因倭兵未撤，遵旨飭吳長慶督軍暫駐，實密謀箝制之法．現倭兵駐王城，僅二百餘人，決不至有他患．擬俟明年春間，再令吳長慶撤回三營，仍留三營，俾資翼衛．俟倭兵一年期滿撤盡，慶軍乃酌量抽撤．此卽所以救倭約之駐兵也．

一．購師船．原奏陸軍護王都，不如水軍護海口．應飭部臣迅撥巨款，先造快船兩三艘，由北洋選派將領駐守仁川，較爲活著等語．洵至當不易之論．臣於本年八月覆奏添練水師摺內聲明，海防經費，各省籌解僅及四分之一，請飭戶部、總理衙門，再撥的款，務足原撥四百萬之數，尙未知部臣如何籌議．今擬巡護朝鮮，卽以固我門戶，必須先造快船二隻．查總稅務司赫德送呈英廠新式大快船圖說，每隻約價銀六十五萬兩．李鳳苞在德國訪查新式，價值不相上下．昨函詢船政大臣黎兆棠，據稱該廠仿造快船，每隻連砲位約需銀四十萬兩．雖不及英、德各式之精利迅速，而工料價值較減．擬請敕下黎兆棠趕籌定造快船二艘，剋期竣工，專備北洋派防朝鮮之用．並懇飭部於海防經費外，迅撥有著之款八十萬兩，限一年內分批解交．如解不足數，准臣檄飭江海關道，由現存出使經費項下挪撥，隨時咨明戶部、總理衙門知照．

一．防奉天．原奏朝鮮日益多事，遼防亦宜豫籌．請飭盛京將軍，抽練旗丁，歸宋慶統之，與所部常滿萬人，以備緩急等語．自唐迄明，有事朝鮮，皆由遼瀋進兵，從無海道濟師之事．緣中國自古舟師笨滯，越國爭戰鮮獲利者．今日東西洋輪船盛興，一日千里．而朝鮮形勢，三面濱海，更於水師爲宜，輪船由煙臺至朝鮮漢江口，一日夜可到，由津沽亦不過三日．若由遼瀋陸路至朝鮮王城，須二十餘日，往往緩不及事．故欲防護朝鮮，必以添練兵船爲要．此時勢之宜變通者．然遼防爲根本至計，朝鮮後路，抽練旗丁，自屬要圖，應請敕盛京將軍，選將簡器，認眞操練，貴精而不貴多．宋慶所部現調赴金州、旅順口設防，與兵船相依護，距瀋已遠，未便兼統旗營，應由該將軍另選明幹樸勤之員統之，庶收實效．

一．爭永興．原奏朝鮮之永興灣，嚴寒不冰，俄人欲得其地駐船，應會同吳大澂妥籌，力爭要害等語. 查朝鮮東北之永興灣, 形勢險固, 可作船隖, 西人嘗豔稱之. 上年中俄議約, 俄人調集兵艦駐海參崴, 英、法各國皆疑俄欲攻奪永興. 而駐津俄國領事今升署公使之韋貝, 每向臣密言, 俄廷絕無此意. 本年英、美、德與朝鮮議約, 俄使先向總理衙門探詢朝鮮與俄定界通商, 經朝鮮辨阻, 迄今尚未再議. 似其本志非卽欲進據永興者. 永興近接元山通商口岸, 將來各國貿易互通, 俄人亦難獨圖佔奪. 至該處距吳大澂駐兵之寧古塔、三姓、琿春等處千餘里而遙, 中隔俄境, 水陸異宜, 山川間阻, 吳大澂兵力、餉力斷難兼營. 似只可從緩籌議, 俟朝鮮整頓軍制, 力能自顧, 北洋鉄艦、快船購練齊備, 再隨時酌撥, 分往梭巡, 以壯聲援.

以上六事, 皆臣近日籌畫所及. 但辦理自有次第. 理合據實由驛具陳, 是否有當, 伏乞皇太后、皇上聖鑒訓示. 謹奏.

2. 照錄「奏片稿」

再, 朝鮮陪臣趙寧夏等八月初面呈該國王請示善後六條內, 有擴商務一條云:

舉國上下, 全昧商務關繫之何如. 現今築埠頭, 建稅關, 月期已屆, 而事變後措辦無方, 當雇請其人, 而司其權, 然後可不失自主.

等語. 頃趙寧夏復賫該國王咨文來津內稱:

> 各國換約在前, 一切交涉商辦事件, 茫然不知下手. 煩請酌量小邦應行時宜, 代聘賢明練達之士東來, 隨事指導.

臣已於正摺內陳明巔末, 並鈔咨呈覽在案. 查該國與日本定約通商七年, 尚未設關徵稅. 將來美、德、英各國踵來換約, 交涉機宜, 必須得人導助. 查有前駐津德國領事穆麟德, 和平忠實, 曾在中國海關襄事五年, 諳練稽徵事宜, 熟悉漢文、漢語. 因與該國使臣巴蘭德不合, 辭官就幕, 屢求津海關道周馥等, 願爲朝鮮效用. 趙寧夏等來津日久, 頗相投契. 玆擬爲朝鮮代聘前往襄助關務, 飭由趙寧夏與之妥立合同, 自當恪遵該國節制, 不至掣肘. 惟須有華員伴往聯絡商辦.

查有候選中書馬建常, 係道員馬建忠之胞兄, 向曾游學歐洲, 諳習公法、洋情, 明練耿直, 前經出使日本大臣黎庶昌調充理事, 適暫假來津. 臣因馬建忠爲朝鮮君臣所信服,亦薦令同趙寧夏前往，隨事襄籌妥辦，可資得力．除由臣咨覆朝鮮國王，並分咨總理衙門、出使日本大臣知照外，理合附片具陳，伏乞聖鑒．謹奏．

3.「朝鮮國王咨」謹將朝鮮國王來咨，照抄恭呈御覽．

朝鮮國王，爲咨會事．

照得小邦締修外交，敉定內難，實賴我中朝綏靖至恩，暨貴大臣經畫遠謨，前後襄辦，靡不用極，欽頌銜結，擧國同情．竊小邦向不諳外務．而各國換約在前，一切交涉商辦事件，茫然不知下手．煩請貴大臣酌量小邦應行時宜，代聘賢明練達之士，迨玆東來，隨事指導，俾得藉手牖迷，克徼終始之惠，千萬幸甚．爲此合行移咨．請煩照驗施行．須至咨者．

光緖八年九月十七日發，十月初二日到．

4.「李鴻章與朝鮮大官趙寧夏筆談節略」：謹將光緖八年十月初二日與朝鮮大官趙寧夏筆談節略，抄呈御覽．

李："回國旬日所見、所聞，貴國朝野情形，大概若何？現在臣工等何人贊襄得力，擧何政要？"

趙："旬日之間．別無聞見．朝野晏然，莫非中朝彈壓之恩．臣工亦依前日樣子．略改幾件政要，姑無顯效可告．"

李："所更改者何件？"

趙："別無可告．敝邦每因循耐過爲習．故姑無某事事之可告．略干細瑣，間欲經紀，亦未歸正．"

李："機務衙門復設否，抑變作何項名目？"

趙："今以機務處爲名目．而參其選者，每日早進，所達公事，必以機務處爲式．"

李："往日本使臣，何時可回？聞償款五十萬元，前約五年分繳，今議改十年分繳，曾得信否？"

趙："未可的知何時回還．償款以十年爲定之說，頃聞於海關道矣．此是向日電報黎公使之力."

李 : "日本償款, 貴國究擬確指何項?"

趙 : "敝邦慶尚道前有贈給釜山日本人之費不少矣. 近年以來日人不願, 敝邦亦不給. 算得一年日本館所贈給之費, 可當分年償款. 故將以此爲償費."

李 : "風聞外間傳言, 卿等前借招商局之款, 雖以善後爲辭, 其實爲按年繳償日本地也. 如此言非眞, 貴國擬將商局借項用於何處? 詳細告知本大臣, 可隨時查考."

趙 : "前者借款一事, 深感曲庇小邦之恩, 何敢用於日本之償乎? 若用於日本之償, 則將來還本又將何以爲之乎? 且小邦現今財竭, 莫保朝夕. 若浪用於他費, 則非但折本, 恐歸烏有之慮. 日後若用一、二兩銀, 必告知傅相. 以用於何處, 亦由寗夏與周、馬兩觀察所共知之事外, 不爲許給, 然後可保無他慮."

李 : "商局借銀以後用於何處, 務須隨時報知本大臣, 以免外人謠惑."

趙 : "寗夏恐慮其浪用, 似負盛眷. 故敢此仰白衷情者也. 日後如用於何處、何事, 寗夏轉告於周、馬兩觀察轉達, 亦惟燭其可許之事狀. 然後雖一兩銀許借, 可免小邦之窘, 亦可以仰答盛眷. 伏望以此下燭."

李 : "倭兵現在王城實有若干人, 與民相安否? 吳軍門所部各營在彼有無滋擾, 約計何時可以撤回?"

趙 : "倭兵現在城裏爲二百餘人, 姑無與民相干. 軍門所部各營, 與他們不相往來, 有何爲擾乎? 現今若撤回, 則恐有不安靜之慮, 減數猶可, 若撤回似不可耳."

李 : "永興灣至圖們江口約若干里? 又永興至會寧、慶源若干里?

趙 : "約一千餘里. 圖們江卽會寧、慶源之地."

李 : "永興距元山通商口岸咫尺. 該處有備兵否? 西人謂永興灣海口, 嚴寒不冰, 去俄境海參崴不遠, 俄人嘗欲佔奪此口, 以作爲船隖. 貴國思患預防當若何?"

趙 : "敝邦兵備全不成樣, 王城之裏亦然, 況遙遠外鄉乎? 俄人之欲占文川灣已久,[152] 而敝邦未有備, 是用爲悶."

152) 문천만(文川灣)은 영흥만(永興灣) 내의 작은 만 중 하나이다.

趙：“敝邦幹事人員，何時派送乎?”

李：“前署德國領事穆麟德，聞與卿等甚熟．其人明白交涉、關稅各事，性情忠實，頗願爲貴國效用．若令卽去，可由周、馬兩道臺與之妥議，訂一合同文券.”

趙：“穆麟德與寧夏幾次面熟，甚明白忠實，亦惟在傅相處分．謹當與周、馬兩道臺議訂.”

李：“旣延請西人，必須有中國委員同往聯絡鈐制．馬道在此公務甚繁，不克分身．中書馬建常熟悉公法、洋情,[153] 曾晤談否?”

趙：“馬中書前在津面晤，老實明白，已欽服矣．寧夏歸國，亦告馬建常之明白熟諳外洋公法之由於國王矣．若與他同往商辦，不勝萬幸．敝邦事宜，馬道臺前後詳悉矣，須於今行一同往回．伏望伏望．國王專等馬道臺之東渡.”

李：“馬道臺暫難前去．有馬中書先行亦是一樣．馬中書人甚耿直，會商諸事，必無欺飾.”

10월 13일, 署理北洋大臣 李鴻章이 다음과 같은 문서를 보내왔다.

光緖 8년 10월 5일, 군기대신의 寄信上諭를 받아, 최선을 다해 적절한 대책을 논의한 답변 奏摺 및 前 天津 駐在 獨逸 領事 묄렌도르프[154] 등을 朝鮮에 보내 商務를 돕게 하겠다고 附奏한

153) 중서(中書)는 여기서는 내각중서(內閣中書)의 직함[종칠품]을 말하는데, 마건상(馬建常)은 과거 출신자가 아니고 천주교 신학박사(神學博士)의 학위만을 가졌다. 산동기기국총판, 일본 고베(神戶) 영사 등을 거쳤는데 당시 후선내각중서(候選內閣中書)의 직함이었다. 이홍장에 의해 조선에 파견되었을 때에도 마찬가지였는데, 『고종실록』 19권, 고종 19년 11월 17일 기해 1번째 기사에 “中國舍人 마건상과 전 청나라 주재 독일 영사관 묄렌도르프를 접견하다.”라고 기록되어 있다. ‘中國舍人’은 ‘中書舍人’의 오기로 보인다.

154) 묄렌도르프(Paul George von Möllendorf, 穆麟德, 1848~1901)는 독일인으로 대학에서 동양어와 법률을 전공한 후, 주중국 독일 영사관에서 근무하였다. 1869년 청의 해관(海關) 직원이 되어 5년 동안 근무하였으나 독일 공사 브란트와의 불화로 해관을 떠나 이홍장에게 기탁하였다. 1882년 임오군란 이후 한국으로 부임해 통리아문의 외무협판이 되어 외교 고문 역할을 담당하였다. 이후 조선해관 총세무사가 되어 해관 신설 등 통상무역 업무도 총괄하였다. 1884년 조·러수호통상조약이 체결되는데 일조하였으며, 1885년 주일 러시아 공사 다비도프와 러시아 훈련교관 초빙 문제를 협의한 일로

附片을 첨부하여 驛站을 통해 올렸습니다. 마땅히 奏摺과 奏片을 초록하여 귀 아문에 자문으로 보내야 하니, 삼가 검토해주시기 바랍니다.

첨부 문서 :

1. 「奏摺」 초록.

삼가 보내주신 寄信上諭를 받아 최선을 다해 적절한 대책을 논의한 奏摺을 삼가 갖추어 답변을 아뢰니, 살펴봐 주시기를 엎드려 빕니다.

저는 軍機大臣으로부터 다음과 같은 寄信上諭를 전달받았습니다.

9월 19일, 다음과 같은 上諭를 받았습니다.

張佩綸이[155] 星象에서 兵權에 문제가 있음이 나타났으니 군사력을 강화하여 藩服을 안정시키자고 奏請하였는데, 이렇게 진술하고 있다.

朝鮮은 안에서 변란이 일어나고 밖에서는 적이 핍박해 들어오고 있습니다. 吳長慶이 통솔하는 부대를 잠시 남겨두어 안정시키는 것은 임시방편으로 장구한 계책은 아닙니다. 여섯 가지 문제에 대해 조목조목 진술하오니, 그에 대한 대책을 마련하여 처리하도록 지시해주십시오.

朝鮮은 陪都인 盛京과 아주 가깝고, 실로 東北 지역의 울타리가 된다. 朝鮮의 상황은 날로 허약해지고 있으며 현재 변란이 막 평정되었고 이웃나라가 엿보고 있으니, 응당 힘써 지켜줌으로써 작은 나라를 돌보아주는 字小의 義理를 밝힘과 동시에 변방을 굳게 지키는 계책

정부 관리들과 청·일 양국으로부터 강한 반발을 사서 외무협판과 해관 총세무사에서 해임되었다. 만주어 문법책인 『만주어문전(滿洲語文典)』이 있다(신복룡 등 역주, 『묄렌도르프自傳(外)』, 집문당, 1999).

155) 장패륜(張佩綸, 1848~1903)은 자가 유초(幼樵) 또는 승암(繩庵), 호가 궤재(簣齋)로 직예성 풍윤현(豐潤縣) 출신이다. 동치(同治) 10(1871)년 진사 학위를 얻어 한림원편수(翰林院編修)로 경관(京官) 생활을 시작하였다. 일찍부터 이홍조(李鴻藻)·장지동(張之洞) 등의 청류당(淸流黨)에 동조하여 대신을 탄핵한 것으로 유명하였다. 청·불전쟁 당시 주전론을 제창하다가 선정대신(船政大臣)으로 파견되었으나, 프랑스의 기습으로 복건수사(福建水師)가 무너지면서 유배되었다. 이홍장의 사위로도 유명하며, 20세의 유명한 소설가 장애령(張愛玲)이 그 손녀이다. 장패륜이 상주한 해당 문건은 이른바 『淸季中日韓關係史料』 권4, 문서번호 157, pp. 28-29에 수록되어 있다.

으로 삼아야 한다. 다만 그것을 위해 대책과 조치를 준비할 때는 반드시 신중해야 할 것이다. 張佩綸이 진술한 바, 정치·외교를 관리하고, 兵權에 간여하며, 일본과의 배상금 문제를 해결하고, 군함을 구매하며, 奉天의 군대를 늘리고, 永興을 쟁취할 준비를 하는 각 항목의 사항에 대해서는 李鴻章이 최선을 다해 헤아리고 적절히 논의하여 上奏하라.

황상의 주도면밀하신 생각과 지혜를 모아 효용을 넓히시려는 지극한 뜻을 삼가 우러러 놀라움을 금할 수 없습니다. 엎드려 생각건대, 朝鮮은 쇠약하고 부진하여 힘 있는 종실이 변란을 선동하였으나, 청이 內服처럼 여기고 장수에게 명하여 군대를 보내 주범자 李昰應을 잡아 保定에 安置하였으니, 모두가 놀라고 두려워 떨게 되었습니다. 이에 天下萬國은 모두 朝鮮이 우리의 屬邦임을 알게 되어, 大義가 더욱 분명해졌습니다. 또 吳長慶의 부대를 잠시 남겨두어 鎭撫하도록 하였습니다. 수개월 동안 육군·수사의 장교나 朝鮮 관원들이 天津으로 찾아올 때마다 상세하게 물어보니, 모두 "朝野가 평안하고 민심이 크게 안정되었으며, 일본이 公使館 보호를 위해 남겨둔 군대 수는 얼마 되지 않고 또한 백성들과도 서로 잘 지내고 있으며, 朝鮮 國王은 힘써 도모하고 분발하고 있습니다."라고 입을 모아 이야기하였습니다. 제가 諭旨를 받들어 준비하는 각종 뒤처리 문제는 점차 실마리가 잡히고 있는데, 張佩綸이 진술한 여섯 가지 일 가운데에는 이미 처리를 한 것도 있고, 준비하고자 하였으나 아직 마무리하지 못한 것도 있습니다. 삼가 최선을 다해 헤아려 아래와 같이 조목조목 나누어 답변을 아뢰고자 합니다.

첫째는, 통상 문제[商政]를 직접 관리하는 문제입니다.[156] 原 奏摺에서는 "마땅히 고위 관원을 가려 뽑아 朝鮮通商大臣으로 파견함으로써, 그 외교 정책을 관리하게 하고 국가 통치의 득실이나 國勢 안정에 대해서 더불어 수시로 上奏하게 하여 미리 조치를 준비할 수 있게 해야 합니다."라고 하였습니다. 살펴보건대, 光緖 6년 11월 주일 공사 何如璋이 總理衙門에 보낸 서신에 「主持朝鮮外交議」라는 글이 있었는데, 이 글에서 중국이 朝鮮에 駐紮辦事大臣을 파견하여 국내 정치 및 외국과의 조약 모두 주지하도록 할 수 있다면 그것이 上策이라고 하였습니다. 그렇지만 당장은 바야흐로 多事多難한 시기이고 역량이 미치지 못하기 때문에 이 방법은 갑작스레 실행할 수 없다고 하였습니다. 그다음 방안으로 그가 제시한 것은 관원을 朝鮮에

156) '상정(商政)'이라고 하였지만, 실제 언급되는 내용은 조선의 정치·외교를 관장하되 직접 그러한 명문을 내세우기는 곤란하므로 통상(通商)을 주지하는 명목으로 관원을 파견하는 편이 낫다는 의견을 제시하기 때문에, 이렇게 서술하고 있다.

보내 조약 체결을 대신 주도하도록 하는 것이었습니다. 그때 總理衙門에서 제게 서신을 보내 상의하기에, 저는 "이 일은 만일 비밀리에 朝鮮을 유지하고 보호하는 것이라면 여전히 여유 있게 진퇴를 결정할 수 있습니다. 하지만 만일 드러내놓고 [朝鮮] 대신 앞에 나선다면, 朝鮮이 반드시 우리의 말을 모두 들을 것이라 장담할 수 없고, 각국도 오로지 우리에게만 모든 책임을 물을 것입니다. 장차 호랑이 등에 올라탄 형세가 되어 조그마한 일에서도 손을 빼기 쉽지 않을지 깊이 우려됩니다."라고 하였습니다. 이는 본디 당시의 時勢를 헤아려 논의한 것입니다만, 이에 대해서는 總理衙門에서 일찍이 光緖 7년 1월에 臣에게 朝鮮과 서양 각국의 통상을 권유하게 해달라고 諭旨를 청한 奏摺에서 이미 밝힌 바 있습니다.

올봄, 저는 미국 사신과 朝鮮과의 조약 원고를 상의하면서, 道員 馬建忠과 提督 丁汝昌을 朝鮮에 보내 돕도록 上奏하여 파견하였고, 나아가 朝鮮이 별도 조회를 갖추어 朝鮮이 中華의 屬國임을 밝히게 함으로써 뚜렷하게 중국이 주도하고 보호하는 취지가 깃들게 하였습니다. 뒤이어 영국·독일이 朝鮮에 가서 조약 체결을 하게 되었는데, 朝鮮 國王은 즉시 馬建忠이 제게 보고를 올리게 하여 商務와 公法을 잘 아는 관원을 뽑아 보내 교섭 사건을 돕게 해달라고 요청하였습니다. 朝鮮의 內亂이 평정된 후 다시 陪臣 趙寧夏 등을 제게 보내 사후 조치를 협의하게 하였는데, 이때에도 또한 간곡히 이 점을 부탁하였습니다. 저는 朝鮮 君臣이 외교에 어두워 혹시 적절히 처리하지 못할까 우려하였기에 국왕의 정식 자문으로 요청하면 헤아려 처리하겠다고 답하였습니다. 얼마 전 趙寧夏가 해로를 통해 다시 와서 朝鮮 國王의 자문 1건을 올렸습니다. 삼가 이 자문을 초록하여 올리오니 살펴봐 주십시오. 이 자문에서는 현명하고 노련한 인사를 대신 초빙해달라고 하였는데, 제가 관원을 천거하여 보내주기를 바라지만, 그래도 朝鮮 國王이 은밀하게 통제하여 그 권한을 스스로 장악하겠다는 뜻입니다.

만약 張佩綸이 진술한 것처럼, 고위 관원을 선발하여 朝鮮通商大臣으로 삼아 그 외교를 관리하고 아울러 그 내정에도 간여한다면, 그 직위는 監國과 비슷합니다. 지금까지 [황상께서 직접 파견하는] 勅使에는 일정한 체제가 있어서 通商大臣은 마땅히 朝鮮 國王과 平行하는 위치에서 일해야 하는데 양자 관계를 적절하게 조절하기 어려울 뿐 아니라, 이후 각국과 朝鮮의 교섭 사건에 대해 반드시 오로지 중국에만 책임을 물을 것이니, 아마도 朝廷과 總理衙門이 그 번거로움을 감당하지 못할까 두렵습니다. 다만 서양의 통례로 보면 무릇 屬國의 정치는 自主할 수 없습니다. 그러므로 다른 나라와 조약을 체결할 때 대부분 宗主國[統轄之國]이 주로 처리합니다. 그렇지만 半自主國은 스스로 조약을 체결할 수 있으나, 또한 단지 通商만을 논의·처리할 수 있을 뿐 修好條約을 체결할 수는 없습니다. 현재 朝鮮이 일본과 조약을 체결한 지 이미 7년이 넘었습니다. 당시의 조약에서 결국 朝鮮이 自主之國임을 인정하였으나, 朝鮮은 公例에 어두웠으므로 깊이 질책할 만한 것이 아니었고, [朝鮮이] 禮部에 咨文을 보내 [禮部에서] 대신 上奏하였을 때에도 결코 반박하지 않았습니다. 올해 미국·영국·독일과 조약을 체결하면서 비로소 중국의 屬邦이라는 것을 분명히 밝히게 하였으나, 일본 측에서 이에 대해 불평을 털어놓았고 각국에서도 여전히 이의를 제기하는 것을 여전히 피할 수 없으니, 장래 [조선이 앞의 나라들과] 조약을 교환할 때에도 궤변이 나올까 우려됩니다. [따라서] 만일 황상께서 파견한 大臣이 朝鮮에 주재하여 그 外政을 관리한다면, 반드시 일본 및 미국·영국과의 조약을 일률적으로 처리해야 하는데, 이는 특히 쉬운 일이 아닙니다. 만일 일률적으로 처리하지 않는다면 또한 제대로 된 정치 방식[政體]이 아니니, 이것이 눈앞에 있는 어려움입니다. 朝鮮은 東三省의 울타리가 되며, 朝鮮이 위급하면 중국의 형세는 더욱 다급해집니다. 지금처럼 아무런 일이 없는 때를 이용하여 大臣을 보내 通商을 주관한다는 명목으로 주재시키고, 이를 빌려 朝鮮 정부와 함께 모든 문제를 처리함으로써 朝鮮을 보호하는 것이 곧 우리 울타리를 튼튼하게 하는 것이며, 역시 서양 屬國의 事例와도 들어맞습니다. 다만 朝鮮의 국내 정치에 대해 중국은 지금껏 간여하지 않았습니다. 일단 은근히 그 권력을 통제하게 되더라도 風土가 서로 다르고 인재가 미약하여 여러 조치의 성패가 반드시 우리 뜻처럼 다 되지는 않을 것입니다. 만약 朝鮮이 앞에서는 받들고 뒤에서는 거스르거나 혹은 남의 선동을 받아 사이가 벌어진다면, 朝廷은 또한 장차 어떻게 이것을 처리하겠습니까? 이것이 앞으로 겪게 될 어려움입니다. 제가 거듭 반복하여 생각해보았으나 감히 황급하게 이 방법으로 결정할 수는 없으니, 마땅히 軍機大臣이 總理衙門과 함께 전반적으로 논의하여 결론을 내린 다음에 답변 上奏를 올리도록 지시해주실 것을 청해야 할 것입니다. 張佩綸이 일찍이 전담 사신으로 충당된 경험이 있고 서양 사정을 잘 알고 있는 사람을 천거하여 그 자리에 파견하자고 주청한 것은, 何如璋이 이미 작년에 제안하였던 바입니다. 만일 전담 사신을 파견한다면 응당 서양 사정을 잘 아는 사람을 고르는 편이 가장 나을 터입니다.

둘째는, [朝鮮의] 兵權에 간여하는 문제입니다. 原 奏摺에서는 "亂黨이 大臣들과 일본인을 살해하였습니다. 이후 마땅히 중국에서 教習을 뽑아 보내고 대신 서양식 총을 구입하고, 그들을 훈련시켜 대치할 수 있는 형세를 이룰 수 있게 해야 합니다."라고 하였습니다. 살펴보건대, 趙寧夏 등이 8월 초에 朝鮮 國王이 지시를 요청하는 「善後六條」를 올렸는데, 그 가운데 軍制

정비 항목이 있었으니, 바로 중국이 朝鮮을 위해 방법을 마련해달라고 요청하는 것이었고, 이를 제가 초록하여 總理衙門에 보낸 적이 있습니다. 이후 趙寧夏 등은 군사 교관의 초빙, 총과 대포의 임대·지급을 간청하였습니다. 이에 또한 이미 吳長慶에게 지시를 전달하여 서양식 훈련에 정통한 무관·장교를 골라 거기에서 직접 훈련시키도록 하였고, 아울러 銅 대포 10문과 영국제 라이플 1천 자루를 마련하여 탄약과 함께 여러 차례로 나누어 보내, 吳長慶이 이를 朝鮮 國王에게 점검하여 받도록 넘겨 사용하게 하였습니다. 이에 대해서는 이미 9월 29일 附片으로 상주한 적이 있으며, 張佩綸이 제안한 방법과 완전히 동일합니다.

셋째는 일본과의 [濟物浦]조약에 대한 보완 문제[救倭約]입니다.[157] 原 奏摺에서는 "일본과의 조약에서 배상금 요구만큼 탐욕스러운 것이 없고, 특히 군대 주둔만큼 교활한 것이 없습니다. 듣자 하니 北洋大臣에게 借款을 요청하였다고 하는데, 중국의 재물을 빌려 일본군에게 求和하는 것이 아닌지 어찌 알겠습니까? 응당 돈을 마련하여 빌려줄 필요가 없습니다. 일본군이 王城에 주둔하는 것에는 특히 드러나지 않은 위험이 많으니, 마땅히 吳長慶이 통제할 수 있도록 비밀리에 계획하게 해야 합니다."라고 하였습니다. 살펴보건대, 이전 趙寧夏 등이 말하기를, 朝鮮에는 1개월치의 재정 비축분도 없어서 차관을 빌려 급한 불을 꺼야 한다고 하였습니다. 5월 중 馬建忠이 朝鮮에 가서 영국·독일과 조약 체결을 논의하였을 때, 곧 朝鮮 재정이 궁핍하여 일본이 銀 50萬을 빌려준다는 소문이 있었으나 朝鮮 君臣은 제약을 당할까 두려워하여 승낙하지 않았다고 보고하기도 하였습니다. 이후 花房義質가 다시 광산을 대신 개발하는 대가가 있으면 배상금 삭감 상환을 고려하겠다고 제안하기도 하였으나, 또한 안 된다는 주장을 애써 고수하였습니다. 지금 당장 필요한 海關 설치와 직원 고용 및 새로운 사업을 시작할 모든 경비를 실로 마련할 방법이 없어, 朝鮮에서 급히 우리에게 도움을 요청한 것은 실로 만부득이한 일이었습니다. 저는 작은 나라를 아끼시는 황상의 인자함을 받들고자, 그 요청을 거절하여 일본에 농락당하고 朝鮮이 도리어 다른 마음을 먹게 할 수는 없었습니다. 이 때문에 招商局員 唐廷樞에게[158] 권유하여 중국 상인들로부터 銀 50萬 兩을 마련하여 빌려주되 8퍼센

157) 임오군란 때 마건충과 오장경이 이끄는 부대에 의해 반란이 평정되자, 일본과의 협상이 진전되어 8월 30일에 제물포조약(濟物浦條約)이 체결되었다. 사건 주모자를 20일 이내에 체포·처벌하고 일본 및 일본인 피해자와 일본 공사 호위 비용으로 50만 원의 배상금을 지불하며, 일본 공사관 경비를 위한 군대 파견을 인정하고 사죄 사절을 파견하는 것이 조약의 주된 내용이었다.

158) 당정추(唐廷樞, 1832~1892)는 자가 건시(建時), 호가 경성(景星) 또는 경심(鏡心)으로, 광동성 향산현(香山縣) 출신의 상인·기업가이다. 외국양행(外國洋行)의 매판(買辦) 출신으로 1873~1876년에 윤선

트의 이자를 받고, 朝鮮의 關稅와 광산 수익으로 매년 상환하도록 명시하게 하였으며, 이에 대해 이미 보고를 받고 總理衙門과 禮部에 각기 자문으로 알린 바 있습니다. 각국에서 借款하는 일은 본디 일상적인 것으로, 중국 또한 누차 서양 상인들로부터 이자를 주고 자금을 빌렸습니다. 朝鮮에 대한 사후 조치를 마련하기 위해 중국 상인들에게 돈을 빌려주도록 권유한 것은 결코 나랏돈에서 나온 것이 아니니 또한 도리에도 맞을 듯합니다. 하물며 朝鮮이 일본 측에 의지하게 될 수 있는 조짐까지 은밀히 저지하였습니다! 唐廷樞와 趙寧夏 등은 이미 함께 계약을 체결하였으니, 결코 약속을 어기고 중단할 이유가 없습니다. 지금 張佩綸이 중국의 나랏돈을 빌려 일본군에게 求和를 한다고 의심한 것은 완전한 오해입니다. 제가 이전에 趙寧夏 등에게 일본에 대한 배상금을 물어보았더니, 朝鮮에 별도로 지정된 재정 항목이 있다고 하였습니다. 그래서 다시 그와 필담을 하면서 힐문하였더니, 朝鮮이 지금껏 부산의 일본인에게 주던 비용이 있었는데 근래 통상 때문에 지급이 중단되었으며, 계산해보니 1년 동안 日本館에 지급한 비용이면 매년 배상금을 메울 수 있을 것이라 하였습니다. 앞으로 招商局에서 빌린 돈을 어디에 썼는지도 수시로 보고하여 점검을 받겠다고 하였으니, 말한 바가 절실하여 믿을 만합니다. 삼가 10월 2일의 『筆談節略』을 초록하여 올리니 살펴봐 주십시오. 일본이 [제물포]조약에서 배상금으로 요구한 50萬 元은 원래 5년으로 나누어 치르기로 하였습니다. 때마침 朝鮮에서 사신을 일본에 파견하자, 저는 즉시 주일본 공사 黎庶昌에게 전보를 보내 朝鮮 사신이 일본 외무성과 배상금의 삭감을 협상하도록 권유토록 하였습니다. 그 뒤 곧 黎庶昌이 보낸 9월 16일 전보에 따르면, 일본은 삭감을 승인하지 않고 다만 10년으로 나누어 치르는 것으로 바꾸었다고 하니, 매년 5만 원만 치르면 됩니다. 朝鮮이 비록 가난하지만, 이 때문에 어려운 상황에 이르지는 않을 것입니다. 이것이 곧 일본과의 조약에서 규정한 배상금 요구를 보완한 연유입니다. 일본군이 王城에 進駐한 것은 원래 조약에서는 1년을 기한으로 하였습니다. 吳長慶은 이미 내란이 평정되었으므로, 본디 곧바로 철수해도 됩니다. 하지만 일본군이 철수하지 않았기 때문에 諭旨를 받들어 吳長慶이 군대를 통솔하여 잠시 주둔하면서 비밀리에 그들을 통제할 방법을 꾀하도록 하였습니다. 현재 王城에 주둔 중인 일본군은 단지 200여 명으로 결코 별다른 걱정거리가 되지 않을 것입니다. 내년 봄이 되기를 기다려 다시 吳長慶에게 3개

초상국(輪船招商局)에서 일하고, 1876년에 이홍장의 위촉으로 중국 최초의 근대 탄광기업인 개평탄광(開平煤礦) 개발에 간여한 것을 시작으로 철로·시멘트공장 등 여러 기업의 운영에도 참여하는 등 양무파 관료의 유력한 지원자였다.

營은 철수시키되 3개 營은 잔류시켜 왕성 보위에 도움이 되도록 지시할 생각입니다. 일본군이 주둔 기한 1년을 넘겨 모두 철수하면 吳長慶의 군대도 사정을 보아 철수시킬 것입니다. 이것이 곧 일본과의 조약에서 규정한 군사 주둔을 수정한 연유입니다.

넷째는, 군함 구매[購師船] 문제입니다. 原 奏摺에서는 "陸軍이 수도를 지키는 것은 海軍이 海口를 지키는 것만 못하니, 마땅히 戶部 관원들에게 신속히 거금을 마련하여 우선 쾌속선 두세 척을 건조하도록 하고, 北洋大臣이 장교를 선발하여 보내 仁川에 주둔하도록 한다면 비교적 묘수가 될 것입니다."라고 하였습니다. 진실로 바뀔 수 없는 매우 타당한 주장입니다. 저는 올해 8월 해군의 추가 조련 문제에 대한 답변 상주에서 海防 경비 가운데 各 省에서 마련해 보낸 비용은 단지 전체의 4분의 1에 불과하니, 戶部와 總理衙門이 재차 재원이 확실한 자금을 뽑아내어 원래 지급을 계획하였던 400萬 兩을 반드시 충족시켜야 한다고 밝혔으나, 아직 戶部 관원들이 어떻게 준비하고 있는지 알지 못합니다. 현재 朝鮮을 군함으로 보호하는 것은 바로 우리 門戶를 공고히 하는 것이니, 반드시 우선 두 척의 쾌속선을 건조해야 합니다. 살펴보건대, 海關의 總稅務士 하트(Sir Robert Hart)가[159] 영국 조선소의 신형 대형 쾌속선 도면과 설명서를 보내왔는데, 한 척당 약 銀 65萬 兩입니다. 李鳳苞가[160] 독일에서 신형 쾌속선을 조사해보니 그 가격이 비슷합니다. 얼마 전 船政大臣 黎兆棠에게[161] 서신을 보내 문의하였는데, 그의 답변에 따르면 해당 조선소에서는 쾌속선을 모방하여 건조하며 대포까지 포함하여 한 척당 銀 40萬 兩이 필요하다고 합니다. 비록 영국·독일 신형 쾌속선의 정밀함과 신속함에 미치지는 못하지만, 생산 비용은 비교적 줄어듭니다. 청컨대, 黎兆棠에게 지시하셔서 신속히 쾌속선 2척을 건조하여 기한 내에 완성하며, 北洋大臣이 오로지 朝鮮 방어용으로 구비할 수

---

159) 하트(Sir Robert Hart, 赫德, 1835~1911)는 영국인으로 북아일랜드에서 태어났으며, 1853년 외무성에 들어갔다가 다음해 중국에 파견되었다. 1863년부터 중국 해관의 총세무사로 일하면서 외국인에 의한 중국 해관 관리 제도를 확립하였으며, 죽을 때까지 40여 년 동안 중국 해관의 총세무사로 일하였다.

160) 이봉포(李鳳苞, 1834~1887)는 자가 단애(丹崖)로, 강소성(江蘇省) 숭명현(崇明縣) 출신이다. 이홍장 밑에서 양무파 관료로 일하였으며, 1876년에는 선정유학생감독(船政留學生監督)이 되었고, 1877년에는 영국·프랑스에서 학습하였으며 1878년 이홍장의 추천으로 주독일 공사가 되었다. 1884년에는 독일에서 군함을 구입하는 과정에서 은 60만 냥(兩)의 뇌물을 받아 혁직당하였다.

161) 여조당(黎兆棠, 1827~1894)은 자가 소민(召民)으로 광동성 순덕현(順德縣) 출신인데, 1853년 진사가 된 후 예부주사(禮部主事), 대만도대(臺灣道臺), 천진해관도대(天津海關道臺), 직예안찰사(直隷按察使), 복건선정대신(福建船政大臣) 등 여러 관직을 거쳤다.

있도록 해주십시오. 아울러 戶部에 지시하여 海防 경비 외에 재원이 확실한 자금 80萬 兩을 신속히 1년 기한 내에 나누어 지급하도록 해주실 것을 간청하는 바입니다. 만일 자금이 부족할 경우 제가 江海關道에게 지시하여 현재 出使經費에서 轉用하여 옮겨쓰되, 이에 대해 수시로 戶部·總理衙門에 자문으로 알리도록 재가해주십시오.

다섯째는, 奉天 방어 문제입니다. 原 奏摺에서는, "朝鮮에서 나날이 많은 사건이 일어나므로 遼東 방어 또한 마땅히 미리 준비해야 합니다. 盛京將軍에게 지시하여 旗人兵丁을 뽑아 훈련시키고, 이들을 宋慶에게[162] 귀속시켜 그가 지휘하는 1만 명과 함께 긴급한 사태에 대비하게 해야 합니다."라고 하였습니다. 唐에서 明에 이르기까지 朝鮮에 사변이 있으면 모두 遼瀋 지역에서 군대를 진군시켰고, 바닷길로 건너보냈던 적은 없습니다. 예로부터 배를 이용하는 것은 번잡하고 국경을 넘은 전쟁을 통해 얻는 이익이 적었기 때문입니다. 오늘날 동·서양에서는 윤선이 성행하여 하루에 천 리를 갑니다. 그리고 朝鮮의 형세상 3면이 바다이므로 해군에 훨씬 적절하며, 윤선을 타면 煙臺에서 朝鮮의 한강 해구까지 하룻밤이면 도착할 수 있고, 天津에서 출발하면 불과 사흘이면 도착할 수 있습니다. 만일 遼瀋 지역에서 육로로 朝鮮 王城까지 가려면 필시 20여 일이 걸리므로, 제때에 도착하지 못하고 지체되는 일이 자주 있습니다. 따라서 朝鮮을 방어하고자 한다면 반드시 군함을 추가로 조련하는 것이 급무입니다. 이는 현재 상황에서 마땅히 變通해야 하는 부분입니다. 그런데 요동 방어는 [京師를 지키는] 근본 계획이자 朝鮮의 후방을 지키는 것이니, 旗丁을 뽑아 조련시키는 일은 당연히 중요한 대책에 속합니다. 청컨대 盛京將軍에게 지시하여 장수를 가려 뽑고 무기를 간결하게 하여 충실히 조련하되, 많은 숫자에 집착하지 말고 정예병 양성에 중점을 두도록 해주십시오. 宋慶의 부대가 현재 金州·旅順口로 이동하여 방어 시설을 구축하고 군함과 함께 서로를 방어하려 하는데, 瀋陽으로부터 거리가 멀어 旗丁 부대까지 함께 통할하기는 곤란하므로, 응당 盛京將軍이 따로 재간 있고 근면한 무관을 선발하고 통솔시켜 실효를 거두도록 해야 할 것입니다.

여섯째는 永興灣을 쟁취하는[爭永興] 일입니다. 原 奏摺에서는 "朝鮮의 永興灣은 엄동에도 얼지 않아 러시아인들이 그 땅을 얻어 군함을 정박시키고자 하니, 마땅히 吳大澂과 함께 적절히 준비하여 힘써 요충지를 쟁취해야 합니다."라고 하였습니다. 살펴보건대, 朝鮮 동북의 永興灣은 형세가 견고하고 항만을 만들 수 있어 서양인들이 일찍이 부러워하였습니다. 지난해

162) 송경(宋慶, 1820~1902)은 자가 축삼(祝三)으로 산동성(山東省) 봉래현(蓬萊縣) 출신이다. 청말의 군인으로 태평천국의 진압에 참여한 이후 청일전쟁·의화단전쟁 시기까지 활약하였다.

중국·러시아가 조약을 논의할 때[163] 러시아가 군함을 블라디보스토크에 집결시켰는데, 영국·프랑스 등 각국은 모두 러시아가 永興灣을 공격하여 탈취하는 것은 아닌지 의심하였습니다. 그러나 당시 天津 주재 러시아 영사로서 현재 서리공사로 승진한 베베르(Karl Ivanovich Veber)는[164] 제게 매번 비밀스럽게 말하기를, 러시아는 결코 이러한 의사가 없다고 하였습니다. 올해 영국·미국·독일이 朝鮮과 조약을 체결할 때 러시아 공사는 우선 總理衙門에 조·러 국경 획정 및 通商에 대해 문의하였으나, 朝鮮에서 논박하여 지금까지 다시 논의되지 않고 있습니다. 그 본뜻은 永興灣을 점거하려는 것은 아닌 듯합니다. 永興灣은 元山이라는 통상항구와 가까우므로, 앞으로 각국과 서로 무역으로 통하게 되면 러시아만 유독 永興灣 점거를 도모하기는 어렵습니다. 永興灣에서 吳大澂이 군대를 주둔시키고 있는 寧古塔·三姓·琿春 지역은 1천여 리 떨어져 있어 멀고, 그 중간에 러시아 영토를 사이에 두고 있으며, 수로·육로가 각기 다르고, 중간에 山川으로 가로막혀 있으므로, 吳大澂의 병력 및 보급 능력으로는 결코 함께 경영하기 어렵습니다. 단지 천천히 계획하고 준비하다가, 朝鮮이 군사 제도를 정비하여 그 힘으로 스스로 지킬 수 있고 북양함대가 철갑선·쾌속선 구매와 훈련을 모두 마친 다음에, 다시 수시로 헤아려 배치하고 나누어 순찰함으로써 위세와 지원을 과시할 수 있을 것입니다. 이상의 여섯 가지는 모두 제가 근래 계획하던 바에 포함된 것이기도 합니다. 다만 일 처리에는 당연히 순서가 있어야 할 것이며, 응당 사실에 따라 진술하여 驛站을 통해 올리니 타당한지 아닌지 엎드려 황태후·황상께서 살펴서 訓示해주시기를 바랍니다. 삼가 주를 올립니다.

2.「附片 원고」 초록

추가합니다. 朝鮮 陪臣 趙寧夏 등이 8월 초에 찾아와 朝鮮 國王이 지시를 요청하는「善後六條」

---

163) 이것은 1881년의 이리조약[伊犁條約] 체결을 가리킨다. 1864년 신강(新疆)에서 발발한 이슬람교도 반란을 이용하여 러시아가 이리 지방을 점령하고 반환하지 않자 청이 숭후(崇厚)를 파견하여 1879년 리바디아조약을 체결하였으나, 청에 매우 불리한 결과였으므로 1881년 증기택(曾紀澤)을 파견하여 페테르스부르크조약(통칭 이리조약)을 체결하여 이 문제를 해결하였다. 이 동안 청과 러시아의 군사적 긴장 관계가 지속되었다.

164) 베베르(Karl Ivanovich Veber, 韋貝, 1841~1910)는 러시아 외교관으로 1882~1883년 천진 영사 겸 서리공사를 지냈고, 1883~1886년 사이에는 전권공사로 근무하였다. 1884년 천진 주재 영사로 있을 때 전권대사로 조선을 방문하여 조·러수호통상조약을 체결하였고, 청일전쟁 이후의 삼국 간섭에 중요한 역할을 하였다. 이후 아관파천과 친러 내각 조직을 주도하기도 하였다.

를 직접 올렸는데, 다음과 같은 商務 확대 조항이 있었습니다.

온 나라의 사람들 모두 商務 관계가 어떠한지에 대해 어둡습니다. 현재 부두를 축조하고 海關을 건설하는 기한이 이미 다 되었으나, 事變 후에 아무런 조치도 할 수 없었으니, 마땅히 적당한 사람의 고용을 요청하여 그 권한을 맡긴 다음에야 自主를 잃지 않을 수 있을 것입니다.

얼마 전에 趙寧夏가 다시 朝鮮 國王이 보낸 다음과 같은 咨文을 가지고 天津에 왔습니다.

각국과 조약을 교환하기에 전에 交涉하여 처리해야 할 모든 사안에 대해 어떻게 해야 할지 아무것도 모르겠습니다. 번거롭더라도 조선이 시세에 따라 응당 행해야 할 바를 헤아려서, 현명하고 노련한 인사를 대신 초빙하여 조선에 보내 사안이 있을 때마다 指導할 수 있게 해주시기를 요청합니다.

저는 이미 原 奏摺에서 그 사정을 아뢰었으며, 아울러 보내온 자문을 초록하여 살펴보시도록 올린 바 있습니다. 살펴보건대, 朝鮮과 일본이 조약을 체결하고 通商한 지 7년이 되었으나 아직 海關을 세워 關稅를 징수하지 못하고 있습니다. 장래 미국·독일·영국 등 각국이 잇따라 조약을 비준할 터인데, 중요한 사항의 교섭을 위해서는 반드시 적당한 사람을 찾아 이끌고 도울 수 있게 해주어야 할 것입니다. 살펴보건대, 前 天津 駐在 독일 영사 묄렌도르프는 그 성격이 온순하고 충직하며, 일찍이 중국 해관에서 5년 동안 사무를 도와 관세 조사·징수에 능숙하며, 漢文과 중국어에도 능통합니다. 독일 공사 브란트와의 불화로 인해 관직에서 물러나 제 막료로 있는데, 天津海關道 周馥 등에게 朝鮮을 위해 고용되기를 원한다고 여러 차례 요청하였습니다. 趙寧夏 등이 오랫동안 天津에서 머무르면서 묄렌도르프와 자못 서로 의기투합하였습니다. 이에 朝鮮을 위하여 그를 초빙하여 朝鮮에 보내 해관 업무를 돕도록 하고 趙寧夏에게 적당한 계약을 체결하도록 지시할 계획이니, 그는 자연히 朝鮮의 통제를 준수하면서 방해가 되지 않을 것입니다. 다만 반드시 중국인 관원을 함께 보내 서로 연락하며 처리하도록 해야 할 것입니다.

살펴보건대, 候選中書 馬建常은[165] 道員 馬建忠의 형으로, 일찍이 유럽에 유학한 적이 있어서

165) 마건상(馬建常, 1840~1939)은 청말의 문관으로, 자는 사장(斯藏) 또는 상백(相伯) 등인데, 마상백 또는 마량(馬良)이라는 이름으로 더 잘 알려져 있다. 청말의 저명한 외교관 마건충(馬建忠)의 형이기도 하다. 주일 영사를 지낸 다음 1882년에 정부 기구가 개편된 후 이홍장의 추천으로 조선에 와서 통리군국사무아문의 참의(參議)가 되고, 후에 참찬으로 승진하여 나라의 기무(機務)와 권리를 장악하고 내정

公法과 西洋 사정에 익숙하며 노련하고 강직한 데다 일찍이 주일본 공사 黎庶昌이 그를 理事로 임명한 적도 있으며, 때마침 휴가를 얻어 天津에 있습니다. 朝鮮의 君臣이 馬建忠을 믿고 따르기 때문에, 또한 馬建常을 추천하여 趙寧夏와 함께 가서 사안마다 도와 적절히 처리하게 하면 큰 도움이 될 것입니다. 朝鮮 國王에게 답장자문을 보내고 아울러 總理衙門 및 주일본 공사에게도 자문을 보내는 것 외에도, 마땅히 附片을 첨부하여 아뢰오니, 엎드려 황상께서 살펴봐 주시기를 빕니다. 삼가 주를 올립니다.

3. 朝鮮 國王의 자문(朝鮮國王咨) : 삼가 朝鮮 國王이 보내온 자문을 초록하여 올리오니 살펴봐 주십시오.

朝鮮 國王이 咨文으로 알립니다.

朝鮮이 外交 관계를 맺고 內亂을 안정시킨 것은 실로 우리 淸에서 안정시켜 준 지극한 은혜와 귀 대신께서 마련하신 원대한 계획에 의지하였는데. 선후하여 도와서 처리하면서 최선을 다해 주셨으니, 흠모하고 송축하며 은혜를 갚고자 하는 마음에 온 나라가 모두 공감하고 있습니다. 朝鮮은 지금까지 외국 관련 사무를 잘 알지 못하였습니다. 그래서 각국과 조약을 교환하기에 전에 交涉하여 처리해야 하는 모든 사안에 대해 망연하여 어떻게 처리할지 전혀 알지 못합니다. 청컨대 번거롭더라도 귀 대신께서 朝鮮이 시세에 따라 응당 행해야 할 바를 헤아려서, 현명하고 노련한 인사를 대신 초빙하고 朝鮮에 보내 사안이 있을 때마다 指導하게 해주시고, 그 덕분으로 어리석음을 깨우치고 시종 한결같은 은혜를 얻을 수 있다면 천만다행일 것입니다. 이에 마땅히 자문을 보냅니다. 번거롭더라도 검토해주십시오. 이상입니다.

光緖 8년 9월 17일 발송, 10월 2일 도착.

4. 「이홍장과 조선 고위 관리 趙寧夏의 筆談節略」 : 光緖 8년 10월 2일, 朝鮮 고위 관원 趙寧夏와 나눈 筆談의 節略을 초록하여 올리오니 살펴봐 주십시오.

李[李鴻章. 이하 동일] : "귀국 후 열흘 동안 보고 들은바, 貴國 朝野의 상황이 대략 어떻습니까? 현재 신료 중에 어떤 사람이 보좌에 도움이 되며, 어떠한 중요 정책이 시행되고 있습

을 간여하였다. 이후에 복단대학(復旦大學) 등을 설립하여 교육가로 이름을 떨쳤으며, 천주회 신부이자 신학박사로도 잘 알려져 있다.

니까?"

趙[趙寧夏. 이하 동일] : "열흘 동안에 특별히 보고 들은 바는 없습니다. 朝野가 평안하니, 이는 중국에서 억눌러주시는 은혜가 아님이 없습니다. 신료들 또한 이전과 마찬가지입니다. 대략 몇 건의 정책 변경이 있었지만, 말씀드릴 만큼 현저한 효과는 당분간 없을 것입니다."

李 : "변경한 것은 어떤 것입니까?"

趙 : "별달리 말씀드릴 것은 없습니다. 朝鮮은 매번 옛것을 지키고 잘못을 참는 데 익숙합니다. 따라서 당분간 말씀드릴 만한 어떠한 일은 없을 것입니다. 대체로 작고 번잡스러운 일을 하고, 간혹 전체적으로 경영하고자 하지만 아직 제자리를 찾지는 못합니다."

李 : "機務衙門은 다시 세웠습니까? 아니면 다른 이름으로 바꿨습니까?"

趙 : "현재는 機務處를 이름으로 삼고 있습니다. 거기에 선발되면 매일 일찍이 조정에 나아가 공무를 아뢰므로 반드시 機務處를 기준으로 삼아야 할 것입니다."

李 : "일본에 간 사신은 언제 돌아올 수 있습니까? 듣자 하니 배상금 50萬 元은 이전 조약에서 5년으로 나누어 치르기로 하였으나, 현재는 10년으로 나누어 치르는 것으로 논의하여 고쳤다고 하는데, 소식을 들었습니까?"

趙 : "언제 돌아올지 아직 알 수 없습니다. 배상금을 10년으로 나누어 치른다는 이야기는 얼마 전에 海關道에게 들었습니다. 이는 전에 黎庶昌 공사에게 전보를 보내주신 덕택입니다."

李 : "일본의 배상금에 대해 귀국에서는 대관절 어떠한 재정 항목을 명확히 지정할 계획입니까?"

趙 : "慶尙道에서 전에 釜山의 일본인들에게 지급하였던 비용이 적지 않습니다. 최근에 일본인들이 수령을 원치 않아 지급하지 않았습니다. 계산해보니 1년 동안 日本館에서 지급할 비용이면 매년 지급해야 할 배상금을 충당할 수 있습니다. 그래서 이를 배상금으로 삼고자 합니다."

李 : "外間에 떠도는 말을 들어보니, 귀하 등이 이전에 招商局에서 돈을 빌리면서 비록 사후 처리를 구실로 하였으나, 실제로는 이 돈으로 해마다 일본에 배상금으로 지급할 것이라 합니다. 만일 이 말이 사실이 아니라면, 귀국에서는 招商局으로부터 빌린 돈을 어디에 쓰려고 합니까? 상세히 알려주면 수시로 검토할 수 있을 것입니다."

趙 : "이전의 借款 문제에서 곡진히 보호해주신 은혜를 깊이 느끼고 있는데, 어찌 감히 일본의

배상금으로 쓰겠습니까? 만일 일본의 배상금으로 사용한다면, 장래 원금 상환은 또 어떻게 하겠습니까? 또 현재 朝鮮의 재정이 고갈되어 하루도 보장하기 어렵습니다. 만일 다른 비용으로 낭비한다면 비단 적자가 생길 뿐 아니라, 모두 날아가 버릴까 우려되어 두렵습니다. 앞으로 1, 2兩을 쓰더라도 어디에 사용하였는지 반드시 李 中堂大人께 알릴 것이며, 또한 저와 周馥, 馬建忠 두 觀察이 함께 알고 있는 일 외에는 지급을 허가하지 않는다면 다른 우려가 없을 것입니다."

李 : "招商局 차관이 이후 어디에 쓰이는지 반드시 수시로 본 大臣에게 보고하여 외국인들의 뜬소문이나 의혹을 피해야 할 것입니다."

趙 : "저는 차관을 낭비하여 성대한 보살핌을 저버리지 않을까 걱정합니다. 그러므로 감히 이렇게 속마음을 모두 말씀드립니다. 나중에 어떤 곳, 어떤 일에 사용하는지를 제가 周馥 및 馬建忠 두 觀察에게 알리고 두 觀察이 대신 전달한다면, 허가해줄 만한 것인지 아닌지 간파하실 수 있을 터입니다. 그런 연후에 비록 1兩의 銀일지라도 허가하여 빌려주신다면, 조선의 곤궁함을 면할 수 있고 또한 황상의 성대한 보살핌에 화답할 수 있으니, 통촉해 주시길 빕니다."

李 : "현재 王城에 있는 일본군은 실제로 얼마나 되며, 백성들과 잘 지내고 있습니까? 吳長慶이 통솔하는 부대가 그곳에서 소란을 일으키지 않습니까? 대략 언제쯤 철수할 수 있겠습니까?"

趙 : "현재 수도에 있는 일본군은 200여 명이며, 당분간 백성들과 서로 관계가 없습니다. 吳大徵이 통솔하는 부대는 백성들과 서로 왕래하지 않는데 어찌 소란이 있겠습니까? 지금 만일 철수한다면 王城이 불안정해질 우려가 있으니, 수를 줄이는 것은 가능하지만 철수하는 것은 불가능할 듯합니다."

李 : "永興灣에서 圖們江 하구까지 거리가 얼마나 됩니까? 또한 永興에서 會寧·慶源까지는 거리가 얼마나 됩니까?"

趙 : "1천여 리입니다. 圖們江은 곧 會寧·慶源 지역입니다."

李 : "永興은 元山의 통상항구와 지척 거리에 있습니다. 그곳에 방어 시설이 있습니까? 서양인들이, 永興灣 海口가 엄동설한에도 얼지 않고 러시아 경내의 블라디보스토크와도 멀지 않아 러시아인들이 일찍이 이 항구를 점탈하여 항만으로 삼으려 하였다고 합니다. 귀국에서는 이러한 우환을 어떻게 예방할 겁니까?"

趙 : "朝鮮의 군사 방비는 모두 모양을 갖추지 못하고 있습니다. 王城 안조차 그러한데, 하물며 먼 지역은 어떻겠습니까? 러시아인이 文川灣 점거를 노린 지는 오래되었으나 朝鮮은 아직 이를 대비하지 못하고 있으니 답답할 따름입니다."

趙 : "조선에 와서 일할 사람은 언제 파견됩니까?"

李 : "듣자 하니, 전 독일 서리 영사 묄렌도르프는 당신과 매우 잘 아는 사이라고 합니다. 그 사람은 交涉과 關稅 업무를 훤히 알고 있고, 그 성격이 충직하며, 귀국에서 일하기를 자못 원하고 있습니다. 만일 즉시 가게 한다면, 周馥과 馬建忠 두 道臺가 그와 적절히 협상하여 계약서를 작성해줄 수 있습니다."

趙 : "묄렌도르프와 저는 몇 차례 얼굴을 보아 익숙한데, 사람이 아주 충실하니, 또한 오로지 李 中堂大人의 처분에 맡길 뿐입니다. 삼가 당연히 周馥, 馬建忠 두 道臺와 계약을 체결할 터입니다."

李 : "이미 서양인을 초빙하였으니 반드시 중국 委員을 함께 보내 그와 접촉하고 통제해야 할 것입니다. 馬建忠 道臺는 이곳에서의 公務가 매우 바빠 다른 일에 관여할 수 없습니다. [馬建忠의 형인] 馬建常 中書가 公法과 서양 사정을 매우 잘 알고 있는데, 그와 만나 이야기해본 적이 있습니까?"

趙 : "馬建常 中書와는 이전에 天津에서 만났던 적이 있으며, 성실하고 총명함이 이미 탄복할 정도였습니다. 제가 귀국한 후에 또한 馬建常이 총명하고 서양 공법의 유래를 잘 알고 있는 것에 대해 국왕께 아뢰기도 하였습니다. 만일 그와 함께 가서 처리한다면 천만다행일 것입니다. 조선 사무는 馬建忠 道臺가 전후 사정을 상세하게 알고 있으니, 반드시 이번에는 함께 돌아가야 할 것입니다. 엎드려 간절히 바랍니다. 국왕께서도 오로지 馬建忠 道臺께서 건너오기만을 기다리고 계십니다."

李 : "馬建忠 道臺는 당분간 가기 어렵습니다. 馬建常 中書가 우선 가더라도 역시 같을 것입니다. 馬建常 道臺는 사람됨이 솔직하여 모든 사무를 논의하는 데 속임이나 허식이 없을 터입니다."

(48) 문서번호 : 2-1-1-106(658, 1083b)

사안 : 미국·독일 공사가 朝鮮에 보낸 답장 공문을 전달해주십시오(請轉交美、德二使覆朝鮮公文).

날짜 : 光緖八年十二月八日(1883년 1월 16일)

발신자 : 總理衙門

수신자 : 署理北洋大臣 李鴻章

十二月初八日, 行北洋大臣李鴻章文稱 :

前由貴大臣遞到朝鮮致英·美·德國公使公文三件, 當經本衙門分別轉寄在案. 嗣准美國楊大臣、德國巴大臣各送照覆一件, 均請本衙門轉寄. 彼時英國威大臣起程回國. 迄今數月之久, 該國格署大臣並未送有覆文. 玆將美·德照覆二件, 封送貴大臣, 查收轉交可也.

12월 8일, 北洋大臣 李鴻章에게 다음과 같은 문서를 보냈다.

전에 귀 대신이 朝鮮에서 영국·미국·독일 공사에게 보낸 공문 3건을 전해주셨는데, 이미 저희가 각각 나누어 전달하였습니다. 이후 미국 공사 영, 독일 공사의 브란트가 각각 보낸 답장조회 1건씩을 받았는데, 모두 저희에게 대신 [朝鮮에] 전해달라고 청하였습니다. 당시 영국 공사 웨이드는 귀국길에 오른 상황이었습니다. 지금까지 몇 달이 지났으나 영국 서리공사 그로스베너(T. G. Grosvenor)는[166] 아직 답장을 보내오지 않았습니다. 이에

166) 그로스베너(T. G. Grosvenor, 格維納, 1842~1886)는 영국 외교관으로 1871년, 1874년, 1877년 영국

미국·독일 공사의 답장조회 2건을 봉하여 귀 대신께 전달하니 검토하시고 넘겨주시기 바랍니다.

주중국 공사관 이등참찬(二等參贊)을 지냈다. 마가리 사건 당시 웨이드의 지시로 조사단을 조직하여 운남(雲南)에서 현지 조사를 수행하였다. 1882년부터 1883년까지 웨이드를 대신하여 서리공사를 맡았다.

(49) 문서번호 : 2-1-1-107(669, 1096a)

사안 : 미국·독일 공사가 朝鮮에 보낸 답장조회는 이미 朝鮮의 從事官에게 주어 휴대하여 돌아가도록 하였습니다(美·德照覆朝鮮公文已交朝鮮從事官帶回).

날짜 : 光緖八年十二月二十一日(1883년 1월 29일)

발신자 : 署理北洋大臣 李鴻章

수신자 : 總理衙門

十二月二十一日, 署北洋大臣李鴻章文稱：

十二月十一日, 准貴衙門咨送美國楊大臣·德國巴大臣照覆朝鮮公文二件, 咨行查收轉交等因. 當經札發津海關道轉交朝鮮從事官金明均帶交, 並將轉交日期具報. 去後, 茲據該道周馥申稱：

蒙發公文, 遵卽送給金明均帶往轉投. 並據金明均報稱, 於十二日由旱路赴煙臺搭船回國. 茲奉前因, 理合申覆核咨.

等情. 到本署大臣. 據此. 相應咨覆貴衙門. 請煩查照.

12월 21일, 署理北洋大臣 李鴻章이 다음과 같은 문서를 보내왔다.

12월 11일, 귀 아문에서 咨文으로 미국 공사 영, 독일 공사 브란트가 각각 朝鮮에 보낸 답장조회 2건을 보내주시면서, 자문으로 보내니 검토하고 [朝鮮에] 넘겨달라고 하였습니다. 이미 天津海關道에게 지시하여 朝鮮 從事官 金明均에게 넘겨서 휴대하여 돌아가 전달하도록 하였고, 아울러 건네준 날짜를 보고하도록 하였습니다. 그 후 지금 天津海關道 周馥이 다음과 같이 보고하였습니다.

발송해주신 공문을 받고, 지시를 받들어 즉시 金明均에게 넘겨서 휴대하여 돌아가 직접 전달하도록 하였습니다. 또 金明均의 보고에 따르면 12일에 육로로 煙臺에 가서 거기에서 배를 타고 귀국한다고 합니다. [天津海關道는] 이러한 보고를 받았으므로 응당 [北洋大臣께] 답장 보고를 드려 검토를 받아야 할 것입니다.

이상의 내용을 받았으므로, 마땅히 귀 아문에 답장자문을 보내야 할 것입니다. 번거롭더라도 검토해주십시오.

(50) 문서번호 : 2-1-1-108(682, 1110a~1113a)

사안 : 조속히 朝鮮에 사신을 파견하여 조약 체결을 처리할 수 있도록 해주시기를 바랍니다(請及早遣使赴韓, 爲該國經理定約).

첨부 문서 : 1. 「朝鮮 관리 金玉均이 長崎의 理事署에서 나눈 筆談問答 『節略』(朝鮮官金玉均在長崎理事署筆談對答節略)」 : ① 朝鮮의 형세에서 일본과 연합하는 것만으로 러시아를 막기에 부족하니, 중국에서 관원을 파견하여 대신 외교를 처리해 주시기를 바랍니다(朝鮮形勢, 聯日不足以拒俄, 望中國派員代辦外交). ② 새롭게 기초한 稅則이 타당하지 않으니, 朝鮮과 일본의 통상세칙 또한 중국이 대신 정해주기를 바랍니다(新擬稅則未臻妥洽, 日朝通商稅則亦盼中國代定).

날짜 : 光緒八年 月 日(1882년 월 일)

발신자 : 일본 공사 黎庶昌

수신자 : 總理衙門

[ ]月[ ]日, 出使大臣黎庶昌函稱:

二月初十日, 肅上昌字第五號函、附呈奏摺等件. 續於二月四日, 又肅上賀函, 諒邀鈞鑒. 十五日, 接到本字六十三號鈞函, 并遞迴原摺及與傅相往來函件、竹添進一『問答節略』,[167] 一一誦悉. 竹添所說, 實係本去臘岩倉、井上與子峩星使私議大意.[168] 今經傅相明爲揭破, 向之索中島而許以兩屬, 旣爲球人籌久遠, 亦爲日人全體面, 義正辭嚴, 足以隱懾彼族驕矜之氣. 該領事早已有信回國, 始知前此議撥熊本鎭兵, 增戍沖

167) 중국 기록에 '竹添進一'로 표기되기도 하나, 정식 이름은 '竹添進一郞'이다.

168) 자아(子峩)는 중국의 초대 주일본 공사 하여장(何如璋)의 자이다.

繩，爲此而起也．然中朝舍此無他辨法，因之半月前謠言四起，致有撤使之說，始見於橫濱法文報．英、日兩文彼此傳抄．英、法、德公使據此以見問，卽外務似亦不能無疑．故發嘯電奉詢，[169] 然心知其絕無是事也．二十三日，接悉馬電．傅相所言，自當遵諭緩提，誠以此事不宜率爾數論．邇來該國見待之意，微覺不如初到時之有意聯絡．正月內，本有派外務大輔上野景範到中國之意，今又寂然矣．此人前充英國公使，狡猾無信，蓋亦森有禮之徒．其前言宍戶重來者，亦是枝吾之詞耳．竹添進一『節略』內有，"尚姓不願，請駐敝國．中朝星使同見尚姓，詳詢彼之所欲."等語．此事庶昌前於球官馬兼才來見時，便是以將就立國，微探該國王尚泰之意．數日後馬兼才復乘夜來見，卽聲明"不回復中山全土，則何得立國安生？且有使在球，官民聽知此事，亦應驚歎失望，無肯諾者"云云．則是分割二島，球人未必感恩．日人且有德色，而在我又將酬以一體均沾，似不合算．現在改約已近，莫若就球案爲口實，以爲此案不結，商務一無可議．中國一日不允，琉球一日尚存．其實球之存亡，無甚關於中國得失．所少者不過面子耳．庶昌身在日本，觀之高麗之事，實爲切慮之患，不特俄、日虎視眈眈，卽西洋各邦亦均注意於此．今年高人驚服日本，頗有騎墻之見．中朝似宜及早遣使逕赴該國，爲之經理定約等事．且須於附近釜山、元山津等處，索一海口以爲停泊兵船之地，庶可靖他國之狡謀，卽爲屛蔽東方之要著．愚見所及一併陳之．伏乞代回堂憲，垂察爲禱．耑肅．恭請鈞安．

再，新派神戶理事候選內閣中書馬建常，於二月二十七日行抵東京，業已照會外務省．一俟將認可狀送到，卽飭該員前往接任．庶昌敬又啟．

1. 照錄「朝鮮三品官金玉均在長崎理事署筆談對答節略」．

一答云："閣下所教，正與玉均之見符合．聯日那足以拒俄也？玉曾在敝邦時，有一屋下之論，大概日本自普法戰事興，陰與俄國結爲腹心．其所結未必就深且固，論其情在

169) 소(嘯)는 전보에서 날짜를 대신하기 위해 사용하는 운목(韻目)으로 18일을 나타낸다. 아래에 나오는 마(馬)는 21일을 나타낸다. 이러한 것들은 관련 사전에 부록으로 실리는 「운목대일표(韻目代日表)」에

渠亦可謂善計. 俄國若從事於中國西北邊疆, 日本從事於敝邦, 斷然無疑未審. 閣下以爲如何?"

一答云 : "仁灣開口, 果以我曆今年八月許之, 而似聞日本欲請先此期限築埠云云. 至於去年所議稅案, 日本以渠向時見欺於西國者, 欲移之於敝邦. 敝邦所以屢止持難. 因此或不無失和之慮. 稅日本所欲進口貨值百抽五也. 上年敝邦信使到日京時, 何星使以日本方與歐米各邦擬改前約, 觀其釐改之期, 更爲商辦之意秘囑. 故敝使竟還. 況釜山、元山開埔已久, 定稅期限已過, 尙未有抽收, 極有利害於敝邦. 且敝邦於關稅等事, 茫然無知. 今有稅則擬案者, 亦屬草率, 未臻妥合. 閣下若一閱, 則可以明燭利害. 前云日本改派公使向往敝邦者, 卽亦爲定稅一款.

一答云 : "所謂開化, 且置之. 現有危急之機, 迫在眉睫. 惟我主上殿下宸憂懇懇, 廟堂上無一人承當聖衷贊襄者, 不勝痛然. 玉均今拜謁閣下, 故特胸無少隱. 向年日本使臣森有禮謁李中堂晤談節略內, 曾以敝邦政令自主之案, 申複屢止者. 且於萬國公法內載 : "有何國與何國交涉案件, 請何國代辦之例, 然猶不失自主之權"等語. 今敝邦與各國交際, 若得上國遣大憲代辦, 則敝邦向後事似可有涯畔. 如未則敝邦情狀, 將不知至於何境界."

一答云 : "此等各情, 敝邦亦有揣得. 故急要得聯邦先至, 中國代辦. 將此一軌, 則用作控御東人之方, 敝邦之所大願. 上年敝邦將此等各節, 懇達李中堂大人, 然其所懇爲衆論所拘, 總不能直截. 且念李伯相大人猶有未盡燭敝邦情況者. 望閣下代達敝邦近況於少荃中堂, 未知若何? 若任聽敝邦自然開悟, 事與時違, 恐未可也."

一答云 : "以美國交好一事, 李中堂大人前後通信. 玉均已知之. 於去各敝邦領選使金允植入去時, 至有我主上手教及筵說草帶去,[170] 想已有妥商者. 然至於代辦一事, 從未有確告. 故今玉均所陳卽此也. 而俄國聞以今年正、二月到來敝邦. 若美國居先則大可爲. 且幸與日本通商稅則尙未有定案. 若中國代辦大

서 확인할 수 있다.

憲駐在敝京，則於此等事件，亦可賴以妥決，惟願其赶急也．玉均在釜山港時傳聞，敝京仁川灣有異國船停泊云云．雖未有確音，或係俄船先來，用是玉均憧憧於心也．"

一答云："敝邦人心雖紛紛，賴我主上殿下有鎭壓之權．至於中國代辦一事，斷斷無他變機，望閣下亟圖之．至於玉均所陳達，知李伯相大人亦屬無碍．玉均來此雖無使命，然今拜閣下，不能不痛然一陳敝邦近況．故傾倒無隱如此矣．只貴秘密．"

모월 모일 出使大臣 黎庶昌이 다음과 같은 서신을 보내왔다.

2월 10일, 昌字 제5호 서신을 삼가 올렸고 아울러 奏摺 등도 첨부하였습니다. 뒤이어 2월 4일에도 또한 축하 서신을 삼가 올렸으니, 모두 살펴보셨을 줄 압니다. 15일에는 보내주신 本字 63호 서신을 받았으며, 더불어 이전에 올린 原 奏摺 및 李 中堂大人과 주고받은 서신, 竹添進一郎와의[171]『問答節略』등도 보내주셨는데, 하나하나 모두 읽어보았습니다.[172] 竹添進一郎가 말한 바는 실로 본디 지난겨울 岩倉具視,[173] 井上馨와 何如璋 공사가 개인적으로 논의

---

170) 연설(筵說)은 임금이 신하들과 함께 경전(經典)이나 시사(時事) 등을 묻고 답할 때 신하가 임금의 자문(諮問)에 답하여 올린 말을 뜻한다.

171) 다케조에 신이치로(竹添進一郎, 1842~1917)는 일본의 외교관이자 한학자(漢學者)이다. 천진 영사, 북경공사관 서기관 등을 거쳐, 1882년부터 하나부사 요시모토(花房義質)의 후임으로 조선변리공사(朝鮮弁理公使)가 되어 갑신정변과 깊은 관련을 맺었다가, 정변이 실패하자 사임하였다. 1893년에는 도쿄제국대학(東京帝國大學) 교수가 되어 한문학을 가르쳤다.

172) 1879년 겨울 이홍장을 방문한 다케조에 신이치로는, 이듬해 3월 이홍장에게 중국에서 일본이 서구와 같은 최혜국 대우를 누리게 해준다면 류큐 남부의 궁고도(宮古島)와 팔중산도(八重山島)를 중국에 넘겨주겠으며 이로써 양국의 국경을 획정하자고 제안하였다. 류큐 종사(宗社)의 보존에 집착한 이홍장과 총리아문이 이를 받아들이려 하였으나, 이홍장이 다시 러시아와 이리조약이 체결되기를 기다리자는 지연 작전을 내세워 반대하였다. 결국 양국 교섭이 무산되고 청조에서 류큐의 병탄을 승인한 적이 없지만, 류큐에 대한 일본의 실질적 병합이 그대로 관철되었다.

173) 이와쿠라 도모미(岩倉具視, 1825~1883)는 교토 출신으로 원래 조정과 막부의 공조를 꾀하는 공무합체파(公武合體派)였으나 이후 토막파(討幕派)로 전향, 왕정복고를 위해 노력하였다. 메이지 신정부가 출범한 이후 여러 고위직을 맡으며 천황제 확립에 기여하였고, 나아가 1871년에는 오쿠보 도시미츠(大

하였던 내용입니다. 현재 李 中堂大人께서 이를 이미 간파하시고 그들에게 [류큐의] 中島가 중국·일본 양쪽에 속하도록 하자고 요구하셨으니, 이는 류큐를 위한 장기적인 대책일 뿐만 아니라 또한 일본인의 체면을 세워주는 것이기도 합니다. 의리가 바르고 언사가 엄격하여, 일본인들의 교만한 기색을 은밀히 다스리기 충분하였습니다.

해당 영사가 귀국할 것이라는 소식이 일찍부터 있었는데, 비로소 이전에 熊本 지역 주둔 병력을 이동시켜 沖繩의 수비 병력을 증강하자는 논의가 이 때문에 제기된 것임을 알게 되었습니다. 그런데 청에는 이 방안 외에 다른 방법이 없었습니다. 따라서 반 달 전부터 사방에서 유언비어가 퍼지고 결국에는 주일본 공사 철수 이야기까지 나오게 되었으며, 이것은 横濱의 프랑스어 신문에 처음 실렸습니다. 영국·일본 신문들도 이를 베껴 전파하였습니다. 영국·프랑스·독일 공사가 이를 근거로 질문해왔고, 곧 일본 外務省도 의구심이 없을 수 없었던 같습니다. 그래서 18일에 전보를 보내 문의하였지만, 마음속으로는 절대 이런 일이 없음을 알고 있었습니다. 23일, 21일에 발송하신 전보를 받았으므로 李 中堂大人께서 말씀하신 바는 응당 지시에 따라 이 논의를 천천히 제기해야 하니, 진실로 이 사안을 경솔하게 일일이 나열하며 논의하는 것은 부적절합니다.

요즘 일본이 대우하는 뜻을 보면, 처음 왔을 때 저희와 뜻을 같이하기 위해 접촉하던 것과는 조금 달라진 느낌을 받고 있습니다. 1월에는 본래 外務大輔 上野景範를[174] 중국에 파견하려는 의견이 있었으나, 지금은 또 잠잠해졌습니다. 이 사람은 이전에 영국 공사로 근무하였는데 교활하여 신뢰할 수 없으며, 아마도 森有禮의[175] 부하 같습니다. 이전에 宍戶璣가[176] 다시 올 것이라는 이야기도 있었지만, 또한 둘러대는 말일 뿐입니다.

久保利通), 이토 히로부미(伊藤博文) 등과 함께 유명한 이와쿠라 사절단을 이끌고 구미 각국을 방문한 뒤 1873년 귀국하였다.

174) 우에노 가게노리(上野景範, 1845~1888)는 메이지 시대 일본의 외교관이다. 사쓰마(薩摩) 출신으로 주미·주영·주오스트리아 전권공사 등을 역임하였다.

175) 모리 아리노리(森有禮, 1847~1889)는 사쓰마 번사(薩摩藩士) 출신의 외교관·정치가로 영국에 밀항, 유학하고 러시아·미국 등을 여행한 다음 메이지유신 이후 귀국하여, 후쿠자와 유키치(福澤諭吉) 등과 메이로쿠지(明六社)를 결성하였다. 1875년에는 일본의 주중국 공사로 파견되어 이홍장과 조선 문제를 둘러싸고 여러 차례 의견을 나누기도 하였다. 이후 초대 문부대신(文部大臣)을 지내고 릿쿄대학(一橋大學)을 창설하였으며 메이로쿠지(明六社) 회장, 도쿄학사회원(東京學士會院) 초대회장 등을 지냈다.

176) 시시도 다시키(宍戶璣, 1829~1901)는 조슈 번사(長州藩士) 출신으로, 1879년 일본의 주중국 공사가 되어 류큐 처리 문제를 담당하였으며, 1881년 귀국하였다.

竹添進一郎의 『節略』에는, "尙泰가[177] 원치 않으며, 일본에 머무르기를 요청하였습니다. 주일본 중국 공사께서 함께 尙泰를 만나 그가 원하는 바를 상세하게 물어봅시다."라는 말이 있습니다. 이 일에 관해 저는 이전에 류큐 관원 馬兼才가[178] 찾아왔을 때 또한 나라를 세우는 것에 대한 류큐 국왕 尙泰의 뜻을 조금 물어보았습니다. 며칠 후 馬兼才가 밤을 틈타 다시 찾아와 말하기를, "中山國의 모든 영토를 회복하는 것이 아니라면 어찌 나라를 세우고 편안히 살 수 있겠습니까? 또 류큐에 있는 [외국] 사신이나 官民 모두 이 일을 들어 알게 되자, 또한 실망하여 탄식하고 기꺼이 받아들이는 사람이 없습니다."라고 하였습니다. 따라서 두 섬[만]을 따로 중국에 귀속시키는 일에 대해 류큐 사람들이 반드시 감사의 뜻을 품지도 않을 것입니다. 일본 또한 은혜를 베푸는 척하는데, 우리가 [그 요구에 따라 일본이 중국에서] 최혜국 대우를 누리게 해주는 일은 타산이 맞지 않습니다. 현재 조약[清·日修好條規] 개정이 이미 가까워졌으니, 류큐 안건을 구실로 삼아 이 안건이 해결되지 않았기 때문에 商務에 대해서 논의할 만한 것이 없다고 하는 편이 더 낫습니다. 중국이 하루라도 승낙하지 않으면, 류큐는 하루라도 존속할 수 있습니다. 사실 류큐의 存亡은 중국의 得失에 그리 큰 관계가 없습니다. 다만 줄어드는 것은 중국의 체면일 뿐입니다.

제가 일본에 있으면서 朝鮮 사태를 바라보니, 실로 절실하게 우려되는 점은 러시아와 일본이 호시탐탐 노리고 있을 뿐 아니라, 서양 각국 또한 모두 朝鮮에 주의를 기울인다는 점입니다. 올해 [제2차 수신사로 일본에 온] 朝鮮人들이 일본에 대해 깜짝 놀라 탄복하면서, 자못 [중국과 일본] 양쪽에 모두 걸치려는 의견을 갖게 되었습니다. 중국에서는 마땅히 시급하게 사신을 朝鮮으로 파견하여, 朝鮮을 위해 조약 체결 등의 사무를 처리해주어야 할 듯합니다. 또 반드시 釜山·元山津 등지에서 항구 한 곳을 찾아 군함을 정박시키는 곳으로 삼는다면, 다른 나라의 교활한 음모를 가라앉힐 수 있으니, 이 일은 동쪽에 울타리를 치는 가장 중요한 조치가 될

177) 상태(尙泰, 1843~1901)는 류큐(琉球)의 제2대 상씨 왕조의 19대 군주이자, 류큐국의 망명군주이기도 하다. 1866년 청조에 의해 류큐국 중산왕(中山王)으로 책봉을 받았으나, 1872년 일본에 의해 류큐번왕(琉球藩王)에 책봉되는 등 일본의 압박이 심해지자 청조에 구원을 요청하였다. 하지만 청조의 반응은 소극적이었고, 1879년 일본의 류큐처분(琉球處分)으로 류큐에 오키나와현(沖繩縣)이 설치되면서 도쿄에 연금되었다가 1901년 사망하였다.

178) 마겸재(馬兼才, 1836~1893)는 1877~1879년 사이 류큐 제2대 상씨 왕조의 삼사관(三司官)으로, 일본의 침략이 강화될 때 비밀리에 주중국 일본 참찬 황준헌(黃遵憲)의 배에 올라 일본과의 교섭을 요구한 적도 있다.

것입니다. 제 어리석은 견해를 모두 진술하였습니다. 엎드려 대신 [총리아문의] 堂憲께 회답하시어 살펴보실 수 있게 해주기를 빕니다. 이에 삼가 알리는 바입니다. 편안하시길 빕니다.

추가합니다. 새로이 神戶 영사로 파견된 候選內閣中書 馬建常은 2월 27일 東京으로 떠났으며, 이미 外務省에도 照會를 보냈습니다. 일본 측에서 認可狀을 보내오면, 馬建常에게 가서 인수인계하도록 하겠습니다. 다시 한번 삼가 아룁니다.

첨부 문서 :

1. 「朝鮮 三品官 金玉均이 나가사키 영사관에서 나눈 筆談問答『節略』」 초록

[金玉均의] 답변 : "閣下의 가르침은 제 의견과 정확히 부합합니다. 일본과의 연합이 어찌 러시아를 막는 데 충분하겠습니까? 제가 朝鮮에 있을 때 사사로이 나눈 이야기가 하나 있었는데, 대략 일본은 프로이센·프랑스전쟁이 일어나면서부터 몰래 러시아와 결탁하는 것을 腹心으로 삼았다는 것입니다. 그 결탁이라는 것이 반드시 깊고 굳은 것은 아니지만, 일본의 시각에서 본다면 또한 훌륭한 계획이라 할 수 있습니다. 러시아가 만일 중국 서북 변경 지역에 힘을 기울이면, 일본은 朝鮮에 힘을 기울일 것이라는 점은 전혀 미심쩍은 이야기가 아닙니다. 각하께서는 어떻게 생각하십니까?"

[金玉均의] 답변 : "仁川灣 개항은 조선 달력으로 올 8월로 허가하였는데, 듣자 하니 일본인은 이 기한에 앞서 부두를 건설하게 해달라고 청할 듯합니다. 작년에 關稅를 논의하면서 일본은 종래 서양 각국에 당한 속임수를 朝鮮에 옮겨 쓰려고 합니다. 따라서 朝鮮에서 누차 저지하며 버티지만 쉽지는 않습니다. 이 때문에 혹 우호 관계를 잃을 우려도 있습니다. 세금과 관련하여 일본이 원하는 바는 수입 상품에 대해 가격의 5퍼센트를 부과하는 것입니다. 작년 朝鮮 修信使가 東京에 갔을 때 何如璋 公使께서 일본이 구미 각국과 조약 개정을 계획하고 있으므로, 그 개정 시기를 두고 보다가 다시 논의하라는 뜻을 비밀리에 당부하셨습니다. 그래서 修信使는 결국 [합의하지 않고] 돌아왔습니다. 하물며 釜山·元山을 개항한 지 오래되었고 세칙 결정 기한이 이미 지났는데도 아직 관세를 거두지 못하고 있으니, 이는 朝鮮의 利害와 아주 큰 관계가 있습니다. 또 朝鮮은

관세 등의 사무에 대해 전혀 알지 못합니다. 지금 稅則 계획안이 있기는 하지만, 또한 엉성하여 적당한 것이라 할 수 없습니다. 각하께서 만일 한번 보신다면 그 利害를 명확히 간파하실 수 있을 것입니다. 이전에 일본에서 公使를 교체하여 朝鮮에 보낸다는 말이 있었는데, 이 또한 관세 결정 문제 때문입니다."

[金玉均의] 답변 : "소위 開化라고 하는 것 또한 제쳐두고 있습니다. 지금은 정말 위급한 시기가 눈앞까지 닥쳤습니다. 오로지 우리 주상전하께서 매우 간절히 우려하고 계시지만, 조정에는 단 한 사람도 그 속마음을 받들어 도우려는 사람이 없으니 애통함을 금할 수 없습니다. 저는 오늘 각하를 뵈면서 특별히 마음속에 조그마한 것조차 숨기지 않았습니다. 작년에 일본 사신 森有禮가 李 中堂大人을 만나 회담한 『節略』을 보면, 일찍이 朝鮮의 政令은 自主해왔다는 점을 누차 거듭하여 밝히고 있습니다. 또 萬國公法에는 "어떤 나라와 어떤 나라가 사안을 交涉할 때 다른 어떤 나라에 대신 처리해줄 것을 청하는 사례가 있더라도, 여전히 自主의 권리를 잃지 않는다."고 기록되어 있습니다. 이제 朝鮮이 각국과 외교 관계를 맺는데, 만일 중국에서 고위 관원을 보내 대신 처리해 주신다면 朝鮮의 앞으로의 일은 어느 정도 자리가 잡힐 수 있을 것입니다. 만일 그렇지 않다면 朝鮮의 앞날이 어떤 상황에 이르게 될지 알 수 없습니다."

[金玉均의] 답변 : "이런 사정을 朝鮮에서도 또한 헤아릴 수 있습니다. 그러므로 급히 필요한 것은 연합할 나라를 얻고 중국이 대신 처리해주는 일입니다. 이러한 방식은 일본인을 통제하는 방법이자 朝鮮에서 크게 원하는 바입니다. 작년 朝鮮에서 이러한 각 사정을 李 中堂大人께 전달하기를 간절히 원하였으나, 그 간절한 바가 衆論에 구애되어 결국 솔직하게 전달될 수 없었습니다. 또 李 中堂大人 역시 여전히 朝鮮의 상황에 대해 모두 알고 계시는 것은 아닌 듯합니다. 바라옵건대, 각하께서 朝鮮의 근황을 李 中堂大人께 전달해주시면 어떨지요? 만일 朝鮮이 스스로 깨닫도록 내버려 두신다면 事勢와 時勢가 어긋나 불가능할까 두렵습니다."

[金玉均의] 답변 : "미국과의 修交에 대해서는 李 中堂大人께서 전후로 서신을 주셨습니다. 저도 이미 알고 있습니다. 작년에 朝鮮 領選使 金允植이 파견될 때 주상 전하의 친필 敎書 및 筵說草를 가지고 갔는데, 이미 적절히 논의된 바가 있을 것입니다. 그러나 각국과의 조약 체결을 대신 처리해달라는 것은 지금까지 확실하게 알리지 않았습니다. 그래서 지금 제가 이렇게 아뢰는 것입니다. 그런데 러시아가 올 1, 2월에 朝鮮에 올

것이라는 소문도 있었습니다. 만일 미국이 그에 앞서 온다면 아주 해볼 만합니다. 또 다행스럽게도 일본과의 通商稅則도 아직 결정되지 않았습니다. 만일 일을 대신 처리해줄 중국 고위 관원을 朝鮮 수도에 주재하게 해주신다면 이러한 사안들도 의지하여 적절히 처리할 수 있을 것입니다. 다만 서둘러주시기를 바랍니다. 제가 釜山港에 있을 때 전해 듣기로는 王京 부근 仁川灣에 다른 나라 선박이 정박하였다고 하였습니다. 비록 확실한 소식은 없었지만, 혹 러시아 선박이 먼저 온 것은 아닌지 제가 마음속으로 우려하고 있습니다."

[金玉均의] 답변 : "朝鮮의 인심이 비록 분분하지만, 우리 주상전하께서 가지신 제압의 권위에 의지하고 있습니다. 중국이 다른 나라와의 조약 체결을 대신 처리하는 것에 대해서 결코 다른 변경이 없을 터이니, 바라옵건대 閣下께서 시급히 도모해주시기를 바랍니다. 제가 전달한 바는 李 中堂大人께 알리셔도 또한 지장은 없습니다. 제가 여기 온 것이 비록 使命은 아니지만, 오늘 閣下를 뵈면서 애통한 마음이 들어 朝鮮의 근황을 하나하나 아뢰지 않을 수 없었습니다. 그래서 이처럼 숨김없이 모두 털어놓았습니다. 다만 비밀로 해주십시오.

(51) 문서번호 : 2-1-1-109(697, 1128a)

사안 : 朝鮮 國王의 공문 및 朝鮮의 船旗 도안을 자문으로 보냅니다(咨送朝鮮國王文及該國船旗圖式).

날짜 : 光緖九年二月十一日(1883년 3월 19일)

발신자 : 署理北洋大臣 李鴻章

수신자 : 總理衙門

二月十一日, 署北洋大臣李鴻章文稱:

光緖九年初十日, 准朝鮮國王派陪臣閔泳翊賫到公文內開:

敝邦現與各國修好, 所有港口三處均許通商. 將來船艦往來, 須立旗號以便認識. 玆製國旗一面, 圖繪形色, 以備貴大臣查照. 除將圖畫旗色認明存案外, 相應備文咨會. 乞照驗施行.

旗圖一紙外, 又賫到貴衙門公文一角, 相應備文咨送貴衙門, 煩請查核施行.

2월 11일, 署理北洋大臣 李鴻章이 다음과 같은 문서를 보내왔다.

光緖 9년 10일, 朝鮮 國王이 파견한 관원 閔泳翊이[179] 가져온 다음과 같은 공문을 받았습니다.

179) 민영익(閔泳翊, 1860~1914)은 자가 우홍(遇鴻)·자상(子相)이고, 호는 운미(芸楣)·원정(園丁)·천심죽재(千尋竹齋) 등이 있다. 아버지는 민태호(閔台鎬)로 1875(고종 12)년 명성황후의 오빠인 민승호(閔升鎬)와 그의 아들이 죽은 뒤 양자로 입양되어, 명성황후의 친정 조카로 정계에서 큰 활약을 하게 된다. 이른바 '죽동궁(竹洞宮) 주인'으로 개화당 인사들과 그의 사랑에서 자주 모였다. 하지만 점차 그들과 사이가 벌어진 뒤, 1884년 12월 개화당의 김옥균 등이 주도한 우정국 낙성식 축하연에서 일어난 갑신정변으로 자상(刺傷)을 입었으며, 1886년 정부의 친로거청정책(親露拒淸政策)을 원세개(袁世凱)에게

조선은 현재 각국과 수호조약을 체결하고, 세 곳 항구에서 모두 通商을 허용하였습니다. 앞으로 선박이 왕래하는 데 반드시 깃발을 세워 식별할 수 있도록 해야 합니다. 이에 國旗 한 장을 제작하고, 그 형태와 색을 그림으로 그려 귀 대신이 검토하시도록 갖추었습니다. 그림으로 그린 깃발의 형식을 분명하게 보존해두는 것 외에, 마땅히 자문으로 알리니 검토해주시기 바랍니다.

깃발 그림 한 장 외에, 또한 귀 아문으로 보내는 공문 1건도 있으니, 마땅히 자문으로 귀 아문에 보내야 할 것입니다. 번거롭더라도 검토해주십시오.

밀고하였다가 정치적 위협을 느껴 홍콩·상해 등지로 망명하면서 여생을 대부분 중국에서 보냈다.

(52) 문서번호 : 2-1-1-110(698, 1128b)

사안 : 朝鮮이 세 곳 항구를 개항하여 각국과 통상하려고 하는데, 특별히 선박용 깃발 도식을 만들어 식별에 도움이 되게 하고자 합니다(韓開三港與各國通商, 特製船旗圖式, 以資識別).

날짜 : 光緒九年二月十一日(1883년 3월 19일)

발신자 : 朝鮮 國王

수신자 : 總理衙門

二月十一日, 朝鮮國王文稱 :

敝邦現與各國修好, 所有港口三處均許通商. 將來船艦往來, 須立旗號以便認識. 茲製國旗一面, 圖繪形色, 以備貴大臣查照. 除將圖畫旗色認明存案外, 相應備文咨會, 乞照驗施行.

2월 11일, 朝鮮 國王이 다음과 같은 문서를 보내왔다.

조선은 현재 각국과 수호조약을 체결하고, 세 곳 항구에서 모두 通商을 허용하였습니다. 앞으로 선박이 왕래하는 데 반드시 깃발을 세워 식별할 수 있도록 해야 합니다. 이에 國旗 한 장을 제작하고, 그 형태와 색을 그림으로 그려 귀 대신이 검토하시도록 갖추었습니다. 그림으로 그린 깃발의 형식을 분명하게 보존해두는 것 외에, 마땅히 자문으로 알리니 검토해주시기 바랍니다.

(53) 문서번호 : 2-1-1-111(711, 1140b~1143b)

사안 : 朝鮮에 주둔하고 있는 官軍의 철수를 잠시 연기하자는 내용 등의 奏摺·附片을 上奏하고 이를 咨文으로 알립니다(咨送具奏留駐朝鮮官軍暫緩撤回等摺片).

첨부 문서 : 1. 「朝鮮 國王의 자문(朝鮮國王咨文)」: 官軍의 철수를 잠시 연기하고 吳長慶 提督에게 朝鮮에 여전히 주둔하도록 대신 上奏해줄 것을 자문으로 요청합니다(咨請轉奏官軍暫緩撤回, 仍命吳提督還駐朝鮮).

2. 「장수성의 주편(張樹聲奏片)」: 朝鮮 國王이 馬建常을 議政府參議兼會辦交涉通商事로 임명하였는데, 이는 체제에 들어맞지 않습니다(朝鮮國王任馬建常爲議政府參議兼會辦交涉通商事[務], 於體制不合).

3. 「朝鮮 國王의 자문(朝鮮國王咨)」: 중국이 현명하고 노련한 인원을 대신 초빙하여 모든 교섭 사건 처리를 돕고 처리하도록 해주신 것에 대해 감사드립니다(申謝中國代聘賢明練達之士, 襄籌一切交涉事件).

4. 「장수성의 주편(張樹聲奏片)」: 卞元圭가 가져온, 朝鮮 國王이 吳長慶을 그대로 朝鮮에 주둔시켜 줄 것을 간청하는 奏摺을 올립니다(進呈卞元圭賫到朝鮮國王懇留吳長慶還駐東土奏摺).

날짜 : 光緖九年二月二十六日(1883년 4월 3일)

발신자 : 署理北洋大臣 李鴻章(張樹聲)

수신자 : 總理衙門

二月二十六日, 署北洋大臣李鴻章文稱 : [180)]

竊照本署大臣於光緖九年二月二十日, 由驛具奏留駐朝鮮官軍暫緩撤回, 以順藩情而

180) 서리북양대신은 1883년 3월 8일 장수성(張樹聲)에서 다시 이홍장(李鴻章)으로 바뀌었는데, 아마 이

資鎭撫一摺. 又附奏卞元圭患病, 呈請代遞奏摺、咨文一片, 又附朝鮮國王咨覆馬建常等相機襄助一片, 相應鈔稿咨呈. 爲此咨呈貴衙門. 謹請查核.【奏稿詳見本月二十八日軍機處抄摺】

照錄清單

1. 「朝鮮國王咨文」: 謹將朝鮮國陪臣卞元圭賫到該國王咨文, 照繕清單, 恭呈御覽.
朝鮮國王, 爲密咨事.
敝邦自去年六月之變, 國勢綴旒, 人心板蕩, 具得扶顚持危, 式至今日, 莫非我皇帝陛下綏靖全保之澤, 曁中堂大人憂恤拯救之德. 而亦惟欽差提督軍門宣布聖武, 奉行匀旨, 以小邦患難, 恫瘝乃心, 勘定輯撫, 靡不用極. 震如雷霆, 膏如陰雨, 鎭如山岳, 故恃而不恐, 帖然無事矣. 大陣札駐稍久, 信義愈益彰著, 情志愈益孚感. 軍民上下歡欣如家人, 方賴其諭告之勤, 藉其彈壓之重, 以永底於寧謐. 第提督軍門羈旅經歲, 備嘗勞苦, 敝邦君臣恒用不安於心. 今者啟行, 雖卜歸期, 一國大小擧懷危懼之思. 目下軍門之於敝邦, 離一步不可, 曠一日不可. 若衛、霍之勢暫撤, 徹桑之備或虧,[181] 安知無不靖之端, 乘間而生乎?
玆將切急事情具咨仰請. 伏乞匀慈另垂鑒諒, 轉奏天陛, 並命軍門更爲還鎭, 以卒終始之惠, 以副東人渴望之私, 千萬祈祝之至. 軍門一去就之間, 非但藩邦安危所係, 亦關中朝憂慮, 想必曲賜允從. 故罄陳悃愊, 恭俟酌裁. 專差參議交涉通商事務卞元圭賫咨前去. 爲此合行移咨, 請照驗轉奏施行. 須至咨呈者.
光緖九年二月初十日發, 二月十九日到.

업무 교대 사이에 이루어진 일이라 이하의 문서를 보면 실제로는 장수성이 처리한 일이지만 이홍장이 총리아문에 통보한 것으로 보인다.

181) 철상(徹桑)은 미우주무(未雨綢繆)·주무미우(綢繆未雨)와 마찬가지로 『시경』「빈풍(豳風) 치효(鴟梟)」의 구절(迨天之未陰雨, 徹彼桑土, 綢繆牖戶)에서 나온 것이다. 올빼미가 비 오기 전에 뽕나무 뿌리의 껍질을 벗겨 둥지를 얽는다는 뜻이며, 여기서 의외의 상황에 대비하여 미리 잘 준비를 한다는 뜻이 나왔다.

2. 照錄「[張樹聲]奏片稿」

再，現准禮部咨送朝鮮國王咨覆北洋遣員馬建常等相機襄助咨請轉奏咨文一件，又咨報朝鮮國修信使朴泳孝等前往日本竣事告還咨文一件．除該國修信使還國等情，業准禮部來咨聲明由部據咨轉奏外，謹將該國王咨覆馬建常等相機襄助原文照錄，恭呈御覽．上年該國王，以各國換約在前，一切交涉商辦事件，茫然無知，咨經李鴻章奏派中書馬建常前往襄籌妥辦．嗣准該國王咨稱：

馬建常深究治法，練達時務，特權任以議政府賛(→参)議兼會辦交涉通商事務．

等情．當經李鴻章以馬建常係天朝職官，該國王只可以賓禮接待，遇事諮訪籌商，斷不應受屬邦官號．馬建常已稟請代爲辭職．咨令該國王將權任以議政府賛(→参)議之處作爲罷論，以符體制．理合附片陳明．伏乞聖鑒．謹奏．

3. 照錄「朝鮮國王咨文」：謹將禮部咨送朝鮮國王咨文，照繕清單，恭呈御覽．

朝鮮國王，爲咨覆事．

敝邦僻在一隅，交涉凡例、商辦條規，率多茫昧．所以咨請代聘賢明練達之士，東來指導．事創路夐(?)，難期協准．乃蒙中堂大人特垂鑒諒，曲費籌度，發遣華員馬建常、德國領事穆麟德，委囑相機襄助，隨事妥辦．以本年十一月初三日無恙下陸，留駐平善，引見數次，已諳性度耿直，事務明達，悉如函內辭意．不徒嗣後會同應接有裕，亦惟目下經濟賛畫爲多．此莫非中堂大人克體皇上恩眷，深軫小邦事宜，經理調護，靡不周極，至於簡派賢哲，敷施嘉惠．凡在藩服，疇有此比．當職手奉咨覆，與一邦臣民益加感激．謹且事實庸備轉奏．爲合行咨覆，請照驗施行．須至咨者．

光緒八年十二月二十五日發，九年二月二十三日到．

4. 照錄「[張樹聲]奏片稿」

再，據朝鮮國陪臣卞元圭呈稱：

奉國王諭，因懇留吳長慶還駐東土事，委賫投禮部代奏一扣及咨禮部文一件．元圭現病臥客旅，不獲卽日晉京呈遞．事關軍務，未敢久稽．吳長慶營務本歸北洋主政，謹將奏摺一扣呈請代奏, 並將咨禮部文附驛發遞.
等情前來. 查該陪臣卞元圭現在患病, 飭據津海關道周馥查明屬實. 除將該國王咨禮部文一件轉送外, 所有奏摺一扣, 謹卽咨送軍機處代爲呈進. 理合附片陳明. 伏乞聖鑒. 謹奏.

2월 26일, 署理北洋大臣 李鴻章이 다음과 같은 문서를 보내왔다.

본 서리북양대신은 光緖 9년 2월 20일, 驛站을 통해 朝鮮에 남아 주둔하고 있는 官軍의 철수를 잠시 연기하여 朝鮮의 요청을 따르고 그 안정에 도움을 주어야 한다는 奏摺을 올렸습니다. 또 卞元圭가 병환 때문에 대신 상주해줄 것을 간청한 것을 附奏하면서 아울러 奏摺·자문의 각 1건 및 朝鮮 國王이 馬建常 등이 적절하게 도움을 주고 있다고 감사의 뜻을 알린 답장자문 1건 등을 첨부하였습니다. 마땅히 초록하여 자문으로 올려야 할 것이므로, 이에 귀 아문에 자문으로 올립니다. 삼가 검토해주시기 바랍니다. 【奏摺의 상세한 내용은 이번 달 28일 軍機處 抄摺에 보인다.】

첨부 문서 : 초록

1. 「朝鮮 國王의 자문」: 삼가 朝鮮國 신하 卞元圭가 가져온 朝鮮 國王의 자문을 초록하여 첨부 문서로 올리오니 살펴봐 주십시오.

朝鮮 國王이 비밀자문을 보냅니다.
朝鮮은 작년 6월의 事變[임오군란] 이후 국세가 위급하고 인심이 흩어졌으나, 이러한 위기를 만회하여 지금에 이를 수 있었던 것은, 朝鮮을 안정시키고 보호해주신 황상의 은택과 李 中堂 大人께서 우려하시고 구해주신 은덕이 아님이 없습니다. 그리고 또한 欽差提督 [吳長慶]의 부대가 武威를 드러내고 諭旨를 받들어 朝鮮의 환난을 진정으로 애통하게 여기면서 혼란을 평정하고 안정시킴에 모든 힘을 다 쓴 덕분이기도 합니다. 그 위엄이 천둥과 같고 그 은혜가 陰雨와 같으며 그 陣營이 山岳과 같아서, 믿고 의지하되 두려워하지 않고 편안함을 느끼며 무사히 지낼 수 있게 되었습니다. 大軍이 오랫동안 주둔하면서 信義가 더욱 분명히 드러나고,

그 감정과 의지에 더욱 감동하게 됩니다. 그리하여 君民 상하가 집안사람처럼 기뻐하며, 바야흐로 그 부지런한 훈계에 의지하고 엄중한 제압의 힘을 빌려 영구적인 평안을 얻게 되었습니다. 다만 提督께서 타향에 주둔한 것이 해를 넘기면서 온갖 노고를 겪고 있어 朝鮮의 君臣은 항상 마음이 편하지 않습니다. 지금 길을 떠나시려는 것은 비록 복귀 기한이 미리 정해졌기 때문이지만, 朝鮮의 모든 사람은 두려워하는 마음을 품고 있습니다. 지금 提督께서는 朝鮮에서 한 발짝이라도 떠나실 수 없고, 하루라도 자리를 비우셔서는 안 됩니다. 만일 衛青·霍去病과[182] 같은 大軍의 기세가 잠시 사라진다면, 만일의 사태를 위한 대비에 혹시 부족함이 생겨 그 기회를 틈타 혼란이 생겨나지 않을지 어찌 알겠습니까?

이에 시급한 사정을 자문으로 갖추어 우러러 요청을 드리고자 합니다. 엎드려 바라건대, 자애로운 마음으로 특별히 양해하여 황상께 대신 아뢰어주시고, 아울러 吳長慶에게 지시하여 계속 그대로 주둔하면서 줄곧 베풀어준 은혜를 끝까지 베풀고 朝鮮 사람들의 외람된 갈망에 부응할 수 있게 해주신다면, 정말로 이를 바라고 감축하지 않을 수 없습니다. 吳長慶 提督의 去就는 비단 朝鮮의 安危와 관계될 뿐 아니라 또한 청조의 우려와도 관계가 있으니, 반드시 승낙해주실 것으로 생각합니다. 이 때문에 모든 성의와 진심을 아뢰면서 삼가 재가를 기다리겠습니다. 이 일만을 위해 參議交涉通商事務 卞元圭를 보내 자문을 휴대하여 가도록 하였습니다. 이에 마땅히 자문으로 알리니 검토하고 대신 상주해주십시오. 이상입니다.

光緒 9년 2월 10일 발송, 2월 19일 도착.

2. 「[張樹聲] 부편 원고」 초록

추가합니다. 지금 禮部에서는 朝鮮 國王이 北洋大臣에게 馬建常 등을 보내 적절히 도와준 것에 대해 감사드리는 뜻을 대신 上奏해달라는 답장자문 1건, 朝鮮 修信使 朴泳孝 등이 일본에 갔다가 업무를 마치고 돌아왔다는 것을 알리는 자문 1건을 받았습니다. 朝鮮 修信使의 귀국 상황에 대해서는 이미 禮部에서 자문을 보내 禮部에서 자문에 따라 직접 上奏하겠다고 알린 것 외에, 삼가 朝鮮 國王이 馬建常 등이 적절히 도와준 것에 대해 감사를 드리는 뜻을 전한 답장자문의 원문을 초록하여 삼가 올리니 살펴봐 주십시오. 작년 朝鮮 國王이 각국과 조약을

182) 위청(衛靑, ?~기원전 106)과 그의 외조카 곽거병(霍去病, 기원전 140~기원전 117)은 흉노와의 싸움에서 명성을 떨친 한(漢) 무제(武帝) 시대의 명장(名將)이다.

교환하기에 앞서 모든 交涉에 대해 어떻게 처리할지 전혀 모르겠다고 李鴻章에게 자문을 보냈고, 이에 대해 李鴻章은 황상의 재가를 얻어 中書 馬建常을 보내 도와주면서 적절히 처리하도록 하였습니다. 이후 朝鮮 國王의 다음과 같은 자문을 받았습니다.

> 馬建常은 통치 방법을 깊이 궁구하고 時務에 숙달하니, 특별히 議政府參議兼會辦交涉通商事務의 일을 잠시 맡기고자 합니다.

이에 대해 李鴻章은 이미 馬建常이 중국의 職官으로서 朝鮮 왕은 단지 賓禮로서 대우하고 사안이 있을 때 諮問을 받고 상의할 수 있을 뿐, 결코 屬邦의 官職을 받아서는 안 된다고 지적하였습니다. 馬建常은 이미 보고를 올려 대신 辭職을 청해달라고 하였습니다. 이에 朝鮮 國王에게 자문을 보내 馬建常을 당분간 議政府參議로 임명하려는 조치를 중단시켜 體制에 부합하도록 하였습니다. 마땅히 附片으로 이 점을 밝혀야 할 것입니다. 황상께서 살펴봐 주시기를 엎드려 빕니다. 삼가 주를 올립니다.

3.「朝鮮 國王의 자문」초록 : 삼가 禮部에서 자문으로 보낸 朝鮮 國王의 자문을 초록하여 올리니 살펴봐 주십시오.

朝鮮 國王이 답장자문을 보냅니다.

조선은 한 귀퉁이에 치우쳐 있어 무릇 交涉의 凡例와 商業의 규칙에 대해 대부분 알지 못합니다. 따라서 현명하고 노련한 인사를 대신 초빙하고 朝鮮에 보내 指導해주실 것을 자문으로 요청하였습니다. 처음 시작하는 일이고 그 길이 매우 요원하여(?) 제대로 정확하게 처리하기 어려웠기 때문입니다. 그런데 李 中堂大人께서 특별히 양해해주시고 힘써 계획을 마련하여, 중국 관원 馬建常과 독일 영사 묄렌도르프를 뽑아 보내 적절하게 살피고 도우면서 모든 일마다 적절히 처리해주도록 위촉하셨습니다. 올해 11월 3일, 그들이 무사히 朝鮮에 도착하고 편안히 머무는 동안 몇 차례 引見을 하였는데, 성격이 충직하고 事務에 밝고 통달하였음을 이미 알게 되었으니 서신에서 알려주신 바 그대로였습니다. 이후 함께 만나 接應함에 여유가 있을 뿐 아니라, 또한 현재 나라를 운영하는 데 많은 도움을 주고 있습니다. 이는 李 中堂大人께서 황상의 보살펴주시는 은덕을 몸소 받들고 朝鮮의 문제를 깊이 우려하셔서 처리하고 보호하는 데 최선을 다해주심이 아님이 없으며, 현명한 인원을 뽑아 보내 큰 은혜를 베풀어 주신 것이 아님이 없습니다. 무릇 朝鮮에서는 누구도 이렇게 생각하고 있습니다. 當職[朝鮮

國王]이 손수 답장자문을 드리면서 臣民과 함께 더욱 감격하고 있습니다. 삼가 이러한 사실을 갖추어 대신 上奏해주실 수 있도록 올리는 바입니다. 마땅히 답장자문을 보내야 하니, 검토해 주시기 바랍니다. 이상입니다.

光緖 8년 12월 25일 발송, 光緖 9년 2월 23일 도착.

4. 「[張樹聲] 부편 원고」 초록.

추가합니다. 朝鮮國 관원 卞元圭의 다음과 같은 보고를 받았습니다.

吳長慶 提督이 계속 朝鮮에 머무르기를 간청하는 문제로 禮部에 전달하여 대신 上奏하여 달라고 요청하는 奏摺 1건과 禮部에 보내는 자문 1건을 가져가 禮部에 직접 전달하라는 國王의 諭旨를 받았습니다. 그런데 제가 현재 병환으로 객지의 숙소에 누워 있어 이른 시일 내에 京師로 가서 전달할 수 없는 형편입니다. 일이 軍務와 관계되므로 감히 오랫동안 지체할 수 없습니다. 吳長慶 提督의 부대와 관련된 사무는 본디 北洋大臣이 주관하시는 바이니, 삼가 청컨대 奏摺 1건을 대신 上奏해주시고 아울러 禮部에 보낸 자문도 첨부하여 驛站을 통해 발송해주시기 바랍니다.

살펴보건대, 陪臣 卞元圭가 현재 병환이 있는지 天津海關道 周馥에게 조사시켜 보았더니 사실이었습니다. 朝鮮 國王이 禮部에 보낸 자문 1건을 전달하는 외에, 奏摺 1건은 삼가 즉시 軍機處에 자문으로 보내니 대신 올려주시기 바랍니다. 마땅히 이 점을 附片으로 알려야 할 것입니다. 엎드려 황상께서 살펴봐 주시기를 바랍니다. 삼가 주를 올립니다.

(54) 문서번호 : 2-1-1-112(1648, 2938a)

사안 : 朝鮮과 각국이 체결한 조약의 간행본을 보내 드립니다(呈送刊印朝鮮與各國條約印本).

날짜 : 光緖十八年一月二十七日(1892년 2월 2일)

발신자 : 總稅務司 하트

수신자 : 總理衙門

正月二十七日, 總稅務司赫德呈稱 :

竊所有中國與各外國訂定之條約, 前經總稅務司照錄漢、洋各文, 飭由造冊處彙集刊印成帙. 曾於光緖十三年間, 將中外各條約一本面呈貴衙門, 以備隨時查考. 嗣經總稅務司復飭造冊處, 將朝鮮與各外國所立之條約, 彙齊刊印另編一本. 玆據造冊處稅務司將刊竣之書呈送前來. 合將朝鮮條約四本, 備文呈送貴衙門, 察存用可也.

1월 27일, 總稅務司 하트의 다음과 같은 보고를 받았다.

중국과 서양 각국이 체결한 모든 조약은 總稅務司가 이미 한문과 서양문을 대조하여 造冊處에서 모아 서책으로 간행하도록 지시한 바 있습니다. 일찍이 光緖 13년에 중국과 외국이 체결한 조약 책자 1부를 귀 아문에 올려 수시로 참고할 수 있도록 하였습니다. 뒤이어 總稅務司는 造冊處에 다시 지시하여 朝鮮이 서양 각국과 체결한 조약을 모아 편찬해 별도의 서책으로 간행하도록 하였습니다. 현재 造冊處의 稅務司가 간행이 완료된 서책을 보내왔습니다. 마땅히 朝鮮의 조약 책자 4부를 귀 아문에 문서를 갖추어 올리니, 받아서 살펴보시고 보존하십시오.

동북아역사 자료총서 41

국역『淸季中日韓關係史料』4

초판 1쇄 인쇄 2018년 11월 5일
초판 1쇄 발행 2018년 11월 15일

엮은이 동북아역사재단 국제관계와 역사대화연구소
펴낸이 김도형
펴낸곳 동북아역사재단

등록 제312-2004-050호(2004년 10월 18일)
주소 서울시 서대문구 통일로 81 NH농협생명빌딩
전화 02-2012-6065
팩스 02-2012-6189
e-mail book@nahf.or.kr

ISBN 978-89-6187-401-4 94910
978-89-6187-291-1 (세트)

* 이 도서의 국립중앙도서관 출판예정도서목록(CIP)은 서지정보유통지원시스템 홈페이지(http://seoji.nl.go.kr)와 국가자료종합목록시스템(http://www.nl.go.kr/kolisnet)에서 이용하실 수 있습니다. (CIP제어번호 : CIP2018035667)